黎虎文集——第十一卷

夏商周史话·燕国故事·史学科普文荟

黎虎◎著

中国社会科学出版社

目　录

夏商周史话

燕国故事

史学科普文荟

夏商周史话

【**整理说明**】《夏商周史话》是北京出版社1984年2月第1版《中国历代史话》丛书中的第二部。据出版说明云："为了普及历史知识，我们出版了一套《中国历代史话》，包括原始社会、夏商周、春秋战国、秦汉、三国、晋、南北朝、隋唐、五代、宋、元、明、清十三册。每册有重点地介绍有关断代的政治、经济和科学文化，给读者提供较丰富的历史知识。在叙述上，力求具体生动，通俗易懂，避免空泛议论和没有史实根据的虚构，并附有地图、图片和大事年表，以便广大读者更好的阅读。这套史话丛书是普及读物，主要是供具有中等文化程度的广大读者阅读，也可供中学历史教师参考。"

黎虎先生在六十年的漫长治史生涯中，不仅开创和建构了中国古代外交制度新学科，而且在中国古史分期暨社会性质、中国古代吏民问题、中国古代经济史、中国古代民族史等诸多领域均取得重大原创性成果。此外，黎虎先生还积极响应国家号召，先后撰写、出版了多篇（部）史学科普论著，向大众传播和普及史学知识。撰写史学科普文章和著作、向大众传播史学知识，可谓黎虎先生在史学研究方面的特殊贡献。《夏商周史话》就是这方面的代表作品之一。北京出版社1984年所出版的这套《中国历代史话》丛书乃是整理者小时候读过的历史普及读物之一，实事求是地说，这套丛书留给我印象最深的就是黎虎先生的这本《夏商周史话》了。

大概在2022年的三、四月间，也就是黎虎先生逝世前的三个月之前，我在和黎虎先生的一次微信交谈中，还谈到了这个话题。我当时说：小时候就读过《夏商周史话》，还有另外一套关于春秋战国故事的历史普及读物，给我留下了很深的印象，我后来对文史类书籍尤其感兴趣，以及对历史方面的内容比较敏感，很容易就能够记住重要的历史事件与历史人物，与小时候所读过的这些历史普及读物以及所受到的影响应当有很大关系。听到我如此说，黎先生当时也给我讲了一个案例，说是北京师范大学历史学院的一位从事先秦史研究的教师，之所以在硕士、博士阶段皆以先秦史为研究对象，正是缘于在初中时读到了《夏商周史话》，从而萌发了兴趣。我与黎先生这次谈话的主题，就是围绕《夏商周史话》进行的，我也知道了这部著作的来龙去脉，及其深厚的学术内涵。因为能够将具有极高难度的夏商周历史讲得如此生动、可读而又条理清晰、逻辑严密，实在是很不容易的事情。原来，《夏商周史话》是在黎虎先生为北京师范大学历史专业本科生讲授的《中国古代史》讲义的基础上修订而成的，据中国人民大学牛润珍教授回忆说："我作为七八级一名学生，有幸聆听寅师讲课，至今记忆犹深，师广征博引，宏论要旨，条理清晰，而且板书秀丽，极具魅力。时隔数年，师在讲义基础上，撰成《夏商周史话》一书，由北京出版社出版。名曰《史话》，实为一部颇见功力的先秦史专著。"当年《夏商周史话》出版以后，还引起了中国社会科学院胡厚宣先生等前辈的关注和称许，他们没有想到这本史话竟写出了如此之高的水平，有点出乎意料。以至于后来（大概在 1987 年前后）中国先秦史学会在河南召开国际学术研讨会，还专门邀请黎虎先生参加。那个时候与现在不一样，学术年会还是很严肃的，不是随随便便就可以参加的。其时黎虎先生已经决定转向魏晋南北朝史研究，所以对于这次邀请本来是打算婉拒的。据说，当时有位搞先秦史的老师没有接到邀请函，有点不大服气，就去质问组委会为何不邀请他而邀请黎某，组委会的工作人员回复说：邀请黎虎参加年会，是胡厚宣先生点的名。仅此一例，就可以看出黎虎先生在先秦史研究方面所表现出来的潜力，以及《夏商周史话》的影响力。

我们在决定整理《黎虎文集》时，深感包括《夏商周史话》在内的史学普及论著应该给予同样重视，因为史学研究的最终目的还是要面向大众的。向人民群众普及历史知识、提高国民史学素养，乃是史学研究者的责任和使命，从来就不存在什么"绝对的纯学术"。如果我们的史学研究不能有助于国民文化素质的提高，那这样的研究还有什么意义呢？正是基于这样的使命感，在 60 年的治史生涯中，黎虎先生除潜心于原创性的学术研究外，还撰写了包括《夏商周史话》《燕国故事》等在内的大量的史学科普文章和著作，并曾主编《〈后汉书〉译注精华》《中国通史（中古时代・三国两晋南北朝时期〔下〕）》，撰写了许多序言、书评、跋文、评介以提携奖掖后学晚辈……所有这些实际上都具有向大众普及史学知识的作用和价值，体现出黎虎先生关注现实、关心民生的家国情怀。基于此，我们将黎虎先生的《夏商周史话》《燕国故事》以及在《文史知识》等刊物所发表二十余篇史学科普文章汇编成册，题为《黎虎文集：夏商周史话・燕国故事・史学科普文荟》。

《夏商周史话》的整理工作，主要包括如下几个方面：一，按照新的国家标准，对语言文字表述进行全面修订，并重点修订原著中的文字错讹，这些文字错讹还包括当时不恰当地推行的第三批简化字，如“覆灭”在当时简化为“复灭”，现在全部予以更正；再如“溥天之下，莫非王土”，按照当时所推行的简化字要求而改为“普天之下，莫非王土”，现在也予以恢复，因为《诗经》原文作“溥”。还有一些措辞属于当时常用，而不符合现在的新国家标准，如“解放前”“解放后”，按照新的国家标准改换为“1949 年前”“1949 年后”。它皆类此。二，原书中的插图，因为当时的摄影技术限制，以及年代久远而模糊不清，此次整理时，选择像素更高的新图片替代，原书中插有《夏代形势图》（公元前 21 世纪—公元前 17 纪）、《商代形势图》《西周形势图》，考虑到这三幅地图并不影响阅读，兼之地图使用有较为严格复杂的审核程序，故全部删除。三，原书中的年代都是汉字表示，除特殊需要以外，均改为阿拉伯数字，以适应现在的大众阅读习惯，如“公元前十七世纪至公元前十一世纪”，改为“公元前 17 世纪至公元前 11 世纪”；“一九五三年”，改为“1953 年”，等。四，原书中表示长度、数量，汉字、阿拉伯数字混用，除非特殊需要，一律改为阿拉伯数字，如“四百六十余枚”，改为“460 余枚”；“长九十五米”，改为“长 95 米”，等等。五，原书中引用《诗经》等古籍文献，特别是引用《诗经》的格式不统一，例如：有时写为《诗经·小雅·南山》，有时又写为《诗·小雅·南山》，有时又写为《小雅·南山》，今统一写为《诗·小雅·南山》。原书引用马克思、恩格斯、列宁、斯大林著作，有些写出页码，有些不写页码，而且皆未标注版本信息，根据目前国家新的出版标准要求，将版本、页码等信息予以补齐。又因为当年所引用的版本不易找寻，故有些马思列斯著作引文以后来出版的新版本予以替换。

引言　中国的奴隶制时代

——夏、商、周史概述

有句老话说："言必称三代"。如果把这句话理解为讲中国的历史和文化，总是不能离开夏、商、周三代，它们对于后代的历史和文化有着深远的影响，那还是有几分道理的。试看，后世在论"圣君""英主"的时候，往往以禹、汤、文、武为楷模；说暴君昏主的时候，常引桀、纣、幽、厉为鉴戒。伊尹、周公几乎成了"贤臣"的同义语，妲己、褒姒则是内宠乱政的代表。他们都是三代的历史人物。甲骨卜辞、钟鼎彝铭，奠定了汉字发展的基础；《诗经》《尚书》、夏正周易，开中华民族文化的先河。它们都是三代的科学文化成就。至于三代的典章制度、礼乐政刑，学术思想，给予后世的影响更不胜言。如果把有文字记载的中国历史比作源远流长的长江大河，那么夏、商、周三代就像大江大河的源头。讲汉、唐、明、清的历史，固然不能脱离三代，就是认识今天的中国，也可以追本溯源至三代。恩格斯在论述欧洲古代的奴隶制度时，说过这样一段话："没有奴隶制，就没有希腊国家，就没有希腊的艺术和科学；没有奴隶制，就没有罗马帝国。没有希腊文化和罗马帝国所奠定的基础，也就没有现代的欧洲。我们永远不应该忘记，我们的全部经济、政治和智慧的发展，是以奴隶制既为人所公认，同样又为人所必需这种状况为前提的。在这个意义上，我们有理由说：没有古代的奴隶制，就没有现代的社会主义。"（恩格斯：《反杜林论》，中央编译局：《马克思恩格斯全集》第二十卷，人民出版社 1971 年版，第 196 页。）

这闪耀着历史唯物辩证法光辉的论断，是我们学习夏商周三代历史的指南。我们也可以毫不夸张地说：没有夏、商、周三代的历史，也就没有今天的中国。因此，对夏、商、周的历史作一些了解，对于我们今天所从事的社会主义建设事业不是没有裨益的。

夏、商、周三代是中国的奴隶制时代。[①] 夏代是奴隶社会的初期阶段，商代和西周前期是奴隶社会的发展阶段，西周后期奴隶社会开始走向衰落，封建因素已在旧制度的母体中孕育着。三代共历时1400年左右。

夏朝是我国历史上第一个奴隶制王朝。它从公元前21世纪到公元前17世纪，存在了500年左右。以大禹传子为标志，原始公社制度结束，中国社会开始进入阶级社会。禹子启建立了夏朝，至夏桀亡国，一共相传十三世、十六王。

夏代处于奴隶社会的初期阶段。其时刚从原始社会脱胎而出，氏族社会的残存还比较浓厚，具有若干过渡的性质，但从总的来看，夏代已经迈入了阶级社会的门槛。遍布于豫西、晋南一带的二里头文化，是夏人创造的物质文化遗存。文献记载与考古资料表明，夏代已经进入青铜时代，社会生产力比原始公社时期有了新的提高，社会经济有了新的发展。夏历的产生代表了当时在科学文化上所取得的初步发展。奴隶和奴隶主两大对立的阶级已经出现，由于这种阶级对立而产生的奴隶制国家已经形成，军队、刑法、监狱、设防城邑等国家权力的物质附属物以及赋税等国家政权存在的经济体现已经具备。夏代已经奠定了日后商、周奴隶制度发展的初步基础。

商朝是继夏朝之后的第二个奴隶制王朝。

商朝在我国历史上是存在时间最长的一个王朝，大约有600年之久，即从公元前17世纪至公元前11世纪期间。

商朝的开国之君是太乙，即成汤。从成汤建国到帝辛（纣）亡国，共传十七世、三十一王。从成汤上溯至商族始祖契，约有十四世，人们通常把这一段称为“先公”时期。从成汤到武丁这一段，则称为“先王”时期。因为从武丁以后的甲骨卜辞中有许多祭祀“先公”“先王”的记录。

奴隶制度到商代又前进了一步，社会经济和科学文化都取得了长足的发展，奴隶制的优越性和残酷性都表现得十分充分。在商代，青铜冶

---

① 关于夏、商、周的社会性质，特别是西周的社会性质，史学界存在着分歧的意见，主要有西周封建社会说与西周奴隶社会说。我们在本书中把夏、商、周看作奴隶社会，其具体看法将在后面的正文中加以叙述。

铸业已由早期阶段进入成熟阶段，创造出了光辉灿烂的青铜文化。农业、手工业有了更大规模的分工，商品货币和早期城市经济有了初步的发展。农业已经是商代社会生产的主要部门，畜牧、渔猎作为农业的补充而存在着。在奴隶们创造的物质文明的基础上，商代的科学文化绽放出绚丽的异彩，殷墟发现的甲骨文字，已经是一种相当成熟的文字，卜辞所记征伐、畋游、食货、祭告、行止、天象、年成、世系、干支、数字等，包含了殷代的社会经济、政治、军事和科学文化等方面的内容，反映了相当广阔的殷代社会面貌，使我国古代的历史开始奠定在有文字记载的可靠基础上。

井田制是商代奴隶制度赖以存在的基础。它是农村公社土地制度形式在奴隶社会的继续，不过它的性质已经改变，从原来的村社共有变为奴隶主国家所有，亦即奴隶主阶级的私有。殷商奴隶主贵族强迫原来的村社成员——“众”“众人”在井田上用“劦田”的形式进行集体耕作，并无偿地剥削他们的劳动成果。这种劳役剥削被称为“助”。“众”“众人”实际上已沦为奴隶主贵族的变相奴隶。

在商代，奴隶主对奴隶大众的阶级压迫表现得特别残酷，盛行于商代的“人殉”“人祭（人牲）”制度，是这种血淋淋的阶级关系的集中反映。

商代奴隶主阶级专政的国家机器有了进一步的发展。以商王为首的奴隶主贵族是商代国家政权的主体，商王自称“余一人”（或“予一人”），是奴隶主阶级的最高政治代表。在商代已形成一套比较复杂的官僚制度，在中央王朝（即内服）有“殷正百辟”（百官），在地方上（即外服）有“殷边侯甸”（诸侯方国）等各级官吏和方伯帮助商王实行统治。由于频繁的对周边方国的掠夺战争和对内镇压人民的需要，以及青铜广泛应用于兵器制造，商代的军队也有很大的加强。左、中、右三师是其军队的基本编制形式。商代的“汤刑”在“禹刑”的基础上有了进一步发展，周代的“五刑”至少在商代晚期已经形成。商代刑法表现出极端的野蛮性和残酷性。

对于“上帝”和祖先神的崇拜，是商代迷信思想的主要内容，神权观念笼罩着殷代社会生活的各个方面，神职人员（如贞卜人）在商代的社会生活和政治生活中占有十分重要的地位。

西周是我国历史上第三个，也是最后一个奴隶制王朝。从公元前11世纪（公元前1027年）武王伐纣建立西周，至公元前771年幽王死于犬戎之乱，共历257年，共传十一世、十二王。

由于周王朝的国都在关中的镐京，处于中原的西方，历史上便把这个时期的周王朝称为西周。公元前771年西周灭亡后的第二年，平王将国都东迁于雒邑。雒邑在镐京的东方，历史上便把此后的周王室称为东周。东周经历了春秋和战国的大部分时期，直到公元前256年周赧王死才告结束。此是后话，已不在本书的范围了。

西周时期奴隶制度发展的特点，可以用“盛极而衰”四个字来概括，意思是说它是我国奴隶制发展的顶峰，这一时期也是从顶峰上开始下跌，并孕育着封建因素的时期。

西周时期奴隶社会的经济、政治制度都比商代更为完备。

井田制度在西周时期有了进一步的发展。井田分为公田和私田。所谓“公田”，就是周天子和各级奴隶主贵族直接掌握的土地，所谓“私田”，是分给“庶人”作为生活资料来源的份地，是维持“庶人”生命和人口再生产所需的最起码的生产资料。不论“公田”“私田”都是奴隶主国家所有的土地，所以《诗经》说：“溥天之下，莫非王土”（《诗·小雅·北山》）。国王和贵族的“公田”是强迫“庶人”无偿劳动为其耕种的。这种劳动经常采取集体耕作——“耦耕”的形式。公田上的产品，全部归贵族所有。这时的井田已有比较整齐的规划，百亩为一田，九田或十田为一井，井田之间有着纵横交错的大大小小的田塍与沟洫。

西周时期基本的农业劳动者——“庶人”，同商代的“众人”一样，是由农村公社成员转变而来的农业奴隶。由于社会生产力的发展，奴隶的价值有所提高，于是西周时期杀殉奴隶的现象大大减少。

西周社会的阶级结构同商代一样，仍然是奴隶和奴隶主两大对立的阶级，但是，奴隶制的等级制度比商代有所发展，在奴隶主阶级方面，有天子、诸侯、卿、大夫、士等阶层，组成为各级奴隶主宗法贵族；奴隶也有庶人、工商、皂隶、臣妾、圉仆等不同名目和等级，包括各种生产奴隶和家内奴隶，形成“天有十日，人有十等”的情形。森严的等级制度就是周礼的核心。

西周时期的政治制度，即奴隶制的礼乐制度，与商代相比也有很大的发展。

在井田制度的基础上，西周统治者实行对各级奴隶主贵族的分封制度。周天子把土地和臣民封赐给同姓和异姓贵族、亲戚、功臣，即所谓“授民授疆土”，建立大大小小的统治据点——封国，以拱卫周王室，即所谓“封建亲戚，以蕃屏周”。封国制度对巩固周天子的统治曾起了积极作用，但也成为日后诸侯割据混战的根源。

分封制是在宗法制的原则指导下进行的，宗法制利用宗族的血缘关系，调整奴隶主贵族内部关系。宗法制的主要特征就是嫡长子的继承制和庶子的分封制，以及与之相应的大宗与小宗的区别。从天子、诸侯、卿大夫到士，都是姬姓族制系统中不同等级的大宗，每一等级中又有相应的小宗。大宗与小宗之间的等级从属关系，与政治上的上下级从属关系是一致的，族权与政权、宗统与君统相结合，相辅相成，从而加强了奴隶主贵族的统治地位。

但是，物盛而衰，奴隶制的鼎盛之日，正孕育着它衰亡的因素。西周后期，在奴隶制的母体中，已孕育着封建的生产关系。这种变化集中体现在井田制的破坏和私田的形成中。这种私田不是井田制下的“私田”，而是作为井田制的对立物的真正意义上的私有土地。它是奴隶主贵族通过“化公为私”，从井田内部生长起来的。共、懿之后出现的土地买卖，是这种私田出现的标志。掌握了大量私田的奴隶主贵族，如裘卫家族，就是日后“私家”的代表。这种新兴的土地所有者，就是日后新兴地主阶级的前身。随着奴隶制经济基础的崩坏，上层建筑中也出现了“礼崩乐坏”的情况，王室衰微，诸侯僭越，犯上作乱的社会动乱，不仅摧毁了西周王朝，也震撼了奴隶制度。经过 1400 年的发展，奴隶制已经走到了它的尽头，此后中国的历史又掀开了新的一页。

第一章　第一个奴隶王朝的诞生

一　从“禅让”到“传子”——夏王朝的建立

大禹——一个站在阶级社会门槛上的人物。

四千多年前，在我国的黄河流域，活动着一个古老的部落——夏。据说这个部落是黄帝族的一个分支，是黄帝的儿子昌意的后代。那时正处于原始公社末期的部落联盟阶段，夏部落的酋长禹正好站在从原始公社通向阶级社会的门槛上。

在部落联盟领袖尧舜的时代，禹的父亲鲧被封为“崇伯”，是黄河南岸嵩高山下一个强大的部落军事首领。那时节洪水经常为患，浩浩滔天的洪水淹没了大地，包围了山岗和丘陵，人民纷纷逃到高处去躲藏。夏是一个擅长于水利的部落，于是尧便派鲧去负责治理洪水。鲧采用筑堤的办法，企图挡住洪水。结果不仅没有能制住洪水，反而因为水愈堵愈涨，堤岸崩坍，造成了更大的水患。尧的助手舜巡视了各地，发现鲧治水无方，造成了很大的损失，便把鲧放逐到羽山（今山东郯城），鲧最后死在了那里。

虞舜继位为部落联盟领袖以后，经过“四岳”① 的推荐，又派鲧的儿子禹去继续治理洪水。

禹联合了共工氏和伯益、后稷等许多部落，共同向洪水展开大规模的斗争。他总结了鲧治水失败的经验教训，放弃了筑堤堵水的办法，改用疏导的办法。他根据地形的高低，疏通河道，排除积水，让洪水顺着河道宣泄，流向大海。这个办法果然有效，经过十三年的努力，终于制服了洪水。于是，人民纷纷从高地上走下来，回到平原上，“疏川导滞，

---

① 四岳，传说为尧舜时期的四方部落首领。

锺水丰物”[①]（《国语·周语下》）。接着，禹又带领人民开凿沟渠，引水灌溉，化水害为水利，在黄河两岸的平原上开垦出了许多良田和桑土，成为人民安居乐业的地方。《诗经》歌颂禹的功绩说“奕奕梁山，维禹甸之”（《诗·大雅·韩奕》），说他平治了水灾，把梁山之野开辟为良田。

大禹不仅聪明能干，而且更为可贵的是，他舍得牺牲自己的利益，勤苦耐劳，去为天下人谋利益，一心扑在治水事业上。他和涂山氏女结婚后的第四天，就离家去参加治水。他手执耒耜，光着双脚，栉风沐雨，劳身焦思，带领大家劳动。由于风吹日晒，他的脸孔都变黑了，由于经常下水干活，他腿上的毛都磨光了。他穿的是粗劣的衣服，吃的是粗糙的饭食。他就这样在外面整整干了13年，曾经三次路过家门也顾不上进去看一看。

大禹治水终于获得成功，而他的父亲鲧治水却失败，这主要不是因为他们二人才能的大小不同，这件事情表明，在鲧的时候，社会生产力还比较低下，人们征服自然的能力还不强，到了禹的时候，社会生产力已经发展到一个新的水平，人们战胜自然的能力也就加强了。大禹治水的成功，促进了农业的发展，农业的发展又促进了手工业和物品交换的发展，从而加速了原始公社制度的瓦解，为向奴隶制的过渡创造了物质条件。

由于禹领导人民平治水土、发展生产有功，自然得到人民的拥护，他也因而被尊称为“大禹”。当虞舜去世以后，禹就接替舜当了部落联盟的领袖。当时，部落联盟的领袖是由各氏族部落的首领民主推举产生，这种推举制度叫做“禅让”。禹是原始社会末期由民主推举产生的最后一个部落联盟领袖，在他的身上，既保留着原始社会部落联盟首领的一面，又有了阶级社会中专制君主的一面。

到了禹的时候，部落联盟首领的权力已经很大。他为了加强自己的权威，到处巡行盟会。他在涂山[②]召集各氏族部落首领集会，首领们带着许多礼品来朝见他。他在会稽[③]大会诸侯的时候，有个防风氏的首领迟

---

① 锺水丰物：韦昭注：“锺，聚蓄水潦，所以丰殖百物也。”意即蓄水灌田，发展农业。

② 涂山：即禹妻涂山氏女之部落所在地。其地据说在今安徽蚌埠市西当涂山，或说在今浙江绍兴西北。

③ 会稽：即会稽山，在今浙江中部的绍兴、嵊县一带。相传禹会诸侯于苗山，计功封爵，因名会稽，有会计之意。

到，禹一怒之下把他处死，可见他已经非常专横了。

在部落联盟阶段，对外战争是人们正常的职业，联盟首领经常率领军队去掠夺邻人的财富。当时南方有个“三苗”部落，从尧舜时代就经常跟他作战，禹的时候，对“三苗”发动了更大规模的战争。禹在出征前发表了激昂慷慨的誓师词，说：“野蛮愚蠢的三苗胆敢作乱，我要代表上天惩罚他们。因此我今天率领你们‘群封诸君’去讨伐三苗！”参加这次战争的有众多氏族部落，声势非常浩大。经过激烈的战斗，“三苗”大败，向南逃往丹水、汉水一带的崇山峻岭中去了。战争中掠夺到很多战俘，他们都成了军事首领的奴隶。这种掠夺战争，进一步加强了禹的地位，并促进了奴隶制度的产生。

按照传统的“禅让”制，禹也事先推荐一个人，即东夷的首领皋陶（yáo）作为自己的继承人。不久皋陶死，禹又推荐东夷的伯益作为继承人。这时，随着私有制的日益发展，人们越来越强烈地希望独占部落联盟首领职位。禹虽然不得不顺应传统习惯势力推荐了伯益，但他却不给伯益实权，使伯益得不到锻炼，也不能在群众中树立威信。相反地，他把实权交给了自己的儿子启，让启的亲信掌握了许多权力。当禹年老死后，伯益按照过去的传统，躲到另一个地方去表示谦让，让各氏族、部落来决定由谁继位。由于伯益的威望和权力都不及启，所以当时“朝觐讼狱者”都不去找伯益而去找启，民间的歌谣也不歌颂益而歌颂启，他们说：“启才是我们的君主，他是帝禹的儿子啊！”这样，启就轻而易举地继承了禹位。可见启继承禹位，一方面固然由于禹在位的时候，实际上已经给启创造了继位的条件；另一方面我们也应当看到，并不是启个人凭野心夺取了王位，他还是由联盟中各氏族、部落拥戴而立的。原始的民主推选制仍然在发挥作用，不过这时原始民主制已被奴隶主贵族所利用，从此变为新兴的奴隶制国家上层建筑的一个组成部分了。

这就是历史上所谓的“大禹传子”。它宣告了原始社会部落联盟首领“禅让”制的结束，和阶级社会王位世袭制的开始，从此，“大人世及以为礼”，公天下变成了家天下。

王位世袭制代替“禅让”制，是社会生产力和私有制发展的必然结果，是历史上的一次巨大的进步。恩格斯曾经说过：“掠夺战争加强了最高军事首长以及下级军事首长的权力；习惯地由同一家庭选出他们的后继者的办法，特别是从父权制确立以来，就逐渐转变为世袭制，人们最初是容忍，后来是要求，最后便僭取这种世袭制了。”而当世袭制确立以后，“整个氏族制度就转化为自己的对立物……转变为旨在反对自己人民的一个独立的统治和压迫机关了。”（恩格斯：《家庭、私有制和国家的起源》，中央编译局，人民出版社 1972 年版，第 162 页）从此，部落联盟军事首领就转化为国王，部落联盟机构则转化为统治和压迫人民的国家机器。禹处在原始社会向阶级社会转变的历史时期，顺应历史发展的趋势，推动了这一转变的实现，因此，他是一个对历史发展做出了重要贡献的伟大人物。

夏启——中国历史上第一个国王。启是夏朝的开国之君。[①]

尽管启和禹是父子相承，但他们却代表了两个不同的时代，禹是中国历史上最后一个原始社会的部落联盟领袖，启则是中国历史上第一个阶级社会的国王。

夏启建立夏王朝的过程，充满着激烈的斗争。因为奴隶制国家是一个新生事物，必然遭到传统的旧势力的反对。

东方偃姓部落的伯益首先起来反对夏启。在夏启继位后，他立即撕下了谦让的面纱，率领着强悍的东夷军队，来势汹汹地向启发动进攻。伯益打败了启的军队，并将启俘获，囚禁起来。不久启又逃出，重新组织队伍，向伯益反攻。经过艰苦的战斗，最后一次交战时，伯益的部下纷纷向启缴械投降，启把伯益抓来杀掉。这就是古书上说的“益干启位，启杀之”（方诗铭、王修龄：《古本竹书纪年辑证》，上海古籍出版社 1981 年版，第 2 页）的大致经过。战国时期的伟大诗人屈原在《天问》中，对这一历史事件这样问道：

启代益作后[②]，　　　　启代益作君主，

---

① 夏朝的创始人是禹还是启，近人有不同的看法。有的认为禹是夏朝的第一个国王，从禹传子，建立了“家天下”，意味着夏王朝的建立。有的认为夏朝的第一个国王是启而不是禹。我们认为后一种说法比较合适。从社会发展角度来看，禹和启处于不同的时代。从古书的记载中可见，禹时还保存着“禅让”制度，到了启时“与交党攻益，而夺之天下”（《战国策·燕策》《韩非子·外储说右下》），用暴力夺取了政权，“禅让”制始被改变，“家天下”真正确立。

② 后：君主。

卒（cù 促）然离蘖[1]。	忽然遭到灾祸。
何启惟[2]忧，	为什么启遭忧患，
而能拘是达[3]？	却能把拘禁解脱？
皆归射鞫（jú 菊）[4]，	为何益的部众都交出了武器，
而无害厥躬？	而对启无所伤害？
何后益作革[5]，	为何益的国运被革除，
而禹播降[6]？	而禹的后代却繁昌？

——《楚辞·天问》

其实，启胜益败并非偶然，一个是新兴的奴隶主阶级的代表，因而得到了更多的拥护，一个是旧的氏族贵族代表，其失败是必然的。

反抗的势力不仅来自外部的东夷，也来自夏部落内部。夏族在西方的同姓邦国有扈氏也起兵反对启。有扈氏在今陕西中部、东部一带，是仅次于夏后氏的一个强大的氏族，早在禹的时候，就曾与有扈氏发生过战争。启亲自率领军队讨伐有扈氏，双方大战于甘泽。启在前线发布了誓师词——《甘誓》。他指责有扈氏犯了“威侮五行，怠弃三正”的罪行，上则轻蔑“五行”的天道，下则怠慢“三正”的人事，上天因此要灭绝他们的大命，他要奉行上天的意志去惩罚他们。启命令部下听从指挥，奋勇杀敌，警告不用命的人将受到严厉的惩罚。但是有扈氏的军事力量相当强大，启开始并没有把有扈氏打败，大约经过一年的较量才征服了有扈氏。有人说：“有扈氏为义而亡，知义而不知宜也。”（《淮南子·齐俗训》）其实，他是死抱住氏族社会的旧“义”，不能跟着时代发展之“宜”前进，自然要遭到失败。

对有扈氏战争的胜利，意味着夏王朝终于站住了脚跟。为了庆祝夏王朝的建立，夏启在钧台（今河南阳翟）大会诸侯，举行宴享，诸侯纷

---

① 卒：同“猝”，突然；离：同“罹”，遭到不幸；蘖：灾祸。
② 惟：同“罹”。
③ 拘：拘禁；达：解脱。
④ 鞫：箭袋。
⑤ 作：通“祚”，国运；革：革除。
⑥ 播：通“蕃”，繁盛；降：昌隆。

纷前来朝贺。夏王朝的统治得到了诸侯的正式承认。

夏王朝建立以后，社会经济和文化开始有了进一步发展。夏启即位的第十年，曾在大穆之野举行一次大规模的乐舞会，演奏了“九韶”“九歌”等音乐，会上“万舞翼翼，章闻于天”（《墨子·非乐》），场面十分壮阔。在当时，音乐舞蹈的出现是人类物质文化达到一定水平的产物。夏启时能够演出这样大型的乐舞，正是文明时代到来的一个标志。

夏启顺应历史发展的趋势，建立了第一个奴隶制王朝，在中国历史上有不可磨灭的功绩。

从公元前 21 世纪夏启建国以后，夏王朝共传十三世、十六王，到公元前 17 世纪夏桀亡国，共历 500 年左右。① 夏朝是我国历史上第一个有明确的世系的王朝，根据《古本竹书纪年》和《史记·夏本纪》的记载，夏朝的世系如下：

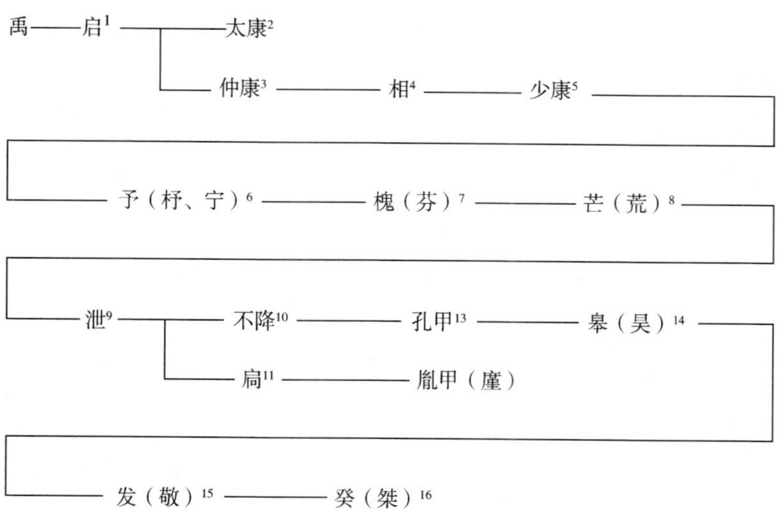

图 1.1　夏朝世系

---

① 关于夏朝的总年代，迄无定论。记载夏朝年代最古老的汲冢竹书——《纪年》曰：“有王与无王，用岁四百七十一年。”可是，当年曾经参加整理这批竹简的学者之一束皙，从竹书中却发现“夏年多殷”，与现存《古本竹书纪年》殷年多夏的记载不一致（见《晋书·束皙传》）。与束皙同时代的皇甫谧则谓夏朝有 432 年（《帝王世纪》）。我们认为，从夏、商两代世系来看，夏朝为十三世十六王，而商朝有十七世三十一王，故夏年不应多于殷年，但从夏、商两朝相差四世来看，夏年也不应少于 432 年。现在我们只能这样推断：夏朝总年代应少于商朝的 600 年而多于 432 年，故以《纪年》471 年说近是。大略而言即为五百年左右，就是从公元前 21 世纪至公元前 17 世纪。

根据夏朝历史的发展情况，我们把它划分为三个发展阶段。

夏朝前期：从启到少康，共四代、五王。这是夏王朝确立和巩固的时期。

这个时期的历史特点是，充满着新与旧的斗争，这种斗争集中地表现为王位世袭制与部落禅让制的斗争，夏王朝在这种剧烈的斗争中得以确立和巩固。大禹传子之后，夏朝历史上相继演出的启与伯益、有扈氏的斗争，太康失国与少康中兴等历史事件，都是这种新与旧斗争的反映。夏王朝是从原始公社的军事民主制度中脱胎而出的奴隶主政权，它是历史上的一个新生事物，必然与旧的传统的氏族制度和习惯势力发生矛盾。旧氏族贵族利用传统的“禅让制”，以反对夏王朝的王位世袭制，而代表新兴奴隶主阶级利益的夏王朝则要求确立王位世袭制，巩固奴隶主阶级的专政。经过几代人的斗争，王位世袭制终于战胜禅让制。这一胜利，意味着奴隶制战胜了原始公社制，奴隶制国家取代了部落联盟机关。

夏朝中期：从帝杼至胤甲，共六代、七王。这是夏王朝的鼎盛时期。夏王朝在巩固了自己的统治以后，到了这个时期，奴隶制的政治、经济都有了较大的发展，国力空前地强盛起来。帝杼有的书写作“予”或“宁”，他是夏朝有名的国王，被认为是能继承大禹事业的人。在他统治期间，夏人的武力非常强大，一直打到东海边，迫使东夷纷纷臣服于夏王朝。因此在他死后，夏人用隆重的祭典来祭祀他。帝杼死后，他的儿子帝槐（或作“芬”）继位。帝槐即位的第三年，“九夷来御”，江淮流域的九个夷人部落向夏王朝称臣纳贡。这个时期夏王朝的版图空前扩大，是夏朝历史上最辉煌的时期。

夏朝后期：从孔甲至桀，共四代、四王。这是夏王朝走向衰落并最后灭亡的时期。这时夏王朝统治阶级日趋腐朽，阶级矛盾也日益激化。孔甲是一个荒淫的国王，他“好方鬼神，事淫乱”。从他以后“夏后氏德衰”，周边的被征服族乘机摆脱夏王朝的控制。所以古书上说：“孔甲乱夏，四世而陨。”从他起只有四代人夏王朝便灭亡了。到了最后一个国王夏桀的时候，内外矛盾都空前尖锐。在黄河下游崛起的商族乘机推翻了夏朝的统治，建立了我国历史上第二个奴隶制王朝——商。

二 从太康失国到少康中兴——夏王朝在动乱中得到巩固

夏启建立了夏王朝，但是这个王朝的统治并不巩固。他死后便发生了延续几十年的动乱，夏王朝差一点儿灭亡，经过这场动乱的考验，夏王朝又得以恢复并进一步巩固。

夏启死后，子太康继位。太康奢侈淫乐，“娱以自纵”。启的五个儿子发动叛乱，互相争夺。东夷的后羿利用夏王朝的内乱和人民的不满，“因夏民以代夏政”，夺取了夏王朝的统治权。

后羿是东夷有穷氏的首领，因此也称“夷羿”。传说他是古代最善射的人。他手中掌握着一支强大的武装。当太康继位后，后羿就从东方的鉏（今河南滑县）向西进逼至夏都附近的穷石（今河南洛阳）。他乘夏朝统治阶级内部斗争的时机，攻下夏都斟寻（今河南巩县），赶走太康，夺取了夏朝的统治权，史称“太康失国”。

后羿也是一个荒唐的统治者。他自恃箭术过人，武力强大，于是“不修民事”“淫于田兽”，沉溺于田猎游乐之中。他抛弃了原来信任的几个贤臣，把政事交给了寒浞。寒浞原是东夷伯明氏的一个不肖子弟，被伯明氏开除出氏族以后，他就投奔后羿。寒浞奸诈狡猾，用献媚逢迎的手段骗得后羿信任，大受重用。他又用各种小恩小惠笼络人心，愚弄人民。大权在握之后，他便企图取后羿而代之，暗中收罗党羽，等待时机。他利用后羿喜好田猎，鼓动他常年游猎于外。有一次，后羿从外打猎回来时，寒浞布置好了家众，发动突然袭击，把后羿杀死。他把后羿的肉煮熟，逼后羿的儿子吃，后羿的儿子不肯吃，自尽于穷门（即国门）。

寒浞夺权以后，霸占了后羿的家产和妻子，后来还生了两个儿子，一个叫浇，一个叫豷（yì）。浇和豷依仗寒浞的权势，为非作歹，“不德于民”。

太康失国以后，同他的兄弟仲康逃跑到外地，不久即死去。仲康的儿子相投奔姒（sì）姓部落的斟灌氏。寒浞派他的儿子浇帅师灭斟灌。相逃至斟寻氏，浇又伐斟寻，大战于潍水，覆其舟，灭了斟寻，杀死了相。

这时，相妻后缗（mín）已有身孕，慌乱中从墙洞逃出，投奔母家有仍氏（今山东济宁）。后缗在有仍生下少康。少康长大后，为有仍“牧正”，管理牧畜。浇听说相的儿子已长大成人，便派亲信椒去有仍抓少康，少康逃奔有虞（今河南虞城）。有虞君虞思很看重少康，委派他当管理膳食的“庖正”，把两个女儿嫁给他，并封给他纶邑。少康在纶收罗“夏众”，积极准备恢复夏朝。

这时，有个叫伯靡的夏遗臣，逃居在有鬲（lì。今山东德州）。他收罗了斟灌、斟寻的残余势力，也在积极做推翻寒浞的准备工作。少康与他联合进攻寒浞。浇和豷是寒浞的两员悍将，必须首先除掉。少康派亲信女艾去刺探浇的情报，同时派自己的儿子季杼去诱豷。然后，少康亲自率军消灭了浇，季杼的军队消灭了豷，伯靡也率领斟灌、斟寻之师讨伐寒浞，攻下了夏邑。于是少康从纶回到夏邑，恢复了王位和夏朝的统治，史称“少康中兴”。

从此，夏朝的统治得以巩固，进入了国势向上的相对稳定时期。

三　“茫茫禹迹”——夏人的活动地区

夏朝是以黄河中、下游为基地而建立的奴隶制国家。古书上说：“茫茫禹迹，画为九州”（《春秋左传正义》卷二九，襄公四年），表明夏人的活动区域已相当广大，并将其统治区划分为九个地区。

河南省的西部，即黄河中游南岸的伊、洛、汝、颍流域，是夏人最重要的活动中心之一。①

周武王灭商以后回到镐京，夜不能寐，谋划如何控制东方的广大征服地区。他对周公旦说：“从洛水入黄河处，到伊水入洛水处，这一片平坦而无险阻的地方，原来是‘有夏之居’。从这里向北可以望见太行山和黄河，向南可以望见三涂山（今河南嵩县境）和伊、洛二水，紧靠着太室山（即嵩山）。”他表示打算在这“天下之中”营建都邑，以控制东部地区。周武王所说的“有夏之居”，就是今天河南西部以嵩山为中心的伊、洛、汝、颍流域，大体包括今天的洛阳、偃师、巩县、登封、禹县、临汝、嵩县、伊川等地。

---

① 关于夏人活动的中心地区，史学界有两种不同的意见。一种看法认为夏人是东夷的一支，其活动中心在东部地区，即黄河下游的鲁西、豫东一带。另一种看法认为夏人活动中心在西部地区，即今天河南西部和山西西南部一带。后面一说不仅传世文献资料的根据比较充分，近年来更获得不少考古资料的证明。

在这一带地区，留下了许多夏人活动的足迹和传说。

嵩山与夏人有着密切的关系。传说禹的父亲鲧曾被封为“崇伯”。古代“崇”“嵩”二字通用。“崇伯”就是嵩山一带的方伯。后来禹又在嵩山南面20里的地方，筑阳城（今河南登封告成镇）以居。

夏朝的第二个国王太康曾经都于斟寻。斟寻大概在今河南巩县，因其境内有寻谷水而得名。

春秋时期，秦穆公于公元前628年出兵伐郑。出师那天，蹇叔哭着给从征的两个儿子西乞术、白乙丙送行，说：“你们这次远征郑国，要路过晋国，晋人肯定要在殽山伏击你们。殽山的南陵，是夏后皋的陵墓……”夏后皋是夏代第十四个国王，他的坟墓所在地殽山，在今河南陕县。

夏桀之居也在河洛地区。周幽王时的史官伯阳父曾说：“夏朝灭亡的时候，伊水洛水都干枯了。”他把伊洛二水之干枯与夏亡联系起来，可见夏桀之居就在这一带。因为这里是夏人活动的中心地区，也是后来商、周二代的统治中心地区，所以古人便把这里看作天下的中心，洛阳被称为“中州”，嵩山被尊为“中岳”。这里正是中国古代文明的摇篮。

山西西南部涑水和汾水下游一带，是夏人活动的另一重要地区。

这里一直是传说中的“夏墟”所在地。周初大分封时，成王的弟弟叔虞被封于唐（今山西翼城），他被告知那里原来是“夏墟”，到那里进行统治要“启以夏政”，亦即利用夏人的一些统治办法。此外，据记载夏启曾经征西河，胤甲也曾在西河建都，西河大概也在今晋西南地区。

现在，在上述两个地区都已发现了夏文化的遗存——二里头文化。

四　一座刚刚打开的迷宫——二里头遗址和夏文化

从1959年开始，考古工作者在河南西部和晋西南地区进行广泛的“夏墟”调查，揭开了探索夏文化的序幕。经过二十多年的努力，在这里发现了一种介于原始公社末期的龙山文化与早商文化之间的二里头文化，从而使夏文化的面貌逐步展示在人们的面前。

我们知道，在黄河流域的中原地区，商文化的下面普遍地叠压着龙山文化。龙山文化是新石器晚期，即父系氏族公社时期的文化。它在河南一带的类型，被称为“河南龙山文化”。经碳十四测定，其绝对年代在

4300—4500年，比夏代的年代要早几百年。关于商代文化，继1949年以前在河南安阳发现商代晚期文化——小屯文化之后，1949年以后又在郑州发现了一种代表商代早期文化的二里岗文化。夏朝是紧挨着商朝之前的一个朝代，因此，夏文化便是介于河南龙山文化与二里岗文化之间的一种文化。现在这种文化终于找到了，它就是二里头文化。

在河南偃师县西南18里，有一个村庄叫二里头。它北依洛河，南临伊水，再远处，北面是绵亘的邙山，东南矗立着高峻的嵩山。在这个村里发现了一处东西长5里，南北宽3里的大面积遗址。遗址中堆积着厚厚的文化层，出土了丰富的遗物，仅陶器一项就有360多件，各种小件器物更多达7000余件，其中有农具、渔猎工具、手工工具和各种武器，还发现了我国最早的青铜器。尤其引人注目的是，在遗址的中部发现了一处大面积的夯土台基，台基上是一座大型的宫殿遗址。这是迄今最早的宫殿建筑。在它的四周还分布着许多方形的、长方形的房基，以及各种窖穴、灰坑、水井和铸铜、制骨等手工业作坊遗址……人们就像进入一座刚刚打开的迷宫一样，大有眼花缭乱、扑朔迷离之感。

这个遗址的文化内涵可以划分为四个时期。第一期有着浓厚的河南龙山文化的风格，如从陶器的器形看，多平底陶器，少圜底陶器，从纹饰看，以篮纹为主，绳纹次之。可见它是从河南龙山文化发展而来的一种文化。到了第四期，则与早商文化非常接近，如陶器中盛行圜底器，纹饰以绳纹为主，篮纹已几近绝迹。由此可见，这是一种承上启下，既有别于河南龙山文化，又有别于商文化的一种自成系统的独特的文化。

和二里头遗址的文化面貌相同的遗址，在豫西、晋南地区都广泛地存在着。在豫西地区已发现有40余处，如登封的玉村、告成，洛阳的东干沟，郑州的洛达庙、旭旮王，临汝的煤山，荥阳的上街，偃师的灰咀、高崖，巩县的稍柴，陕县的七里铺等。在晋南地区也发现了30余处，如夏县的东下冯，永济的东马铺头，翼城的感军等。此外，在豫东、陕东、湖北等地也有所发现。

在这些相同类型的文化遗址中，以偃师二里头遗址最具典型性和代表性，它的遗址面积最大，堆积最厚，文化遗迹和遗物最丰富，地层叠压关系也最清楚。因此，人们便把这种类型的文化遗存，统称为“二里头文化”。根据地区分布特点，把“二里头文化”分为两个类型，豫西地区的遗存为“二里头类型”，晋南地区的遗存为“东下冯类型”。

二里头文化就是人们盼望已久的所要寻找的夏文化。[①] 从地域来看，二里头文化分布的中心地区——豫西、晋南，正是古史传说中夏人活动的中心地区。从时代来看，二里头文化与夏朝的年代相合。依据碳十四测定的绝对年代，二里头一期为公元前 1900 ± 130 年和公元前 1920 ± 115 年，相当于夏代中期稍早。二里头四期为公元前 1625 ± 130 年，相当于夏代的末年。从文化发展系列看，二里头文化上承河南龙山文化，下启早商文化。在郑州商城、登封告成、巩县稍柴和山西夏县东下冯等遗址里，普遍发现二里头文化叠压于早商二里岗文化之下，表明二里头文化早于早商文化，并与其有着某种程度的继承关系。到目前为止，在它们之间还没有发现第三种类型的文化。这个相对年代进一步证明，二里头文化属于夏朝年代范围之内。再从文化面貌来看，二里头文化中包含的反映阶级压迫、国家机器以及青铜器出现等情况，都与文献中所记载的夏代史实相符。由此可见，二里头文化就是夏文化。

五　“夏有乱政，而作禹刑”——夏代国家特征的形成

恩格斯曾经指出了区别国家与氏族组织的两个重要特征，一是按照地域而不是按血缘关系以划分居民；二是各种公共权力，即压迫机关的建立。从这两个方面来看，夏代所建立的机构已经具备了国家的特征。

夏代已经冲破了氏族社会血缘关系的束缚，开始按照地域划分统治地区，组织国民。

夏朝建立后，把天下划分为“九州”以进行统治。《尚书 · 禹贡》说，“九州”有冀州、兖州、青州、徐州、扬州、荆州、豫州、梁州、雍州。所谓“禹贡九州”，实际上主要是以今天河南西部伊、洛、汝、颍为中心的黄河中游一带，即历史上所谓的“中原”地区。对这广大地区，

① “二里头文化”究竟是一种什么性质的文化？考古工作者提出了许多不同的认识，有人认为它是一种先商文化，即商王朝建立前商族的遗存，二里头遗址便是汤都西亳。有人认为它就是我们所要寻找的夏文化，而二里头遗址则是桀都斟寻。即使认为二里头文化是夏文化的同志，也有不同的认识，有的认为它的一、二期属于夏文化，三、四期属于商文化，有的认为它的一、二、三、四期都是夏文化。这个问题的解决，还有待于更多的地下材料的发现和更加深入的研究，但是，就目前已经掌握的材料而言，我们可以把它看作夏文化。

夏朝派遣“九牧”去进行治理。“九牧”已不同于过去的氏族部落首领，而是贯彻夏王朝的意志，统治一方人民的地方长官。这表明夏朝已有了一套治理国民的行政管理系统。

夏代“用国为姓”，是由血缘关系发展为地缘关系的明显标志。夏人本是姒姓氏族，随着人口繁衍，氏族迁徙，产生了许多不同的分支。这些分支，逐渐以所在地作为分族名称。《夏本纪》说，从姒姓中分出了夏后氏、有扈氏、斟寻氏、彤城氏等十三个氏。

公共权力，即军队、监狱以及其他强力机关的出现，是国家出现的第二个重要特征，夏朝也已经具备了这些特征。

军队是国家机器的重要支柱。夏朝已经建立了一支强大的武装队伍。夏启在讨伐有扈氏的誓师词中，要求“六事之人”坚决执行他的命令。“六事之人”就是军事长官，他们既管军队，也管政事，有很大的权力。从甘泽大战中，我们可以看到当时已用兵车作战，并有了一定的阵法。到了夏代中期，军事力量又有了进一步的加强。夏王帝杼就是一个著名的军事统帅。在消灭寒浞的战争中，他曾率领一个方面军，在戈地打败了殪。传说“帝杼作甲”。虽然不能把甲看作帝杼的发明，但他必定曾经改进了甲，并用以装备自己的军队。他在与东夷的斗争中不断加强军事力量。东夷以善射著称，所以帝杼便以坚甲武装自己的军队，战胜了东夷的强弓硬弩。军队主要用以维持夏王朝的统治和对外征服及掠夺。据记载，夏王在历次征伐东夷中，曾“获大鱼”“获狐九尾”，并迫使“九夷来御”“诸夷宾于王门，献其乐舞”（《古本竹书纪年辑证》，第9—10、14—15 页）。

春秋时叔向对子产说：“夏有乱政，而作禹刑。”（《春秋左传正义》卷四三，昭公六年）所谓“乱政”，即有人违犯政令，就是阶级矛盾和阶级斗争，“禹刑”则是夏代刑法的总称，是我国历史上最早出现的刑法。这句话一语道破了刑法产生的根源及其属性，表明“禹刑”的产生是夏代阶级矛盾激化的必然结果，是用以维护奴隶主统治秩序的重要工具。

在刑法出现的同时，一种镇压人民的实体的附属物——监狱也相应地产生了。帝芬时，建造了称为“圜土”的监狱。所谓“圜土”，就是筑成圆形的高大围墙，把“罪犯”关在里面。夏桀囚禁商族首领汤的“夏台”，也是一座有名的监狱。

既然有了公共权力机关，有了众多的官吏和军队，就需要强迫人民交纳贡赋以养活他们。恩格斯说："为了维持这种公共权力，就需要公民缴纳费用——捐税。"（恩格斯：《家庭、私有制和国家的起源》，第169页）捐税是国家存在的一个经济体现，这在以前的氏族社会里是没有的。夏代已经有了这种捐税——"贡赋"。司马迁说："自虞夏时，贡赋备矣。"《孟子·滕文公》说"夏后氏五十而贡"，以五十亩土地为单位征收贡赋。《尚书·禹贡》详细记载了天下九州的地理和土壤，以及各地向夏王朝缴纳的不同贡赋。其中不免有后人附会的地方，但至少可以说明夏代确已有了贡赋。

以上事实表明，夏朝已经具备了国家的基本特征，我国的奴隶制国家在夏代已经形成。

六　"鲧作城郭"与"禹居阳城"——夏代的都邑

《礼记·礼运》篇说，在天下为公的时代是不需要城郭的，到了天下为家的时代，才需要"城郭沟池以为固"。这个说法是符合社会发展规律的。城市的产生和国家产生的根源是一致的。在原始社会里，人类还不需要国家，也不需要城市。只有当私有制产生以后，社会分裂为对立的阶级时，国家和城市才成为必要。所以从本质上看，城市是阶级对立的表现及其产物，是统治阶级用以统治被压迫阶级的一种据点。恩格斯曾以生动的比喻说明了城市产生的实质，他说："在新的设防城市的周围屹立着高峻的墙壁并非无故：它们的壕沟深陷为氏族制度的墓穴，而它们的城楼已经耸入文明时代了。"（恩格斯：《家庭、私有制和国家的起源》，第162页）这种设防城市的出现，就是文明时代——国家出现的又一重要标志。

古代传说我国的城郭，最早是在夏代出现的。《世本·作篇》说："鲧作城郭"。《淮南子·原道训》也说："鲧筑城以卫君，造郭以居人，此城郭之始也。"这段话说明，在鲧那个时代所出现的城郭，已具备了两种主要功能：一是"卫君"，即保护奴隶主最高统治者的安全；二是"居人"，供奴隶主贵族和为他们服务的人居住。

夏代确已有了这种作为统治据点的城邑。《古本竹书纪年》记载夏代曾八次迁都，即禹都阳城（今河南登封），太康居斟寻（今河南偃师），相居斟灌（今山东范县），又迁帝丘（今河南濮阳），帝杼居原（今河南济源），又迁老丘（今河南开封东），廑居西河（今河南安阳），桀又居斟寻。

在河南登封县东南30里有个小镇——告成。告成镇西南3里有一处高地，叫王城岗。站在王城岗上远眺，南对颍水和箕山，东临五渡河，北面30里是峻峭的中岳嵩山。就在王城岗上，考古工作者发掘了一座夏代的城堡遗址。

遗址面积约30万平方米，现存面积约1万平方米。遗址中有东西并列的两座城址。东城只发现了西墙和一小段南墙，西墙南段残长约65米，南墙西段残长约30米。西城的夯土城轮廓基本清楚，略呈正方形，周长约400米。① 城墙的基槽系用夯土筑成，夯层厚10—15厘米，用卵石夯砸而成，表现了相当原始的夯筑技术。

这座城大概就是夏代初期的阳城遗址。

首先，从城堡的时代来看。在城墙基槽的夯土层上叠压有河南龙山文化晚期的灰层和灰坑，夯土墙内则包含有河南龙山文化中期略晚的遗物。据此可知它是属于河南龙山文化中晚期的城址。这是我国目前发现最早的一座古城。碳十四测定其绝对年代为距今4340—3870年。夏代的开国年代为距今4100年，可见这座城正是夏代初期的建筑物。此城出现的时代，与文献中关于夏初已有城郭的记载若合符契。

其次，从城堡的地望来看。许多文献记载都认为登封告成就是古阳城所在地。《太平御览》卷三九嵩山下引韦昭注："夏都阳城，嵩山在焉。"《史记·夏本纪》张守节"正义"引《括地志》说得更明确，它说"阳城县在箕山北十三里""在嵩山南二十三里"。这个地理位置正是今天的告成镇。考古工作者在告成镇发现了一座东周城址，从中出土了多件属于春秋战国时期、盖有"阳城"印戳的陶器，可见这里至少在春秋战国时期还称"阳城"。

---

① 整理者按：原书此段文字作"遗址中有东西并列的两座城址。西城略呈正方形，东西长五十八米，南北宽九十五米左右。东城只发现了西墙和一小段南墙"（原书第25页）。其中应该有误，很可能是印刷错误。因为东西长58米，南北宽95米，是明显的长方形，就与前面所说的"略呈正方形"不符合。今根据刊布的阳城遗址考古资料，对原书的这段文字略作修订。

夏初的史迹，很多就发生在这一带。传说禹的父亲鲧曾被封为“崇伯”，即嵩高山下的部落酋长。古书上说禹的妻子涂山氏女“至嵩高山化为石”，石破北方而生启。（《淮南子》佚文）现在嵩山下的“启母石”显然是根据这个神话传说而附会的，但联系鲧、禹在这一带的活动，可以相信这一带曾是夏人早期活动的一个重要地方。王城岗南面的箕山，是禹避舜子商均，和伯益避启的地方。

从这座城墙的基槽上面叠压着二里头类型和商周时代的窖穴、墓葬的情形来看，这座城在夏初以后就废弃了。文献记载启子太康从阳城迁都斟寻（今河南巩县），大概就是这时所废弃的。

从文献记载可知，夏代作为王都的城邑，已有宫殿、宗庙、社稷等建筑。传说“禹作宫室”（《世本·作篇》），夏初已能建造宫室。夏启宴亨诸侯的“璇台”，夏桀所修建的“倾宫”（琼宫）“瑶台”和“琼室”，都是宫殿建筑。夏启《甘誓》所说“用命赏于祖，弗用命戮于社”，其中的“祖”即“祖庙”“宗庙”，“社”即“神社”。《竹书纪年》说：“夏桀末年，社坼裂。”（《古本竹书纪年辑证》，第19页）神社崩坍，意味着国家政权的崩溃。

现在，夏代王都的宫殿、宗庙建筑遗址也已经被发现了。在偃师二里头遗址中部，发现了一座大型的宫殿建筑基址。基址全部由夯土筑成，最厚的地方达4米多。整个平面略呈正方形，东西长约108米，南北宽约100米，总面积约10000平方米。在基址上面保留有排列整齐的柱洞和墙基。考古工作者根据基址遗迹进行了复原，发现基址中部偏北为一座大型的主体殿堂，殿堂面阔八间、进深三间，四坡出檐，外有一周挑檐柱。主体殿堂的前面为平坦开阔的庭院，庭院南面为面阔七间的牌坊式大门。基址的四周还围绕着一组完整的廊庑式建筑。从整个来看，这是由堂、庑、庭、门等单体建筑组成的一座大型建筑群，其布局严整，主次分明，极为壮观。

这座建筑，已经基本上具备了宫殿建筑的特点和规模。有人根据宫殿内发现的若干埋有人骨架和兽骨的祭祀坑，推测这座宫殿可能就是宗庙建筑遗存。

宗庙是古代国家政权的象征。它不仅是统治者祭祀祖先的地方，也是商议军国大事，举行册命典礼、外交盟会的地方。所以，宗庙实际上

图 1.2 偃师二里头宫殿遗址复原模型

就是古代的重要的行政场所。在古代，“凡邑有宗庙先君之主曰都”（《春秋左传正义》卷一〇，庄公二十八年）。二里头遗址有了宗庙建筑，证明它就是当时的王都所在地。

它是哪代国王的王都呢？这座宫殿遗址发现于二里头第三期的文化层中，其绝对年代为距今 3500—3600 年，约当夏代末年。据记载，夏初太康曾居斟寻，夏末桀又居斟寻。二里头遗址可能就是夏桀的都邑——斟寻。

第二章　夏代经济文化的发展和夏朝的灭亡

一　“贡金九牧，铸鼎象物”——夏代已进入青铜时代

社会生产力的发展，促进了原始社会的瓦解和奴隶社会的形成，而当奴隶制度确立之后，又促进了社会经济和科学文化的更大发展，因为“只有奴隶制才使农业和工业之间的更大规模的分工成为可能”，所以，“在当时的条件下，采用奴隶制是一个巨大的进步”（恩格斯：《反杜林论》，第196、197页）。随着夏代奴隶制度的确立，社会经济和科学文化都有了明显的进步和发展。

春秋时期，楚庄王北伐陆浑之戎时，曾向周定王派来的使者王孙满打听周王室的九鼎的轻重大小，王孙满答道：“在德不在鼎。周室的九鼎，乃是夏朝初建时所铸造。夏桀昏乱，鼎迁于商。后来商纣暴虐，鼎又迁于周。如今周德虽然衰败，但天命未改，鼎之轻重，还是不可问啊！”夏铸九鼎是古代流行的传说，从这个故事可知，周人是承认他们传国的九鼎始铸于夏朝的。据说夏王为了铸造九鼎，曾命令九州的地方长官“九牧”，负责征敛青铜，贡献于夏王室，并把各地的物象铸造在鼎上，以象征天下九州都荟聚于夏朝中央。所谓“贡金九牧，铸鼎象物”（《春秋左传正义》卷二一，宣公三年），讲的就是这件事情。

从当时生产力发展的水平来看，夏代已经掌握了铸造青铜鼎的技术是有可能的。

古代文献一再提到，夏代已经使用铜器。传说大禹曾用铜质工具去开凿龙门。夏启曾派遣蜚廉到山上去开采铜矿，将其运到昆吾去冶炼，然后铸成四足的方鼎。昆吾原是一个善于制造陶器的部落。烧窑制陶的

技术对于人类掌握青铜冶铸技术有着直接的关系，所以昆吾便同时又是夏朝的青铜冶铸中心。

考古发掘资料证明了文献记载夏代用铜是可信的。

二里头文化已是一种青铜文化。

在二里头类型的遗址中，出土了不少铜器，以及炼铜遗址中的铜渣、陶范和坩锅片。对其中部分铜器进行科学的检验，得知其成分平均含铜91.85%，锡5.55%，铅1.19%。虽然其铅、锡含量偏低，表现了冶炼工艺的原始性，但它毕竟已属于青铜的范畴。不过，这些铜器主要是在其晚期发现的，早期还很少见到。

二里头文化出土的青铜器，不仅有大量的生产工具，而且还有武器和礼器。青铜工具如小刀、钻、锥、凿、锛和鱼钩等，都是模仿石、骨、蚌器而制作的，器小而薄，造型极其简陋。例如小刀的刃部仅长三、四厘米，刃部和柄部还没有明显的分界。青铜兵器有镞、戈、钺等，其中以铜镞的数量较多。铜镞有几种不同的式样，有一种双翼带鋌式的铜镞，是一种进步的形制，其杀伤力是过去的石、骨、蚌镞所不能相比的。铜爵和铜铃是迄今发现的仅有的两种礼器。铜爵是模仿陶爵而铸造的，器表没有任何纹饰，与早商的铜爵相比，显得十分古朴简陋。但是，铸造这种空体的容器，比铸造实体的工具、兵器，要求有更高的技术，它必须使用合范法，即除了外范，还需要内范。这种铸造工艺显然是经历了一定的发展阶段之后的产物。所以，我国青铜冶铸出现的时间，至少应在二里头文化早期或龙山文化的晚期。

青铜时代的到来，意味着原始的社会生产力已发展到了一个新的阶段。青铜本身就是一种强大的生产力，并推动着社会生产力的总的发展。青铜冶铸需要专门的技术，它的出现表明农业和手工业有了更进一步的分工。不过，青铜虽然可以制造有用的工具和武器，但并不能排挤掉石器，这只有铁才能做到。所以，在二里头文化中，主要的生产工具仍然是石、骨、蚌器。

二　“仪狄造酒”与“昆吾作陶”——夏代的农业和手工业

农业是夏代主要的经济部门。

二里头文化中发现了大量的农业生产工具，其器类以镰、刀、斧、铲为主，其质料以石器最多，骨器、蚌器次之。在一些灰坑的壁上，发现了木耒的痕迹，证明木器也是当时重要的工具。青铜农具还没有发现，因为青铜还是比较稀少珍贵的东西，还不能用以制造农具。值得注意的是，这个时期的出土农具数量已大大超过龙山文化，表明夏代农业生产比龙山文化时期已有很大的提高。农具中的收割工具比垦殖工具大为增加，表明农业产量的迅速提高。

水利是发展农业的必要条件。夏人有着从事水利事业的传统。大禹治水以后便致力于开凿沟渠，引水灌田。与他一起治水的伯益发明了凿井（《世本·作篇》："伯益作井。"）在洛阳的矬李，曾经发现河南龙山文化晚期的水沟和水井，水渠宽 2、3 米，深 1 米左右，水井深 6 米多。夏朝统治者重视水利，设有水官负责水利。商族首领契的六世孙冥担任水官，夏王曾派他去治河。

酿酒业的发展，从一个侧面反映了夏代农业的发展情况。传说"仪狄造酒"（《世本·作篇》①），酒为禹臣仪狄所发明。实际上，酒的发明远在夏代之前，不过仪狄在酿酒工艺上大概有较突出的创造和改进，故后人将其发明权归给了他。相传夏朝国王少康也很善于酿酒，他发明了酿造"秫酒"的技术（《初学记》引《世本》："少康作秫酒。"）秫就是一种粘度较高的高粱。夏代已主要使用粮食去酿酒。

夏代饮酒之风已经比较盛行。二里头文化出土的陶器中，酒器占有相当的比重，觚（gū）、爵、盉（hé）等酒器已经很流行，甚至在一些小墓中也成组地出现这套酒器。还发现了用青铜铸造的爵。如果没有剩余的粮食，酿酒业是不能这样发展的。

农业生产的发展，促进了手工业的发展。当农业能够提供比从前多的粮食时，就可以使社会上一部分人不从事农业而专营手工业。"夏后氏尚匠"的说法，表明夏代的手工业已有了较大的发展。

前面已经提到，夏代兴起了一个新的手工业部门——青铜冶铸业。它代表了夏代手工业发展的最新成就和最高水平。但是，它毕竟还是正

① 整理者按：秦嘉谟辑本《世本·作篇》作"仪狄造酒"。唐徐坚《初学记》引《世本》："仪狄始作酒醪，变五味。"《尚书正义》孔颖达疏引《世本》云"仪狄造酒"。故后人引此典故，或作"仪狄造酒"，或作"仪狄作酒"。无论"作酒"还是"造酒"，其义皆通。

在发展中的一项新兴的手工业，在社会经济中所占的比重还是不大的，当时手工业中的主要部门仍然是烧制陶器。

二里头文化中出土了种类繁多的陶器。作为炊煮用具，以四足方鼎、深腹罐、袋足鬶（guī）、锥足鬲等为主，食器和容器，以深腹盆、三足盘、平底盆、豆、澄滤器等比较多见，酒器则以觚、爵、盉三种器型为主。在一些比较讲究的陶器上，往往刻划或打印有云雷纹、曲折纹、叶脉纹以及各种动物形纹，它们便是日后铜器花纹的摹本。

昆吾（今河南许昌东）是夏代著名的制陶中心，《世本·作篇》说“昆吾作陶”。他们“为夏伯制作陶冶”（《吕氏春秋·君守》高诱注），专门制作精美的陶器供夏王室使用。圜底陶壶是昆吾的一种特产，《说文解字》把“壶”字解释为“昆吾圜器”。二里头类型遗址中出土的圜底陶壶，与甲骨文“壶”（或或）字的确非常相像（参见邹衡《试论夏文化》，《夏商周考古学论文集》，文物出版社 1980 年版）。

夏代已经设有专司车辆制造的官职——车正。奚仲就是夏朝的车正，他被封于薛（今山东滕县），在那里为夏王朝主管制造车辆，因此，古代有“奚仲作车”（《世本·作篇》）的传说。夏代车辆的实物还没有发现，不过从其手工业发展水平来看，当时能制造车辆大概是没有问题的。

此外，夏代还有制造骨、角、蚌和玉、石制品的手工业，这些产品的作工已比较精细，反映了较高的工艺水平。

农业和手工业的分工，促进了交换的发展。古人认为货币是从夏代开始的，所谓“夏后以玄贝”（《盐铁论》卷一《错币》）。二里头文化中发现有通过交换而来的海贝，在一个墓葬中曾出土了 12 枚。同时还出现了模仿海贝制作的骨贝和石贝。看来贝在夏代已经作为货币而流通了。

三　“行夏之时”——夏代的科学文化

社会经济的发展，给科学文化的发展创造了必要的条件并提出了新的要求。随着夏代社会经济的发展，科学文化也有了相应的发展。

孔子在回答颜渊关于如何治国的问题时，主张吸收夏、商、周三代的优秀成果，头一项就是“行夏之时”，即采用夏代的历法。“夏时”是我国最古老的历法，《竹书纪年》有夏禹元年“颁夏时于邦国”的说法。

夏代是我国古代天文历法的滥觞时期。

农业生产与气候、节令的变化息息相关，而它们又与天象的变化有密切的关系，因此，我国古代人民非常重视观察物候和天象的变化，并掌握它的规律，以决定一年的四季和节令，使农业生产不违农时。这就是历法所产生的基础。

夏代对于天象的观察已很重视，“观象授时”是夏朝的一项国政，它可能已有专职人员负责观测天象。因此夏代还流传下来一些天象观察的记录。《左传》所引用的一段《夏书》中，有我国最早的，也是世界上最早的一次日食记录。有一年“辰不集于房”（《春秋左传正义》卷四八，昭公十七年），即在房宿的位置上发生了日蚀。这在当时引起了巨大的震动，瞽人（乐师）擂起了鼓，庶人惊恐得四处躲藏，管理庶人的“啬夫”吓得坐着车马奔逃。《竹书纪年》记载夏桀十五年，有一天半夜，“星陨如雨”，这是世界上最早的一次流星雨的记录。

夏历就是观察天象成果的积累。它根据北斗星斗柄的旋转，以确定一年十二个月份，以斗柄指向寅的正月为岁首，即以建寅之月为正月。古人认为夏历比较正确地反映了天象运行规律，所以有“夏数得天”（《春秋左传正义》卷四八，昭公十七年）的说法。从汉武帝颁布《太初历》，到现在流行的夏历，都是使用“夏正”，即以建寅之月为岁首。

干支记日的方法，夏代已经开始使用。夏朝最后几个国王，胤甲、孔甲、履癸等，都是以天干命名的。

战国时期流行的《夏小正》，据说是夏代流传下来的一部历书。它记载了一年十二个月的物候、气象、星象和有关重大政事，特别是生产方面的大事，包括农耕、渔猎、蚕桑、养马等。书中有些内容可能属后人的增添，但它多多少少还是反映了夏代的历法知识和农业生产发展水平。

夏代还有关于地震的古老记录。《竹书纪年》中保存了关于夏末三次大地震的记载。第一次是在帝发七年，发生于泰山的一次地震。这是世界上最早的一次地震记录。夏桀在位时，分别于十五年和三十年发生过两次地震。

文明时代到来的重要标志之一，就是文字的出现以及将之应用于文献的记载。夏代应当有了文字。在二里头的陶器中，发现有十多种刻划，其中如“”“”“”“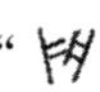”“”和“”等，很可能就是当

时的文字。夏代也应当有了文字记录的典册。作为上古历史文件汇编的《尚书》，其第一部分就是《虞夏书》，至今还保存有《甘誓》《禹贡》等《夏书》。此外，在先秦典籍中还经常引用一些不见于今本《尚书》的《夏书》或《夏训》。可见夏代确实已经有了文献记载。从这个角度来看，可以说我国从夏代开始已进入有文字可考的历史时代。

四 “有田一成，有众一旅”——夏代的阶级关系

“富人和穷人，剥削者和被剥削者，享有完全权利的人和毫无权利的人，他们彼此间的残酷的阶级斗争——这就是奴隶占有制度的情景。”（斯大林：《论辩证唯物主义和历史唯物主义》，《斯大林选集》下卷，人民出版社 1979 年版，第 447 页）在夏代的社会中，也存在着这样两个互相对立的、基本的阶级。

“众”是夏代的被剥削者和基本的农业劳动者。寒浞之乱时，少康因受追捕而流亡于纶邑，在那里，他“有田一成，有众一旅”（《春秋左传正义》卷五七，哀公元年）。所谓“一成”，是指地方十里，“一旅”，大概为五百人。一旅之“众”与一成之“田”连说，表明“众”人是农“田”的主要耕作者。“众”也称为“庶人”。前面提到《夏书》记载日蚀时“啬夫驰，庶人走”。这里的“庶人”就是“众”，而“啬夫”则是管理和督促“庶人”耕作的奴隶主小头目。

“众”是夏代的被统治阶级。《夏书》说：“众非元后，何戴？后非众，无与守邦。”（《国语·周语上》）“后”指夏王。“众”必须拥戴夏王，即服从夏王的统治，而“后”则依靠“众”来守邦，即统治众人。“众”和“后”是夏代社会两个互相对立的阶级，它们之间是一种统治与被统治的关系。

“众”除了要为奴隶主耕种田地之外，还要负担沉重的劳役。商汤讨伐夏桀时，指责夏桀的一大罪状是“率遏（绝）众力，率割（割剥）夏邑”（《尚书·汤誓》）。即大兴徭役，竭尽了众人之力，残酷地割剥夏邑。二里头遗址中部发现的那座大型宫殿，就是夏代末年的建筑物。仅其台基夯土的土方总量就在 2 万立方米以上，据估算，即使在今天用人工夯筑，至少也需要十余万个劳动日。再加上挖基、垫石、筑材、盖房等工序，其所需劳动日更在数十万至百万之多。如果不是强迫成千上万

的“众”人为其无偿劳役，要完成这样巨大的工程是绝对不可能的。二里头遗址的这座大型宫殿，就是夏王“率遏众力，率割夏邑”的见证。

“众”和“庶人”有不少原是夏王的本族群众，即过去的农村公社的基本成员，所以他们常常被称为“夏众”或“家众”。在进入阶级社会以后，他们成了以夏王为首的奴隶主奴役剥削的对象，普遍地沦为实际上的奴隶。夏启在《甘誓》中威胁他们，如不努力作战就要把他们处死或罚作奴隶，即下降为比农业奴隶身份更为低下的罪犯奴隶。

夏代的奴隶除“众”“庶人”外，还有通过战争得到的被征服族或战俘。启在征服有扈氏以后，把他们罚作“牧竖”，强迫他们“牧夫牛羊”（《楚辞·天问》），变为牧畜奴隶。桀伐岷山，岷山“进女于桀”（《古本竹书纪年辑证》，第16—17页），对外战争的目的之一就是俘掠或强迫“进贡”臣妾为奴。

二里头文化的墓葬制度，一定程度上反映了当时阶级对立的事实。其墓葬大体有三种类型。一类是长方形的竖穴大墓，墓室4、5平方米，使用大量珠砂铺底，有棺有椁，随葬有成批的玉、铜礼器和兵器。说明这类墓主人生前不仅占有较多的财富，而且还享有某些特权，他们应当是属于奴隶主阶级。还有一类墓小于前者，他们虽然有随葬品，但数量不多，最多的21件，最少的只有1件。其中主要是陶器，而玉器和海贝等珍贵物品则很少见到。可见他们生前还有属于自己的一定的财产。他们可能是当时的平民。最后一种墓，则根本没有一定的墓圹，而是散见于灰坑或灰层中的骨架，有的还跟兽骨埋在一起。他们没有任何随葬品，有的身首异处，或只有头骨或零星的肢骨。这种埋葬情况，在龙山文化遗址中已有发现，而在二里头文化遗址中则更为普遍了。这显然不是正常死亡。不难看出，这一部分人生前不仅一无所有，而且完全丧失了人身自由，他们当中有不少人大概就是奴隶。

五 “时日曷丧，予及女偕亡”——阶级斗争的发展与成汤灭夏

“自从原始公社解体以来，组成为每个社会的各阶级之间的斗争，总是历史发展的伟大动力。”（恩格斯：《国际社会主义和意大利社会主义》中央编译局，《马克思恩格斯全集》第二十二卷，人民出版社1965年版，第560页）夏代虽然是刚从原始社会解体以后建立的早期奴隶社

会，但是，在夏朝统治的几百年间，社会各阶级之间的斗争即已存在，这种斗争推动着夏代历史在向前发展变化。

夏朝前期从太康失国到少康中兴的一系列事变，无不受到阶级斗争的制约和影响。太康被东夷人推翻，一个重要原因是他“盘于游田，不恤民事”“内作色荒，外作禽荒”，从而激起了“夏民”的不满，使后羿得以“因夏民以代夏政”。后羿之被寒浞推翻，也是因为他“不修民事，淫于田兽”，骑在“夏民”头上作威作福，使寒浞得以动员“家众”杀掉后羿。少康处于兵微力薄的劣势条件下，终于能够打败势力强大的寒浞，也是因为寒浞“不德于民”。而少康在流亡潦倒的情况下，因“能布其德”于民，争得了民心，故能战胜政敌，复国中兴。这一系列事实表明，正是“夏民”，即自由民和奴隶大众的向背，决定着统治者的久暂，他们所进行的阶级斗争，推倒了一个个“淫君”“暴主”，从而把历史向前推进。

经过夏代前期几十年激烈的阶级斗争，少康以后，夏代的统治进入相对稳定时期，保持了六、七代人的政治安定的局面。但是，到了夏代第十三个国王孔甲的时候，夏代的阶级矛盾又尖锐起来。孔甲“好方鬼神，事淫乱”。他的骄奢淫佚激起了人民的反对和诸侯的叛离，从此“夏后氏德衰”，夏王朝的统治发生了危机，只过了四代便亡国，所以史称“孔甲乱夏，四世而陨”（《国语·周语下》）。

夏桀是夏朝最后一个国王，也是历史上有名的一个暴君。他“不务德，而武伤百姓，百姓弗堪”（《史记·夏本纪》），残酷地压迫剥削人民，使人民无法忍受。他为了满足其奢侈的享受，便大肆“作倾宫，饰瑶台，作琼室，立玉门”（《古本竹书纪年辑证》，第18页），建造了许多豪华的宫室台榭。为此，他无休无止地征发夏民，强迫他们无偿劳役，他拼命地宰割夏民，“殚百姓之财”，榨干了他们的血汗。夏民“率怠弗协”，用怠工的方式进行反抗。他们对于夏桀的暴政已达到忍无可忍的程度，愤怒地高喊：“时日曷丧，予及女偕亡!”（《史记·殷本纪》）咒骂夏桀早日完蛋，恨不得与他同归于尽。

夏桀为了转移人民的反抗情绪，又大肆发动对外征伐。他在有仍大会诸侯，有缗氏反对，中途逃归，他便大兴问罪之师，灭掉有缗。接着又出兵讨伐岷山。他的穷兵黩武，劳民伤财，更进一步加重了人民的负担。

就在夏朝的阶级矛盾和斗争如火如荼的时候，黄河下游的一个夷人部落——商，在其首领成汤的领导下兴盛起来了。成汤以讨伐夏桀的虐政暴行为号召，发动了灭夏的战争。双方大战于鸣条之野（今河南封丘东），夏桀大败，退守三朡（今山东定陶）。成汤率师追击至三朡，夏桀兵败，向东南方狼狈逃窜，最后死于南巢（今安徽寿县）。成汤灭夏不也是一幕“因夏民以代夏政”的历史剧吗？

至此，我国历史上第一个奴隶制王朝——夏终于灭亡。

第三章　商朝的建立和发展

一　玄鸟生商——商族的兴起

商族是黄河下游的一个古老的部落。[①] 传说商族的祖先契（xiè），是东方夷人帝喾高辛氏的后裔。商族流传着玄鸟生契的神话。契的母亲简狄是有娀氏女，有一次她伴随本氏族的两个女子，一同出外洗澡。有玄鸟（燕子）飞来，生下鸟卵，简狄取燕卵吞食，因有身孕而生下了契。“天命玄鸟，降而生商”（《诗·商颂·玄鸟》）的诗句，就是对这一神话传说的颂歌。

玄鸟生商虽属神话传说，但并非无稽之谈，它告诉了我们如下两个事实。

第一，商族曾经以鸟作为氏族的图腾。图腾崇拜是产生于原始氏族社会的一种古老的宗教形式。这种宗教迷信把自己氏族的产生，同某种动物或植物联系起来，认为自己氏族与它存在着血缘关系，从而把它作为自己氏族的祖先、保护神和标记。殷墟出土的一些卜辞记载了商王对高祖王亥的祷告、询问或祭祀，值得注意的是，这些卜辞中的“亥”字上面都加了一个鸟形。王亥被看作商族的“高祖”，即遥远的祖先，所以把氏族图腾符号——鸟，加在他的名字之上。[②] 这就证明商族确曾以玄鸟

---

① 关于商族起源的地方，有人认为在北方辽河流域。其主要根据是《世本》谓商先公昭明“居砥石”，而砥石之地望，据《淮南子·地形训》说：“辽出砥石。”高诱注说：“砥石山名，在塞外，辽水所出，南入海。”则砥石在辽河上游之昭乌达盟（见金景芳《商文化起源于我国北方说》，《古史论集》，齐鲁书社 1981 年版）。一般认为商族起源于东方，黄河下游的齐鲁地区是商人的活动中心。徐中舒先生认为，商族力量远达北方，可能越渤海而到东北境内（见徐中舒《殷商史中的几个问题》，《四川大学学报》1979 年第 2 期）。

② 《山海经·大荒东经》：“有人曰王亥，两手操鸟方食其头。”与甲骨文相合，进一步证明王亥与鸟有密切关系。甲骨文写王亥之“亥”字，除加鸟头之外，也有在旁边加上手形，表现了“两手操鸟”之意。

作为氏族的图腾。东方夷族有不少氏族是以鸟为图腾的，如少昊氏“以鸟名官”的传说，就是少昊氏以鸟为图腾的反映。商族以鸟为图腾，说明它也是起源于东方的夷人氏族。

第二，它还告诉我们，商族是从有娀氏分出的一个宗族发展起来的。契是这个宗族的第一代始祖，他被“封于商，赐姓子氏”（《史记·夏本纪》），“商”是这个宗族的居住地，因而成为宗族名称，号称“商”族。“子”则是这个宗族成员共同的姓。

商族是与夏族东西并列，同时发展起来的。商人在祭祀祖先的庙堂上，歌颂他们宗族远古的历史时，唱道：

濬哲维商，　　聪明智慧的商族，
长发其祥。　　发祥的历史十分长久。
洪水芒芒，　　当洪水茫茫的时候，
禹敷下土方，　　大禹平治了水土，
外大国是疆。　　把夏以外的大国扩展为边疆。
幅陨既长，　　幅员已经够大的了，
有娀方将，　　有娀氏正在强大起来，
帝立子生商。　　上帝立她的儿子为商的始祖。
玄王[①]桓拨，　　玄王契勇武奋发，
受小国是达，　　支配小国得心应手，
受大国是达。　　支配大国得心应手。
率履不越，　　遵循正道不越礼法，
遂视既发！　　相机行事尽得其宜！

——《诗·商颂·长发》

是的，商族与夏族有同样悠久的历史。契和禹是同时代的人，曾协助大禹治理洪水。不过，当夏族建立了第一个奴隶制王朝的时候，商族

① 玄王即契，因“契由玄鸟卵而生”，故称玄王（见《国语·周语下》韦昭注）。也有人认为玄王之“玄“不是指玄鸟，而是北方的意思，故玄王就是北方之王（见金景芳《商文化起源于我国北方说》）。

还处在父系氏族公社阶段，离阶级分化和国家的建立，还有一段遥远的距离。因此，在夏朝统治时期，商族是其在东方的一个附庸。

从契以后，传十四世至成汤，商族才灭夏建立了商王朝。所谓“玄王勤商，十有四世而兴”（《国语·周语下》）。商族从契至成汤的十四世，与夏朝从禹至桀的十四世正好相当。

成汤建国以前被称为商族的“先公”时期，先公世系有许多已得到甲骨刻辞的印证，因而大体是可靠的。

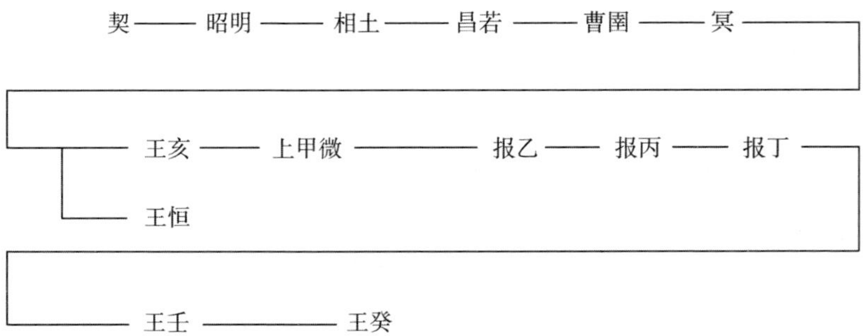

图 3.1　商族先公世系

从契至成汤建国的几百年间，商族在黄河中下游广阔的平原上频频迁徙，往来无定，据说一共迁移了八次之多。这八次迁徙大概是这样：

契从商迁蕃（今河北省平山县境）；
昭明迁于砥石（今河北省石家庄以南、邢台以北一带）；
昭明又迁于商（今河北省南部漳河地区）；
相土东迁泰山下；
相土复归商丘；
上甲微迁于殷（今河南安阳）；
上甲微复归于商丘；
汤始居亳。①

① 关于八迁及地望的考证，参见王国维《观堂集林》卷一二《说自契至于成汤八迁》，中华书局 1959 年版；邹衡《夏商周考古学论文集》第四篇《论汤都郑亳及其前后的迁徙》，文物出版社 1980 年版。

以上八迁的地望虽然不一定完全可靠，但大体不出今河南、河北、山东三省的范围，而河北南部和河南北部一带则为商族活动的中心地区。

到契的孙子相土的时候，夏朝发生了后羿寒浞之乱，相乘机扩展势力，“相土烈烈，海外有截”（《诗·商颂·长发》），威武的相土，使远至海外的人们都一致服从。大概商族的势力已发展到了东海之滨。为了纪念相土的功烈，商人用沉十牛于河的隆重祭典来祭祀他。

商族的农业在夏代前期就有了一定程度的发展。在古代东方，农业生产所需要的水利工程是全社会的公共工程。早在夏初，商族就参加了禹所领导的治水工程。到了契的六世孙冥的时候，夏朝命他为水官，继续负责农田水利。他曾被派去领导治河，最后死于治河工程之中，所谓“冥勤其官而水死”（《国语·鲁语》）。商族把他看作仅次于契的重要先公。

商族的畜牧业也有很大的发展。商族建国前的八次大迁徙，大概与适应畜牧业发展需要有关系。由于畜牧业的发展和频繁迁徙的需要，商族掌握了役使畜力的方法。相土时已学会“乘”马，到王亥①时又掌握了“服牛”的技术。

社会经济的发展，促进了商族交换关系的发展。不过，正如马克思所指出的：“商品交换过程最初不是在原始公社的内部出现的。而是在它的尽头，在它的边界上，在它与其他公社接触的少数地点出现的。这里开始了物物交换，从此浸入到公社的内部，对它起着瓦解作用。”（马克思：《政治经济学批判》，《马克思恩格斯全集》第十三卷，人民出版社 1962 年版，第 39 页）这时商族的交换关系也不是在它内部出现的，而是与其他氏族的交换。王亥曾赶着牛群，到河北的有易氏领地进行贸易。有易氏首领绵臣杀死王亥，抢走了他的牛群。王亥的儿子上甲微决心替父报仇，借来河伯的武装，打败有易氏，杀死了绵臣。这个故事表明，氏族部落之间的交换，还是由氏族部落首领为代表而进行的。

农业、畜牧业的发展，促进了商族历法的产生。从上甲微以后，到成汤的父亲王癸，商族的先公们都已用日干为名，大概这时历法已经发

---

① 王亥，在先秦古籍中或作“该”（《楚辞·天问》），或作“胲”（《世本》）等。

展起来了。而历法的出现，反过来又促进了农业、畜牧业的进一步发展。

社会经济的发展，特别是交换关系的发展，加速了商族私有制的产生和阶级的分化。氏族部落首领在代表本族对外交换中，逐渐窃取氏族部落财产为己有，王亥与有易氏贸易的牛群，大概是最初出现的私有财产。商族与有易氏之间的战争，具有部落之间互相掠夺邻人财富的性质。对外掠夺更加速了阶级的分化和首领的权力。从上甲微以后，商族的首领逐步向国王转化，而部落组织也逐渐变成国家政权。因此，商族把上甲微看作是能继承契的事业的先公，认为从他开始商族“复兴”，故给予他隆重的“报祭”。正当商族在东方崛起时，夏王朝却在下坡路上日益走向腐朽衰败。

二 成汤灭夏——商朝的建立

成汤是契的第十四代孙。“汤”字甲骨文写作“唐”，古代“汤”“唐”同音通用，故又称他“成唐”。殷人尊称他为“天乙”，又写作“大乙”。成汤时，商族已经完成了向国家的过渡。

成汤即位之初，商族的力量还比较弱小，臣服于夏朝。夏桀曾把成汤召去，囚禁于夏台。这时夏朝在夏桀的残暴统治下，内外矛盾都极其尖锐，不仅国内人民纷起反抗，周边方国也纷纷叛离。相反地，这时商汤在诸侯方国中却有很高威信，“汤行仁义，敬鬼神，天下皆一心归之”（《越绝书・三》）。当时“荆伯”对商不服从，商汤便送了许多牛给荆伯做祭祀的牺牲，于是荆伯便与商诚心结好。而有洛氏劳民伤财，大修宫室池囿，农民都不能去种地，发生了饥荒，成汤便出兵讨伐了这个无道之君。大概由于成汤得到了诸侯方国的一致拥护，所以夏桀不得不释放了他。成汤被释后，“诸侯八译，来者六国”［（唐）虞世南辑录：《北堂书钞》卷一〇《帝王部十・来远三十八》引《尚书大传》，或作“诸侯八译，来朝者六国”］，更加得到诸侯的归心。这段经历，使成汤对于夏朝的内外矛盾有了更加切身的体验和了解。他回国以后，更加积极地进行灭夏的准备工作，励精图治，积蓄力量。

成汤任用贤人伊尹为相。伊尹原名伊挚，他的母亲是有侁氏女。其母有一次外出采桑，生伊尹于空桑（今河南开封陈留镇）。由于其母住在伊水之滨，他便以“伊”为姓。他有志于辅佐成汤，但一直不得机会。

有一次，成汤娶夏的同姓有莘氏女为妃，伊挚便以有莘氏媵臣——陪嫁奴仆的身份，来到成汤的身边。伊挚长于烹调，他带着鼎、俎之类的做饭用具，以拿手的烹任技艺赢得了成汤的赏识，从而得以向成汤进献灭夏建国的大计。伊挚果然取得成汤的信任，被任命为“尹”，成为最高执政大臣。因此人们便叫他伊尹，又叫“阿衡”①，甲骨文中还称他为“伊奭”“黄尹”等名号。与伊尹齐名的另一个贤相叫仲虺（huǐ），他原是夏“车正”奚仲的后代，如今也投奔成汤，加入到反对夏桀的阵线。成汤曾派伊尹出使夏朝，他到了那里，目睹了夏政的黑暗和丑恶，于是急不可待地从夏回商。伊尹回到亳（bó）都北门时，遇到了女鸠、女房两位贤人，便同他们一齐去见成汤。他们二人也成了成汤麾下得力的助手。

商汤在伊尹、仲虺等人大力辅佐下，做好了准备工作，便对夏桀发起了攻势。

成汤伐桀是从灭葛开始的。葛是夏朝的盟国，在汤都亳地的附近，可以说是夏朝安在商人身边的一颗钉子，所以灭夏必须先拔去这颗钉子。葛伯的放纵无道，给成汤提供了进攻的借口和机会。葛伯不祭祀祖先，成汤便派人去质问。葛伯推诿说因为没有牛羊做牺牲。成汤派人给他送去牛羊，他把牛羊全都宰了吃掉，照样不祭先祖。成汤再次派人去质问他，他推诿说因为没有祭祀的粮食。成汤便派人去葛帮助种庄稼，生产粮食叫他好做祭品。谁知葛伯不仅不领情，反而派人去抢商族老弱妇孺给种地人送的饷田饭，谁不给就把谁杀掉。尤其可恨的是，他竟把一个送饭的儿童杀死了。这件事大大地激怒了商族人民。成汤便率领商军，一鼓作气地消灭了葛。从此揭开了灭夏战争的序幕。所以孟子评论说：“汤始征，自葛载。”（《孟子·滕文公下》）

灭葛之后，成汤便展开了更大规模的灭夏战争。战争得到了诸侯和四方人民的拥护，在夏桀暴政下备受煎熬的人民，盼望成汤的军队，有如大旱之望云雨，汤军向东打，西边的人埋怨，汤军向北伐，南面的人有意见，都说：为什么不先来我们这里？因此，成汤的军队所向披靡，“十一征而无敌于天下”（《孟子·滕文公下》）。

---

① “阿衡”又称“保衡”，有人认为是伊尹之名，有人认为是伊尹之官号。有人认为伊尹、阿衡为二人，分别为成汤、太甲之臣（见《尚书·君奭》）。

商人歌颂成汤伐夏的战争，说：

武王载旆，	旌旗挥舞，汤王伐桀，
有虔秉钺，	威武勇猛，手执斧钺，
如火烈烈，	军威雄壮，如火烈烈，
则莫我敢曷。	燃遍四方，谁敢抵挡?!
苞有三蘖，	余蘖有三，祸根夏桀，
莫遂莫达，	莫使蔓延，彻底消灭，
九有有截。	九州混同，天下一统。
韦顾既伐，	韦、顾二蘖，已经消灭，
昆吾夏桀！	顺序铲除，三蘖昆吾，
	夏桀孤立，瓮中之鳖！

——《诗·商颂·长发》

成汤的军队，士气高涨，势如破竹，很快就逼近夏朝的心脏地带，灭夏战争的决定性阶段是翦除夏桀最后三个据点——韦、顾和昆吾。击败了这三个盟国，就翦除了夏朝的羽翼，东部地区就全部控制在商人手中，夏桀就孤立无援，成了瓮中之鳖。

消灭韦、顾、昆吾以后，商汤在伊尹等人随从下，亲自率师讨伐夏桀。成汤在战前发表了激昂慷慨的誓师词，他说：

你们诸位快来，都要好生听我讲话！并非“余小子”敢于发动叛乱，是因为有夏犯了许多罪行，上天命令我们前往诛灭它！

现在你们大家有的说：“我们的君主不怜惜我们众人，使我们放下农事去征伐夏国。”我要告诉你们知道，有夏多罪，我怕违背上天的旨意，不敢不去讨伐夏国！

现在你们将要问我：“夏桀的罪行究竟如何呢?”我要告诉你们，夏桀大兴徭役，耗尽了夏民的力量，把夏邑已割剥尽净。夏民对夏桀的暴行极其不满，全都怠于奉上，离心离德，他们说：“这个太阳何时落，我甘愿与他同归于尽!”夏桀的政治坏到这种地步，现在我一定要去讨伐他！

你们要好生辅佐“予一人”，执行上天对夏的惩罚。我将要大大地赏赐你们，你们不要不相信，我决不食言。如果你们不服从我的誓词，我就要严惩你们，决不宽赦！

这就是著名的《汤誓》，在这里，成汤揭露了夏朝政治的黑暗和夏桀的暴虐，声称要代表上天执行对夏桀的讨伐。双方首战于有娀之墟，夏桀失败，退守鸣条，又遭惨败。夏桀仓皇东窜，商汤追击至三朡，大胜而归。

成汤回师亳邑，即位为王，三千诸侯前来朝贺，我国第二个奴隶制王朝——商正式建立。商人歌颂成汤建国的诗句写道：

古帝命武汤，　　上帝命令武功昭著的汤王，
正域彼四方，　　规划疆域至于四面八方，
方命厥后，　　普遍地命令四方诸侯，
奄有九有！　　尽有九州而为天下之王！

——《诗·商颂·玄鸟》

成汤建国后，把夏朝传国的九鼎迁到亳都，象征权力的转移。他还打算把夏朝的“社”神也迁来，大臣们不同意，认为那是亡国之社，作了一篇《夏社》，陈述为何不能迁的理由。对于如何治理新王朝，大臣们纷纷陈述自己的政见，如伊尹作《咸有一德》，讲述君臣都应有一德，咎单作《明居》，讲述“明居民之法”。汤即位不久，连续五年大旱，年成不收，于是汤亲自到桑林之社求雨，并禁止弦歌鼓舞。

从成汤建国至帝辛（纣）亡国，商朝共传十七世、三十一王。商朝的世系，比起夏朝来就更加明确可靠了，因为它大多得到了卜辞记载的证实。

商朝的历史可以盘庚迁殷为界，分为前后两个时期。

商朝前期：从成汤建国到盘庚迁殷，共历九世、十九王。这个时期又可划分为两个发展阶段。

第一阶段：从成汤至太戊，五世、十王。这是商王朝建立并逐步巩固的阶段，中间虽有几次波动起伏，但总的来说政局是稳定的，向上发

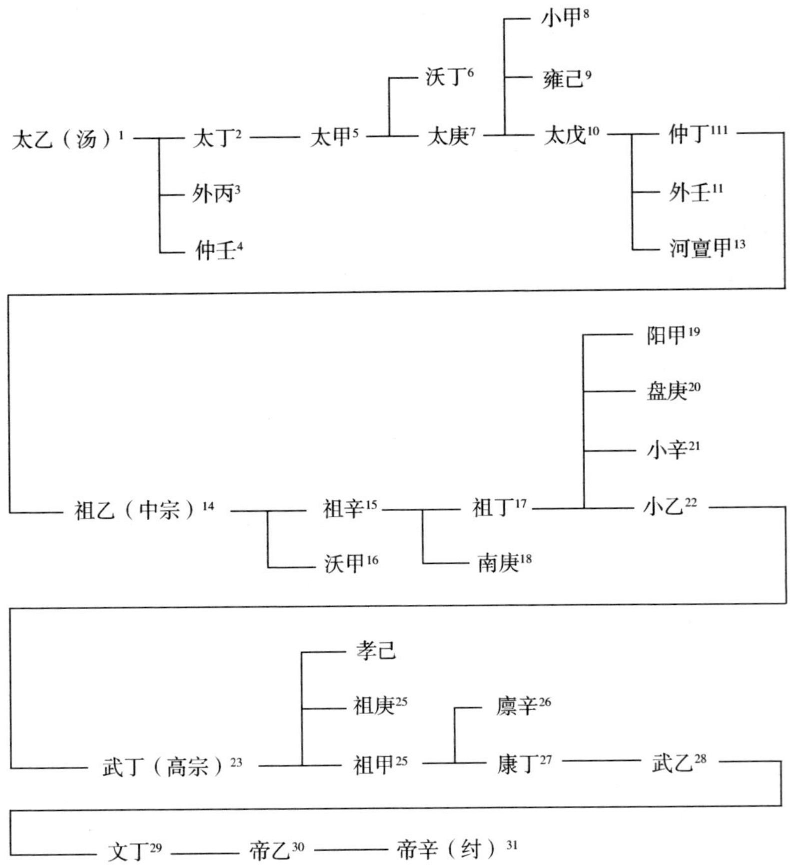

图 3.2　商朝世系图

展的。

第二阶段：从仲丁至盘庚，五世、九王。这是商王朝的中衰阶段。

太戊之子仲丁继位后，商王朝的统治呈现空前衰乱的情景，其主要表现有三：一是“比九世乱”，统治集团内部发生了长期的王位纷争；二是“诸侯莫朝”，商王朝失去了对于诸侯方国的控制力量；三是“荡析离居，罔有定极”，进行了频繁的迁都。从成汤建国以来，商都一直在亳，自仲丁之后，至盘庚为止，五代之中迁徙了五次。

商朝后期：从盘庚迁殷至帝辛（纣）亡国，共历八世、十二王。这个时期也可以划分为两个发展阶段。

第一阶段：从盘庚至祖庚，三世、五王。这是商王朝的中兴阶段。

盘庚迁殷是商代历史的一个转折，从此结束了“不常厥邑”的动荡岁月，使商朝统治者得以继续“行汤之政”，出现了“殷道复兴”的大好局面。武丁在位的半个世纪中，更是达到了鼎盛的阶段。

第二阶段：从祖甲至帝辛，五世、七王。这是商王朝的衰亡阶段。

祖甲是商代后期历史发展的又一转折，从他开始，商朝的统治日益衰败，史称“帝甲乱之，七世而陨”（《国语·周语》）。到了帝辛时，商王朝终于在激烈的内外矛盾冲击下覆灭，被另一个奴隶制王朝——西周所取代。

三　成汤居亳——亳都与郑州商城

有商一代六百年历史中，定都时间最长的当然是殷，而仅次于殷的都城则是亳。从商朝建立之前，成汤把都邑迁至亳，历经六代、十一王，商都一直在亳，直到第十一个国王仲丁，才从亳都迁离。所以，如果说殷是商代后期的重要都邑，那么亳便是商代前期最重要的都邑了。

1949 年后，我国的考古工作者在郑州市东南的二里岗，发现了一种早于安阳“殷墟”的商代文化。经过二十多年的辛勤工作，已经探明这里有一个面积约 25 平方千米的商代文化遗址。这是继安阳“殷墟”之后，商代考古的又一重大发现，为研究商代前期历史提供了丰富的资料，具有十分重要的意义。

这个遗址中最惹人注目的，是遗址中部规模巨大的商代城址。城垣周长将近 7000 米，略作正方形。四周城墙上发现了 11 个大小不同的缺口，其中有些可能是城门。全部城垣用夯土分段板筑而成，城墙的断面呈梯形，平均底宽约 30 米，顶宽约 5 米，高约 10 米。虽然经历了三千多年的风雨侵蚀、人事沧桑，至今还有部分城墙屹立地面，最高者竟达 9 米之多。在古城内东北部一带 6 平方米的范围内，还发现了几处大型的宫殿遗址，夯土台基最长的有 60 余米。这里显然是一个宫殿区。在古城外围，发现了多处手工业作坊遗址，有铸铜、烧陶和骨角器作坊。此外，还发现了许多青铜器和玉、骨、陶器等商代文物。

从这座城址的规模和布局来看，显然是当时的一个政治、经济、文化中心，而且不是一般的城邑，应该是商代的一座王都，因为只有商代后期的殷墟才能与它比美。据研究，它可能就是成汤所居的亳都。①

图 3.3　郑州商代城墙遗址（局部）

郑州这个地方，至少在春秋战国时期还被称为“亳”。春秋时期，晋悼公曾与鲁襄公等十个诸侯“同盟于亳城北”（《春秋左传正义》卷三一，襄公十一年），杜预注说：“亳城，郑地。”1949 年后，在郑州商城附近，又发现了几批东周时期带“亳”字的陶文，是用印戳打在各种陶器上面的。可见在东周时期，郑州是被称为“亳”的。

郑州商城遗址存在的年代，与文献记载亳城作为商都的年代也是一致的。对郑州商城城垣夯土中出土的木炭标本的碳十四测定，得知其绝对年代约在公元前 1620—公元前 1595 年。文献中所记成汤灭夏、商朝始建的时间，恰恰在这个年代范围之内。据《今本竹书纪年》说，夏桀十五年“汤始居亳”。

---

① 关于亳都的地望，自汉以来即众说纷纭，莫衷一是。其主要有“四亳”之说，一说“梁国谷熟为南亳”（《史记·殷本纪》裴骃“集解”引皇甫谧云），即在今河南商丘附近；一说“河南偃师为西亳”（《史记·殷本纪》张守节“正义”引《括地志》），近年在偃师发现二里头遗址后，有人认为它就是亳都遗址；一说汉山阳郡薄县为汤都北亳（《汉书·地理志》引臣赞曰），即在今山东曹县境内，近人王国维力主此说（见《观堂集林·说亳》）；另有人更认为远在陕西长安县境之杜亳（俞正燮《癸巳类稿》卷一《汤从先王居义》）。近年邹衡同志又提出了新的“郑亳”说，认为河南郑州所发现之商城遗址，即为成汤所居亳都（说见《夏商周考古学论文集》第肆篇《论汤都郑亳及其前后的迁徙》），所论甚详，今从其说。

郑州商城的使用时间，有150—200年之久。亳都从成汤始居之后，历五代、十王，直至仲丁才从亳都迁隞。如果以每代平均30年计算，则为150年左右。这与商城存在的时间，大体上也是一致的。①

商代王都的规模已大大超过夏代，这是奴隶制国家机器强化的物质见证。郑州商城作为商代前期王都的代表，其规模之恢宏，只有商代后期的殷墟可以和它相提并论。郑州商城遗址分布总面积，比安阳殷墟还略大一些，而宫殿遗址面积竟为殷墟的2倍。据发掘报告称，仅建筑商城的城墙，挖土量为170万立方米，夯土量为87万立方米。这相当于二里头宫殿的40多倍。如果每天按10000人参加筑城，其中3000人挖土，3000人运土，3500人进行夯打，500人进行勤杂工作，建成这样规模巨大的夯土城垣，大致需要8年左右的时间。如果不是商王专制集权，集中大量奴隶进行无偿劳动，要建造这样巨大的王都是不可设想的。

以商王为首的统治者居住在王都中，这种王都又被称为“大邑商”。

商邑翼翼，	那庄严整齐的京都，
四方之极！	是四方的中枢和准则！
赫赫厥声，	显赫啊商王的声名，
濯濯厥灵，	光洁啊商王的威灵，
寿考且宁，	高寿而且安宁，
以保我后生！	保佑我们后世子孙！

——《诗·商颂·殷武》

在商人看来，王都是天下的中心，王都周围的地方就称为“王畿”，这是由商王直接统治的地区。在王畿之外，错落散布着众多的“诸侯”“多伯”，共同拱卫王室，在边远的地区，则是众多的部落或政权——“方国”。

成汤以亳都为中心，控制四方，诸侯方国纷纷臣服于商朝：

---

① 有的同志认为郑州商城是仲丁所迁的隞都，而不是亳都。但是，隞都只为仲丁、外壬两王所居，到外壬之弟河亶甲继位后，便从隞都迁于相。仲丁、外壬在位时间都不长，据《今本竹书纪年》记载，仲丁九年，外壬十年，两人合计还不足二十年。可见商人居隞，是仓促而来，也仓促而去。在这样仓促的情况下，要建设像郑州商城这样大规模的王都是不可能的。以郑州商城规模之大、文化堆积之厚、使用时间之长，都不可能是仲丁、外壬不足二十年所能达到的，因此，郑州商城应是亳都而不是隞都。

昔有成汤，	先君成汤的时候，
自彼氐羌，	连那边远的氐羌，
莫敢不来享，	都没有敢不来进贡，
莫敢不来王，	都没有敢不来朝见，
曰商是常！	都说商王永远是我们的主人！

——《诗·商颂·殷武》

商朝定都于亳的一百多年，是其国势蒸蒸的时期，经太甲到太戊五、六代人的努力，建立起一个空前强大的奴隶制国家。

成汤在位12年而死。成汤死时，他的长子太丁已经死去，于是便立太丁的弟弟外丙继位。外丙在位只3年便死去，又由他的弟弟仲壬继位，仲壬在位时间也很短，仅4年便死去。这时商朝的大权实际上掌握在最高执政伊尹手中。伊尹立太丁的儿子、成汤的嫡长孙太甲继位。太甲继位之后，“颠覆汤之典刑”（《孟子·万章上》），不遵守成汤的法度，胡作非为，于是伊尹把他放逐到桐（今山西万荣县境）去，[①] 自己摄行政当国，代行天子的职务。伊尹作了《伊训》《肆命》《徂后》等训词，讲述应当如何为政，什么事情可以做，什么事情不可以做，以及如何继承成汤的法度等问题。太甲在桐宫的三年中，学习伊尹的训词，逐渐认识了自己的过错，自怨自艾，悔过反善。当太甲有了改恶从善表现后，伊尹便亲自到桐宫去迎接他，并将政权交还给他，自己继续当他的辅佐。太甲复位后，果然有了良好的表现，能够“修德”以继承成汤之政，商朝的政治又出现清明的局面，史称“诸侯咸归殷，百姓以宁”（《史记·殷本纪》）。于是伊尹作了《太甲训》三篇，褒扬太甲。太甲被尊称为“太宗”。不过，这个时期商王朝的大权实际掌握在伊尹手中，伊尹活的时间很长，据说到太甲之子沃丁在位时他才死去。

---

① 关于伊尹放太甲事，《竹书纪年》所载与《孟子·万章上》相异，称：“伊尹放太甲于桐，乃自立也。伊尹即位，放太甲七年，太甲潜出自桐，杀伊尹，乃立其子伊陟、伊奋，命复其父之旧宅而中分。”从伊尹受到商代及后人普遍尊崇的事实来看，此说似不可信。商代卜辞屡见致祭伊尹，其地位之尊介于殷先公与先王之间。直至春秋时，商人的后代（宋人而仕于齐的叔夷）还说：“伊少（小）臣佳辅，咸有九州，处瑀（禹）之堵（土）”（《叔夷钟》铭），赞扬伊尹（即伊小臣）辅佐商人取得天下，这同《诗》《书》均称颂伊尹“左右商王”的功业是一致的。

沃丁之后，历太庚、小甲、雍己。至雍己时“殷道衰，诸侯或不至。”（《史记·殷本纪》）商王朝的统治一度衰弱。

雍己死后，他的弟弟太戊继位。太戊时，商王朝的统治又得到加强，政治上出现上升的气象。太戊时有两个得力的辅佐大臣，一是伊陟，一是巫咸。伊陟是伊尹的儿子。据说当时亳都曾出现不祥之兆，王庭中生出了桑树和榖树，一夜之间，这两种树便长得很高大，树枝都连在一起。因为桑、榖是野外的植物，有恶木之名，居然在王宫中长出来，便被人们认为不祥。太戊非常恐惧，赶快让巫咸去“祷于山川”，祈求免祸。但是，伊陟却对太戊说：“妖怪灾异都敌不过帝王之德。出现这样的不祥之兆，一定是我们的政治有失。因此要在政治上下功夫，只要把政治搞好，就不用惧怕灾异现象的发生。”太戊接受了伊陟的意见，不久桑、榖都死去。伊陟把自己的意见也告诉了巫咸。巫咸便与伊陟共同大力辅佐太戊刷新政治，“治王家有成”，取得了显著的成效。太戊非常敬重伊陟，亲自到宗庙中向祖先报告伊陟的功劳。史称太戊时“殷复兴，诸侯归之”，出现了成汤之后最好的政治局面，商人尊称太戊为“中宗”。

四　盘庚迁殷——商代历史的转折

从仲丁以后到盘庚迁殷以前的一百多年间，商王朝的历史进入中衰时期。这个时期有一个突出的现象，就是王都的频繁迁徙。关于商人的迁都，东汉张衡在《西京赋》中概括说：“殷人屡迁，前八而后五。”所谓“前八”，是指成汤建国以前商族的八次迁徙，“后五”说的是成汤建国以后的五次迁都。建国以前的八次迁徙，乃是商族处于氏族社会向国家过渡阶段的氏族部落的游动迁移，与商王朝建立后的五次迁都具有完全不同的性质。

商王朝建立后的五次迁都，集中于仲丁至盘庚五代。在这五代一百多年间，大约每隔二三十年便迁都一次。这五次迁都大概指：

仲丁自亳迁于嚣（今河南荥阳）[①]；

河亶甲自嚣迁相（今河南内黄）；

① 嚣，《史记·殷本纪》作“隞”，《纪年》作“嚣”。隞、嚣音近相通。

祖乙居庇（今山东定陶）①；
南庚自庇迁奄（今山东曲阜）；
盘庚自奄迁殷（今河南安阳市）②。

为什么商朝建立以后，仍然发生频繁的迁都现象呢？其主要原因是，仲丁以后商朝统治阶级内部发生了“比九世乱”，诸弟子争相代立，长期王位纷争。这种连绵不断的政治动乱，大大地削弱了商王朝的统治，“于是诸侯莫朝”（《史记·殷本纪》），商王朝陷于内外交困的危机之中。商王朝为了摆脱困境，便以不断迁都作为解决问题的手段。③

盘庚是商代的第二十个国王。他即位时，商朝的王都在奄（今山东曲阜）。他从奄迁都于殷（今河南安阳），这是历史上著名的“盘庚迁

---

① 祖乙之迁，史籍所载各不相同，《古本竹书纪年》曰：“祖乙居庇”；《史记·殷本纪》曰：“祖乙迁于邢”；《尚书·商书序》曰：“祖乙圮于耿。”祖乙究竟一迁还是两迁？耿、邢、庇是一地还是几地？学者意见亦不一。一般认为邢、耿实为一地，《史记·殷本纪》司马贞“索隐”曰：“邢音耿，近代，本亦作耿。”唯邢（耿）、庇究为一地还是两地则颇为歧异，有谓祖乙一迁，则邢（耿）庇为一地，有谓祖乙两迁，即先迁于邢（耿），复迁于庇，或谓祖乙迁邢（耿），祖辛迁庇，则邢（耿）庇为两地。这个问题的分歧，同对于“五迁”的看法相关联。

② 关于“五迁”，古今学者看法亦颇分歧，马、郑均指商丘、亳、嚣、相、耿五地。近人多已指出，“五迁”乃成汤建国后之事，故不应包括商、亳。于是多谓“五迁”为：嚣、相、耿、庇、奄（杨树达：《积微居读书记》）。持此看法之一理由是，《盘庚》篇“不常厥邑，于今五邦”（《盘庚·上》），是指迁殷前已有“五迁”，故“五迁”不应包括盘庚迁殷（顾颉刚、刘起釪：《盘庚三篇校释译论》）。其实，《盘庚》上篇乃迁殷后之诰辞，俞樾谓《盘庚·中》为“未迁时也”，《盘庚·下》为“始迁时也”，《盘庚·上》“则又在后矣”（《群经平议》），准此，则“不常厥邑，于今五邦”实包括盘庚迁殷在内，故五迁为：嚣、相、庇、奄、殷。

③ 关于殷都屡迁的原因，古今学者提出了许多不同的解释，其主要有五：一、去奢行俭说。如东汉郑玄谓：“祖乙居耿，后奢侈逾礼，土地迫近，山川尝圮焉，至阳甲立，盘庚为之臣，乃谋徙居汤旧都”（孔颖达《尚书正义》引）；杜笃《论都赋》：“昔盘庚去奢，行俭于亳。”（《后汉书·文苑列传·杜笃传》）。二、水灾说。如《蔡传》云：“自祖乙都耿，圮于河水，盘庚欲迁于殷。”三、游牧说。认为商民族在盘庚以前还是迁徙无定的游牧民族，至盘庚时才有初步的农业，因而有了定居的倾向（见郭沫若《卜辞中的古代社会》）。四、游农说。认为殷代农业还停滞于原始的“游农”阶段，当一地的地力耗尽之后，便需改换耕地，不得不经常迁徙，不能营定居生活。这种“游农”经济是殷人都邑频迁的原因所在（傅筑夫《中国经济史论丛》）。五、阶级斗争说。如有人认为是由于贵族与平民的斗争而导致迁都（李民《尚书与古史研究》）。上述五说均存在一些矛盾与问题，不能很好地解释殷都屡迁之原因。殷都之频繁迁徙，发生于仲丁至盘庚九王期间，恰恰在这时商王朝内部发生了“比九世乱”（《史记·殷本纪》），因此我以为“比九世乱”当是殷都屡迁之主要原因（详见拙作《殷都屡迁原因试探》，《北京师范大学学报》1982年第4期）。

殷”。这个事件在商代历史上是一个巨大的转折点。

现在保存在《尚书》里的《商书》，还有《盘庚》三篇。它是盘庚在迁殷前后对臣民的三次讲话，其中虽然多少羼杂有后人附益的成份，但基本上还是当时的东西，可以说是公认的商代遗文。

盘庚迁殷前，做了大量的动员和准备工作。据《盘庚》篇记载，他们造了许多船只，打算把臣民渡过黄河去，另觅新都。于是，他把贵族臣民召集到王庭训话，宣布迁都的决定：

> 你们都留心听我的话，不要轻忽了我的意旨！唉！我们的先王没有一个不图谋拯救和保护人民的。先王那样关心着人民，所以很能顺着天时活动。每当老天爷很痛切降下大灾来的时候，我们的先王总是为着人民的利益实行迁徙，从不留恋他们亲手缔造的原有都邑。你们为什么不想想先王这样对民事的劝勉呢？我也为了拯救保护你们，要使得大家的生活安好；并不是以为你们有罪，要罚你们这样干呀！你们要知道，我所以唤你们到这个新邑中去，正是为了你们自己的利益，这是非常符合大家的根本要求的。现在我准备把你们迁徙过去，就是希望安定自己的国家。（《盘庚·中》）

盘庚在训话中，讲到决定迁都的原因是“老天爷降下了大灾”，但是，这里所谓“大灾”不是指自然灾害，而是指社会政治方面的“灾害”，即“九世之乱”那样的纷扰所造成的政局不稳，所以，他在后面一段话里这样说：“然失于政，陈于兹，高后丕乃崇降罪疾，曰：‘曷虐朕民’！”大意是说，由于我的政治有失，拖延到现在还住在老地方，先王就重重地降下灾情，并质问我：“你为什么虐待我的民众呢！”在盘庚的训辞中，处处都透露出当时尖锐的社会矛盾。

当时的统治危机主要表现在两个方面，一方面是由于“比九世乱”而造成的王权削弱，另一方面则是由此而引起的贵族势力的膨胀。

王权削弱的重要表现，是贵族大臣的“傲上”和离心。盘庚迁殷前曾对他们一再提出这方面的指责：

> “汝不忧朕心之攸困，乃咸大不宣乃心，钦念以忱。”（你们不忧

虑我心中的困苦，不把你们的内心向我宣露，不为我敬顺民意的诚心所感动。）

“乃不生生，暨予一人猷同心。”（你们不肯去营谋幸福的生活，不跟“予一人”同心同德。）

“汝有戕则在乃心。”（你们心中藏着恶毒的念头。）

“荒失朕命。”（大大地轻忽我的命令。）

这一连串的指责表明，当时贵族大臣的“傲上”和离心是严重的，因此，迁殷之后盘庚又一再严厉地警告贵族大臣：

“猷黜乃心，无傲从康。”（你们要把你们的心意降低些，不要倨傲放肆而贪图安逸。）

“汝克黜乃心。”（你们应该降低你们的心意。）

“各长于厥居，勉出乃力，听予一人之作猷。”（你们要各自安于新居，勤勉地贡献你们的力量，听从“予一人”的决定。）

贵族大臣的“傲上”是建立在他们经济上的聚敛的基础之上。迁殷前，盘庚揭露他们“具乃贝玉”①，贪婪地聚敛财富。迁殷之后，盘庚继续警告他们“无总于货宝，生生自庸，式敷民德，永肩一心”。（不要聚敛财货宝物，要好好地谋生来供自己享用。要施恩惠于民众，永远同心同德建立新的家园）他宣布：“朕不肩好货，敢共生生，鞠人谋人之保居叙钦。”（我不会任用那些贪财聚货的人，而努力任用为臣民经营幸福的人，可能养护人民、图谋人民的安居的人，我就提升他们的官爵以示嘉奖）

盘庚企图通过迁都打击贵族势力的过分膨胀以提高王权，镇压当时已经出现的“不吉不迪，颠越不恭，暂遇奸宄”（不善良不和顺，颠狂不法，不敬国王，诈伪奸邪，犯法作乱）的异己势力。扬言“我乃劓殄灭之，无遗育，无俾易种于兹新邑。”（对于上述诸人，我要杀尽他们的全家，连他们的后代也不留下，不让那些坏种迁移到新的都城来。）

① 贝，咸水贝壳，商代货币。玉，玉器。贝、玉为当时财富之标志。

盘庚迁都的计划，损害了许多贵族的利益，因此遭到他们的反对，他们到处散布流言蜚语，蛊惑民心，煽动人民的不满情绪，于是盘庚不得不召集他们训话，反复进行说服和训斥。他说：

> 你们不体会我心里的苦衷，反倒大大地糊涂起来，在心里忧惧，想用你们的私心来改变我的主张，你们真是自取穷困，自寻烦恼。譬如坐船，上了船却不愿渡过河去，岂不是坐待这条船朽败吗？这样不独你们要沉溺，大家也都要跟着你们一起沉溺。你们一点也不审察情势，只是一味地怨恨发怒，这有什么好处！你们不做长远打算，也不考虑摆在面前的灾害，你们自己恐惧，更加大大地助长了大家的忧愁，像你们这样有今天没明天地得过且过，以后在上天那里岂有你们的位置！
>
> 我现在要求你们专一听从我的命令，不要为浮言所欺骗，否则，恐怕坏人就要利用你们身上的毛病，使你们回心转意。我把你们的生命从天帝那里迎接下来，使你们能延续活命，我哪里是在威胁你们，我为的是养育你们！

盘庚在借助上天神威的同时，还请出祖先神对他们施加压力，他以他们的祖先都曾效力于殷家先王为由，说明他们现在也必须作顺从他的意志的臣民，否则先王就会把他的意见告知他们的祖先，那样的话，他们的祖先也会抛弃他们，不把他们从死罪中拯救出来，上天也会重重地惩罚他们，他们将无法逃脱这祥的惩罚。

最后，盘庚以命令的口气宣布：

> 啊！现在我告诉你们，迁徙的计划不会改变了，你们要永远谨慎于那些可忧的大事，不要互相疏远，你们应当有跟随我迁徙的打算，各自要把心思放得中正些。假如有不善良的人，横竖不肯听奉王命，照旧奸诈邪恶，我就把他们斩尽杀绝，不让他遗留后代，不使这样的孽种在新邑里繁衍。赶快迁徙去吧！去努力创造美好的生活吧！我将要把你们迁走，在新邑里一劳永逸地建立你们自己的家园！

于是盘庚率领臣民，西渡黄河，建新都于殷。来到新都以后，“民不适有居”，臣民对于新邑还不习惯，他们叹息着互相埋怨。于是盘庚又把贵戚近臣全部叫来，并和他们一起出去向臣民进行解释和安抚。盘庚发觉臣民在新邑之所以不安定，是在位大臣以浮言鼓动所致，便把他们再一次召到王庭中训话：

> 我要告诫你们，为的是要你们去掉私心，不致倨傲放肆而贪图安逸。从前我们的先王，总是考虑任用世家旧臣，和他们共同管理政事。先王向群臣发布政令，群臣都不敢隐匿而不下达，因此先王对他们非常看重，他们也不敢说越轨的话，因而人民的行动都大有变化。现在你们大叫大嚷编造出一些邪恶浮夸的话来蛊惑人心，我真不知道你们所要争辩的是什么？我根据先王的法度办事，我没有失德之处，只是你们隐瞒我的政令不把它告诉每一个人。

盘庚要求他们赶快出面，把迁都的意图向每一个臣民讲解清楚，努力做好职份以内的事，不许乱说乱道，否则，严厉的惩罚就会加到他们身上，到那时后悔也就来不及了。

经过艰苦的努力，总算在新邑安定下来，于是盘庚便领导大家辨正宗庙、朝廷的方位，建造新的住地。然后在新邑“行汤之政”，刷新政治，整顿统治集团。他又把贵族臣民召来训话，宣布他的政策，说：

> 你们责问我为什么震动无数臣民，把他们迁到远处去，这是因为现在上天将恢复我高祖成汤的大业，把我们的国家治理好。我当然要急迫地、恭谨地根据上天的意志拯救臣民，因此我们要永久地居住在新邑。

接着他要求大臣们听从他的命令，恭谨地治理民事。宣布不任用那些贪聚财货的人，而任用那些努力使臣民安于新居、为臣民经营幸福的人，并依照贡献大小来决定对他们的尊敬程度，促使人们同心同德建立新的家园。

盘庚不愧为一个有远见、有魄力的政治家，克服了重重困难和阻力，实现了迁都大计，并扭转了殷王朝的颓势，走上了中兴的道路。盘庚迁殷果然收到了良好的效果，出现了“百姓由宁，殷道复兴”的政治局面。从此商王朝结束了“荡析离居”“不常厥邑”的动荡岁月，直到帝辛亡国的273年中都不曾迁都，迎来了它的政治、经济、文化发展的辉煌灿烂的新时期。

盘庚迁殷，使商王朝终于找到了一个最理想的定都地点。殷在今天河南安阳市西北。这里地处黄河中游的冲积平原，水土肥饶，利于发展农业，同时地势形便，居天下之中。战国名将吴起与魏武侯泛舟西河时，曾盛称殷都地形：左有孟门天险（河南辉县境太行山要隘），右有漳河、滏阳河，前临黄河，后靠太行。这里既便于控制东部平原上的诸侯方国，又便于进击西北高原的游牧民族，掠夺人畜，从而滋育殷王朝的奴隶制经济。

盘庚迁到新邑以后，当时并没有把这个地方叫做“殷”，甲骨文中把它称作“大邑商”，商王朝也一直称作“商”而不称为“殷”。后来，周人灭商以后，才把商朝称为“殷”，把它的王都叫做“殷”。从此商朝才被人们称为“殷”或“殷商”。周人为什么称商人为“殷”呢？殷原是商都附近的一个地名，是商王的田猎区。这个字原来写作“衣”，后来才定为“殷”，古代“衣”“殷”同音，故可通用。周人灭商以后，为了表示对商人的轻蔑，便以“殷”地称呼商人。这座王都在武王灭纣以后遭到破坏，逐渐废弃，成为废墟，故称“殷墟”。秦末农民战争时，项羽曾与秦将章邯“期洹水南殷墟上”（《史记·项羽本纪》），在此地会盟。可见秦汉时人对于殷墟的旧址还是非常清楚的。

现在，考古工作者已经把这座沉睡了三千多年的古都发掘出来了，这就是举世闻名的殷墟遗址。经过半个世纪以来，特别是1949年后的大量考古发掘，殷墟布局的轮廓已经清楚地展现在人们面前。

殷墟遗址的范围与郑州商城约略相等，有24平方千米，洹水蜿蜒穿过遗址的中部。洹水南岸的小屯村是当时的王宫所在地，今天传世的十几万片甲骨，就是在这里发现的。以王宫区为中心，四周分布着许多内容丰富的商代遗址。洹水北岸是商王的陵墓区，历年来在这里发现了11座商王大墓和数以千计的中小型墓，墓中出土了无法计数的各种精美的青铜器和玉、石、骨、牙器。王宫外围发现了两处规模巨大的手工业作

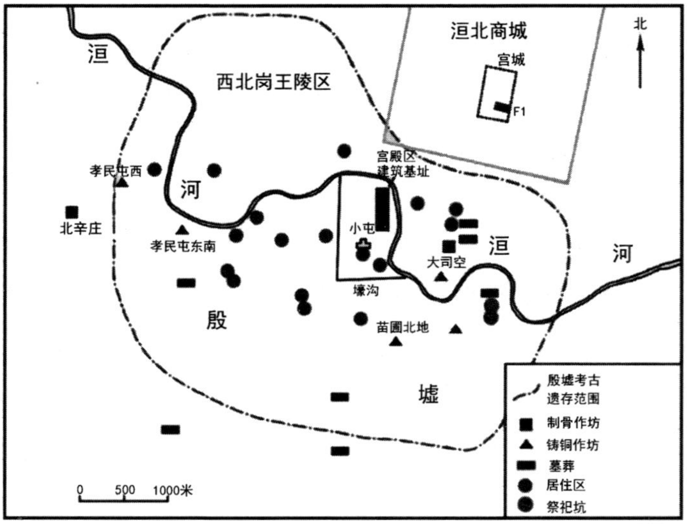

图 3.4　殷墟的位置及主要遗迹分布示意图

坊。环绕王宫和王陵区还有许多分散的居民点。在殷墟周围没有发现城墙，但是在王宫区附近，小屯村西发现了一条巨大的壕沟，沟宽 7—21 米，深 5—10 米，这可能是人工挖掘的保卫王宫的防御设施。值得注意的是，宫殿区的建筑是经过一番设计和布局的，那些纵横的“水沟”、密布的窖穴，都是有秩序地排列着的。殷墟遗址的发现，揭开了蒙在商代历史上的神秘面纱，使人们逐渐认清了它的真实面目。而那些难以计数的灿烂的遗物，则是以商王为首的奴隶主贵族残酷地刻剥奴隶，以天下财富聚敛于“余一人”的见证。

五　武丁中兴——商王朝的鼎盛

盘庚迁殷以后，商朝的国势开始上升。到了武丁继位后，政治、经济和文化都得到了空前的发展，达到了商代后期的鼎盛阶段，史称“武丁中兴”。

武丁是商朝第二十三个国王。据说他少年时期，父亲小乙曾让他行役于外，和平民一起参加过劳作，使他有机会了解一些民间的疾苦和稼穑的艰辛。小乙死后，武丁继位。武丁即位之初，“乃或亮阴，三年不言”（《尚书·无逸》）。保持了三年的沉默，不发表政见，同时广泛采访民间的意见，“以观国风”。他把国家的政事都交给最高执政官——冢宰主持。后来当武丁一旦发表政见，便使群臣和顺欢悦，深得拥护。[①] 武丁亲政之后，“不敢荒宁”，勤于政事，把殷王朝治理得非常好。

武丁中兴的一个突出特点，是大力选拔人才，以加强商王朝的统治。当时有个贤人叫说（yuè），隐居在民间。他善于版筑技术，有一次在傅险参加修建工程，被掌管该项工程的“百工”发现，向武丁推荐。武丁接见了说，发现他果然谈吐不凡，是一个王佐之才，便把他提拔为相，大加重用。因为他是在傅险的工地被发现的，所以就叫他傅说。为什么商王可能从工匠一类的身份极其低下的人物中去选拔人才呢？这正如马克思所指出的：“一个统治阶级越能把被统治阶级中的最优秀的人物吸收进来，它的统治就越巩固，越险恶。”（马克思：《资本论》第三卷，中央编译局，人民出版社 2004 年版，第 679 页）事实正是如此，傅说虽然出身低下，但他被武丁擢用以后，却为商王朝的统治竭尽犬马之劳，帮助武丁大力振兴商政，发挥了很大作用，被誉为商代著名的贤相。

由于武丁善于从各方面选拔人才，所以当时有许多有才能的人在辅佐他，除了傅说，还有甘盘、祖己等人都是当时的贤臣。他们对于武丁中兴都起了不小的作用。有一次武丁祭祀成汤，第二天有一只野鸡飞到鼎身上啼叫，武丁以为是不祥之兆，心里害怕，祖己便对武丁说：“请王不必担心，只要修好政事，便不用担心什么不祥。为王的首先要端正王心，然后端正祭典，祭品不要过于丰盛。”当时武丁祭祀的祭品过于丰盛，祖己担心他流于奢侈，便乘机对他进行劝诫。武丁倒也能接受臣下的谏言，这样就使他的臣属能够经常给他出谋划策，协助他实现了有效的统治。因此，武丁在位期间，商朝的政治十分稳定，实现了“嘉靖殷邦”的目的。据说上至贵族，下至小人，对他都没有怨言，“天下咸欢，殷道复兴。”他在位的时间很长，共有 59 年，死后被尊为“高宗”。

---

① 高宗亮阴，旧说颇多歧义。马融说：“亮，信也；阴，默也。为听于冢宰，信默而不言。”《礼记·丧服四制》“亮阴”作“谅闇”，郑玄说：“谅，古作‘梁’，楣谓之梁。闇……谓庐也。庐有梁者，所谓柱楣也。”这是以“亮阴”为天子居丧之凶庐。郭沫若提出新解，认为“阴”假为“瘖”，为近代医学上所说的“不言症”。“亮阴”即患了真正的不言症（见郭沫若《青铜时代·驳“说儒”》）。从春秋时期楚庄王“即位三年，不出号令”，战国时期齐威王“即位以来，不治，委政卿大夫”等事例看，此事当为古制，故今从马融说。

武丁中兴的另一突出表现，就是利用发展起来的社会经济和军事力量，对四周方国进行了一系列的战争，同时也大大加强了与周边民族的关系。

商王朝的四周分布着许多少数部族，他们的部落或政权被称为方国。商王朝不断与周国方国进行战争，从卜辞记载看，在武丁时这种战争达到了最频繁而剧烈的程度。

𢀛方、鬼方、土方和羌方是商王朝西北部的重要方国。

𢀛方是在今内蒙古西部、陕西北部一带游牧的强悍部落。土方大约活动于今山西北部一带。他们经常侵扰殷边和它的属国。位于𢀛方和土方之间的沚，是商王朝在西北的一个重要的属国。它曾不断受到土方和𢀛方的侵扰，商王朝经常接到沚君的紧急军情报告。有一次沚君戛向武丁报告土方侵入了它的东部边界，还攻打了它的两个邑，𢀛方同时配合从西部边界侵入。因此，武丁时的卜辞中，伐𢀛方的记载非常多，共有300多次，可见𢀛方是商王朝在西北部最强大的敌人。武丁对西方战争的规模也很大，经常出动三五千人。武丁以后，𢀛方的名字在卜辞中就很少见到了，大概是被武丁征服了。

鬼方在土方和𢀛方的北面，是我国北方草原地区的游牧部落。武丁曾经派震率军讨伐鬼方，经过三年激战才平定了鬼方。

羌方是商王朝西部的一个强大的部族，地广人众，北面和鬼方、𢀛方为邻，东南接近缶、蜀，东面有沚、吴、雀、犬、周等小国，大约活动于今陕西西部和甘肃一带。他们大致分为两个大部落，一个是“北羌”，一个是“马羌”。羌方与商王朝争战频繁，叛服无常。甲骨文中关于羌方的记载是非常多的。武丁时候伐羌方所用兵力最多，远远超过伐土方和𢀛方所用的兵力。最多的一次是徵发妇好的一万三千人往征羌方，而征伐土方、𢀛方时最多不过三五千人。

这个妇好就是武丁的妃偶，即甲骨文中的“妣辛”。1976年考古工作者在安阳殷墟遗址中心的小屯村西北，发现了妇好的坟墓。墓中出土了许多带有“妇好”铭文的青铜器，证明这座墓的主人就是“妇好”。在商代考古中，墓主与文字记载的人物相符的情况还是第一次发现。这座墓殉葬的武器多达120余件，表明墓主人生前是一个统兵征战的巾帼英雄。

商王朝在战争中俘获了大批的羌人，这些羌人俘虏大多被商朝奴隶主贵族用作奴隶和牺牲。“羌”字在甲骨文中写作“”或“”，像是人颈上拴上一根绳索①。这是羌人在商代被大量俘虏而成为奴隶的写照。在商代的战俘中，以羌人的数量最多。

商王朝的南方也分布着许多方国。江汉流域的“荆楚”是其中比较著名的一个。商王朝与“荆楚”之间也常有战争。

挞彼殷武，	神武的殷族武士，
奋伐荆楚。	奋然而伐荆楚。
深入其阻，	深入其险阻，
裒荆之旅，	掳获其兵众，
有截其所，	尽平其土地，
汤孙之绪。	乃汤王子孙的功业。
维女荆楚，	你们荆楚，
居国南乡。	处于我国南方。

——《诗·商颂·殷武》

这是后人追思武丁用兵荆楚的诗句。这次讨伐荆楚的战争规模很大，俘获了许多人口，从此江汉流域纳入了商王朝的版图。

1949 年后考古工作者在湖北黄陂县的盘龙城，发现了一个商代中期的遗址。在这里发现了一座南北长 290 米，东西宽 260 米的古城，古城东北部的高地上是一座大型的宫殿基址。这座城的城垣与宫殿的营建技术，与郑州商城有很大的相似性，所出青铜器的形体、纹饰与制作工艺也是十分类似的。两者之间在文化上的这种统一性，表明它们在政治上、经济上的统一性。盘龙城当是商朝在南方的一个方国。它正处于荆楚的活动中心地区，很可能就是这次武丁所讨平而归附的一个方国。

商王朝东部的夷方，卜辞又写作“人方”“尸方”。他们主要活动于今淮河流域。在武丁时，夷方曾经臣服于商，到了商代后期，他们又叛

① 整理者按据统计，甲骨卜辞中的“羌”字大约有 215 种写法，表明该字在甲骨卜辞至少出现过 215 次。这些甲骨文字的形象，大致都是差不多的形象，有的简略一些如前一种，有的复杂一些如后一种，大概是不同的巫卜在占卜后的刻画。

离了商王朝。

商王朝对四周方国频繁的战争，是由其奴隶制国家性质所决定的。掠夺人口和财富是发动这些战争的主要目的。商王朝正是通过这些对外战争的胜利，补充了大量的奴隶，加速了其奴隶制度的发展。但是，在进行战争的同时，也进行经济、文化的交流，加强了中原地区与周边民族的关系，诸侯方国纳入商王朝的统治范围，促进了多民族的统一国家的发展。商族的后人在祭祀武丁时，曾盛赞他的功业：

商之先后，	商族的先王，
受命不殆，	承受天命而不敢懈怠，
在武丁（王）孙子。	以至于汤王的孙子。
武丁（王）孙子，	汤王的孙子是谁？
武王（丁）靡不胜。	就是武丁，他所向无敌。
龙旂十乘，	诸侯乘着插有龙旗的车子，
大糦是承。	捧着黍稷来祭祀武丁在天之灵。
邦畿千里，	王畿之地，所辖千里，
维民所止。	都是商王臣民居住的地方。
肇域彼四海，	他开始把四海划入疆域，
四海来假，	四海之民都来归附，
来假祁祁，	归附的人越来越多，
景员维河。	幅员之广与黄河相始终。
殷受命咸宜，	殷家承受天命，事事得宜，
百禄是荷！	所以能负荷百般的福禄！

——《诗·商颂·玄鸟》

武丁时期，商王朝的版图和政治影响空前扩大，以王畿为中心，在西方达于秦陇地区，在东方直至海滨，在北方已越过西喇木伦河，在南方则越过江汉流域，到达湘赣地区。

遍布于河北、辽宁的“夏家店下层文化”，是商文化在北方地区的一个分支。它与中原地区的商文化有许多相似之处，受到商文化的强烈的影响。在这一地区建立的孤竹国（今河北卢龙一带），就是商王朝在北方的一个重要的与国。

南方许多青铜文化也受到中原地区商文化的影响。江西北部发现的“吴城文化”，与商文化有很密切的关系。在长江下游的江苏、安徽一带发现的“湖熟文化”，也是受到商文化影响的一种文化共同体。

商王朝作为一个奴隶制的泱泱大国，屹立在古代的东方，它包含着中原地区和周边的众多民族，大大密切了各族人民之间的政治、经济、文化联系，共同创造了前所未有的光辉灿烂的青铜文化，在古代世界的文明史上写下了辉煌的篇章！

第四章　商代奴隶制经济文化的高涨

一　“受年”与“脅田”——商代的农业

奴隶制生产关系的确立是历史的巨大进步，它一旦确立以后又促进了社会生产力的迅速发展。“只有奴隶制才使农业与工业之间的更大规模的分工成为可能，从而为古代文化的繁荣，即为希腊文化创造了条件。”（恩格斯：《反杜林论》，第196页）在商代，奴隶制的生产关系大大促进了社会经济的发展，通过奴隶们辛勤的劳动，创造了空前的物质财富和光辉灿烂的古代文化，从而出现了我国奴隶制经济文化的第一次高涨。

“农业是整个古代世界的决定性的生产部门”（恩格斯：《家庭、私有制和国家的起源》，第146页）。在商代，农业生产已成为社会生产的主要部门，它是商代全部奴隶制经济文化赖以发展的基础。

卜辞中关于农事的记载非常多，几乎包括了与农业有关的一切方面。

农业的丰欠是当时统治阶级所最关心的问题之一。卜辞中累见“卜年”的记载，卜问能否“受年”。“年”字甲骨文写作“[illegible]（或[illegible]）”，像人负禾，因此有收获的意思。“受年”是指由于天地神祇的福祐而获得丰收。

卜年的范围，有卜问哪一地区可以获得丰收。商王不仅关心商地是否受年，也经常关心四土方国是否受年。有卜问哪一种作物可以获得丰收的，如“受黍年”，是祈求黍子的丰收，“受秏年”是祈求谷子的丰收。祈年的对象，也很多，“[illegible]（祈）年于夔”，是向传说中的商族始祖帝喾求年。“[illegible]年于邦土（社）”，是向社神求年。

农业与气候有着密切的关系，风调雨顺是“受年”的重要保证，因此卜辞中有许多卜风雨的记载。“禾有及雨”，是祈求有利于禾苗生长的及时雨。“帝令雨足年”，是向上帝（上天）祈求降下充足的雨水，以保障丰收的年景。“其𠦪年祖丁先酒（用酒祭祀）又雨”，是向祖先之神祈求雨水。“𠦪雨匈于河”，是向河川之灵祈求雨水。“𠦪雨于山”，是祭山以求雨。求雨之祭，也常有乐舞。“乎舞有雨”“奏舞有雨”，就是使巫者奏乐舞蹈以降神求雨。

祈求雨水匀调的同时，便是祈求避免旱灾为虐。因此卜辞中又不乏“卜旱”的记录。“帝其降𦰩（旱）”，是预言上天将降下旱灾。“帝不我𦰩（旱）”，是祈求上帝（上天）不使我遭受旱灾。

商代农作物的品种已经相当繁多。卜辞中最多见的是禾（谷子）、黍（黄米）、来（麦）等，这些是当时主要的粮食作物。一些与农业有关的字，如稼、啬、季等，大都从“禾”或从“来”。在郑州商城遗址曾发现稻壳痕迹，可见当时中原地区也种植水稻。

农业生产的发展，促进了粮食产量的增加。甲骨文中有“（仓）”“㐭（廪）”等字，都是储藏粮食的形象。在商代遗址中，普遍发现大量的储藏粮食的窖穴。这种窖穴挖在地面之下，深的可达八、九米，有的窖壁、窖底还用草拌泥涂抹，修建十分讲究。这种窖藏粮食的方法，一直影响到后世，在洛阳发现的隋朝含嘉仓窖穴，其基本形制与此是一致的。

酿酒业的发展，从一个侧面反映了商代粮食产量提高的情况。商人的酿酒技术，在夏人的基础上又有了很大的提高。他们制造出了许多有名的好酒。鬯（chàng），是用黑黍加上郁金草而酿制的香酒。醴，是用稻米酿制的甜酒。这些高级佳酿，是王室燕享、祭祀、赏赐的上品。商人祭祀普遍用酒，“酒河”“酒祖乙”，就是用酒去祭祀祖先或山川神祇。用酒的数量也很大，动辄数十卣（yǒu，盛酒器）上百卣。这种情况反映到考古发掘中，便是酒器的大量出现。商代的酒器种类繁多，数量惊人，大大超过了二里头文化时期。盛酒器有尊、罍、卣、盉、斝（jiǎ）、觯（zhì）、觥等，饮酒器有觚、爵、角等。其中觚、爵、角往往配套使用，是当时使用最频的代表性酒器，许多墓葬都要殉葬这类酒器。酒类产量的增加，造成了商人饮酒之风的盛行。文献记载商人饮酒成风，并已成为严重的社会问题。商末周初许多政治家都指出，“沈酗于酒”是商朝贵族腐化并导致商王朝覆灭的一个重要原因。

商代农业生产的发展，是与生产工具和生产技术的提高分不开的。青铜工具在商代已经使用于农业生产领域。

图 4.1　商代早期饕餮纹青铜爵（湖北省博物馆藏）

湖北黄陂盘龙城早商遗址发掘的 12 座墓中，有一半出土有生产工具。在这些生产工具中，有两件青铜臿，器身长方形，体中空，以安装木柄。这是一种挖土工具。在安阳殷墟曾出土过两件青铜铲，铲体上端有安装木柄的方銎（qióng），从其中一件有使用痕迹来看，这无疑是一种实用的生产工具。

斧斨（qiāng）一类的青铜工具，在商代遗址中是比较多见的。这种工具器身作长条形而中空，两面带刃。当时进行农业生产，需要事先开辟林莽草莱，斧斨就是用以砍伐林莽的工具。在郑州南关外的铜器作坊中，发现有大量的制斨陶范，可见这种工具的需要量是很大的。

不过，正如恩格斯指出的："青铜器可以制造有用的工具和武器，但是并不能排斥掉石器"（恩格斯：《家族、私有制和国家的起源》，第 158 页）。到目前为止所发现的商代青铜农具毕竟还是十分稀少。尽管商代的

图 4.2　殷墟出土的商代青铜铲

青铜冶铸业已经相当发达，但是农业生产的主要工具并不是青铜器，而是以木、石、骨、蚌等工具为主。造成这种现象的原因，还与奴隶制生产方式有关，这种生产关系有这样一个原则："只使用最粗糙、最笨重、因而很难损坏的劳动工具。"（马克思：《资本论》第一卷，第 229 页）奴隶们常常以破坏工具的方式来进行反抗，而青铜是一种昂贵的材料，所以奴隶主便不愿意把这种工具交给奴隶们使用，而将最粗糙、最笨重的工具给奴隶们使用。

在商代遗址中，发现最多的农具是石、骨、蚌器。这些才是当时农业生产的主要工具。

垦殖工具主要有石铲、骨铲、蚌铲和石斧等。其中以磨光扁平的石铲发现最多，蚌铲次之。这是一种挖土或松土的工具。收割工具主要有石镰、蚌镰，其中以石镰发现最多。在早商遗址中还发现有石刀、蚌刀，这种工具，体作矩形，中有一孔，大概是安上绳索戴在手上，用以割取谷穗。

由于木质工具不容易保存，所以我们今天发现的实物便很少。不过，木质工具在商代肯定曾大量使用，在殷墟的许多窖穴壁上，发现了清晰的双齿木耒痕迹，可见它是当时经常使用的一种重要工具。耒是揉木而成，尖端带有弯曲的分叉，用以拨土翻地。为了更便于用力，又在双齿的上方安装一根横木，以便足踏。它的形制与甲骨文“耒”（“”）字金文（“”）的形状十分相像。甲骨文中对于耒的使用，也有非常生动的表现，“耤”（jí）字作“”形，像一人双手扶柄，以足踏耒而耕。

商代的农夫们，就是使用这样一些简陋的生产工具，通过简单的劳动协作，创造了比以前发达的农业。

施肥是古代农业技术发展史上的一大进步。商代已在农业生产中施用粪肥。甲骨文“”，就是粪便之“屎”字。卜辞中有不少关于施用粪肥的记载。“有足，乃田”，是说施用粪肥充足以后，乃耕耨农田。“田”，是说要施用粪肥于农田。如武丁时期的一片卜辞说：“庚辰卜，贞翌癸未西单田，受（有）年。十三月。”大意是说，在闰十三月庚辰这一天占卜，问由庚辰起到第四天癸未日，打算在西单平野的田地上施用粪肥，将来能否得到丰收？

奴隶制的生产关系在农业上的广泛推行，是商代农业得以发展的更重要的原因。

井田制是商代基本的土地制度。甲骨文把“田”字写作“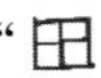”“”“”等形，表明在广阔的平原上，分布着大片的规整的方块田。这种方块田，大概就是卜辞中所说的“大田”，也就是“井田”。它以纵横的阡陌和沟洫，把大田划分为整齐的方块。大田的四周则标志出明显的疆界，甲骨文“疆”字有两种写法，一作“”，一作“”，前一个像二田相比邻，表示田地的疆界；后一个作“弓”旁，像是用弓尺丈量分划土田。

把土地划分为整齐的方块，是农村公社阶段所经常采用的方式。公社把土地分成许多相同的等份，分配给公社成员耕种，并定期轮换。进入奴隶社会以后，这种土地制度的形式仍然继续保留下来，但是它的内容和性质却已经发生改变。这时土地的最高所有权已属于国王，国王把它“赏赐”给各级奴隶主贵族。他们要对国王承担贡纳的义务。国王和贵族仍然以井田的形式驱使公社成员耕种，但将收获物攫为己有。这样，农村公社的方块田制，就演变为奴隶社会的井田制，成为夏、商、周时期基本的土地制度，而原来的公社成员——“众”，则沦为土地所有者的奴隶。

商代的王室和各级奴隶主，都有各自经营的井田。商王直接掌握着大量的“附庸土田”，而将其余的土地交给各级奴隶主去经营。卜辞中经常记载商王亲自命令众人耕作，或命令“小臣”督率众人去耕作。每当春耕来临，商王亲临“观耤”，视察耕田的仪式。种黍和收黍的时节，商王也要亲自去“观黍”。可见商代的王室直接经营着大量的井田。

井田上的主要劳动者是“众”“众人”。他们在“小耤臣”“小众人臣”等奴隶主头目监督之下从事耕作。其耕作方式为大规模的集体劳动。武丁时的卜辞说：

> 王大令众人曰：劦田，其受年！十一月。

商王下令“众人”去进行“劦田”，以期获得农业的丰收。“劦田”是当时“众人”进行耕作的基本方式。“劦”字，甲骨文作“”，从三力，表示三人协力，踏耒而耕。所以“劦田”就是集体耕作的意思。这种大规模的简单协作，在当时生产工具比较原始的情况下，可以起到提高生产效率的作用。

这种“劦田”的耕作方式，在考古发掘资料中也得到了证实。在殷墟的宫殿遗址中，曾一次出土上千把石镰。在宫殿区内一个属于王室贵族的窖藏圆穴里，曾经发现了444把石镰。这些石镰都是集中地堆放在一起，并有使用过的痕迹。这种情况表明，商王和王室大贵族所经营的井田，需要驱使几百以至上千的“众人”去为他们收割庄稼，可见“劦田”的规模是相当大的。同时也表明，这些生产工具是属于王室所有，而那些直接生产者“众”“众人”，不仅对于生产工具没有所有权，事实上，连他们自己也是这些工具的主人的财产——奴隶。

这种强制性的集体劳动和简单协作，正是奴隶制生产关系适应生产力发展要求的重要体现。在奴隶占有制度下，生产资料和劳动者都集中于奴隶主阶级和他们的国家，突破了原始社会末期以父权制家庭为基本生产单位的狭隘性和闭塞性，从而大大地提高了劳动生产率。

这种剥削方式，就是文献记载上所谓的“殷人七十而助”。孟子解释说：“助者，藉也。”即借民力以助耕公田的意思。一个奴隶至少要为奴隶主耕种70亩的土地，并将收获物无偿地交给奴隶主。这显然是一种劳役剥削制度。奴隶主无偿地剥削“众人”的劳动，却被美其名曰“借民力”。

奴隶们辛勤劳动的果实，被奴隶主无偿地剥削而去，供他们自己享受。农作物收获以后，奴隶主要举行“登尝”之礼，以新获的谷物首先荐于宗庙，让祖先尝新。卜辞“王其登米”，就是商王以新米荐享于祖先。“登来且乙”，是以新麦（来）荐享于中宗祖乙。这些精细的新粮既经祖先“尝新”，便归奴隶主贵族享用。卜辞记载“月一正曰食麦”，可知殷王室正月食麦。当时麦子不是做成面饼，是煮成“麦饭”而食。奴隶主还把许多粮食酿成美酒，用以祭享祖先和“群饮”。卜辞中还有“告麦”之辞，乃是商王报告麦子收成于天地祖宗。奴隶主把他们享用之余的粮食，储存于仓、廪之中，那些巨大的窖穴，都是他们用以储存粮食的仓库。

二 “省牛”“获鹿”及其他——商代的林、牧、副、渔、猎

林、牧、副、渔、猎各业与农业生产有着十分密切的关系，一方面它们的发展有赖于农业生产的提高，而农业生产的提高也有赖于它们的发展；另一方面，它们作为农业的重要补充而为人们提供更加广泛的衣食之源，这是农业所不能代替的。商代在农业生产发展的基础上，林、牧、副、渔、猎各业都有了相应的发展。

商代已经有了林业。殷商的王畿——今天的河南一带，在当时还是林木茂盛的地方，这就为林木的采伐利用提供了有利条件。青铜冶炼技术的发展，提供了比石斧更为锐利的青铜斧斨，从而提高了砍伐林木的效率。出土的商代青铜工具中，斧斨是数量最多的一种，郑州南关外铸铜遗址中出土的一千多块陶范中，斨范的数量仅次于镞范。可见在商代作为砍伐工具的斧斨的需求量是相当可观的。

在商代，木材的使用范围已相当广泛，除制造各种生产工具外，还

用以制造车辆、漆木器具、宫室建筑和墓葬。从宫室遗址的柱洞推测，商代建筑物使用的木柱一般为直径 15—20 厘米的圆木。商代的大中型墓中都有巨大的椁室。武官村大墓仅椁室四壁就用了近 100 根树干。侯家庄 1001 号大墓中，仅铺地的柏木板就有 92 块，每块长 2—4 米，宽 20—40 厘米。在椁室中还发现了长 6 米，宽 40 厘米的巨大木板，这种木板是经过整治加工后的产品，原来的高度和直径当然要超过这个数字，要砍伐如此巨大的树木，并把它加工成材，在近代用手工进行也不是一件容易的事情。由此可见，商代的森林采伐和木材加工业已经具备了相当的规模和水平。

《诗经·商颂·殷武》描绘了在商邑建造宗庙，人们上山伐木，并加工成材的场面：

陟彼景山，　　　登上那景山，
松柏丸丸，　　　把高大笔直的松柏
是断是迁。　　　砍倒并搬运下山。
方斲是虔，　　　拿来锯锯斲斲，
松桷有梴，　　　松木方椽长又长，
旅楹有闲，　　　众多的柱子大又大，
寝成孔安！　　　寝庙建成神灵安！

——《诗·商颂·殷武》

在开发利用森林资源的同时，对它的破坏也已相当严重。开垦农田和进行农耕时，要砍伐林木，放火焚山。这在当时是必要的，但对森林造成一定危害，尤其是在王畿和平原地区更为严重。商人在狩猎中经常使用一种叫“火田”的方法，即放火焚山以追逐野兽。如武丁时的卜辞记载，有一次用“焚”的方法，猎获犀牛 71 头，野猪 15 头，獐 25 头。这种“火田”的方法固然便于狩猎，但它必然引起森林火灾，焚毁大片原始森林。植被的破坏，造成了水土流失，黄河水系开始危害华北平原。

除了利用天然的林木之外，商代也发展了人工栽培林木蔬果的专业。在卜辞中出现了“栗”“杏”“果”“囿”等字。“囿”字甲骨文写作“”，像四面有圈围的苗圃、园林。

桑麻是商代大量栽培的经济作物。栽桑植麻是商代农民重要的副业。甲骨文中常见蚕、桑、丝、帛等字，从桑从丝的字已经很多。在河北藁城的商代遗址中，发现青铜容器和武器上有丝织品的痕迹，殷墟的武官村大墓也发现在侍从奴隶所执戈援上残留着绢帛的纹迹。丝织品被用以包裹器物，足见当时使用已较广泛。在藁城的早期居址中还发现了一卷麻布，经鉴定是用大麻纤维织造的。这种大麻就是古书上说的“枲”（xǐ），至今在我国许多地方都还在种植。枲麻是商代劳动人民常服的主要原料。

商人素有从事畜牧业的传统，并以此而著称。随着农业的发展，畜牧业也有了进一步的发展。不仅马、牛、羊、鸡、犬、豕“六畜”俱全，而且其数量也是十分惊人的。除了食用之外，还被大量地用于祭祀——“用牲”。“用牲”的种类，主要是牛、羊、豕、犬，有的卜辞还明确记载用黄牛。“用牲”的方法，有“燎”（火燎）、“卯”（杀）、“沉”（沉入水中）等。“用牲”的数量，少则数头、数十头，多则三、四百头。

由于牛、马等大牲畜的增加，畜力的使用也更为广泛了。不仅用牲畜驾车、作战、田猎和交通，而且可能已经用于耕地，甲骨文“”字，像以牛曳犁，并以数点表示所翻土块，有人据此推断商代已经有了牛耕。

畜牧业也是商王所经常关心的大事之一。武丁时卜辞有“王省牛于𦎫”的记载，“省”是巡视的意思，这是说商王武丁曾亲自到𦎫地去巡视养牛的情况。牲畜的饲养和管理，已经有了一套专门的机构和人员。“宰”“臣”就是专司畜牧的官吏。牲畜或放牧于野外，或畜养于圈栏之中。甲骨文“牢”字，作“” “”等形，像牛、羊在圈栏之中。“㝱”字即“厩”字，也是畜圈。卜辞“王畜马，在兹㝱”，意即商王把自己拥有的马匹畜养在马厩里。为了饲养牲畜，奴隶主经常驱使奴隶去收割饲草。“贞，于𦎫大刍”，是说在𦎫地大规模地收割饲草。

渔猎作为农牧业的补充，在商代仍然占有一定的地位。

商代遗址中发现的狩猎工具，主要有骨、蚌和青铜制成的箭镞，陶、石制成的弹丸，以及网坠、鱼钩等。卜辞所记的狩猎方法，有以猎犬、田车追逐；有以弓矢射猎；有以陷阱诱捕，甲骨文“（阱）”字，画着一只麋鹿掉入陷阱之形；有以网罗捕捉，如“罗”字写作“”，像以网

罗捕鸟。

卜辞所记的渔猎，都是属于商王的游乐活动或军事训练，与劳动人民的渔猎生产具有不同的性质。不过，从中也可以窥见商代渔猎生产的某些情况。由于狩猎技术的提高，当时猎获的野兽种类和数量都是相当惊人的。卜辞中常见“获鹿”“获兕（野生大青牛，今已绝灭）”“获豕(野猪)”“获(狐)”等记载。其中猎获最多的兽类为四不象鹿、梅花鹿、獐、狐、野猪和犀牛等。有一次仅鹿一项就猎获162只。至于猎获的禽鸟就更多了，最高一次竟达348只。猎获的猛兽有虎、熊等。最引人注目的是，卜辞中有“获象”的记载。殷墟发掘的兽骨中确有象骨。当时河南北部的气候比现在温暖湿润，其时还有大象活动于那里的林莽之中。有人根据甲骨文“为”（）字，像以手牵象之形，推断商人已经掌握了驯象技术，并把它作为寻常服御之物。

卜辞中还有“获鱼”的记录。商代遗址中曾出土许多鱼类和蚌蛤类的遗骸，渔业的产量也不在少数。

三　从“司母戊”鼎说起——灿烂的商代青铜冶铸业

在中国历史博物馆的展览大厅里，有一个巨大的青铜鼎总是吸引着观众们的注意，并为之啧啧惊叹。这个鼎的腹部作长方形，上面竖立着两只直耳，下面承以四根圆柱形的鼎足，通体饰以饕餮（tāo tiè）纹。[①] 它的身高1.32米，长1.1米，宽18厘米，体重竟达875千克。这个庞然大物，就是1938年在安阳武官村出土的赫赫有名的商代“司母戊”方鼎。因为在鼎腹的内壁上，铸有“司母戊”[②] 三个铭文，所以人们给它起了这个名字。它是我国已经发现的最大的青铜鼎，也是古代世界青铜文化中的巨擘。

青铜冶铸业是商代手工业中最重要，也是最先进的部门。一提起商代，人们自然会联想到那些雄浑厚重、造型奇巧、纹饰繁缛的青铜器，它们几乎成了商代文明的象征。人们的这种印象不无道理，商代青铜器

---

① 饕餮，古代传说中的一种怪兽，商周时期常以其头部图案为纹饰，施于青铜等器物表面。这种纹饰被称为饕餮纹。

② “司母戊”，有的金文家释作“后母戊”。

图 4.3　“司母戊”方鼎（河南安阳武官村出土）

的品种、数量及其工艺水平都是十分惊人的。据不精确的统计，历年出土的商代青铜容器达数千件之多，兵器、车马器和工具等更以万计。至于历年流失、毁坏的青铜器，更是无法统计了。1976 年发现的殷墟妇好墓，一座墓就出土青铜440 多件，从中我们可以想见商代青铜铸造业的产量之大。商代青铜器的分布地区也相当广大，北起长城以北的辽宁，南至长江以南的湘赣一带，西迄陕甘，东止沿海，在这几百万平方千米的范围内，都有商代青铜器出土。

商代青铜器的品种十分繁多。主要有礼器、兵器、工具和生活用具等，其中以礼器所占的地位最重要。

所谓礼器，就是奴隶主贵族在进行祭祀、燕享或朝会、歃（shà）盟等活动时，举行礼仪所使用的器物。它们最先都是生活用具，随着奴隶主贵族在政治上、经济上的统治地位的确立，青铜器也为奴隶主贵族所垄断，并被赋予特殊的含义，具有了体现奴隶主统治权威和区别尊卑贵贱的功能，成为奴隶制礼制的象征，因此被称为“礼器”，或叫做“彝器”。礼器的这种功能，在奴隶制鼎盛的商、周时期发挥得最为充分，后

图 4.4　商代青铜卣（陕西岐山县贺家村出土）

来则随着奴隶制的“礼崩乐坏”而日渐削弱。

商代常见的青铜礼器有鼎、鬲、甗（yǎn）等烹煮器，有簋、豆等食器，以及储盛器盘、盂等。酒器在礼器中占有显著的地位，其种类有饮酒用的爵、角、觚等，盛酒或温酒用的斝、盉、卣、罍、尊、觯、觥、瓿等。铜铙是一种形似钟但口沿向上的打击乐器，古代行礼必须奏乐，所以“礼乐”并称，是奴隶社会的礼仪制度的必不可少的组成部分。

与青铜礼器同样重要的是青铜兵器，这是用以巩固和保卫奴隶主国家机器的重要手段，所以奴隶主贵族十分重视兵器的铸造。青铜兵器的品种和数量都很多，主要有戈、矛、剑、戟、斧钺、箭镞等。

青铜工具相对于上面两大类而言，其数量是不多的。在青铜工具中，以手工工具为数较多，主要有斧、锛、斤、凿、刀、锯、锥、钻、削等，青铜农具则极其稀少。

商代已经出现了铜镜这样的生活用品。妇好墓出土了四面铜镜，把我国使用铜镜的历史提到了三千多年之前。

从青铜器品种、数量的一般情况，可以看到当时青铜冶铸业的性质。

图 4.5 商代青铜凤柱斝
（陕西岐山县贺家村出土）

这种手工业完全垄断于奴隶主贵族及其国家手中，其产品几乎全部用来为奴隶主的政治统治和生活上的奢侈享受而服务。礼乐器和兵器是青铜器中品种最多、数量最大的器物，这是因为“礼”与“兵”是奴隶主统治的两大法宝，奴隶制的礼治是以武力的镇压作为支柱和后盾的。

商代的青铜器，具有高度的工艺水平和艺术价值。一类器物以造型生动奇特、刻镂精美而见长。有的在器物上饰以各种动物和人体的浮雕或塑像，湖南宁乡出土的四羊尊堪称商代青铜器的代表作，在这件方肩尊的四角，附着四只向外半伸的羊身，羊角卷曲。器身四壁以蟠龙为饰，双角龙头点缀于每两只羊头之间，布局新颖，雕镂精美，别具匠心，堪称绝品。有的把整个器物仿造成动物的形象，如象尊、犀尊、鸮卣、鸟兽觥等，造型逼真，构思精巧，一件件都是雕塑珍品。还有一类器物则以雄浑厚重、型体恢宏而取胜。鼎是当时奴隶主权力的象征，因此他们不惜耗费大量宝贵的青铜去铸造它。除了“司母戊”鼎之外，商代的大型铜器屡见不鲜。1974 年在郑州杜岭街出土了商代前期的两件大型铜方

图 4.6　商代四羊青铜尊
（湖南宁乡县黄材镇出土）

图 4.7　商代晚期的青铜工具，自左至右为：锛、凿、斧

鼎，大的重 82.25 千克，小的重 64.25 千克。通高分别为 1 米和 0.78 米。1976 年在妇好墓出土的两件大型铜方鼎，重达 235 千克，仅次于“司母戊”鼎。

铜器的表面一般都饰以瑰丽多彩的花纹，主要有饕餮纹、夔龙纹、蝉纹、云雷纹、蟠龙纹等。这时的铜器，大多数都还没有铭文，到了商代后期，随着铸造技术的提高，逐渐在器物腹内铸上铭文。最初的铭文是一、二个字，大多是氏族徽号，或所祭祖妣的名号。到了商代末年，才发展到有三、四十字的铭文。

图 4.8　青铜偶方彝（殷墟妇好墓出土）

图 4.9　青铜三联甗（殷墟妇好墓出土）

数量众多的青铜器的发现，表明商代的青铜冶铸业已具有巨大的生产规模。从商代前期到后期均发现了青铜冶铸作坊。在郑州商城的城南和城北，各发现了一处早商的青铜冶铸作坊。城南的一处，总面积约1050 平方米。城北的一处，总面积约 275 平方米。在这些遗址中分别发

图 4.10　饕餮纹——妇好墓青铜器纹饰之一

现了坩埚残骸、红烧土、炼渣、木炭和陶范等遗物。

商代后期铸铜作坊的规模比商代前期更为巨大。安阳苗圃北地的作坊遗址，总面积约一万平方米，出土陶范三、四千块。此外，在安阳的小屯村、薛家庄等地也发现有铸铜遗址。许多铸铜坊集中于殷墟遗址，表明当时的王都同时也是全国青铜冶铸业的中心。

商代的青铜器大部分是当地铸造的，一般来说发现青铜器群比较密集的地方，都有冶铸作坊。除王都殷墟以外，许多诸侯方国都有自己的冶铸作坊。如湖北黄陂盘龙城到目前为止已出土青铜器 159 件以上，器形有 25 种之多。在盘龙城遗址中，就发现了许多炼锅遗骸，也发现了一些孔雀石、木炭、红烧土等，说明这里出土的铜器都是在当地铸造的。

商代前期的熔铜坩埚，是用陶质的大口尊、大口缸或草拌泥制成的炼炉。到了商代后期，除了草拌泥炼炉外，还使用一种叫“将军盔”的坩埚。因为它的形状很像武士的头盔，人们就给它起了这样一个名字。经过研究，发现这种坩埚的内壁比外壁烧得严重，推测是将铜矿与木炭置于锅内熔炼，为一种内加热的熔铜设备。将军盔取代大口尊、大口缸，是商代青铜冶炼技术的一个进步。

商代的青铜冶炼工艺已经达到了相当高度的水平。对出土的商代部分青铜器进行合金成分的检查，发现商代前期铜器平均含铜 80.83%，锡 5%，铅 11.09%。其含锡、铅的成分比二里头文化的铜器已显著增大，特别是含铅量增加更大一些。而且已经开始应用铜、锡、铅的三元合金。到了商代后期，平均含铜 85.94%，锡 11.7%，铅 0.84%，其含锡量大幅度增加，而含铅量则相应减少。一般来说，铸造贵重的礼器和实用的兵器含锡量较多，而普通器物则含铅量较锡为多。

我们知道，冶炼青铜的早期阶段，人类是用铜、铅、锡的共生矿或铜矿石和锡铅矿石混合冶炼而得到青铜。在长期的实践中，人们逐渐有了区别矿石的知识，会有意识地挑选孔雀石（氧化铜）、锡石等进行冶炼，从而得到纯铜、锡、铅的金属，这样就能根据器物的要求而按不同的比例随意铸造。上述商代铜器的合金成分的检查结果，表明它已超越了由矿石混合冶炼青铜的低级阶段，而发展到由纯铜、锡、铅进行冶炼的高级阶段了。《周礼·考工记》记载铸造青铜器有六种不同的合金比例配方，即所谓“六齐”法。其中铸造钟鼎之剂，为六分铜一分锡。其比例与商代青铜器的合金比例大体相近。商代的冶铸工人已经充分掌握了青铜冶铸工艺的先进技术，奠定了我国古代青铜文化发展的坚实基础。

商代的青铜铸造工艺也有很大的提高。铸造工艺主要有制范和浇铸两道工序。从殷墟出土的陶模得知，当时在制范之前须先用泥土制成铸件的完整模型。模型经焙烧后，再贴泥片进行翻范。大型铜器，要将多块组合范拼合成一个整体。如“司母戊”鼎的鼎身用八块范，每条鼎足各用三块范，鼎底及鼎内各用四块范，鼎耳还需先用范另外铸成。要拼合这样一件巨大而又复杂的整体，其技术之复杂和精巧是不难想见的。

最后一道重要工序是浇铸。甲骨文的“铸”字作“”形，像双手把坩埚中的铜液注入范中。小型器物的浇铸还比较简单，大型器物就要复杂困难得多了。由于铜液冷却快，这就必须保证在最短的时间内浇注完成，以免造成冷隔。这不仅需要高超的浇铸技术，而且也需要高度的组织管理才能顺利完成。拿“司母戊”鼎来说，它需要800多千克的铜液。有人作过计算，一个“将军盔”一次只能熔铜12.5千克，这样就需要至少70个“将军盔”同时进行熔化。如每个“将军盔”需要三、四人操作，则共需250人左右。几百人同时行动，没有周密的组织管理是不可想象的。“司母戊”鼎的铸造，不仅代表了商代冶铸技术水平的高度发展，也说明商代青铜工业的规模之宏大，组织之严密，分工之细致。它是商代青铜冶铸工艺的杰作，也是我国古代劳动人民聪明智慧的结晶。

商代除了掌握青铜的冶铸之外，也已经知道用铁。1972年在河北藁城台西村的商代遗址中，出土了一件铁刃铜钺。后来在北京市平谷县的刘家河商代遗址中，也出土了一件相同的器具。经过检验，知道它们是利用天然的陨铁锻打而成的，还不是人工冶炼的铁。不过，这至少说明商代劳动人民已经认识了铁这种金属，知道它的性能并初步加以利用，这就为日后向铁器时代的过渡迈出了第一步。

图 4.11　商代前期的铁刃铜钺——河北藁城台西出土

四　陶瓷骨角与丝麻纺织——商代的其他手工业

商代的手工业，除了代表性的青铜冶铸业之外，还有许多不同的专业部门，如陶瓷业、骨角业、琢玉业、纺织业和木器业等。不仅手工业门类之间的分工已较细致，各种手工业内部也有了一定程度的专业分工，表明商代手工业已发展到较高的水平。

陶瓷业在商代取得了重大的发展，在烧制陶器的长期实践的基础上，发明了原始的瓷器。在河南郑州、湖北黄陂盘龙城、河北藁城等地，都发现有商代的瓷器。郑州铭功路有一处早商时期的陶瓷作坊，作坊规模较大，总面积约 1400 平方米。在这里除发现大量泥质陶器外，还发现了不少原始瓷器。所谓原始瓷器，是用高岭土烧制而成，火候在 1000℃以上，胎骨细腻致密，吸水性很弱，其所含化学成分已与一般瓷器基本相同。这种瓷器的器身表面施有一层薄釉，釉色以青绿为主，所以通常称为“原始青瓷”。有少数釉色为褐色或黄绿色。它们的化学成分与一般所谓豆青色釉相近。原始瓷器的出现，把我国瓷器发展的历史提早到了三千多年以前。

最能代表商代制陶工艺水平的，是当时生产的一种白陶。这种白陶也是采用高岭土烧制，火候也在1000℃以上。洁白细腻的质地和刻镂精美的花纹，是这种陶器的特色。白陶器皿的形制和纹饰均模仿青铜器，制作工艺复杂，产量不多，是奴隶主贵族作为礼器的专供珍品。

骨角器在商代使用的范围很广，从生产工具到生活用具和装饰品，都离不开它，因此在商代墓葬中常常殉葬有这类器物。

骨器作坊遗址在河南郑州和安阳等地都有所发现。从出土的数以千计的骨料及半成品中看到，其原料多为牛、马、羊、猪、狗等家畜骨骼和鹿角等，在郑州的骨器作坊中，还发现有一半以上人的肢骨和肋骨。在这个作坊附近的一条壕沟中，还发现有上百个人的头盖骨，上面都有清晰的锯痕，显然是用来加工器皿的。制造骨器的工具，有青铜的小刀、锯、凿和砺石。骨角产品，有的是实用的生活用具，如骨笄、笄帽、骨簪、骨梳和骨锥等，有的是兵器，如骨镞等。

在商代的遗址中，还发现了许多精美的牙雕工艺品，如象牙觚、象牙杯等，器物的表面模仿青铜器而雕刻着繁缛的花纹，有的还镶嵌着绿松石，表现了高度的工艺水平。

商代玉器的产量也很大，各地的墓葬不断出土大量的玉石器物，仅殷墟妇好墓就出土了近600件玉器，所用的玉料有白玉、青玉、墨玉和绿玉等不同种类。商代奴隶主贵族盛行佩玉和玩玉的风气。

商代的玉石器大多是非常精美的工艺品。其种类主要有用于佩饰的璜、璧、玦、琮、圭、璋等；用于仪仗的玉石兵器，如斧、钺、戈、矛等；用作礼乐器的有𣪕、豆、盘、尊和磬等。妇好墓出土的一件玉𣪕，系用青玉琢成，色泽鲜明，嫩绿晶莹，器表雕刻着折转的几何纹。此外，还有许多立体的人或动物的雕像，如妇好墓出土的玉人，形态生动，圆润光洁，琢工细腻。侯家庄1001号大墓出土的白石鸮，造型逼真，刻工精细，都是难得的艺术珍品。

琢制这些玉石器物，需要繁重的劳动和高超的技艺，没有一支专业的能工巧匠的队伍和专门的作坊，要生产这样多的产品是不可想象的。

商代的纺织品，有麻织物和丝织物两种。

纺织麻纱的工具是圆形或六角形的纺塼（chuán），也叫纺轮。在中

图 4. 12　夔鋬象牙杯（殷墟妇好墓出土）

图 4. 13　玉人（殷墟妇好墓出土）

心的圆孔里插上一根杆，用左手转动塼盘，右手添加麻纤维，进行匀拈，纺成麻纱，同时将加拈后的纱线绕在塼杆上。河北藁城出土的商代麻布，据研究为一般的平纹组织，有一块麻布的经纱密度是14—16根/厘米，纬纱是9—10根/厘米。其纺织技术已与长沙马王堆一号汉墓出土的大麻布非常接近。

商代的丝织业已达到相当高的水平。饲养家蚕是商代农民的一项重要副业。在河南安阳和山东益都苏埠屯，都发现有形态逼真的玉蚕。对残存的商代丝织物进行研究，发现当时丝织物已有很多品种，有平纹的“纨”，有绞纱组织的纱罗，有平纹绉纱织物的“縠”（hú）等。縠是一种富有弹性而轻盈透明的丝织物，这种织物至今仍是高级的丝织物品种之一，早在三千多年前的商代就已出现，不能不令人对当时劳动人民的聪明智慧表示惊叹。从出土的商代玉人和其他石刻中，可以看到商代奴隶主穿着华丽的丝绸衣服，服饰花纹以连续规矩的几何纹为主，类似青铜器上的云雷纹和夔龙纹等纹样。要织造这样绚丽的花纹，需要用多综式或多籥式提花机。商代无疑已经使用这种织机，并用提花技术织造出丰富多彩的纹样。商代的纺织技术，为日后我国纺织技术的发展奠定了基础。

此外，商代的竹木器加工业、漆器业、车辆制造业和皮革业等，也有了不同程度的发展。

值得注意的是，商代各个手工业部门的内部也有了一定程度的分工。周灭商后，曾俘虏了许多商朝的手工业者，其中有索氏（绳工）、长勺氏、尾勺氏（酒器工）、陶氏（陶工）、施氏（旗工）、繁氏（马缨工）、錡氏（挫刀工或釜工）、樊氏（篱笆工）、终葵氏（椎工）等，可见手工业门类之多，分工之细。从考古发掘材料来看，当时手工业内部已有了细密的分工。如郑州发现的两座青铜冶铸作坊，其产品便有所不同，一处以生产镞、斨等为主，另一处则以生产刀和戈为主。郑州铭功路发现的一座制陶作坊，是以烧制盆、甑（zèng）等泥质陶为主的作坊。郑州的一座骨器作坊，以制造骨镞、骨簪为主，而安阳北辛庄的一座骨器作坊，则以生产骨笄为主。各专业内部的分工，表明商代手工业已发展到了较高的水平，反映了当时社会经济高涨的面貌。

商代的手工业，不论青铜冶铸业还是陶瓷、骨角、玉石、纺织等，无不具有明显的奴隶制的性质。首先，这时的手工业都垄断于王室贵族诸侯和奴隶制国家手中，奴隶主国家设置“多工”“宗工”“百宗工”管理手工业生产。卜辞“王其令山司我工——工载王事”，是说商王命令一个叫山的奴隶主负责总管手工业，手工业生产也是重要的“王事”之一。其次，这时的手工业生产完全是为了满足奴隶主贵族的享受和奴隶制国家统治的需要。各种手工业部门的产品，大部分是用于这一目的的“礼器”“兵器”，以及各种奢侈玩好。劳动人民不能从手工业的发展中得到什么好处。奴隶主不仅生前垄断了手工业产品，他们还企图永远霸占这些产品，死后以无数精美的手工业品作为殉葬品，数以亿万计的青铜被埋入地下成为无用之物，斫丧了当时最先进的生产力。手工业生产的奴隶制性质，把这个生产部门引入歧途，在这时发展起来的先进的手工业生产技术和无数能工巧匠的聪明才智被大大地抵消了。

五　“肇牵车牛远服贾”——商代的货币和交换

由于农业和手工业之间大规模的分工，以及各个生产部门内部日趋细致的分工，促进了商代的商品生产和交换的发展。

上一节已经提到，商代手工业有了许多不同的专业，每一专业内部也有一定的分工，出现了专门批量生产某一种或几种器物的作坊。商代墓葬中出现的专用“明器”，可能就是一种商品性生产物。“明器”是专门为殉葬而生产的陶器。这种陶器多仿照青铜礼器，如鼎、段、觚、爵、斝等做成，其质量比较粗劣，显然不实用，而是一种象征性的器物。明器的烧造，证明陶瓷业中已经出现了商品生产。

西周初年，康叔被封到殷人的故地，周公对他讲：殷人中有一部分人曾“肇牵车牛远服贾”（《尚书·酒诰》）。可见至迟在商代后期已经出现了赶着车牛从事长途贩运的商贾。这些商贾从四面八方把各种“宝货”贩运到殷都，供王室和贵族们享用。郑州、安阳出土的许多海产品，如海贝、鲸鱼骨、海蚌，以及占卜用的大龟，是东海、南海乃至印度洋的产物，玉料则盛产于今新疆一带。这些“宝货”，有不少是各地“进贡”或俘掠而来的，也有一部分是通过交换而得到的。

商品交换的发展，使作为一般等价物的形态固定于某些特种的商品上，并逐渐结晶为货币。商代的货币的主要形态是海贝和玉。盘庚迁殷时，曾训斥贵族们“具乃贝玉”，意思是说他们拼命地聚敛“贝”“玉”。显然这两种东西已成为当时社会财富的象征。由于玉的来源和加工都比较困难，所以逐渐变为贵族专用的佩饰和礼品，海贝遂逐渐成为通行的货币。

早在商代前期，就已发现用贝殉葬的情况。在郑州的一座奴隶主墓中，曾发现随葬的穿孔贝460余枚。

到了商代晚期，殉贝现象更加普遍。1953年安阳大司空村发掘165座墓，其中83座墓有殉贝，占50.3%。不仅奴隶主贵族殉贝，平民中也流行殉贝风气，个别奴隶乱葬坑中，也殉有1、2枚贝。

殉贝多放在死者的口中、手握中、足旁和胸上等处。这同后世把铜钱放在死者口中、手中的现象是相同的。也有将贝贮藏在麻布袋中、车舆中的情况。安阳殷墟发掘50多年以来，出土的贝的数量已以万计。除了天然贝外，还有仿制的贝——石贝、骨贝、蚌贝、铜贝等，可见当时社会上的货币需要量是很大的。在妇好墓中，仿制的石贝与天然贝置放在一处，可见仿贝与真贝一样行使货币的功能。

贝在流通过程中，大都以“朋”作为计算单位。大概以五个贝穿成一串，合两串为一朋。甲骨文“朋”字写作“”，就是这种使用单位的象形。

由于贝具有交换价值，在社会上被当作财富的象征。在商代，经常用贝作为赏赐，甲骨文和铜器铭文中常见“锡（赐）贝”“赏贝”的记载。甲骨文中，表示财富的字大都从“贝”，如“買（买）”“责”“得”“贮”等。以手持贝为“得”，写作“”或“”。把贝收藏于容器之中为“贮”，写作“”或“”。贮贝就是贮藏财富，贝的贮藏手段功能是非常明显的。

商品货币关系的发展，使社会财富日益集中于少数人之手，谁掌握了货币，谁就能统治生产世界。商代的奴隶主贵族掌握着数量惊人的货币财富。山东益都苏埠屯的一号大墓中，发现有将近4000枚海贝。安阳妇好墓的棺内，放置了近7000枚海贝。商代的大奴隶主，同时也就是大商人。有些墓葬殉贝的数量，大大超过周围同类型的其他墓，如1958年安阳大司空村发掘的第34号墓，随葬器物只有4件陶器和3件玉器，殉贝却有83枚。殷墟西区的第272号墓，随葬器物只有5件陶器、2件小型铜器和1枚玉饰，而殉贝竟有350枚。这种人很可能就是“肇牵车牛远服贾”的商人。

不过，由于历史条件的限制，商代的商品货币关系和交换水平还是不高的，商业在社会经济中所占的比重还是很小的。

六　“惟殷先人，有册有典”——商代的甲骨文

司马迁的《史记》有一篇《殷本纪》，详细记载了商王朝的世系和它的历史。早先人们对那上面的记载有点半信半疑，后来发现了商代的甲骨文，证实了《殷本纪》中所记商王世系是可靠的，从此人们对于商朝历史的怀疑才释然冰消。

甲骨文的发现，是我国古代历史研究中的一件大事。

清朝末年，河南彰德府（今河南安阳市）西北五里小屯村的农民，在种地的时候经常挖到一些“龙骨”（古代动物骨骼、牙齿化石的通称）。因为“龙骨”是一味中药材，农民们便把它们论斤卖给城里的药铺。但是，这些“龙骨”上面常有刻画，而“龙骨”是不能有刻画的，因此在出卖时便事先把上面的刻画刮去。也有的人把“龙骨”研成粉末，作为刀枪伤药。有的“龙骨”则被用以填塞枯井。这些所谓“龙骨”，实际就是刻写甲骨文的龟甲兽骨。

这些“龙骨”上的刻画，逐渐引起了人们的注意。到了光绪二十四、二十五年（1898—1899），有些古董商人便到小屯村去收购“龙骨”，并把它们带到北京去出售。当时有个叫王懿荣的官员，喜欢收藏古董，对古文字也有研究，他见到“龙骨”上面的刻画，认出那是已经失传的古代文字，便以每片二两银子的重金买下这第一批 12 片甲骨。从此，甲骨文引起了人们的重视，开始竞相搜求甲骨。

王懿荣不到一年即死去，刘鄂（字铁云，即《老残游记》作者）搜集了 5000 多片甲骨，挑选了其中的 1000 多片，于 1903 年拓印成《铁云藏龟》一书，第一次公开著录甲骨文。不久，另一个学者孙诒让根据《铁云藏龟》的材料，写了第一部关于甲骨文的研究著作——《契文举例》。

但是，最初学者们都还不知道甲骨文的真实的出土地点，因为古董商人们为了垄断财源而一直隐瞒事情的真相，他们谎称出土于河南的汤阴或卫辉。1908 年，罗振玉第一个访知甲骨的真实出土地点是在安阳的小屯，于是他三次派人前往安阳搜求甲骨。他从一、二万片甲骨中，精

选出二千多片印成《殷墟书契前编》等书。

甲骨文的发现、搜集和公布，为甲骨学的研究奠定了基础。把甲骨文材料用于研究商代历史的，应当首推王国维。他根据卜辞的记载，证实了《史记·殷本纪》的商王世系的可靠性，并纠正了其中的个别错误。他运用把考古资料与文献结合起来研究的所谓“二重证据法”，对商代的历史和制度做出许多有创见性的考证。

第一个以马克思主义唯物的辩证法的历史唯物论作指导，利用甲骨卜辞研究商代历史的，则是郭沫若。他参照西周金文和《诗经》《尚书》中的有关记载，论证了甲骨文中的“众”“众人”的身份为奴隶，给商代的奴隶社会性质提供了坚实的证据。从此以后，甲骨学在马克思主义唯物辩证法的指导下，为研究商代的社会历史，做出了卓有成效的贡献，将人们对于商代的历史和社会生活的各个方面的认识都推进到了一个新的高度。

1928 年以后，对安阳殷墟开始进行科学的发掘工作，陆续出土大量的甲骨。1949 年后，在党的领导之下，我国的考古工作者对殷墟进行了更大规模的科学的发掘工作，取得了许多可喜的收获。从 1899 年甲骨文发现到目前为止，共计出土甲骨 15 万片以上，其中国内所藏（包括台湾省）为 127000 多片，其余则散在欧美、日本等国。甲骨学已成为一门世界性的学科。

为什么安阳殷墟遗址会有这么多的甲骨出土？甲骨文记载的内容又是些什么呢？

要了解这些问题，还得从商代的占卜谈起。

早在原始社会末期，便有了占卜这种迷信活动。到了商代，占卜的风气更为盛行，成为商代国家政治生活的一个组成部分，奴隶主贵族利用它作为维护其统治的重要手段和工具。当时，上自国家大事，下至私人生活小事，如祭祀、天时、年成、征伐、田猎、疾病、生子等，无不求神问卜，以决定吉凶祸福与行止。其卜问和请命的主要对象，是上帝和祖先。占卜的结果，便是上帝或祖先神意的体现。这样商王便把自己的所作所为说成神灵的意志，说他是代表上天和神灵行事。这实际上是商王把自己的意志神化，借助神权以加强奴隶主阶级的政权。于是，占卜成了国家政治生活中的一件大事，设置了专门的机构和卜官来掌管占卜事宜。

占卜有一套复杂的程序。占卜所用的材料为龟甲兽骨，早商多用牛、羊、鹿、猪的肩胛骨，晚商则龟甲与动物肩胛骨并用。龟甲多用腹甲，也有用背甲的。在占卜之前须先整治甲骨，然后用青铜钻在甲骨上钻出圆窝，即所谓“钻”。在圆窝旁再凿出“O”形的凹槽，即所谓“凿”。占卜时，卜官用烧红的木枝烧灼钻孔，再根据其反面裂出的兆纹以定吉凶。卜官把占卜的全过程刻写在甲骨上面，这种记录占卜的刻辞，就称为“卜辞”。因为这些文字都是刻写在龟甲或兽骨之上的，所以称为“甲骨文”。

一则完整的卜辞，一般包括“前辞”“命辞”“占辞”“验辞”等几个部分。占卜之前，先记下占卜的日期和卜人的名字，如某某日卜，某史官（习惯上叫“贞人”）或商王自己问。这部分内容叫做“前辞”。接着就是“命辞”，记录所要卜问的事项，即为什么而卜问。占卜以后，便视察龟兆以判断吉凶，即做某事是吉还是不吉。这就是“占辞”。占断之后，还要记下如何实行和是否应验的情况，这就叫“验辞”。不过，包括上述几部分这么完整的卜辞并不多见，在实际占卜时，往往有某些部分的省略。

占卜之后的刻辞甲骨，都当作国家的档案而由史官保存起来，甲骨出土地点多在殷墟的王宫和王陵区，有秩序地堆积在窖穴之中，就是由于这个缘故。

甲骨卜辞是研究商代历史的珍贵的第一手材料。它是当时历史的真实记录，包含了从公元前1300年到公元前1000年之间的社会生活的各个方面。但是，它的内容也有很大的局限性，主要是王室的占卜迷信记录，并不能反映当时社会生活的更加广阔的方面和内容。而且由于其程式单调，千篇一律，因而所包含的文字也是有限的。卜辞一般都很简短，最长的一篇至90余字，短的只有1、2个字。到目前为止，发现的甲骨文单字在5000个以上，而其中为世人所公认的有1200—1300字。

甲骨文已经是一种相当进步的文字。它是现代汉字的前身，但并不是中国的原始文字。早在新石器时代的仰韶文化的陶器上，就发现了各种不同的刻划符号，它们才是中国文字的萌芽。经过二、三千年的孕育、选练，到了商代，我国的文字发展已达到基本成熟的阶段。

从文字结构来看，传统所谓的“六书”，即象形、会意、指事、形声、假借、转注六种造字方法，在甲骨文字中都已备具。

甲骨文造字最基本的方法仍然是象形，如日（或⊙）、月（或或）取象于天文，川（）、田（或或）取象于地理，舟（）、车（或）取象于器物，耳（）、目（或或）取象于人体的器官，等等。但是它的象形字已经脱离了图形象物的低级阶段，经过长期的概括、简化而成为趋于定型的文字。对于类似的事物，它能充分表现各自的特点，加以巧妙的区别。如牛羊都是四足二角一尾的家畜，要区别它们比较困难，甲骨文抓住其犄角的特点，以卷角来表现羊（或），以直角来表现牛（或），充分地表达了二者的不同之处。

表达比较抽象的概念，往往是把两个以上的图形拼合，使其发生内在的联系，构成新意。这就是“会意”。例如，（即），左边为食器“簋”，右边为跪坐之人，表示一人就簋而进食，所以“即”字有“就”“靠近”的意义。或（既），表示人吃罢饭掉头而去，所以“既”字有“已经”“完毕”的意思。

形声字是用形符与声符相结合而创造出新字的造字方法。它以形符代表字义，以声符代表字音。例如“盂”，上为音，下为意；“祀”，左为意，右为音。形声字是汉字发展到高级阶段的产物，是一种最进步的造字方法。它用声符去注音，从而可以造出无穷的新字。所以现代汉字中，形声字占了绝大多数。甲骨文已经有了丰富的形声字，说明它已经历过长期演变的历史，已是一种相当进步的文字了。

当然，甲骨文也还保留着浓厚的原始性，例如象形字的大量存在，形声字虽然已经产生，但不过占总字数的20%左右，许多字形也还不大固定，等等。

在商代，除甲骨文之外，还有金文、陶文、简册和帛书等。殷墟曾发现墨书和朱书的陶文、骨文和石文。从这些文字的锋芒推断，其书写工具应是毛笔。甲骨文“聿”字写作“”，像右手握笔之形。“聿”字就是古代的“筆”字。周公旦对殷人发布的文告中曾指出：“惟殷先人，有典有册。”（《尚书·多士》）典、册就是殷王室的档案材料和历史文献。甲骨文“册”字写作“”，像编简之形，“典”字写作“”，是双手举册的象形。商朝已有专事“乍册”的史官，负责记录和保管王室的典册。现在仍保存于《尚书》中的《商书》，如《盘庚》三篇、《高宗肜日》等篇章，当是其时商王朝档案中的典册。其中的《盘庚》三篇有1200多字，洋洋大观，具有很高的史料价值。

七　宗教观念与自然科学——商代的科学文化

随着社会经济的发展，奴隶劳动所创造的剩余产品的增加，使社会上一部分人可以脱离生产劳动而专门从事科学文化活动，促进了体力劳动与脑力劳动的分工，从而有可能创造出更为发达的科学文化成就。在商代，已经出现了一批为奴隶主服务的知识分子。上面提到的卜史和贞人，就是一些专业的知识分子。他们既是宗教迷信的宣扬者，又是最早掌握了科学文化的知识分子。他们不仅具备宗教迷信的知识，掌握甲骨文字及其刻写的知识和技能，还要具有社会政治和自然科学等方面的广泛知识。

商代占统治地位的宗教观念，是客观唯心主义的上帝——祖先崇拜。早在原始社会末期，人类便产生了对于自然和祖先的崇拜，但那时还是对于许多具体的自然现象，如山川、日月、巨石、怪树等的多神崇拜。随着阶级分化和不平等的出现，诸神中也有了高低之分。当地上出现了至高无上的王权时，天国中也出现了高居于诸神之上的主神——上帝，多神崇拜逐渐地发展为一神崇拜。到了商代，原始的自然崇拜已经抽象为对于“上帝”的崇拜，产生了凌驾于诸神之上的至上神。上帝有着至高无上的权威，主宰宇宙万物和人间的一切。

商代的上帝崇拜与祖先崇拜是紧密地结合在一起的。商王是上帝的元子，他受命于天，代表上帝行使权力。商王死后，又回到上帝的左右，两者合而为一。因此，请命的对象就包括上帝和祖先，对于二者的祭祀，都是国家的大事。

商代的奴隶主统治阶级，以上帝——祖先崇拜作为精神统治工具，而这种客观唯心主义的上帝——祖先观念，也是其时占居统治地位的社会思想。在商代，一切“民事”都被涂抹上了“神事”的色彩。占卜就是沟通“天”“人”的桥梁。“通天地”的神秘人物——巫卜、贞人，尽管还保留有浓厚的巫术师气味，但都已转化为专职的祭司和统治阶级的重要成员。

弥漫于商代的上帝——祖先崇拜的宗教迷信，使当时的科学文化也蒙上了神秘主义的外衣，成为了宗教迷信的附庸。例如，从劳动人民的实践活动中积累起来的天文历法知识，就被神职人员所掌握和利用，当成上帝意志的体现。

但是，自然科学和唯物主义的世界观，总是在同唯心主义和宗教迷信的斗争中，顽强地发展着自己。商代的科学技术，就是在这种斗争中不断地发展着的。

随着社会生产力的发展和长期的实践积累，商代的天文历法比夏代又有了进一步的发展。

商代对于天象已有比较细致的观察和记录。卜辞中保存了许多世界上最古老的关于日月蚀的记载。经科学家推算，在商代实际发生过的若干次日月食现象，与卜辞所记的日月食可以互相吻合，证明了那些记录的可靠性。有一片卜辞记载："乙卯允明，雺，三臽食日，大星。"大意是说，乙卯这天天明的时候有雾，日出之后即发生了日食，人们看到"三臽食日"和"大星"。经天文学家推算，这是发生在公元前 1328 年 10 月 18 日的一次日食。特别令人惊叹的是，它还记载了在日食时观察到的"三臽"和"大星"等现象。"三臽"就是三个火焰的意思，这是日全食时的"日珥"现象，又由于日全食而天空变黑，因而有"大星"出现于天空。可见殷人对于日食现象的观察已经非常精确而深入，这同夏代对于日蚀现象惊惶失措的情况已经不可同日而语。这是世界上关于日珥的最早的记录。通过观察天象，商人有可能发现新星。武丁时的一片卜辞说："七日己巳，夕有新大星并火。"大意是说，七日己巳这一天晚上，有一颗新的大星靠近火星。从新星的发现推断，商代可能已有专职观察天象的人员。

商人对于气候的变化也给予特别的重视。卜辞中有许多关于风、雨、霾、云、雪、虹、霁、阴、晴等自然现象的记录。云和雨的关系非常密切，卜辞中累见"兹云，其雨？不其雨？"的辞例。他们已能从云而推断是否降雨。风力有大风、小风、大骤风、大狂风等的区别，风向则有四方风名之区别。

保存在甲骨卜辞中的《殷历》，是我国最早的历法，它在夏历的基础上，逐渐趋于完备。《殷历》是一种阴阳合历。阴历是以月亮绕地球一周，即月亮的一回圆缺为一个朔望月，十二个月为一年。而阳历是以地球绕太阳一周，即太阳的周年视为一个回归年，一年为365日。但是，按照正确的朔望月，一个月是29.530588日，一年中太阴历与太阳历平均相差10日又21小时。为了调整两者的参差，便在若干年内设置闰月，或三年一闰，或五年再闰，或十九年七闰。《殷历》已有闰月的设置，起初均置于年终，称为十三月。祖庚以后逐渐采取随时插闰的方法，以调整节气。《殷历》是一种最早的阴阳合历。

商代纪时的方法已日臻完备。纪日采用六十干支法，即以十个天干与十二个地支交相组合而成六十个单位，以一个干支单位代表一日。在殷墟发现的一块龟板上，刻有六十干支的顺序表，这大概是当时的历书。纪旬法，以十日为一旬，三旬为一月。六十干支依顺序可以排列成六行。殷人祭祀祖先依天干为序，因此祭完一行就称为一旬（即一周）。商代"卜旬"之辞甚多，每旬的最后一天占卜下旬的吉凶。记月，已有大月小月之分，以月亮的一回圆缺为一月，小月二十九天，大月三十天。闰月称十三月。纪年，一年称为"一祀"，因为商代实行"周祭"，在殷末大约三十六、七旬才能把所有祖先祭祀一遍，所以周祭一祀相当于一年。商代已有"年"字，但还不是用于记时，而是表示年成的丰收。

天文历法的发展，有赖于数学的发展。从卜辞中可以看到商代数学的某些发展情况。甲骨文中最小的数字为"一"，最大的数字为"三万"。"一""十""百""千""万"各有专名，已采取十进位法进行计算。

商代的医学也有了一定程度的发展。卜辞中发现了一些疾病名称的记录，如"疾目"。据专家研究，甲骨文记录了头、眼、耳、口、舌、牙、喉、鼻、腹、足、趾、尿、产、妇、小儿、传染16种疾病，具备了今天的内、外、脑、眼、耳鼻喉、牙、泌尿、妇产、小儿、传染等科（胡厚宣：《殷人疾病考》，《甲骨学商史论丛初集》，台湾大通书局1973年版）。甲骨文里的"心疾"，有人认为可能是我国古代关于脑神经系统病症的最早记录。对于某些疾病，已有比较细致的分类，如口腔科便有对于"疾口"（口腔疾病）、"疾舌""疾齿""龋齿（牙病）"、"疾言"（喉头疾病）等不同疾病的区别。殷人关于"龋齿"的记载，不但在中国是最古老的，比世界文明古国埃及、印度也要早700—1000年，这不能不说是殷人对于世界医学史上的重大贡献（周宗岐：《殷墟甲骨文中所见口腔疾病考》，《中华口腔科杂志》1956年第3号）。

砭石是商代使用的一种医疗器具。在河北藁城的一座商代墓葬中，墓主的左下方二层台上殉葬着一个漆盒，盒内装着一把石镰，其形制与农用的石镰差不多。这就是医疗用具砭镰。我国古代常用砭镰施行医疗手术，以切割肿疡和泻血等。利用草药治疗疾病在我国有着非常悠久的历史，到商代中草药的应用有了进一步的发展。据说商王太戊曾派王孟到西方去采药（《山海经·海外西经》注）。在河北藁城台西村的商代房址内，曾发现桃仁和郁李仁，据研究是两种种子中药。

商王朝是当时世界上最先进的文明古国之一，这个时期科学文化的成就，为日后我国科学文化的发展奠定了基础，在世界文化史上写下了光辉的一页。

第五章　商朝奴隶主阶级专政的加强

一　“余一人”——商代王权的强化

商代的国家，是以商王为首的奴隶主贵族的专政。王权是奴隶主阶级专政的总体现总代表，王权的强化意味着奴隶主专政的加强。

“王”字甲骨文写作“”“”，完全是一副君临大地、绝地通天的专制君主的写照。在卜辞中，商王自称“余一人”或“一人”，与其他传世文献中称“予一人”相同。这个称呼，充分地暴露了商王那种至高无上、唯我独尊的专制主义的本质。

王权的世袭制度在夏代已经确立。到了商代，随着奴隶主阶级专政的加强，王权的世袭制度也在发展变化。商代的王位继承制有两个法则，一是兄终弟及，一是父死子继。商代前期，还没有确立嫡长子继承制，因此商王的儿子原则上都有继承王位的资格，兄死以后，弟或从兄弟均可继承王位。这就叫“兄终弟及”。例如仲丁死后，其弟外壬、河亶甲相继为王。从成汤到帝辛的商代十七世中，兄终弟及的情况有过九世。与此相并行的是父死子继，即传位于子的继承制。到了商代后期，从康丁以后直至商末，则实行了嫡长子继承制。即国王生前预立嫡妻所生的长子为王位继承人。例如帝辛有兄弟三人，长兄为微子启，次兄为仲衍，帝辛为少弟，但帝辛得以继承帝乙的王位，他的两个兄长都没有即王位，这是因为帝辛的母亲是帝乙的嫡妻，其兄长乃是庶妻所生的缘故。

王位世袭制中的嫡长子继承制的确立，意味着王权统治的加强。兄终弟及制，大概是氏族社会中推举制的一种残余，在那种继承制度下，商王朝的前期经常发生王位的纷争，特别是仲丁以后，“弟子或争相代立”，发生了连绵九世的内乱。嫡长子制确立以后，王位纷争遂显著减少，王室内部逐渐稳定下来，使王权得到了加强。

嫡长子继承制的确立与宗法制有着密切的关系。商代后期王位继承制的变化，意味着宗法制度的形成。

宗法制的核心是嫡长子继承制。在私有制产生以后，为了确保财产的继承，在父权制家庭中便已产生了嫡庶制度。嫡庶制就是在婚姻上的一夫多妻制。商王的婚姻正是一夫多妻制。正妻所生的长子为嫡长子。商代的嫡庶制，在祭祀制度中有所反映。盛行于祖甲、帝乙、帝辛时期的“周祭”，是一种轮流祭祀先祖先妣的祀典。有资格列入这种祀典的先妣，仅限于直系先王的配偶，而没有旁系先王的配偶。在直系先王的配偶中，也只有一人或几人受到祭祀，这种受祭的先妣，显然是先王的正妻。与嫡庶制确立的同时，一个家族中便产生了“大宗”与“小宗”的区别。商代后期已有“大示”与“小示”的区别。“示”就是祖先的神主。他们把直系先王的庙主称为“大示”，旁系先王的庙主称为“小示”。合祭“大示”的宗庙便是“大宗”，合祭“小示”的宗庙便是“小宗”。这就是宗法制中“大宗”“小宗”的起源。“大宗”“小宗”的区别，正是宗法制度形成的一个重要标志。宗法制度渊源于氏族社会中的血缘亲族关系，到了商代，以此为基础发展成一套以嫡长子继承制为核心的宗法制度，并成为奴隶社会的一项重要政治制度，起到了巩固和加强奴隶主专政的作用。

宗法制的确立，同时又意味着分封制的产生。因为这二者是密不可分的。在嫡长子继承王位的同时，其余庶子便予以分封。司马迁在《殷本纪》中说：商人“其后分封，以国为姓”，这种“封国”有殷氏、来氏、宋氏、空桐氏、稚氏、北殷氏、目夷氏等。帝乙的几个儿子中，在纣继位为王以后，纣的庶兄被封于“微”“箕”等国。

分封制与宗法制密切配合，加强了王权，巩固了奴隶主的统治。以王室为中心的贵族垄断了政权，这个统治宗族被称为“王族”，商王就是这个统治宗族的大族长。商王不仅在政治上是最高统治者，在宗法关系中也是大宗。与王室有血缘关系的宗族被分封到各地去当“侯”“伯”，作为商王朝在各地的统治支柱，形成了许多新的“多子族”。他们对于商王来说是“小宗”，但他们同样以宗法制的原则分别为“大宗”“小宗”，以维系各级贵族间的统属关系。商王通过分封制和宗法制，把“国”和“家”紧密地结合起来，加强了以商王为首的各级贵族的家长权力，巩固其在政治上的垄断地位，使之成为奴隶制国家中的支配力量。

但是，我们在看到商代王权的专制主义的一面时，还必须看到它的另一面，即商代的王权统治并非如同日后封建社会中绝对的专制主义，在其国家制度中，还包含着许多原始民主制度的残余。上面我们已经提到，从夏代开始，奴隶制的国家机器中继承了部落联盟时期的某些军事民主制度，并将其转化为奴隶制国家的上层建筑。这种情况，到了商代依然存在。

商代的王权，要受到辅佐大臣相当的制约。伊尹是商初权力很大的最高执政。他可以立国君，仲壬死后，太甲继位，就是伊尹所立。他对国君起着“师”“保”的作用，负教导和辅佐的责任。太甲继位后，伊尹作《伊训》《肆命》《徂后》等训辞，向太甲“陈政教所当为”“言汤之法度”，辅导以治国安邦的大政方针。后来太甲政治修明，又得到伊尹的嘉奖，作《太甲训》三篇给予褒扬。他可以放逐国君。太甲即位之初，“颠覆汤之典刑”，于是伊尹把他放逐于桐宫。在那里，“太甲悔过，自怨自艾，于桐处仁迁义，三年以听伊尹之训己也”（《孟子·万章上》）。他可以代行天子职务，太甲被逐期间，“伊尹摄行政当国，以朝诸侯”（《史记·殷本纪》），实际上行使天子的职权。当太甲有了悔过表现之后，“于是伊尹迺迎帝太甲而授之政”（《史记·殷本纪》）。

伊尹的所作所为，在当时人们的眼中，不但不是什么权臣跋扈、僭越篡逆，反而受到普遍的赞扬，被誉为辅佐商王的贤臣。可见伊尹的做法在当时是一种正常现象。因此，伊尹在商代受到很高的尊崇。在卜辞中，伊尹的地位非常突出，可与商先公先王匹敌。他与成汤并见于一辞，还被附祭于先王上甲。在卜辞中，只有上甲及其以前的先公高祖能够“壱年”“壱雨”，而伊尹也可以“壱雨”，成为祈求风调雨顺的对象。商人在歌颂商族发祥历史时，十分强调伊尹的作用，给他以突出的地位。诗中唱道：

昔在中叶，	在商族兴起前的中世，
有震且业。	曾有一段震动危急的时期。

允也天子，	汤王真是名副其实的天子，
降予卿士，	上帝降赐他贤良的卿士，
实维阿衡，	那就是鼎鼎有名的阿衡，
实左右商王！	他辅佐汤王而有天下！

——《诗·商颂·长发》

辅佐大臣对于王权的制约，大概渊源于原始社会末期的军事民主制度。尧舜时代的“四岳”，有决定治水人选和部落联盟首领继承人等巨大权力。伊尹的行动，并不是权臣的越轨行为，而是当时国家制度中残存的原始民主制度。在商代，像伊尹这样的辅佐大臣不是个别的，他们对于商王的辅佐作用，受到普遍的赞扬，他们的活动成为殷代政治制度中一个十分突出的现象。《尚书·君奭》说：“在昔成汤既受命，时则有若伊尹，格于皇天。在太甲，时则有若保衡。在太戊，时则有若伊陟、臣扈，格于上帝，巫咸乂王家。在祖乙，时则有若巫贤。在武丁，时则有若甘盘。率惟兹有陈，保乂有殷，故殷礼陟配天，多历年所。”大意是说，过去成汤既已接受天命，便有个伊尹来辅佐，使成汤得以升配上天。此后贤臣辈出，有保衡、伊陟、臣扈、巫咸、巫贤、甘盘等人，他们在“保乂有殷”中发挥了重要作用。依靠这些“老成人”的辅佐，使殷家诸王得以享受升配上天的祭祀，使殷家的统治经历了很长的年代。

商代国王的权力，还要受到贵族议事会和国人大会的限制。盘庚迁殷时，遭到贵族臣民的反对，盘庚召集他们到王庭开会，向他们解释迁都的计划。既迁之后，盘庚又把贵族近臣召来训话，并且和他们一起出去对广大臣民陈述他的政策。最后他又把范围更广的众人召集到王庭训话。从盘庚迁殷的前前后后，反复召见贵族臣民到王庭训话，做了大量的说服工作，可见商王在遇有重大政事时，并不能独断专行，他必须召集贵族臣民集会，并倾听社会舆论和人民的情绪反应。恩格斯曾经指出：“军事首长，议事会和人民大会构成为由氏族制度中发展起来的军事民主制的各个机关。”（恩格斯：《家庭、私有制和国家的起源》，第161页）盘庚召集的贵族会议和人民大会，大概就是军事民主制时代的议事会和人民大会的孑遗。

但是，在商代国家制度中占统治地位的、基本的体制还是商王为首的奴隶主贵族的专制和集权，其政治制度中某些原始民主的表现，不过是奴隶主贵族内部的民主，即使这样狭隘的民主，其权利也是极其有限的，这并不能改变商代王权的专制主义的性质。

二　“殷正百辟”与“殷边侯甸”——商代的中央和地方统治机构

有一件西周时代的铜器——《大盂鼎》的铭文说，在商王朝的中央政府有“殷正百辟”（百官），在地方上有“殷边侯甸”（诸侯）。它所说的“殷正百辟”，具体地说就是《尚书·酒诰》中说的：“越在内服，百僚庶尹，惟亚惟服宗工，越百姓里居。”它所说的“殷边侯甸”，就是同书所说的“越在外服，侯、甸、男、卫邦伯”。可见，商代的统治机构是分为“内服”和“外服”两种。所谓“内服”“外服”，实际上就是王畿和畿外之地，就是中央和地方。

随着商代奴隶主阶级专政的加强，它的国家机构也在不断发展和扩大，形成了一套比较复杂的官僚制度。

我们先看中央的统治机构。

商王把它直接统治的地区称为“内服”，也就是前面提到的王畿。商王之下有一个庞大的官僚机构，协助商王进行统治。这些“百官”就是所谓“百僚庶尹”或“百辟”。

商代的百官名目繁多，他们之间的统属关系还不太清楚。不过，根据他们所司的职能，大概可以分为三类。一类属于政务官。“尹”是商王之下权力最大、地位最高的执政官，是辅佐商王的重要人物。他们的职责是“左右商王”，处于“师保之尹”的崇高地位。他们下面的佐僚，总称为“多尹”，分管大田、作寝、飨宴等政事。

另一类是宗教官。在古代中国，“国之大事，在祀与戎”（《春秋左传正义》卷二七，成公十三年），宗教和祭祀活动是与军事同等重要的国家大事，是构成奴隶制国家政治的重要部分。在商代，宗教官员是一支庞大的队伍，这是商代职官制度中的一个特色。

早在原始社会末期，一种沟通神人的媒介——巫就已经产生，到了商代，巫又成为奴隶主阶级专政的工具。他既然是“神事”的总管，同时也在政治上发挥重要的支配作用，如太戊时的巫咸，祖乙时的巫贤，都是著名的巫职官员，他们协助商王“治王家”，发挥着重要的作用。在巫的下面，有祝、宗、卜、史等各种专职人员，分管占卜、祭祀和记事等职司。

还有一类是事务官。他们就是卜辞中的大小臣正，负责管理王家的各种具体事务。如“小耤臣”，管理耕种耤田；“小众人臣”，管理众人；“小多马羌臣”，管理牧马的羌人奴隶。此外还有管理手工业的“工”“多工”等。

王畿以外是商王朝的“四土”，即累见卜辞的东土、南土、西土、北土。在这广袤的地区，商王分封了许多同姓或异姓诸侯，被称为“外服”。这些诸侯建立了众多的方国。在诸侯的方国之间或边远的地方，则散布着许多发展程度不等的少数民族的方国或部落。从卜辞中看，商代的诸侯已有侯、伯、子、男等不同等级的爵位。其中侯国最多，如太侯、攸侯、周侯、蒙侯、杞侯等。其次为伯，如沚伯、易伯、宋伯、羊伯等。此外为子、男之属，如雀男、微子、箕子等。这些不同爵位，规定了诸侯的高低等级。他们都要臣服于商王，所以叫做“外服”，“服”就是服事王室的意思，即需要定期向商王贡纳，负担劳役，奉命征伐。正如《诗经》所说：

天命多辟，	上天命令各国诸侯，
设都于禹之迹，	立国于禹所平治的土地之上，
岁事来辟。	岁时来朝见商王。

——《诗·商颂·殷武》

商王也关心并保护诸侯方国。卜辞中累见遭受侵略的方国君长向商王报告军情，请求援助的记录。商王在卜年时，不仅占卜四土是否受年，还经常为一些方国祈年，如“犬受年”“沚受年”一类卜辞，就是商王关心犬侯、沚伯等方国的年成。不过，商王朝与方国之间，以及方国与方国之间，也常有战争发生，卜辞中常见诸侯的君长被商王打败之后，杀其首领以祭祀先王的记录，或将其头盖骨刻辞为饮器的情况。

卜辞中所称的“方伯”“邦伯”，大概就是指称霸一方的强大方国。1949 年以后在湖北黄陂盘龙城发现的商代城址，就是在江汉流域的一个强大方国的统治据点。这座城址的规模不算大，远逊于当时的王都——

郑州商城。但是，它的宫殿建筑的台基竟有将近40米之长，比殷墟最大的宫殿台基不过少6、7米。盘龙城遗址的特点是，城垣内部大部分为宫殿区所占据，可见它是一座宫城性质的城堡。再从城址附近发现的奴隶殉葬墓和青铜器来看，这里显然是该方国的统治中心。盘龙城所在的江汉地区，就是商王朝的南土。有的古书说成汤的时候，有汉南四十国归服商朝，这个说法虽然不一定完全可靠，但在商代江汉流域有不少方国臣服于商王朝则是无疑的。武丁时曾深入荆楚，征服了这一地区，盘龙城很可能就是这时臣服于商朝，并成为商朝在南方的强大方国的。

三　“王作三𠂤”——商代的军事

“常备军和警察是国家政权的主要强力工具。”（列宁：《国家与革命》，中央编译局，人民出版社2020年版，第10页）随着商代奴隶制的发展，商王朝内部的阶级矛盾和方国之间的矛盾日益激化，因而作为国家政权支柱的军队也在不断强化。

商王朝拥有强大的武装部队。武乙时候的一条卜辞有“王作三𠂤（师）：右、中、左”的记载。“三𠂤”大概是商代军队的基本组织形式，相当于后世的“三军”。每师究竟有多少人不大清楚，但其时军队的数量确是相当庞大的。据卜辞记载，每有战事发生时，商王还要另外“登人”，即征召兵员。每次“登人”，少则几百人，多则三五千人，最多曾达到万人。武丁时为了征伐土方、𢀛方，仅七、八、九三个月便“登人”23000多名。这时战争的规模已空前扩大，卜辞记载一次便杀伐敌人2500多人。

军队的最高指挥权集中在商王手中。在安阳西北岗的殷墟1004号大墓是一座商王的陵墓，在这座墓的墓道中，曾发现集中堆放的、成捆的铜矛约700件，带柲（bi，兵器的柄）的戈69件。同时还有六、七种不同形式的铜盔（胄）数十具。这些出土文物说明，商王在生前直接掌握着大量的军队。

卜辞中有不少武官的名称。“多马”经常受命征伐或射猎，大概相当于后世的“司马”。“亚”和“多亚”也受命征伐，并负责“保王”，有时也代表商王出使侯伯。“多射”负责射事。“戍”是负责守边和征伐邦方的武官。

商代的兵种有步卒和车兵。作战方式以车战为主。在安阳小屯商代后期宗庙（乙七）前发现的一群祭祀坑，是象征军队阵式的葬坑。这里有按照当时作战部署而摆下的两个方阵。前面一个方阵为步卒，在近百个长方形的葬坑中，共有步卒 300 人左右。这大概就是卜辞中说的“左、右、中人三百”。后面一个方阵是车队及其所属的徒兵。这个方阵的中心有战车五辆，分列为左、中、右三组。中组三辆车是直线纵列于前，左右两组各有一辆车而居后。每辆战车上有甲士 3 人，他们也是以左、中、右排列，御者居中，射者持弓矢居左，击者持戈居右。中组最前面那辆车的左右并列 3 个坑，每坑 5 人，共葬有 15 人。他们就是随车的徒兵，也是以左、中、右三组排列。看来，左、中、右三翼的排列方式，是商代军队通用的列队法，从一个小的基层作战组合到大的方阵，以至全国的军队，都是按照这一法则组织和编制的。商代的车战，大概就是以 5 辆战车作为一个基层作战单位，以战车为攻击的主力，车上的甲士与车下的徒兵密切配合，冲锋陷阵。这种战法，与现代坦克战的方式十分相似。

商代军事力量的加强，还表现为青铜兵器的广泛使用。奴隶主阶级专政的强化和青铜冶铸业的发展，对武器的发展提出了新的要求并为之提供了可能的条件。这个时期的青铜兵器，无论数量、质量和品种都远远超过了二里头文化时期。

早在商代前期，全国各地的大小奴隶主就已用青铜兵器武装了自己。在西起陕西岐山，东到海滨的济南，北至河北的藁城，南至长江左岸的黄陂的广大地区，都发现了青铜兵器。在王都郑州，更发现了铸造青铜兵器的陶范。到了商代晚期，青铜兵器的分布就更为广泛了。

商代的青铜兵器，已有繁多的品种和不同的用途，其中最重要的有戈、矛、戟、斧、钺、箭镞和甲胄等。戈用以勾杀，即所谓“勾兵”。矛被称为“刺兵”，是用以刺杀的兵器。戈、矛结合而产生的戟，吸收了二者的长处，是一种既可刺又可勾的复合兵器。斧钺用以砍杀，但也用以仪仗、警卫和表示权威。箭镞是远射的利器，甲胄和盾则用以防御。

战争是商代奴隶主经常的职业。商代军队的职能，除镇压奴隶、平民外，便用以进行对外的战争和掠夺。卜辞中关于对周边方国部族战争的记载非常频繁。商王经常亲自出征，一次出征的时间，少则几天，多

图 5.1　商代青铜钺（殷墟妇好墓出土）

图 5.2　商代晚期人面青铜盾饰（陕西城固县苏村出土）

则几个月；征途近则百里，远则数百里。卜辞关于帝乙、帝辛时连年用兵夷方，有着极其详细的记载。例如，帝乙九年二月东征夷方，中途曾遇到盂方的截击，商王的军队打败了盂方。第二年九月，帝乙再度征夷方，这次是与攸侯喜联兵。卜辞中有这次远征的详细的日程记录。他们从大邑商出发，向东南方向进军，到达淮水之滨，讨伐了人方和林方，第二年五月才胜利回到殷都附近的沁阳田猎区，前后费时260天。

通过这些战争，商朝奴隶主掠夺了大量的战俘和财富。卜辞中累见的“（获）羌”“执羌”“来羌”等记载，就是指俘获的羌人，虏掠人口是商王朝对羌方战争的重要目的。这种掠夺战争是非常残酷的，兵锋所及，庐舍为墟，《诗经》记述武丁伐荆楚时，不仅俘虏了那里的人众，而且把敌人的据点夷为平地。商代末年对人方的频繁战争，除了掠夺那里的人口之外，也是为了掠夺那里的财富。古书上说：“商人服象，为虐于东夷。”（《吕氏春秋·古乐》）江淮流域丛林中的大象吸引了商朝奴隶主，他们到那里猎象，给那里的人民带来极大的灾难。殷墟出土的象骨以及大龟、海贝、鲸鱼骨等，大概有不少是从那一带掠夺来的。

四　“商有乱政，而作汤刑”——商代的刑罚

刑法和监狱是商朝奴隶制国家机器的重要组成部分。随着奴隶主阶级专政的强化，商代的“汤刑”比夏代的“禹刑”有了进一步的发展，更加残酷而繁密，赤裸裸地表现了奴隶主阶级的凶残本性。西周初康叔被封于殷朝故地，周公告诫他吸取商王朝的统治经验时，其中一条是强调必须依据殷人的法律去治理民众。直到战国时期，荀况还提出“刑名从商”的主张。

商代的刑法非常繁多，据说有“刑三百”（《吕氏春秋·孝行览》）。它的具体内容已经不得而知，不过，周代的“五刑”，至少在商代晚期都已经具备。据《周礼》的记载，所谓“五刑”，有：

墨刑，又叫黥刑，是在人的脸上刻纹填墨。

劓刑，就是割去鼻子的刑罚。甲骨文中的“”字，即表示用刀割鼻。

宫刑，施于女子为幽闭，施于男子则割去生殖器官。

刖刑，是断去一条下肢。这是仅次于杀刑的一种残酷的“肉刑”。甲骨文中有“”（或“”）字，像用锯断去人的一条下腿，锯旁的一腿较短，表明已被截去，这正是“刖”字的象形。近年在殷墟后岗的一次发掘中，发现了一具受过刖刑的殉葬奴隶遗骸。这是一座小墓，墓主的身份并不太高，但在他的后侧二层台上有一个殉人，少了一条下肢骨，经过研究，证明是一个生前受过刖刑的人。这个奴隶不仅生前遭到残害，

死后还要为奴隶主殉葬，这就是商代奴隶们的命运和遭遇。

卜辞中有不少施刖刑的记载，一次刖刑，动辄数以十计，有时多达百人。有一片卜辞说：将要对一百人实行刖刑，问神（或祖先）可以不？可见刖刑的规模是十分惊人的。

商朝奴隶主频繁地使用刖刑，固然是其凶残本性的暴露，但也说明商代的奴隶们经常采用逃跑的方式进行反抗，使得奴隶主心惊胆战，企图用砍掉奴隶的下肢的办法来镇压奴隶的逃亡。

大辟，五刑中最残酷的一种，即砍头。甲骨文的“伐”字写作“”，像是用戈砍杀人头。殷墟王陵附近的祭祀坑和殉葬坑中，许多身、首异处的骨架，都是施用大辟的奴隶残骸。

事实上，商代的刑罚决不限于“五刑”。“五刑”之外还有许多酷刑，奴隶主随心所欲以最野蛮残酷的手段镇压人民，卜辞中的“（唯）王又作辟（法）”，暴露了奴隶社会“朕即法律”的真实面目，统治者的意志就是法律。例如，所谓“炮烙之刑”，据说是在铜柱下面加炭烧热，令“罪犯”赤足行走其上，坠入炭中烧死。所谓“醢（hǎi）刑”，是把人剁成肉酱。所谓“脯刑”，是把人处死做成人干。所谓“烹刑”，是以鼎镬煮杀人的酷刑。凡此种种，不一而足，充分暴露了商代刑罚的极端野蛮性和残酷性。

刑具和监狱是商代奴隶主镇压人民的重要手段。手铐之类的枷锁是商代经常使用的刑具之一。殷墟曾出土三个戴着手铐的男女陶俑，男俑的手被铐在后面，女俑的手被铐在前面。甲骨文的“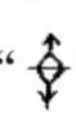”（幸）字，就是手铐的象形。由此而派生出一系列与刑罚有关的文字，例如“执”字，甲骨文写作“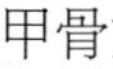”，像人跪地手戴桎梏。把“幸”字写在方框里面，就成了“圉”字，像是把带桎梏的“罪犯”关在高大的围墙里面，这显然是监狱的象形。商代奴隶主经常把抓获的人犯投入监狱。卜辞中有商王命令小臣去“作圉”的记载，即建造监狱。还有一条卜辞记载在“𦎫”地“圉羌”，即把俘虏的羌人关押起来。羑里是商代一座著名的监狱，商王纣曾把周族的首领姬昌（即周文王）囚禁于此。

商代的刑罚，赤裸裸地暴露了奴隶主专政的凶恶面目，他们就是依靠这样残酷的刑罚作为镇压人民的手段，以维护其专制统治的。

第六章　血淋淋的阶级关系与商朝的灭亡

一　王族、多子族与百姓——商代的奴隶主贵族

“奴隶主和奴隶——是第一次大规模的阶级划分。前一集团不仅占有一切生产资料（即土地和工具，尽管当时工具还十分简陋），并且还占有人。这个集团就叫做奴隶主。从事劳动并把劳动果实交给别人的人则叫做奴隶。”（列宁：《论国家》，中央编译局，《列宁选集》第四卷，人民出版社 2012 年版，第 29 页）奴隶主和奴隶是商代两个基本的、互相对抗的阶级。他们之间彼此残酷的阶级斗争，就是商代奴隶制度的情景。

商代的奴隶主阶级，是由以商王为首的各级奴隶主贵族构成的。商王不仅是奴隶主阶级在政治上的总代表，也是奴隶主贵族的大族长。氏族社会残存的血缘亲族关系，在商代还非常浓厚地存在着，利用这种血缘关系进行统治，是商代奴隶制的一个突出的特点。商代的奴隶主阶级的主体，是由与商王有着血缘亲族关系的“王族”“多子族”，即所谓同姓贵族构成，而以异姓贵族为辅。“王族”是与商王有近亲关系的家族，“多子族”是与王室有血缘关系但稍为疏远的家族。商王为子姓，下分若干同姓的氏，每个氏之下又有若干同宗的宗族，即所谓“宗氏”，宗族之下又有若干同族的家族，即所谓“分族”。这些姓氏宗族与商王形成亲疏不同的宗法关系，构成所谓“百姓”的主体。“百姓”相当于卜辞中的“多生（姓）”，包括了和商王同姓与异姓的贵族。异姓贵族中，还包括了各地的“邦伯”“侯田”和异族酋长。

商王在名义上是全国土地和臣民的最高所有者，他把土地和奴隶分配给“王族”“多子族”和“百姓”，从而形成占有不同数量的土地和奴

隶的大小奴隶主。各级奴隶主贵族都臣属于商王，他们都要“载王事”，为商王效力。他们残酷地压迫、剥削广大奴隶，过着穷奢极侈、作威作福的生活。

商代的墓葬制度充分地反映了奴隶主贵族在政治上、经济上的统治地位和生活上的穷奢极侈。

如果说考古发现的商代城市、宫室遗址，是奴隶主贵族生前统治地位的反映，那么，墓葬遗址则是奴隶主贵族的生前生活在死后的写照。商代的奴隶主贵族，不仅生前住在用坚固的城墙保护着的豪华宫殿里，而且在死后还企图把这种剥削生活带入地下，他们营建了豪华的地下宫殿，殉葬无数的财富和成群的姬妾奴隶，“被视为最有价值的物品都成为所有者的随葬品，以供他在冥中继续使用”。（［美］路易斯·亨利·摩尔根：《古代社会》，杨东莼、马雍、马巨译，商务印书馆 1981 年版，第 535 页）这种厚葬之风，充分暴露了奴隶主贵族贪婪和残暴的本性。

到目前为止，已经发现有 3000 多座商代的墓葬。这些墓可以分为大、中、小三种类型。大中型墓是商王和各级奴隶主贵族，包括诸侯方伯的陵墓。

在安阳洹水北岸的侯家庄、武官村以北一带的高地，又称为西北岗，是商代后期的王陵区。在这个区域内，都是埋葬商王的大型坟墓，虽然也发现了一些中、小型墓，那不过是大墓的陪葬墓或殉葬坑。这种独立的王陵的出现，乃是商王作为盘踞于一切臣民之上的专制君王的体现。

王陵的规模非常浩大。在商代早期，王陵的土方规模比中型墓大一百倍以上，比小型墓则大一万倍以上。到了商代晚期，王陵的规模更是惊人。以安阳侯家庄的 1001 号大墓为例，其墓口呈“亞”字形，加上东西南北向的四道墓道，则其东西总长为 35. 35 米，南北为 69. 10 米，总面积为 712. 75 平方米。比著名的武官村大墓还要大一倍多。这座大墓虽然屡经盗掘，大部分随葬物已不复存在，但仍然出土了数量甚多的青铜、玉、骨、石、牙、白陶和木制的器皿。

1976 年考古工作者在安阳小屯村发现的“妇好”墓，使人们对于商代奴隶主的穷奢极侈有了更进一步的认识。“妇好”墓的规模并不算大，墓室面积仅 22. 4 平方米，不过是一座中型墓而已。但是，由于这座墓是没有被盗掘过的，因而保存了墓葬的原貌，出土了数量空前的随葬器物。

据统计，共出土青铜器和玉石器各400余件，骨角牙器200余件，海贝6000余枚。仅青铜器一项，就超过了数十年来殷墟发掘所得的总和。其中青铜觚、爵、斝三种酒器即达100余件，大小青铜鼎30余件。此外，还有造型奇特的“三联甗”“偶方彝”和罍（léi）、瓿（póu）、觥（gōng）、尊、簋（guǐ）等不同型式的青铜器皿，每种一至十件不等，琳琅满目，价值连城。

妇好不过是武丁的一个配偶，她的随葬器物之多，竟达到如此惊人的地步，那些比这座墓大十几、二十倍的王陵，其随葬器物之丰厚更加可想而知了。如果不是这些墓主在生前占有社会上的一切生产资料和生产工作者本身，要把如此巨量的财富集中于少数人之手是不可能的。在当时社会生产力还比较低下的情况下，要创造这样众多的财富，不知道要消耗多少劳动者的血汗。这些社会财富被埋入地下而造成的惊人的浪费，暴露了奴隶主阶级剥削的本质和反动的面目。

作为王都殷墟的王陵固然极尽豪奢，即便是边境地区的诸侯邦伯、方国首领，他们的坟墓也相当惊人。如在湖北黄陂盘龙城附近的李家咀发现的两座商代中期墓，其中的2号墓，墓室面积不过12平方米，但是它竟然出土了青铜器69件，最大的一件铜鼎，高达55厘米，在早商铜鼎中，仅次于郑州杜岭街所出2件大型方鼎。山东益都苏埠屯发现的商代后期大墓，形制宏伟，工程浩大，建置及规模堪比殷墟王陵。益都是东夷蒲姑墓的所在地，这些大墓有可能就是属于蒲姑之君的。商代的诸侯方伯作为地区性的专制君主，乃是当地最高的奴隶主，他们的势力已有很大的发展，对于商王朝具有相对的独立性。

在商代，奴隶主阶级内部已有不同等级身份的区别。殉葬的青铜礼器是奴隶主贵族身份的标志。在商代，酒器觚、爵、斝的配合是区分贵族身份的重要礼器。如盘龙城李家咀的1、2号墓，殉葬了4、5套觚、爵、斝。与此同时而略小一等的墓，在安阳殷墟的小屯村有两座，在郑州白家庄和盘龙城各有一座，这4座墓则只有2套觚、爵、斝。可见殉葬觚、爵、斝的多少，与墓葬的规模，即墓主人生前身份的高低是一致的。到了商代晚期，贵族内部的等级差别更为明显，各级墓葬的规格相差更加悬殊。商代晚期的“妇好”墓，比之商代前期的盘龙城李家咀2号墓的规模仅大一倍，而殉葬器物和殉人却增加了五至十倍。随着奴隶制的发展，社会财富更加集中于少数人的手中，因而奴隶制的等级身份更加森严。

二　“众人”与“多羌”——商代的奴隶

在奴隶社会，奴隶“只是作为会说话的工具，同牲畜作为会发声的工具，无生命的劳动工具作为无声的工具相区别。”（马克思：《资本论》第一卷，第229页）奴隶是社会上最受剥削和压迫的阶级，他们的人身完全被奴隶主所占有，同奴隶主的其他财产一样，他们本身也是奴隶主的一种财产。

在商代，奴隶的种类已有较多。从奴隶所从事的劳动来看，有农业奴隶、畜牧奴隶、手工业奴隶和家内奴隶等。农业奴隶是奴隶大众的主力军。

卜辞中常见的“众”和“众人”，就是商代的农业奴隶。甲骨文的“众”字作日下三人之形，像人在烈日下劳作（或或）。他们的主要工作是从事农业生产。卜辞“贞，（唯）小臣令众黍”，是说商王命令“小臣”指挥“众”前去种黍。这种辞例在卜辞中经常见到，人们已经发现了13例之多。卜辞“王往氏众黍于冏”，是指征发“众”到冏地去种黍。卜辞“令众人□入羌方□垦田”，是命令“众人”若干，前往羌方某地去开垦荒地。

“众”和“众人”在从事耕稼垦殖工作之时，都有“小臣”“戍”“亚”一类的奴隶主头目在监督与催迫。甲骨文中累见的“氐众”“雉众”，都含有征发众人之意。可见“众”“众人”是在强迫命令和监督之下从事耕作的。“凡是建立在作为直接生产者的劳动者和生产资料所有者之间的对立上的生产方式中，都必然会产生这种监督劳动”，而监督劳动“在奴隶制度下所起的作用达到了最大限度”（马克思：《资本论》第三卷，第431页）。

“众”和“众人”在从事农业生产之外，还要负担各项繁重的劳役，如武丁时卜辞“令众御事”，就是驱迫众人去服劳役之意。在农隙时间，他们还要接受军事训练，一有战事则被征发去从征作战，有的还要去戍边。如武乙卜辞“令南以众伐龙”，是商王命令奴隶主，率领众人去讨伐龙地的敌人。

“众”或“众人”分别属于商王和各级奴隶主贵族所有。虽然名义上普天之下的臣民都属于商王，但是商王自己还直接掌握着一定数量的“众”或“众人”。卜辞中的“王众”，就是直接隶属于商王的众人。此外，还有属于某个奴隶主或某族邦的“众”或“众人”。

在畜牧业中也使用大量的奴隶。商代最常使用的畜牧奴隶是俘虏的羌人。羌人本是商朝西土的游牧部族，以畜牧见长。《说文》称：“羌，西戎牧羊人也。”可见“羌”就是“牧羊人”之意。因此商人多把俘虏的羌人用于牧畜。卜辞中的“羌刍”就是指从事牧畜的羌人。马是商代重要的役畜，被广泛应用于车战和乘驭，所以商王朝非常重视马匹的饲养，设有专门养马的厩和专司养马的官吏“马小臣”。正如“小众人臣”负责驱赶众人从事农耕一样，“马小臣”则监督牧奴从事畜养马匹。

商王室和奴隶主贵族垄断了手工业生产，手工业部门的生产都使用奴隶。从商代手工业的发展及其内部分工来看，手工业奴隶的数量也不在少数。在商代手工业作坊遗址附近，常常发现一些半地穴式的土室，这些土室的直径为2—7米，深1、2米至5、6米。这种阴暗潮湿的地穴，显然是手工业奴隶的栖身之处。郑州商城西郊铭功路西侧的早商烧陶作坊附近，就发现了类似的房基14座，这些简陋的居穴，就是制陶工奴的住处。黄陂盘龙城李家咀2号墓的3个殉人墓中，有一男性成年人的头前随葬了一套手工工具，有青铜的刀、锛、凿、锯各1件，这显然是一个手工业奴隶。

家内奴隶有臣、妾、奚、仆等许多名目。他们是一些非生产性的奴隶，用于奴隶主贵族家内生活的各个方面，负担着极为繁重的贱役。他们的身份，比一般从事生产的奴隶更为低下。他们直接受到奴隶主贵族的役使和监视，备受人身的折磨，随时都有丧失生命的威胁。奴隶主贵族墓葬中的殉人，大多数来自他们。他们之中也可能有极少数人得到奴隶主的宠信，如伊尹原来就是一个“媵臣”，即家内奴隶，后来因得到商汤的信任而成为了统治阶级中的人物。

商代奴隶的来源，主要有两个途径，一是原来的农村公社成员身份下降为奴隶，一是战争中的俘虏。

“众”和“众人”原来是广大农村公社成员。他们和奴隶主贵族还有某些氏族血缘关系，是奴隶主贵族各个“宗氏”和“分族”之下的“类丑”。他们原来是公社土地的主要耕作者，进入奴隶社会后，氏族贵族成了奴隶主贵族，公社的土地成了奴隶主贵族的私有财产，“众”和“众人”也跟着成了这些土地所有者的奴隶，转而为奴隶主进行无偿的劳动。商代的奴隶阶级，主要就是这部分人。

当然，他们之中也有一些人，因为负债或触犯奴隶主的刑律，而被罚作身份更为低下的一种奴隶，但其数量相对来说是比较少的。成汤在讨伐夏桀的时候，就曾宣布要把不听命的“有众”罚作奴隶。甲骨文“奚”字作“”形，是抓获“罪犯”的象形。出土的商代陶俑，也曾见到戴着刑具从事劳作的奴隶。

战俘是商代奴隶的另一重要来源。商王朝对外征伐的主要目的就是俘掠人口。武丁征伐荆楚时“裒荆之旅”，就是大肆虏获荆楚的人众。卜辞中的“获羌”“执羌”“氐羌”“来羌”等记载，都是指的俘获羌人。商代对周边方国的战事频繁，规模浩大，所俘人众的数量也是相当惊人的。卜辞中常见的“多羌”一词，即形容所获羌人俘虏的众多。

战俘的一项重要用途是作为牺牲。卜辞中的“用羌”，就是杀羌人以祭祀。如一块属于商王武丁时期的甲骨上，刻有如下的卜辞：

戊子卜，宾贞，（唯）今夕用三百羌于丁，用，十二月。

大意是说：十二月戊子那天占卜，贞人宾问卦：今天晚上杀三百名羌奴祭祀祖丁，可以吗？后面一个“用”字是“验辞”，意即后来按原计划执行了。仅这条卜辞就断送了三百名羌人俘虏的生命。

战俘也被用于各种生产领域。除前面已经谈到将俘虏的羌人用于畜牧之外，还把他们用于田猎。商王武丁喜好田猎，他在田猎时就需要许多羌奴随从。武丁卜辞“乎多羌逐鹿”“多羌获鹿”等，就是指驱迫羌奴为其追逐野兽。到了晚商，由于战俘的来源有所减少，同时奴隶劳动的价值也有所提高，因此战俘奴隶也被投入农业生产。文丁卜辞有“王令多羌垦（开垦）田”的记录，是说商王文丁命令许多羌奴去开荒种地。畜牧和田猎是羌人所长，农田耕作却并非内行，如今也被驱使去从事农耕，这从一个侧面反映了商代奴隶制度的发展变化。

三 人殉与人祭——血淋淋的阶级压迫

在商代，奴隶主对于奴隶残酷的阶级压迫，特别集中地表现在当时的人殉与人祭制度上。在这种野蛮的制度下，无数奴隶被用作殉人和牺牲，被残忍地杀害，其数量之大，使用范围之广，手段之残酷，令人惊心动魄，毛骨悚然，充分暴露了奴隶社会中血淋淋的阶级关系。

人殉制度乃是人间的奴役压迫制度在冥世的再现。奴隶主不仅生前贪婪地吮吸奴隶的膏血，在他们死后又以大量奴隶作为殉葬品，企图把这种剥削压迫的生活带入地下。

早在商代前期，人殉制度就已经普遍盛行，在河南的郑州、安阳，湖北的黄陂和河北的藁城，都发现了人殉墓葬。而在商代后期，人殉制度更发展到了登峰造极的地步。这时，殉人墓葬大为增加，各种大中型墓大都有殉人，个别小型墓也有少量殉人。

商王和高级贵族的陵墓，既是穷极奢侈的地下宫殿，又是堆积奴隶尸骨的万人坑。前面已经提到的侯家庄 1001 号大墓，虽然屡经盗扰，但尚能分辨的殉人仍有近百人之多，原来的殉人应当超过这个数量，其殉葬情况大体如下：在“亞”字形墓室的十余米深处，挖有 9 个长方形小坑，墓底中央那个小坑叫做“腰坑”，四隅分别有两个小坑。每个坑埋有一名执戈的奴隶和一条狗，他们大概是墓主人生前的武装侍从，如今又要在地下继续为主人担任警戒。在这批殉人的上面放置着主人的棺材，棺外用木板构成巨大的椁室。在棺椁之间填满了各种精美贵重的殉葬物。在木椁的顶部和四周又有大批殉人，这里有 1 名执戈奴隶负责“警卫”，有 6 个有棺木并佩戴首饰的奴隶，当是主人贴身的姬妾奴仆，还有 5 个与木杠、抬盘埋在一起的人，他们大概是搬运礼器和管理仪仗的奴隶。在埋入这些殉人以后便开始填土，并将土方夯实，这时便开始了杀殉。奴隶们 10 人或 20 人一排，被反绑着双手牵入墓道，东西相对跪着被砍头，把砍下头的尸体埋入，再填土夯平。大概每筑一、二层夯土即杀殉一批人。砍下的头则另行放置，都是头顶向上，面向墓坑。在这座墓中，共清理出无头尸体 8 组 61 具，人头骨 27 组 73 个。最上层已被农耕土毁去，已无法得知其详。墓室夯土中还发现零碎的头骨，也无法具体统计数量。

从这种殉葬情况，我们可以发现它具有如下一些特点。

首先，它是完全按照墓主生前的生活来安排地下的殉人，企图把阳间的享受带入阴间，永远骑在奴隶们的身上作威作福。殉人有侍姬、卫士、技艺工匠和执各种贱役者，包括了主人生活所需的各种奴仆。他们环侍于墓主的上下左右，随时听候主人的召唤和驱使。殉人的这种安排，使人们不难想像奴隶主生前姬妾簇拥，奴仆成群，武士警卫的情景。

其次，它充分暴露了奴隶制度的残酷性。奴隶主为了一己的享受，不惜牺牲广大奴隶的生命。殉人的数量十分惊人，1001 号大墓因为盗扰严重，所以殉人的实际数字肯定要超过现在所知的数字。特别令人发指的是，这些被砍头的殉人，多数是青少年，其中有几个甚至是囟门还未合拢的幼童。在主墓的东西两侧，还发现有对称地排列着的 37 个殉葬坑，据不完全统计，共殉68 人，马18 匹以上。从埋葬情况推测，他们大概是墓主人生前田猎游乐的随从。把这些人加在一起，这座大墓共有殉人 164 人。商王死后，竟有如此众多的奴隶随之丧生，充分暴露了奴隶主的残忍和反动的本质。至于日后为了祭祀他而杀害的人牲更是不计其数了。

处于王陵区东部的武官村大墓，是 1950 年发掘的一座著名的殉人墓葬（1976 年又进行了第二次发掘）。这是一座“中”字形的大墓，其规模虽然小于 1001 号大墓，墓内仍发现殉葬奴隶 79 人。

1976 年年在小屯村发现的“妇好”墓是个中型墓，也有殉人 15 个，其中可以辨认的有男性 4 人，女性 2 人，以及 2 个儿童。

像这样大规模的殉人墓葬，不仅在王都有，在王都以外的地方也有所发现。如山东益都苏埠屯的 1 号大墓，就发现有殉人 48 个。

墨子揭露古代的殉人制度时曾说：“天子（诸侯）杀殉，众者数百，寡者数十，将军大夫杀殉，众者数十，寡者数人。”（《墨子·节葬》）他所说的情况，与商代的殉葬制度大体上是一致的。在商代，商王和诸侯一级的殉人一般是几十人至一、二百人，中小贵族的殉人则在一、二人至十几人。

奴隶主不仅在埋葬时需要殉葬大批奴隶，日后他们的子孙还要杀害更多的奴隶（主要是俘虏）来祭祀他们。这种把人作为“牺牲”用以祭祀的制度，就是所谓“人祭”或“人牲”制度。

甲骨文中有许多关于“人祭”的记载。有人从现存国内的甲骨资料中，找到有关人祭的甲骨 1350 片，上面刻有卜问“人祭”的卜辞 1992

图 6.1　安阳武官村大墓——商代后期殉人墓之一

条。仅这些卜辞中所记被杀害的奴隶便有 13052 人之多。一次祭祀所用“人牲”，少则几人，多则几十人至数百人。如武丁时的一片卜辞：

癸且卜，㱿贞勿葡用五百仆。

这是癸丑那天占卜，由贞人㱿问卦：在举行祭祀时，可否用五百个“仆”作为牺牲？这种见之于甲骨刻辞的野蛮残酷的“人祭”制度，已被考古发掘的大量资料所证实。

在安阳殷墟商王陵墓附近，发现了大量的“人祭”遗迹。1976 年在殷墟王陵东区发掘了大面积的祭祀坑。这些祭坑均呈长方形，约长 2 米，宽 1 米，每坑出土无头遗骸 8—10 具。经鉴定，这些“人牲”多是二、三十岁的男性青年，也有一些妇女和儿童，估计他们是一些战俘奴隶。

成年奴隶是被捆绑双手，杀害以后再扔进祭坑。从出土的骨架可以看到被肢解或腰斩的情形。妇女儿童则被捆绑以后扔进祭坑活埋。现在已经探出这里一共有祭坑 250 个，总面积几万平方米。这些祭坑排列整齐，每 10 坑为一排，三五排为一组。一组就是一次祭祀活动所用的祭祀坑。从中可以看出，每次祭祀所用“人牲”，少则数十人，多者竟达二三百人。其延续时间很长，大约从武丁直至商末，至少在这里举行过 22 次“人祭”。

商代的“人祭”制度，不仅施用于祖先陵墓的祭奠，在其他迷信活动中也莫不如此。

商代盛行社祭，祭社时也要以人为牺牲。传说成汤伐桀以后，连续遭到七年大旱。成汤为了求雨而“祷于桑林之社”，史卜向成汤建议“当以人为祷”，即用人祭社以祈雨。卜辞中的“伐于土（社）羌”“侑土（社）羹羌”，就是指杀伐或烧死羌奴以为“人牲”。

商代的社祭遗存已被考古工作者发现。在江苏铜山县丘湾就发现了一处这种遗存。在这处遗址的中心竖立着 4 块大石，中间略呈正方体的一块最大。在大石的周围发现了 20 具人骨，他们被反绑着双手，面向石块而跪，是在祭祀以后被处死的。与他们一起埋葬的还有 12 只狗。中间那些巨石就是“社主”，即祭祀的牌位。古书传说三代的“社主”用木，夏后氏用松木，商人用柏木，周人用栗木。但也有的古书说：“殷人之礼，其社用石。”（《淮南子·齐俗训》）丘湾遗址正是以石为社。卜辞记载祭社用人或牛羊，丘湾遗址发现的人和狗就是用以祭社的牺牲。

奴隶主在兴建宫殿、居室的时候，要举行烦琐的礼仪，并经常杀人以祭奠。在奠基和置础的时侯，他们要在础间或基址四周埋上若干奴隶和牛、羊、狗，以“保祐”宫室的坚牢和居处的吉利。在安门的时候，要在门的两侧和当门处，埋上持戈执盾的奴隶和狗，用以“保卫”奴隶主的门户安全。奴隶主就这样残酷地用奴隶们的累累白骨去构筑他们神圣的殿堂。

在商代的遗址中，还有一些不明祭祀内容的人祭现象。如在安阳后岗发现的商代晚期人祭坑，是一种直径约 2 米，深 3、4 米的圆形袋状坑，分上下两层埋着 54 具人架。从其骨架上染有红色，两具人架对跪的情况看，显然是有意识的祭祀活动以后的遗存。

列宁曾经指出："罗马的法律把奴隶看成一种物品。关于杀人的法律不适用于奴隶，更不用说其他保护人身的法律了。"在奴隶制国家中，奴隶主对奴隶"不仅可以随便使用暴力，就是杀死奴隶也不算犯罪。"（列宁：《论国家》，第32页）商代的人殉、人祭制度，就是以商王为首的奴隶主对奴隶们公然的、血腥的屠杀。这种罪恶的行径，被奴隶主阶级视为"合法"，它不仅不受"商刑"的任何罚处，反而受到奴隶制的国家及其"法律"的保护，这就充分暴露了奴隶主专政的阶级本质和这个专政的野蛮性及残酷性。奴隶主阶级不仅生前的奢靡生活建立在奴隶们的血泪痛苦之上，死后还要埋葬于奴隶们的尸骨堆上。奴隶制文明的殿堂，就是在奴隶们的血肉之躯上面建造起来的。

四　"丧众"——奴隶平民的反抗斗争

"富人和穷人，剥削者和被剥削者，享有完全权利的人和毫无权利的人，他们彼此间的残酷的阶级斗争——这就是奴隶占有制度的情景。"（斯大林：《论辩证唯物主义和历史唯物主义》，《斯大林选集》下卷，人民出版社1979年版，第447页）

在商代，奴隶和奴隶主之间的矛盾，是当时社会的主要矛盾，奴隶主残酷的阶级压迫，激起了奴隶们普遍的反抗斗争，这种反抗斗争从来也没有停止过。

但是，由于奴隶的特定的阶级地位，以及商代奴隶社会中氏族血缘残余的特别浓厚，决定了奴隶们的反抗斗争带有很大的局限性。这种斗争很少采取大规模武装起义的形式，如后世的农民战争那样，而是以连绵不断的、此起彼伏的怠工和逃亡等方式进行反抗和斗争。卜辞中所谓"丧众"，就是指奴隶们的逃亡。由于经常出现"丧众"的事件，所以商王和贵族非常担心，经常卜问"丧众"还是"不丧众"。有一片甲骨卜问："众作耤，不丧。"奴隶主对于耕田的奴隶很不放心，生怕他们在耕作中逃跑，因而求神问卜。《易经》中"丧其僮仆"的记载，与卜辞中的"丧众"具有同一性质。

奴隶主对于逃亡的奴隶进行残酷的镇压。"王途众人"的卜辞告诉我们，当奴隶逃亡之后，奴隶主便派人去追捕镇压他们。武丁时期的卜辞记载，有一次王室的"臣"（即奴隶）成批地逃跑了，武丁下令追捕。占卜时预言三天就能追回来，但是由于逃亡者的英勇抵抗，使奴隶主的如意算盘落空。逃亡者集体地渡过了河，使追捕者的船只无法赶上。王室又加派兵卒，用了十五天时间，才追捕回来一部分。在这次事件中，商王武丁屡次亲自占卜，可见这次逃亡的规模是不小的。

为了防止奴隶们的逃亡，奴隶主经常用栅栏、围墙之类的监狱，监禁奴隶们。但是，即使被监禁的奴隶，也在继续进行反抗。卜辞中记载了奴隶们从监狱中逃跑的事件。有一片卜辞说："亡自巪圉☐"意思是说在巪地的一座监狱中，有6名奴隶逃跑了。奴隶主经常战战兢兢地卜问："坐自圉，不其得?"是说自监狱逃跑的奴隶，还能否抓获？逃亡奴隶一旦被抓获，奴隶主便对其施以酷刑，以儆效尤。有一条卜辞记载：

王占曰：有祟！八日庚子，戈芈羌☐人，殳有圉二人。

大意是说：商王亲自视兆并作出判断：有祸祟！第八日庚子那天，戈地有羌奴若干人逃跑，用刳肠的酷刑杀了两个在狱的奴隶，以杀一儆百。

平民反抗贵族的斗争，也是贯穿于商代历史上的阶级斗争的重要内容。它与奴隶反抗奴隶主的斗争互相配合。

在商代，在奴隶和奴隶主两大对立的阶级之间，还有一个"平民"。他们就是文献中提到的"小人"。"小人"大概原来跟贵族们是同一宗族的成员，后来他们中的大部分成员经济地位下降，又由于血缘关系的日益疏远，他们便沦为平民。他们占有少量的生产资料，有的也占有少量的奴隶。他们是独立的劳动者，有一定的人身自由，但是他们的政治地位和经济地位都是极不稳定的，随时都有犯罪或负债的可能，因而也就随时有下降为奴隶的可能。他们的人数不在少数，与商王朝的统治稳定与否有着密切的关系。盘庚迁殷时，需要取得他们的支持，曾把他们召集到王庭训话。他们的向背，对于当时的政治有极大的影响。但是，平民也受到贵族的压迫和剥削，因此他们也不断起来与奴隶主贵族进行斗争。特别是到了商代后期，"小民方兴，相为敌仇"（《尚书·微子》），他们风起云涌地行动起来，与王室和贵族展开了激烈的斗争。

奴隶和平民连绵不断的反抗斗争，给予商代奴隶主阶级以沉重的打击，并推动着商代历史缓慢地向前发展。

五　“如蜩如螗，如沸如羹”——商代后期社会矛盾的激化

“如蜩如螗，如沸如羹”（《诗·大雅·荡》）是《诗经》中形容商代末年社会矛盾激化的诗句，那时各种社会矛盾交织在一起，就像盛夏时节众蝉在噪鸣，也好似鼎沸的一锅热汤，活现出一幅民怨沸腾、内外交困、岌岌可危的景象。这种局面不是偶然出现的，它是商代后期，从祖甲以来各种社会矛盾逐渐积累而酿成的。

武丁死后，他的儿子祖庚、祖甲相继继位。兄弟二人在继承王位的过程中，发生了剧烈的纷争。祖庚是祖甲的兄长，但武丁喜欢祖甲，打算废祖庚而立祖甲。这件事大概遭到了一部分贵族的反对，祖甲逃亡到民间去，待了很长的一段时间，生活在“小人”中间。后来他继承了祖庚的王位，由于他曾生活在民间，了解到一些小民的疾苦，因而采取了某些收买民心的政策，给小民以小恩小惠，对鳏寡孤独无依无靠的人，也给予一些照顾。这样，他的王位算巩固了下来，维持了33年的统治。

但是，祖甲也是一个荒淫的国王，史称“帝甲淫乱，殷复衰”。这时商王朝的颓势已经形成，他不顾商朝国力的衰败，发动对外掠夺战争，亲征西戎。在他统治的后期，阶级矛盾日益剧烈，他“重作汤刑”（王国维：《今本竹书纪年疏证》卷上），加强对人民的镇压，结果“繁刑以携远”，严刑酷法不仅没有强化奴隶主阶级的专政，反而加速了统治阶级内部离心离德的情况。从此以后，商王朝的内外矛盾日趋激烈和尖锐，“帝甲乱之，七世而陨”（《国语·周语下》），只传了六个国王便灭亡了。

从祖甲以后，统治阶级的内部矛盾日益尖锐，统治集团日趋腐朽。这时王位继承制中已经确立了嫡长子继承制，国王生前便预立嫡长子为王位继承人。从康丁以后的国王都是由嫡长子继位的。嫡长子继位制一方面加强了王权，使王位继承上的纷争有所减少，另一面它也加速了统治集团的腐朽，从而削弱了商王朝的统治。西周初期的大政治家周公旦，曾经总结过商朝的统治经验教训，他以祖甲以后的历史为借鉴，反复地告诫周成王。他说：

> 自时厥后立王，生则逸。生则逸，不知稼穑之艰难，不闻小人

之劳，惟耽乐之从。(《尚书·无逸》)

他痛切地认为，商朝从祖甲以后所立诸王，生下来就贪图安逸。因为这些预立的储君从小生长在深宫，不知道种庄稼的艰难，也听不到小民劳苦的呼声，只知道沉溺于过度的享乐之中。这样的君主，怎么可能有所作为呢。不仅如此，而且“自时厥后，亦罔或克寿，或十年，或七八年，或五六年，或四三年”(《尚书·无逸》)。由于荒淫享乐，使商王没有一个能够长寿，一个个都成了短命鬼，在位的时间长则十年八年，短则三四年。

所以，从祖甲以后的商王便没有一个有作为的，一个比一个荒淫。纣王的父亲帝乙是一个胡作非为的无道之君。他曾命人做了许多木偶，当作“天神”，成天跟这些“天神”搏斗。木偶当然“斗”不过他，他便百般侮辱并毁坏这些“天神”。他还用大皮囊盛满血，挂在高处，仰面而射，称为“射天”。他沉溺于田猎游乐，有一次到黄河和渭水一带的地方去打猎，被暴雷震死。“天”是商人心目中的至上神，是商代王权统治的象征。武乙百般侮弄“天”神，做出种种“伤天害理”的行动，绝不是反抗“天”神的进步行动，而是表明他严重地越出了商王朝的政治轨道，被统治集团视为背离了“天道”，激起了他们强烈的不满和反对。

到了商代末年，统治阶级的腐朽，还特别表现在过度地饮酒上面，“嗣王酣身”，商王带头酗洒，喝得醉醺醺地，下面的大小贵族也无不“沈酗于酒”“荒腆（tiǎn，沉缅）于酒”(《尚书·酒诰》)。他们“靡明靡晦，式号式呼，俾昼作夜”(《诗·大雅·荡》)地狂饮，不分白天黑夜，一边喝酒一边狂呼乱叫，通宵达旦，无休无止。直喝得“腥闻在上”，酒气熏天。周公旦认为商王和贵族因酗洒而触怒了上天，“故天降丧于殷，罔爱于殷”(《尚书·酒诰》)，上天把亡国的大祸降给殷，不再喜欢殷。酗酒是商朝灭亡的重要原因之一。

为了满足荒淫的享乐和贪婪的欲壑，商王和贵族疯狂地压迫和剥削人民。他们“曾是彊御，曾是掊（pou）克”[①]，对于人民竟然这样地暴虐无道，竟然这样地剥削聚敛。他们“炰咻（páoxiào，咆哮）于中国，

① 掊克：聚敛。

敛怨以为德”，对人民咆哮如雷，招致全国人民的怨恨，反而自以为有德。在他们的虐政之下，“小大近丧”，人民不分老幼都被逼迫到死亡的边缘。“内奰（bì）[①] 于中国，覃（tán）及鬼方。”（以上见《诗·大雅·荡》）对商王的愤怒和怨恨，不仅遍于中原地区，还远远地达到边远的鬼方。

奴隶主贵族残酷的压迫剥削，必然引起人民的反抗斗争，“小民方兴，相为敌仇”，被压迫的人民普遍地起来了，对于商王朝采取敌对仇视的态度。商王用以祭祀上帝和祖先的牺牲及礼器，居然被奴隶们拿走，而官府却抓不到他们，对此毫无办法。人民用这种行动表示了对于奴隶主和他们的上帝的藐视态度。奴隶主阶级诬蔑说，当时的人民“好草窃奸宄”（《尚书·微子》），都喜爱抢劫、偷盗、作乱，实际上这恰恰反映了奴隶们纷起反抗的情景。

在各种社会矛盾交互打击震撼之下，奴隶主统治崩溃的命运已经日益迫近，商王朝再也不能照旧统治下去了，他们之中一些头脑清醒的人，发出了“今殷其沦丧，若涉大水，其无津涯”（《尚书·微子》）的哀叹，商王朝统治集团陷入了人民奋起反抗的汪洋大海之中，前途渺茫，走投无路，他们的覆灭已经指日可待了。

六　“商纣暴虐，鼎迁于殷”——商王朝的灭亡

商朝最后一个国王帝辛，叫做纣（有的古书写作“受”，纣和受古音同），是历史上有名的暴君。纣是帝乙的小儿子，纣的哥哥微子启，因其母不是正妻而未能继位，纣的母亲是帝乙的正妻，故得以继位为王。

纣这个人倒是很聪明，也很有才能。他能言善辩，敏捷过人；体格魁梧，力大无比，能与猛兽搏斗。但是，他的聪明和才能不仅没能挽救商王朝灭亡的步伐，反而加速了商王朝的灭亡的步伐。这一方面是因为他正处于商王朝穷途末路的时代，这个即将倾倒的大厦已经不是人力所能挽回的了。另一方面，他的智慧和才能全部用于残酷地压迫剥削人民，使他的暴君的角色演绎得更加淋漓尽致，这是奴隶主阶级的本性所决定的。

周大夫王孙满说：“商纣暴虐，鼎迁于周。”（《春秋左传正义》卷二

---

① 奰：怒。

一，宣公三年）这句话有一定的道理。纣王实行了一系列残暴的、反动的对内对外政策，像火上浇油一样，加速了商王朝的毁灭。纣王的荒淫无度，大大地超过了他的前代。

纣王上台以后，把殷都从安阳向南扩大到朝歌（今河南淇县），向北扩大到邯郸、沙丘（今河北平乡东北），在这广大地区内大建离宫别馆，恣意享乐。沙丘是他享乐的一个重要据点。他在这里修建了大规模的苑囿、台榭。苑中养着从全国各地进贡来的珍禽异兽，作为专供他欣赏的王家动物园。他在这里集中了许多乐戏，跟他所宠爱的有苏氏美女妲己，终日歌舞，寻欢作乐。传统的乐舞欣赏腻烦了，他便让乐师师涓作了新的"淫声"，有所谓"北里之舞""靡靡之乐"。纣王酗酒更加无度，他以酒为池，悬肉为林，让许多裸体的男女在这里互相追逐，为长夜之饮。

为了填塞无穷的欲壑，纣王大肆搜刮钱财，榨干了人民的血汗。无数的珍宝财物，堆满了巨大的鹿台，源源不断的粮食流入了巨桥的仓库。对于纣王的横征暴敛，连贵族们也大为不满，商朝的"大师"对微子说："现在我们的国王以杀戮和重刑大肆搜刮民财，已然引起了民众的仇视却仍然不知停止。他一个人干出了种种罪恶，民众受尽了疾苦而无处诉告。"（《尚书·微子》）

为了镇压国内外日益增长的不满和反抗，纣王又滥施酷刑，恣意妄为。他用"炮格之法"（或作"炮络之刑"）残害无辜的人民，并以此取悦妲己，让她欣赏这杀人的"节目"。他用"醢""脯"等酷刑残害向他进谏的忠臣。

纣王的倒行逆施，加剧了统治集团内部的分裂。他任用坏人作为亲信，而打击迫害正直的大臣和贵族。《诗·大雅·荡》假借周文王的口气责问商王纣，揭露了商朝政治的黑暗：

文王曰咨，	周文王责问纣王说：
咨女殷商。	可叹呀，你们殷商。
而秉义类，	如果王廷中有贤人，
强御多怼。	强暴的恶人就怨恨他们，
流言以对，	就散布流言陷害他们。
寇攘式内。	争权夺利的小人已进入内部，

侯作侯祝，	他们造谣生事，诅咒怨毁，
靡届靡究！	没有极限，没有穷尽！

——《诗·大雅·荡》

周文王所揭露的并非虚情。费仲是个善于阿谀奉承而又贪财好利的人，纣王却对他大加信用，委以重任。有个叫恶来的人，特别善于挑拨离间，也被纣王所看中，加以擢用。但是，像商容这样的贤人，虽然受到人们的拥护，却被纣王废黜贬斥。纣王的叔父比干也很正直，屡次向他进谏，他都不听。他的兄长微子、箕子一再向他进谏，他都一概拒绝，继续一意孤行。

不仅朝中的大臣、贵族反对纣王，诸侯和周边少数民族方国也离心离德。西方的周族是商王朝的一个方国。周人在姬昌（即周文王）的领导下，这时正一天天强大起来。商王不得不封姬昌为“西伯”。姬昌同九侯、鄂侯一起为商朝的三公。九侯有个很贤惠的女子，进献给纣王，因为她不喜欢奢侈淫乐的生活，招致纣王大怒，把她杀死，还把九侯处以“醢”刑。鄂侯站出来替九侯说话，句句在理，把一贯善于文过饰非的纣王说得哑口无言。纣王恼羞成怒，又把鄂侯处于“脯”刑。西伯姬昌看到纣王如此残暴，暗中叹息了几声，被纣王的亲信崇侯虎告发，纣王把他抓来关在羑里。后来西伯的大臣闳夭之徒定了个计谋，把有莘氏的美女，骊戎的文马（一种红鬃白身的骏马），有熊氏的九驷和许多其他珍宝，通过纣王的宠臣费仲献给纣王。纣王很高兴，说：“只要有莘氏美女一物就可以释放西伯，何况还有其他东西呢！”于是就把西伯放还。

西伯回国以后，更加积极地从事灭纣的准备工作。他逐步向东扩展势力，灭掉了商朝在西部的属国——黎。商朝的大臣祖伊向纣王报告周人的军事活动和商朝国内人心不稳的情况，纣王却说：“怕什么？我不是有天命吗？”气得祖伊连声哀叹：“纣王不可救药了！”

在内外交困的情况下，纣王为了转移视线，又发动对周边方国的连年征伐。他先向西显示军威，在太行山的黎地举行大规模的军事演习。东方的夷人乘机起来反叛，纣王便把全部兵力调到东线，大肆镇压东夷各部。对东夷的战争虽然取得了一些胜利，掠夺了大批的奴隶和财物，但是，战争也消耗了商王朝大量的人力物力，加重了人民的负担，使本来已经十分尖锐的阶级斗争形势，更加处于一触即发的地步。

在这种形势下，纣王不仅不悬崖勒马，反而更加恣意妄为。这时，微子见大势已去，逃亡于荒野。商朝的太师、少师也拿着商家的祭器和乐器，投奔了周人。箕子忧心忡忡，一筹莫展，只得装疯，却被纣王囚禁起来。比干认为自己作为人臣，应该以死进谏。纣王不听，他三天不出宫门。纣王恼羞成怒，说："我听说圣人的心有七个窍，与平常人不一样。"下令把比干大卸八块，拿出他的心来观看。商王朝统治集团已经分崩离析，到了不可收拾的地步。

这时，周族的西伯姬昌已经死去，他的儿子姬发继位，就是日后赫赫有名的周武王。公元前 1027 年周武王挥师东进，诸侯纷纷响应。伐纣大军渡过黄河，进逼到了商都的郊外——牧野。纣王也调来大量的兵力进行顽抗。甲子日这天黎明，周武王向商军发起了总攻。双方一交战，纣王的军队便纷纷倒戈，回过头去猛攻纣王。纣王大败逃回商都，来到他平日聚敛财富的鹿台，全身裹满了珍宝，跳进火堆自焚而死。这个暴君连同他多年搜刮的财宝一起化为灰烬，落得了应有的可耻下场。

公元前 17 世纪由成汤建立的我国第二个奴隶制王朝，经过了 600 年之久的统治，至此终于灭亡，从此开始了我国历史上第三个奴隶制王朝——西周。

第七章　西周王朝的建立及其政治制度

一　后稷与公刘——周族的早年历史

周族是活动于我国西部黄土高原上的一个古老的部落。

传说周人同夏人一样起源于黄帝族，① 都是轩辕氏的后裔。黄帝曾孙帝喾（kù）有四妃，元妃有邰氏女，叫做姜嫄，生下后稷，名弃，就是周族的始祖。大概周人是从帝喾部落分出的四个氏族中的一支。在夏朝时，周族的首领弃为“后稷”，负责管理农事，以后被奉为农神。

弃是周族的始祖。他的母亲姜嫄是有邰氏女。传说姜嫄在野外踩了巨人足迹而怀孕，生下了一个男孩。她把这个孩子扔到野外，结果出现了许多神异的现象：孩子得到了马、牛和飞鸟的保护，不仅没有死去，反而健康地活了下来。姜嫄以为有神灵在保护他，便把他收回养育。因为曾经抛弃过他，便称他为“弃”。

远古时代关于氏族部落起源的传说，都不免蒙上神秘怪诞的色彩。关于弃诞生过程的神话，反映了周人对于从母系氏族向父系氏族社会转变的朦胧的历史记忆。弃之被周人奉为始祖，大概是因为从他开始周人始建立起独立的父系氏族部落。

弃出生于农业氏族部落。有邰在关中平原东部（今陕西武功县西），漆沮水从这里流入渭河。渭滨平原疏松肥沃的黄土，十分适宜于农业的

---

① 有人认为周族出于白狄。周之旧称为“邠”（bīn），即公刘所居之“豳”（bīn）。古代邠地极为辽阔，从甘肃庆阳邠地至山西汾水流域皆其地，此地为白狄部族屡世所居。白狄乃中国古代北方的原住民（徐中舒：《西周史论述》，《四川大学学报》1979 年第 3、4 期。按此文分为上、下两篇）。

发展。《诗经·大雅·生民》盛赞这里的农业：

蓺（yì）之荏菽，
荏菽旆旆。
禾役穟穟，
麻麦幪幪，
瓜瓞（dié）唪（běng）唪

种植大豆，
大豆蓬勃。
谷苗美好。
麻麦繁多，
累累瓜果。

——《诗·大雅·生民》

受到有邰氏农耕生活的影响，弃从小就喜欢玩种植麻豆之类的游戏。长大以后，居然成了种庄稼的能手。“后稷之穑，有相之道。”他善于“相地之宜”，观察不同的土质，以种植各种庄稼。他掌握了除草、选种等先进的耕作技术，提高了农业产量。于是，这里的农业生产得到很大发展，成为著名的农耕部落，弃被夏朝任命为“后稷”，负责管理农业。周人说：“昔我先王世后稷，以服事虞夏。”（《国语·周语上》）大概在整个夏朝时期，周族世代都居后稷之官。①

从弃以后，经过十五世的发展，到武王姬发才建立西周王朝。周族建国以前的世系如下。

到了先公不窋的时候，适逢夏末商初。夏亡商兴，作为夏朝与国的周人也受到牵连，从而“去稷弗务”“用失其官”。他们被迫西迁，“自窜于戎狄之间”（《国语·周语上》），与当地的少数族戎狄错居。在那里，他们与羌族的姜姓部落联姻，繁衍于姬水，以地为氏，故为姬姓。

公刘迁豳，在周族历史发展中是一个重要的阶段。《诗经·大雅·公刘》歌颂了公刘迁豳的活动及其功绩。他率领周族来到泾水中游的豳地

---

① 关于周族先公世系，人们曾不断提出怀疑。《史记·周本纪》张守节“正义”引《毛诗疏》云：“虞及夏、殷共有千二百岁。每世在位皆八十年，乃可充其数耳。命之短长，古今一也，而使十五世君在位皆八十许载，子必将老始生，不近人情之甚。以理而推，实难据信也。”司马贞“索隐”曰：“谯周按《国语》云‘世后稷，以服事虞、夏’，言世稷官，是失其代数也。”故弃至文王十四世，其中必有“失其代数”者。而“后稷”乃古代农官通称，并非私名。故有人认为周族始祖应从不窋（kū ）开始（徐中舒：《西周史论述》，《四川大学学报》1979 年第 3、4 期）。

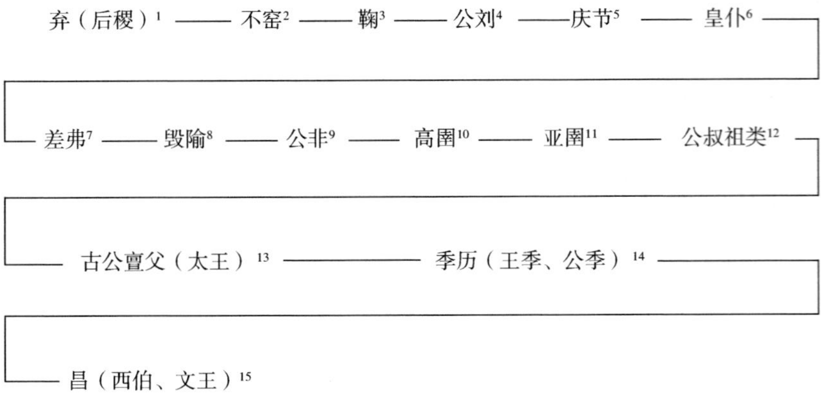

图 7.1　周族先公世系

（今陕西郃县、栒邑县之间），上下山原，选择地势，“乃陟南岗，乃觏（gòu）于京”，登上一处高亢之地以营建居邑。他在这里复修后稷之业，大力发展农业。他亲自勘查水源，在低平肥沃的地方划定田界，“彻田为粮”。他率领族人在渭水上架设浮桥，到渭南山中取运石料，制造工具。由于经济发展，人口繁衍很快，加上纷纷前来投奔之人，使豳地的皇涧和过涧两岸布满了村落。这时周族有了自己的武装，“弓矢斯张，干戈戚扬”，军容整肃，装备精良。“其军三单”，部落成员分成三批轮班服役，亦兵亦农。公刘在这里建设了宗庙，“君之宗之”。为了庆祝宗庙的落成，举行了盛大的祭祀燕享。史称“周道之兴自此始”（《史记·周本纪》），从此周族进入建立国家的阶段，并奠定了其进一步发展的基础。

公刘以后大约经过六代，相继传到高圉、亚圉和公叔祖类。这时周族的势力有了进一步的发展，已成为在商朝西部的强大方国。高圉对周族的发展做出过重要贡献，被认为是能够继承后稷功业的一位先公，因而对他举行隆重的“报祭”典礼。春秋时周景王还怀着崇敬的心情说：“余敢忘高圉亚圉！”（《春秋左传正义》卷四四，昭公七年）

这时正值商王武丁在位。武丁卜辞中常见“周侯”的记录，大概这时周人已受封于商朝，成为商在西方的一个侯国。周人同商朝建立了密切的联系，卜辞记载周人曾向商王进贡龟甲、女子，受命从征服役，并参与商王田猎活动。商王还经常向周人发布命令。商族先进经济文化的影响，加速了周族的发展进程。

公叔祖类死后，他的儿子继位，就是周族著名的先公——古公亶父。周人所居之豳，处于戎狄等游牧部落的包围之中。他们经常攻击周人，这对周人的发展极为不利。古公亶父继位后，狄人又乘机大举进攻，掳掠财物和奴隶。古公亶父向狄人进献“皮币”“珠玉”，狄人接受财物之后，照样进攻；又进献了许多牛马牲畜，仍然无济于事。原来狄人是想霸占周族的土地和人口。周人忍无可忍，个个摩拳擦掌，要与狄人决一死战。古公亶父对族众说：“戎狄累累进犯，无非是想要我们的土地和人民。只要对民众有利，那么民众归我们管理还是归他们管理都一样。如果民众要为我而流血牺牲，再让我做他们的君主，我岂能忍心?”于是古公亶父毅然决定率领族众，离开豳地以避开戎狄。由于古公亶父平日“积德行义，国人皆戴之”，豳人扶老携幼，跟随古公迁徙。诗人写道：

古公亶父，	古公亶父率领我们周人，
来朝走马，	在晨曦中疾走驰马，
率西水浒，	沿着西边的河岸，
至于岐下。	来到了岐山之下。

——《诗·大雅·绵》

他们先向东南进发，越过梁山（永寿梁），再溯沮水（今陕西沣河）西上，渡过漆水（今陕西横水河），到达了岐山之下的周原。

这就是历史上有名的“古公迁岐”。此后，周族的历史掀开了新的一页，仅仅经过三代人的努力，便推翻了商王朝而建立了西周王朝。

二 “周原膴膴”——周族的崛起

关中平原的西部有一片肥美的黄土高原，高原东依漆水，西傍汧河，北枕岍山山脉，南临渭水。大约东西长70多千米，南北宽20多千米，这个范围就是著名的“周原”。它主要包括今陕西的扶风、岐山、凤翔、武功等县。从岐山县城向东北方向远眺，12华里处有一座名为箭括岭的山峰耸立于汧山山脉中，只见双峰对峙，其山两岐，有人认为历史上所谓的岐山，就是指这座山。这座山的南麓，正当扶风、岐山两县交界处，就是周原的中心地区。

这个地区是历年来出土西周青铜器最集中的地点。早在西汉宣帝时这里就出土了一个“尸臣鼎”，有人进献给宣帝。宣帝为此事还让群臣讨论如何处置，有人认为这是宝物，应供奉于汉家宗庙。当时的京兆尹张敞，喜好古文字，他根据铜器上的铭文，知道是西周一个叫尸臣的贵族在接受周王赐官以后所铸的记功铜鼎，不宜荐见于汉家宗庙。张敞当时已经指出：右扶风美阳县（今陕西扶风县）一带是周人兴起的旧居，因此这里肯定有周人宗庙坛场等祭祀场所。此后这里陆续有西周青铜器出土。著名的西周铜器，如铭文最长的“毛公鼎”，西周最重的铜器“大盂鼎”，年代最早的“大丰簋”等，都是在这一带出土的。

1949 年后，在这一带进行了有组织的科学的发掘，经过考古工作者的辛勤工作，除了继续发掘出大批窖藏青铜器，还发现了周族的宗庙、宫室遗址，和一万多片西周甲骨和卜辞，其中有字的卜甲已整理出 190 多片，卜甲字数少者 1 字，多者 30 余字，共计单字 600 余个。经过研究，这批甲骨卜辞是包括武王克商以前的文王时期，和武王及武王克商以后时期的遗物，证明这里就是周人早年的都邑所在地。西周王朝建立后，这里又经常被作为受封贵族的采地，所以这里又留下了许多西周建立之后的文物。这些丰富的文物，向我们展现了古公亶父迁岐之后，周族在这里迅速崛起的真实图景。

古公亶父率领族人来到岐山下的黄土高原定居之后，于是这个高原便被称为“周原”[①]。周人赞美道：“周原膴膴，堇荼如饴”（《诗·大雅·绵》），这片膏壤沃野上生长的野菜，吃起来也像饴糖一样格外甜美。周人在这里划分田界，挖沟泄水，垦殖耕地，“复修后稷、公刘之业”，进一步发展农业生产。经过龟甲占卜之后，古公亶父选定在岐山之阳建造都邑宗庙和太社。诗人描绘了当时的情景：

爰始爰谋，　　于是开始计划，
爰契我龟，　　于是钻凿龟甲，
曰止曰时，　　就在这个地方吧，

① 有人认为此地本称“周原”，太王迁岐后，周人才因“周原”之名而称为“周”。

筑室于兹。　　来建我们的室家。
乃慰乃止，　　于是在这里定居，
乃左乃右。　　于是测定了左右方向，
乃疆乃理，　　于是划定了疆界条理，
乃宣乃亩。　　于是挖沟泄水垦殖耕地。
自西徂东，　　从西方到东方，
周爰执事。　　四境之内的人各执其事。
乃召司空，　　召来管理营建的司空，
乃召司徒，　　召来管理劳役的司徒，
俾立室家。　　使他们负责建立室家。
……
作庙冀冀。　　建起宗庙庄严端正。
……
乃立冢土，　　建起高大的社坛，
我丑攸行。　　那是日后兵众出行的地方。

——《诗·大雅·绵》

1976年考古工作者在岐山之下的凤雏村所发现的周族的大型宗庙遗址，使人们不难想见当年“作庙翼翼”的盛况。

与此同时，古公亶父又建立“五官有司”，设官分职，管理庶务，使国家机器有了进一步的发展。他还大力消除周族中的“戎狄之俗”，打破氏族血缘关系束缚，让周人修建房屋，“邑别居之”。

随着国力的加强，古公亶父建立起强大的武装力量，击退了混夷的骚扰，“混夷駾（tuì，奔窜）矣，维其喙（huì，衰困）矣”，使混夷远遁，日趋衰困下去。

古公迁岐及其在周原的经营，为周人的崛起奠定了基础，古公死后，经过季历和文王的努力，终于推翻了商王朝。因此古公被周人追尊为“太王”。诗人盛赞古公的功烈：

后稷之孙，
实维太王，

居岐之阳，
实始翦商！

——《诗·鲁颂·閟宫》

他们认为，翦商事业实际上是从古公亶父开始的，而周原便是周人的翦商基地。

太王死后，幼子季历继位。季历的哥哥泰伯、仲雍为让位于幼弟，逃到山西南部，成为虞国的始祖（后改封于宜，即日后文献上记载的吴。古“宜”“吴”同音通用。）季历在位期间，大力开展对戎狄部落的斗争，先后攻伐西落鬼戎、燕京之戎、余无之戎、始呼之戎和翳徒之戎，解除了来自西北方的威胁，并东向与商朝进一步逼近。这时商朝正值武乙、文丁之时。武乙三十四年，季历朝见商王，商王赐予他三十里封地和玉器、马匹。后因伐戎狄之功，文丁四年，殷人命王季为殷“牧师”，即殷朝在西方的方伯。王季也采取与殷人交好的政策，娶殷女为妻。《诗·大雅·大明》“挚仲氏任，自彼殷商，来嫁于周”，说的就是王季娶殷商王畿之内挚国的任姓女子为妻之事。但是，周族的崛起，加剧了双方的矛盾，终于演成了商王文丁杀死季历的事件。这一事件预示着商、周之间更大冲突的到来。

季历死后，其子昌继位，这就是日后著名的周文王。文王在位五十年，他的主要功绩是为“翦商”事业做好了充足的准备。

文王是一个很有作为的创业主。《尚书·无逸》说，他“不敢盘于游田”，田猎游乐很有节制，整天勤于政事，从清早忙到中午还顾不上吃饭。他遵循后稷、公刘的事业，重视发展农业生产；他效法古公、季历的作风，礼贤下士，广罗人材，“济济多士，文王以宁”（《诗·大雅·生民》），结果“士以此多归之”。

相继辅佐文王、武王，在“翦商”事业中累出“兵权与奇计”的军师姜尚，就是文王所物色的贤才之一。姜尚本姓姜，名牙，人称姜子牙。他的祖先在夏朝曾被封于吕，所以又姓吕。他原是东方人，曾在商都朝歌屠牛卖肉，又在孟津卖过酒。他年过花甲，仍然穷困潦倒，英雄无用武之地。他听说“西伯”礼贤下士，便决心去投奔他。姜尚天天在岐山下面的兹泉钓鱼，希望得个机会遇见文王。有一次西伯出猎路过这里，遇到姜尚，相谈之后，十分投机。文王大喜，说：“我先君太公早就盼望有贤人来辅佐，您大概就是我先君太公盼望已久的贤人吧！”因此人们便称他为“太公望”。文王当即同车载着太公望回朝，拜为军师。太公望果然不负所望，老当益壮，替文王谋划了许多军国大计，史称“天下三分，其二归周者，太公之谋计居多”。可见姜尚在兴周灭商事业中起的作用是很大的。

与此形成鲜明对照的是，商王纣荒淫暴虐，亲小人，远贤臣，许多有才干的贵族大臣被他逼走，向西投奔周人。纣的大臣辛甲进谏达75次之多，都未被采纳，便来投奔文王。此外还有太颠、闳夭、散宜生、鬻子等贤人，也都相继投靠周人，成为文王得力的辅佐。

文王在位时，表面上还臣服于商朝。周原甲骨中有一片卜辞，记载文王祭祀商王先祖成汤和帝辛之父帝乙，另一片卜辞记载文王求祐于商先祖太甲，太甲“（告）周方伯”丰年富足。可见文王当时还是以商朝的一个“方伯”的面目出现，对商王还处于称臣纳贡的地位。有一片卜辞还记载着商王到周人的帛地去田猎的情况。实际上文王却在积极地准备灭商的事业。

在准备武力征伐的同时，周人大力开展政治攻势，扩大影响，分化瓦解商朝的附庸，争取更多的与国。史称“西伯阴行善，诸侯皆来决平”。据说当时虞国（今山西平陆县）和芮国（今山西芮城），互相争田，久而不能决。他们便前来请求西伯文王调解。当他们进入周境时，只见耕者让田界，民俗尊长者，官吏不争权夺利。虞、芮之人感觉十分惭愧，说：“我们所争的，正是周人认为羞耻的事情，还有何面目去见西伯呢?”于是他们便互相谦让而回。这件事影响很大，河东的许多小国，纷纷前来归附，诸侯都把文王看作足以取代商王纣的“受命之君”。周人也把这年看作周受命称王之年。

就在虞、芮归附的第二年，周人的武力越出周境，开始了“翦商”事业。

文王首先积极向西北和西南用兵，以消除东进的后顾之忧。他相继征服了西北方面的西戎（今陕西凤翔以西）、混夷（今陕西岐山、邠县一带）和泾水上游的密须（今甘肃灵台西）、阮（今甘肃泾川县东南）、共（今甘肃泾川县北）等小国。从周原卜辞可知，他还向西南“伐蜀”。这一切，为周人的“翦商”事业建立了巩固的后方。

接着，文王便组织力量向东发展，进逼商都。一方面，东渡黄河，进入河东河内地区，攻击耆（今山西黎城）、邘（今河南沁阳西北）等国；另一方面，沿渭水东进，拔掉商人在渭水中游的重要据点崇（今陕西户县东）。崇侯虎是纣王的亲信，在关中负责监视周人。他曾向纣王告密，使文王遭到囚禁。因此，崇国是周人东进的一个主要障碍，灭掉它以后，就使周人据有了关中的膏腴之地，不仅在军事上有重大意义，也占有了重要的经济基地，增强了经济实力。

“既伐于崇，作邑于丰。”（《诗·大雅·文王有声》）伐崇的第二年，文王便在沣水西岸营建丰邑，把政治中心从周原东迁于丰（今陕西西安市西南）。

至此，文王实际上已完成了对商都的钳形包围，所谓“三分天下有其二”，周人对商王朝已形成咄咄逼人的攻势了。

三　武王伐纣——西周王朝的建立

文王为翦商大业做好了准备工作，但是，他还没有来得及完成推翻商朝的任务，便于迁都丰邑的第二年死去。他的儿子发继位，就是赫赫有名的周武王。武王完成了文王的未竟事业，结束了商朝六百年的统治，成为西周王朝的开国之君。

武王继位后，继续积极进行灭商的准备工作。他任命吕尚为“师”，负责军事；任命其弟周公旦为辅佐，负责政务；还任命召公、毕公等人为助手。他还在沣水西岸营建新都——镐京。

考卜维王，	武王参考占卜的吉示，
宅是镐京。	决定建都于镐京。
维龟正之，	神龟作了正确的指示，
武王成之。	武王成就了定都的大计。

——《诗·大雅·文王有声》

这时，东方的古老王朝——商，在纣王的统治下已处于分崩离析，岌岌可危的境地。武王看准了这种有利时机，开始发动伐纣战争。

武王九年[1]，用车子载着文王的木主（牌位），率师东进，观兵于孟津（今河南孟津，为古代渡黄河的重要渡口）。八百多个诸侯和部落首领前来参加。他们接受武王的指挥，一致要求渡河北上，讨伐商王纣。武王派人到朝歌刺探军情，认为时机还未完全成熟，决定暂时退兵。孟津之会，是对商朝的一次武力试探，也是伐纣战争的一场预演。

孟津之会后的两年间，商王纣的残暴统治愈演愈烈，他杀死了王子比干，囚禁了其兄弟箕子。他的太师疵、少师彊抱着商朝的祭器和乐器逃奔于周。商朝统治核心严重分裂，商王纣已彻底孤立，武王认为伐纣的时机真正成熟了，便下令出师，遍告诸侯："殷有重罪，不可以不毕伐。"武王亲自率领戎车300乘，虎贲（勇士）3000人，甲士45000人，挥师东进，大举伐商。在孟津会合了各路诸侯，西南地区和江汉流域的庸、蜀、羌、髳、微、卢、彭、濮等少数民族也前来参战。伐纣的大军从孟津渡过黄河，浩浩荡荡，杀奔商都朝歌。

武王十一年正月甲子这天早晨，伐纣大军来到商郊牧野，这里离朝歌只有70华里。占卜的结果预示定能于当天克服商纣。武王在商郊牧野举行誓师大会，誓师词历数商王纣的罪恶：听信妇言；不祭祖先；遗弃同祖弟兄，不予任用；引诱别人的逃亡奴隶；任用奸人，纵容他们作奸犯科，暴虐百姓。因此，他将代表上帝，对商王纣实行天罚。

商王纣进行垂死挣扎，一方面从东线调回征伐东夷的军队，另一方面则征发大批奴隶，编成军队，拼凑了十七万人，与周武王对阵于牧野。"殷商之旅，其会如林。"（《诗·大雅·大明》）殷商的军队，像密密麻麻的树林，其数量还是相当庞大的。周武王以虎贲和戎车为主力，向商军冲击，甲士徒兵配合进攻。由于商纣早已不得人心，双方一交战，即出现"前徒倒戈"，纣军士兵掉转矛头，同周军联合反攻纣王。纣军顿时全线溃退，势如摧枯拉朽。商王纣逃回殷都，自焚而死。武王的大军迅速进占朝歌，百姓列队欢迎周师。武王来到纣王自焚的地方，举箭连射三发，用铜钺砍下了他的头，悬挂在大白旗上示众。商王朝至此寿终正寝。

这场王朝鼎革的战争，从早晨到黄昏只进行了一天，便宣告胜利结

---

① 有人认为观兵孟津之九年，非武王九年，乃文王受命之九年，武王未曾改元，其纪年乃接续文王纪年推算。此说之纪年方法与传统纪年法不合，恐不可信。

束。《诗·大雅·大明》对牧野之战作了绘声绘色的描写：

牧野洋洋，	广漠的牧野战场，
檀车煌煌，	檀木战车鲜亮辉煌，
驷騵彭彭。	红色驷马多么盛壮。
维师尚父，	军师就是姜太公，
时维鹰扬，	发扬雄鹰般的威武，
凉彼武王，	辅佐那统帅武王，
肆伐大商，	猛力地痛击大商，
会朝清明！	当天早晨天下就告清明！

——《诗·大雅·大明》

1976年在陕西临潼县发现了一个西周初年的青铜器——“利簋”。上面的铭文记载：当时有个贵族有司利参加了这次牧野之战，在战争中立了功，武王赏赐他青铜，他便用这些青铜铸了铜簋以为纪念。那上面的铭文明确地说，牧野之战是在“甲子朝”进行的，与文献的记载是完全一致的。

图7.2 利簋

释文

武王征商唯甲子朝岁
鼎克昏夙有商辛未
王在阑自锡右史利
金用作旃公宝尊彝

图 7.3　《利簋》铭文

武王攻克朝歌后，举行了隆重的祭社典礼，宣告周人正式继承殷商天命，而建立西周王朝。武王采取了一系列措施，以巩固新建立的王朝。为了控制商朝统治的中心地区，他封商纣之子武庚于殷，让他以族长的身份继续统率殷商遗民。同时派自己的兄弟管叔、蔡叔、霍叔三人，留在殷地监督武庚，号称“三监”。为了争取殷人的支持，武王命令召公从狱中释放了箕子，命令毕公负责释放被囚禁的“百姓”，表彰商纣的贤臣商容的闾里，整修了比干的坟墓。他还命令南宫适（kuò）把鹿台的财物和钜桥的积粟发放，赈济贫弱，以收买人心。最后，武王带着殷商传国的九鼎和宝玉，凯旋而归。

西周从公元前 1027 年武王灭纣建国①，到公元前 771 年幽王亡国，

① 关于西周的年代。它灭亡于公元前 771 年是准确的，因为这时中国历史已经有了确切的纪年。据《竹书纪年》说，西周“自武王灭殷，以至（于）幽王，凡二百五十七年。”由公元前 771 年上溯 257 年，为公元前 1027 年，一般据此推断这一年为西周建立之年。但是，从汉代以来，对于西周建立的年代，即武王伐纣的年代，众说纷纭，到目前为止，竟不下十七八种说法，从公元前 1027 年到公元前 1130 年说都有，相差达一百余年。近年来有人根据现代天文学知识，参照武王伐纣时的天象，去推断武王伐纣之年，取得了新的认识。不过，这些问题尚在研究之中，我们现在暂时还以《竹书纪年》说为准。

共历257年，传十一世、十二王。

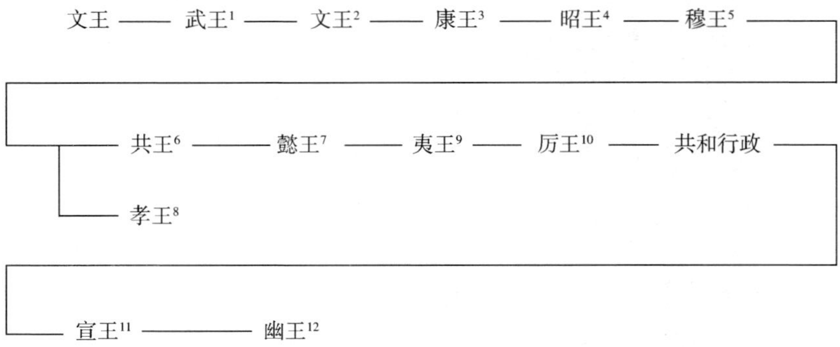

图7.4　西周世系

西周的历史，可以划分为两个发展时期。

前期：从武王建国，经成王、康王、昭王至穆王，共历五世、五王。

这个时期是西周王朝国势蒸蒸，也是中国奴隶制达于鼎盛的时期。武、成时期，在杰出的政治家周公旦的辅佐下，东征殷顽，营建东都，分封诸侯，制礼作乐，建立起规模空前的奴隶制王朝。在商代奴隶制发展的基础上，西周的政治、经济、文化都有了长足的进展，奴隶制国家空前强大，典章制度、礼乐刑政都臻于完备。春秋时王子朝告诸侯书说："昔武王克商，成王靖（安定）四方，康王息民（与民休息）。"（《春秋左传正义》卷五二，昭公二十六年）《竹书纪年》也说："成康之际，天下安宁，刑措（刑罚）四十余年不用。"（《古本竹书纪年辑证》，第42、43页）都强调这个时期四方无事、政治安定、经济繁荣的升平景象。昭、穆二世，凭借前代积累的力量，大举出征远游，消耗了国力，从此"王道微缺""荒服者不至"，西周王朝开始呈现衰败的迹象。

后期：从共（恭）王以后，经懿王、孝王、夷王、厉王、宣王，至幽王亡国，共历六世、七王。在厉、宣之间，还有14年的"共和行政"时期。

共、懿之后，王室遂衰，荒服不朝，周王朝走着下坡的道路。公元前841年的国人暴动是西周后期社会矛盾的总爆发。厉王被逐，共和行政，周天子的"天下共主"地位受到挑战。所谓"宣王中兴"，只不过是昔日“赫赫宗周”的落日余晖。在北伐猃允、南服荆蛮的“中兴”气象背后，隐伏着深刻的社会危机。幽王之时，政治昏乱，天灾频仍。统治集团的分裂，导致戎狄内侵，公元前 771 年申、缯（或作“鄫”“曾”）等诸侯联合犬戎攻周，杀幽王于骊山之下，西周王朝灭亡。

四　周公东征与营建东都——西周王朝的巩固

武王伐纣之后，从东方回到了镐京，谋划了许多雄心勃勃的计划，企图巩固甫建的新王朝。但是，不久他便染上了疾病，这些计划还没有来得及付诸实施，不过两年便死去了。武王死后，由他的儿子诵继位，就是成王。这时成王还是一个襁褓中的娃娃，未能料理政事。于是成王的叔父周公旦便出来摄理政事，从而完成了武王的未竟之业，进一步巩固了西周王朝，表现出卓越的政治才能。

周公旦是文王的儿子、武王的弟弟。他曾跟随武王伐纣，功勋卓著。灭商以后，又与召公奭（shì）一起辅佐武王。武王之死与嗣君年幼，对于新建立的周王朝是一个严峻的考验。而周公旦摄政，又引起王室贵族的疑惧，连召公奭也产生了怀疑，以为周公旦有夺取王位，取而代之的企图。留在殷都作“三监”的管叔、蔡叔，更是由怀疑而至不满，到处散播流言蜚语，说“周公将不利于成王”。周王室统治集团的变故和动荡，给了殷商残余势力以可乘之机，武庚串通“三监”，联络东方的淮夷（今江苏、安徽一带）、徐（今山东临沂一带）、奄（今山东曲阜）、蒲姑（今山东博兴东北）等邦国，起兵叛周。一时之间，内忧外患交相袭来，使新王朝面临“若涉渊水”（《尚书·大诰》）的困境。

在这困难而复杂的局势面前，周公旦表现了卓越的政治家才能。他首先安定统治集团的内部。他对太公望和召公奭这两个关键人物反复做了解释工作，说：“我之所以不避嫌疑，毅然站出来辅佐成王，摄行大政，就是担心天下乘此时机叛周，这样我们将无以告太王、王季、文王等先王。三王忧劳天下已很久远，至今总算达到成功。武王早终，成王年少，此时此刻我只有这样做才有利于周室，我的目的全在于此。”他还引用商代的历史，说明辅佐大臣摄政是自古以来的传统，辅佐大臣在保卫和治理殷家中发挥了巨大作用，从伊尹辅佐成汤，到甘盘辅佐武丁，莫不如此。表明自己效法伊尹、甘盘，忠于周室，竭诚辅王的心志。经过他耐心的解释和说服，终于消除了误会，稳定了王室核心层的团结。

与此同时，周公旦毅然决定出兵东征，讨伐叛乱势力。这一决定也遭到许多王室贵族和诸侯百官的反对，反对的理由主要有两条：一是困难太大，民心不平静；二是那些发动叛乱的人，有的就出在王室和邦国君长家里，连他们有些人的父兄也牵连在里面，因此不便于讨伐。周公旦力排众议，对反对派进行了耐心的说服教育。在东征前发布的《大诰》中，他说：

> 我当然要为我们年幼的国王，慎重地考虑到出征的困难。唉！一旦出征，将要扰动那些鳏寡民众，多么令人哀痛啊！但是，既然上帝把这严重的灾难加到我们身上，我们便不能只为自身的安危忧虑。我想你们诸位也会这样劝告我："不要过份地考虑自己的安危，不可不去努力完成文王未竟的大业。"唉！我决不敢废弃上帝的命令！（《尚书·大诰》）

在这里，周公旦特别强调平定叛乱是继承文王的大业和执行上帝的命令，即使有再大的困难也应当去克服。接着，他又指出：

> 你们乃是先王的旧臣，应当很好地回顾一下过去。你们知道文王是何等的勤劳？上帝已经把成功之路告诫我们了，我不敢不尽一切努力来完成文王所力图成就的事业……譬如父亲想盖房子，已经定好了规模，可是他的儿子连堆土作堂基的事都不肯干，哪里还肯去构筑屋顶呢？他的父亲已经翻好了地，可是做儿子的连播种尚且不肯，哪里还肯去收获？这样，难道他的父亲会说："我有好儿子，他不会抛弃我的基业"吗？所以我哪里敢不趁我的有生之日去完成文王从上帝那里接受的大命呢？

在这里，周公旦以文王的事业作为号召，指出我们既然是文王的旧臣和子孙，那就必须继承前辈的遗愿，完成先王的未竟事业。也就是说，不管叛乱分子是王室的什么人，只要他们背叛了先王的遗愿，破坏了先王的事业，就应当受到惩罚。

周公旦经过一番“内弭父兄，外抚诸侯”（《逸周书·作雒篇》）的工作，安定好了内部之后，便亲率大军东征。东征军迅速诛灭了以武庚为首的殷贵族叛乱势力，杀掉了武庚和管叔，流放了蔡叔。接着，他又挥师东进，经过三年的苦战，相继削平了参与叛乱的东方小国和诸侯。孟子说，周公“伐奄三年，讨其君，驱飞廉于海隅而戮之，灭国者五十，驱虎豹犀象而远之，天下大悦。”（《孟子·滕文公下》）武王克商以后，纣王的残余势力不少逃到东方，如谀臣飞廉即是其例。周公东征把殷商的残余势力和东方叛国一并扫荡，把他们赶到海边，有的向江南或北方逃窜而去。这样，就把周王朝的统治伸展到了黄河下游和东部沿海。

武王伐纣虽然推翻了商朝的统治，但是，对于商朝曾统治六百年之久的东部广大地区，还没有来得及建立起有效的统治。所以，西周王朝建立不久，他们就纷纷举兵叛周。周公东征，才比较彻底地摧毁了商朝在东方的残余势力，从而控制了这个地区。所以，这次战争，从某种意义上说是第二次的灭商战争。经过这次战争，周王朝的灭商事业才得以最后完成。

为了巩固这一胜利成果，进一步加强对东部地区的控制，周公旦又着手大力营建东都。

营建东都的计划，早在武王时就已制定。在攻克朝歌之后，武王曾登上一座高岗，远眺商邑，俯瞰废墟，喟然长叹。商王朝的覆灭，促使他积极思考如何巩固统治的问题。回到镐京之后，他又经常彻夜不眠。周公旦前去慰问，问他为何不能安眠？武王说：“上天授命于殷，也曾登进名贤之人三百六十夫，使殷家得以传至今日而不致摈灭。但是，这最后六十年，殷王不能善自保守天命，使麋鹿在牧，飞鸿在野，小人当道，灾害频仍，把好端端的殷朝葬送掉。上天抛弃了殷家，使我们周人得以承受天命，建立新朝。我们要好好考虑如何保守天命，怎么能高枕无忧呢？”武王与周公旦反复讨论，总结殷亡周兴的教训，说：“要铲除殷纣的势力，安定我们的西土，必须在东方营建新都。洛水和伊水的弯曲处，是四通八达的平原，曾是夏朝都邑所在，这里南望三涂山，北眺太行山，南临伊洛，北依黄河，正是建都的好地方。”1965 年在陕西宝鸡发现的一件西周青铜器——“何尊”（1963 年出土于宝鸡县贾村镇陈家后院，后被卖到废品收购站，1965 年 9 月被宝鸡博物馆发现并收藏），上面的铭文也说：武王攻克大邑商后，即向上天卜告，说："我要住在这中央地区，从这里来治理民众。"周人的发祥地在西方，他们的势力和基地也在西方，如何统治新得到的东部广大地区，是西周统治者从建国伊始便考虑的一件大事。周公东征以后，把武王的这一谋划迅速付诸实施。成王七年二月，成王从镐京步行至二十五里外沣水西岸的丰京，祭告了文王庙，派太保召公奭先到洛阳视察地形。同年三月，周公亲往营建。他抽调大批民力，在瀍水东岸修建成周。[①] 在瀍水西岸兴建王城。他把东征中俘虏的殷贵族，即所谓"殷顽"，强迫迁徙于成周，集中起来严加管束。在王城派驻八师兵力，负责监视"殷顽"和东部地区。人们把新都总称"雒邑"，而把关中的镐京叫做"宗周"[②]。由于雒邑在宗周之东，故又称"东都"。东都的建立，使从宗周至成周的泾、渭、河、洛的千里之地，都包括在王畿之内。周王朝的统治大大加强。东都作为"天下之中"，更是诸侯朝会，四方入贡的重要中心，对加强周王室对东部地区的控制，发挥了十分重要的作用。

成周建成以后，周公旦曾把殷顽召来训话，向他们宣布周朝的政策，说："告诉你们这些殷国的遗民！现在我不忍杀掉你们，我还要向你们申述命令。现在我在这洛水附近修建一座大城，是因为四方诸侯无处朝贡，也是为了你们服务王事，奔走效劳的方便。你们要顺从地臣服我们。你们仍有你们的土地，也可以安定地从事劳作和休息。如果你们不敬事我周国，你们不但会失去你们的土地，我也要把上天的惩罚降临到你们身上。你们如能老老实实地居住在这个城邑，继续从事你们的工作，你们的后代子孙就会兴旺起来。"（《尚书·多士》）周公旦还告诫他们，对于他们之中服从周室的殷遗多士多方，即殷家的百官和诸侯君长，还可以"迪简在王庭""有服在大僚"（《尚书·多方》），即选拔到周王朝的中央部门并担任重要官职。

---

① 成周之得名，一般依《春秋公羊传》何休注："名成周者，周道始成，王所都也。"1963 年出土之《何尊》铭称成王"迁宅于成周"，表明成王确曾迁都于成周，故疑雒邑之名成周，即由于成王都此之故。

② 宗周之得名，因周室为天下之宗主，故周王所都曰"宗周"。《史记·伯夷列传》："武王已平殷乱，天下宗周。"《帝王世纪》："武王自丰居镐，诸侯宗之，是为宗周。"由于其在成周雒邑之西，故又称"西都"。

消弭殷商的反抗势力，是西周王朝面临的一项重要课题，周公旦在对他们实施武力镇压之后，又把他们集中看管，实行分化拉拢，比较好地解决了这个问题，对于巩固西周王朝的统治，具有重要的意义。

根据西周初的铜器《何尊》铭文的记载，我们知道成王确曾迁都于成周，铭文说，成王曾“迁宅于成周”，并按照武王的礼，在成周举行祈福典礼。在成周还建有周人的宗庙，成王五年曾在宗庙里向贵族和王室宗人发表训诰。在古代，宗庙是建在国都中的，成周有了宗庙，显然是当时的王都。这同古书上关于周公曾把传国的九鼎迁到成周的记载，可以互相印证。不过，后来西周的都城又迁回镐京，直到西周王朝灭亡。

周公摄政期间，对他的流言蜚语时有发生，连成王也曾对他有过怀疑。但周公对于周王室的忠贞，终于得到了举国一致的敬佩。据说成王年少时，曾害过一场大病，周公以自己的生命作质，向上天祷告说：“我们的君王还是一个年幼的孩子，不是他触怒天神，而是我周公旦触犯了神命。如果上天要降下惩罚，就让我代王去死吧！”史官把周公旦的祷词写在典册上，藏在“金縢”（绳索捆束的金质匣子）里。后来由于流言蜚语的挑拨，周公旦被迫离开国都。有一年秋天，庄稼长得特别好，还没有收获，忽然雷电交加，疾风大作，庄稼倒伏，大树折断，国人大惊，以为上天发怒。成王和大夫们穿上礼服，打开金縢，看到了周公旦的祷词。成王召来史官询问是怎么回事，史官说：“是周公命令我们保守秘密，我们不敢把这件事讲出来啊！”成王这才知道周公旦是如此忠于周室，捧着周公旦的藏册，感动得声泪俱下。于是，成王亲自到城郊迎回周公。

周公摄政，前后共七年，后来成王长大成人，能够听政了，周公便返政于成王，自己仍然北面就臣位，恭谨地服事成王。

五　“封建亲戚，以蕃屏周”——西周的分封制

周王朝的疆土与商王朝相比，确是空前地扩大了，但是，周人原是偏居“西土”的一个“小邦”，如何统治这新征服的广大地区，便是摆在西周王朝面前的头等大事。分封制便是西周王朝解决这一问题的重要措施。

所谓分封，就是周天子把自己的子弟、亲戚、功臣或古代先王圣贤

后裔等，分别授与一定范围的土地和人民，去建立统治据点，以拱卫周王室。即所谓“封建亲戚，以蕃屏周”（《春秋左传正义》卷一五，僖公二十四年）。封建，就是封邦建国的意思。封字，甲骨文作“”，像人用手植树于土上。邦字，甲骨文作“”，像植林木于疆界之上。国字，甲骨文作“”，金文作“”，像以戈守土。封邦建国，大概就是划定疆界，植树为志，建筑城垒，驻军守土。这种统治据点就是“封国”，众多的封国便是“诸侯”。

诸侯受封时，要举行册封仪式，周天子向受封者颁布“册命”，其主要内容就是“授民授疆土”，宣布封疆的范围，土地的数量，并把该地区的人民一起赐予受封者。此外，受封者还要接受周天子赐与的官属、奴隶、礼器和仪仗等。诸侯要对周天子承担镇守疆土、出兵勤王、缴纳贡赋、朝聘述职、随王祭祀等义务，以起到捍卫王室、以蕃屏周的作用。

西周初，武王时期和周公成王时期，曾进行过两次大规模的分封。

武王伐纣以后，即开始进行大分封。“昔武王克商，光有天下，其兄弟之国者十有五人，姬姓之国者四十人。”（《春秋左传正义》卷五二，昭公二十八年）可见其规模是不小的。武王所封，主要有以下四种人：一是功臣谋士，以师尚父为首封，封于营丘，国号齐；二是他的兄弟，如周公旦封于曲阜，国号鲁，召公奭封于燕，叔鲜封于管，叔度封于蔡，叔处封于霍，叔振铎封于曹，叔武封于成等；三是殷商之后，主要是封商纣之子武庚于殷；四是古代圣王后裔，如神农之后封于焦，黄帝之后封于祝，帝尧之后封于蓟，帝舜之后封于陈，大禹之后封于杞，等等。大概在封建诸侯的同时，照例还要设置“诸监”，除上述封武庚时设置“三监”外，《仲幾父簋》铭文记载“仲幾父使幾使于诸侯诸监”，表明“诸侯”与“诸监”并存。

武庚、管、蔡之乱，给周初统治者以深刻的教训，更感到封建诸侯的重要性。“周公吊二叔（指管叔、蔡叔）之不咸（咸，即同的意思），故封建亲戚，以蕃屏周。”（《春秋左传正义》卷一五，僖公二十四年）周公东征之后，又一次进行大规模分封。他在诛灭武庚、管、蔡之后，便将他们所辖的殷遗民，一分为二，一部分封给了商王纣的哥哥微子启，他在灭商后投降周人，武庚叛乱也没有参加，于是封他于商丘，国号宋。

另一部分则封给成王的叔父康叔，封于殷商故墟，国号卫。武王死后，唐地发生叛乱，成王诛灭唐以后，封他的兄弟叔虞于唐。

此外，从康王以后，周王室仍陆续有所分封，但因主要地区已分封完毕，其规模都不能与周初相比。

在周初分封的四种人中，以周王室的同姓贵族为数最多，而同姓贵族又集中于文王、武王和周公的后裔。据《左传》记载，先后受封的文王后裔有十六国：

> 管、蔡、郕、霍、鲁、卫、毛、聃、郜、雍、曹、滕、毕、原、酆、郇。

武王的后裔有四国：

> 邘、晋、应、韩。

周公的后裔有六国：

> 凡、蒋、邢、茅、胙、祭。

据荀子说，周初分封了71国，其中姬姓53国。实际上还不止此数。有的古书说，周代封国有400余国，服国800余国。其数量是相当惊人的。

在众多的封国中，作为周王室支柱的最重要的封国有东方的齐、鲁，北方的燕、晋，中原地区的卫国和长江下游的宜国。

山东半岛南部的奄，是东夷地区重要的政治中心之一，也是商王朝在东方的重要据点之一。武王灭商以后，就把这个重要的地方封给周公旦。由于周公旦辅佐武王，一直不能就封。武王死后，这里的淮夷、徐戎同时叛乱。周公东征平定东夷之后，便让他的儿子伯禽代表他前往就封于鲁，以进一步加强对于东夷地区的控制。临行前，周公旦告诫伯禽说："我作为文王的儿子、武王的兄弟、成王的叔父，地位不算低贱了吧，然而我还是吐哺握发，礼贤下士，不敢有丝毫怠慢。即使这样，还唯恐失去天下的贤人。你到了鲁国，千万不可依仗自己的贵族身份和封国地位去傲慢士人。”可见周公旦对于建立这个东方前哨据点给予了格外的关注。伯禽受封时，周天子向他颁布了封他为鲁侯的册命——《伯禽》，宣布把他封于少皞之墟——奄，到那里去坐镇“商奄之民”，封给他许多土田和附庸小国，还分给他“殷民六族”，即条氏、徐氏、尚氏、索氏、长勺氏、尾勺氏六个有手工业专长的殷人家族。此外，还赐给他“祝宗卜史，备物典册，官司彝器”以及“大路（车）”“大旗”“夏后氏之璜（美玉）”“封父之繁弱（弓矢）”等礼器和仪仗。在受封的诸侯中，伯禽所得到的宝器和文物是最多的，周王室对他寄予的期望也是最大的。《诗·鲁颂·閟宫》记叙伯禽封鲁的诗中写道：

王曰：“叔父，	成王对周公说：
建尔元子，	“立你的长子伯禽，
俾侯于鲁，	使他为侯于鲁，
大启尔宇，	大大地开发疆域，
为周室辅。”	作周王室的辅助。”
乃命鲁公，	于是命伯禽为鲁公，
俾侯于东，	使他到东方为侯，
锡之山川，	赐给他那里的山川，
土田附庸。	还有土田和附庸小国。

——《诗·鲁颂·閟宫》

鲁国建立后，确实起到了“大启尔宇，为周室辅”的作用。从此“淮夷来同，莫不率从”，鲁国的封疆也扩展到“徐宅”和“海邦”，北有“泰山岩岩”，直达泰山脚下，东面“奄有龟蒙”，包括龟、蒙诸山，南向“保有凫峄”，连着凫山和峄山，成为周王朝控制东方的一个重要封国。

山东北部的蒲姑，也有一股巨大的抗周的势力。武王灭商以后，封吕尚于蒲姑故地，都营丘（今山东临淄市北），国号齐，坐镇“蒲姑之民”。其封疆范围，东至海滨，西至黄河，南至穆陵（今山东沂水县北），北至无棣（今山东无棣县北）。吕尚来到这里，经过与莱夷的斗争才站稳脚跟。对于那些不肯归附的“五侯九伯”，周王授与他征伐之权。齐与鲁国毗邻，同是周王室控制东夷诸部的重要力量。

卫国的始祖康叔封，是武王的同母少弟，成王的叔父。他受封于卫是在平定武庚、管蔡之乱以后。在受封仪式上，由司空聃季“授土”，司徒陶叔“授民”。其封地为殷墟，封疆范围，在武父（约在今河南、河北交界处）以南，圃田（今河南中牟西）以北，大体包括今天河南北部和河北南部地区。康叔得到了“殷民七族”，包括陶氏、施氏、繁氏、锜氏、樊氏、饥氏、终葵氏七个殷人的手工业家族。此外，还得到了许多宝器和仪仗。由于这个封地是殷人的故地，所以周公特别重视，亲自向康叔发布训诫——《康诰》。在这里，周公总结了文王兴周与纣王亡殷的历史教训，说：

> 啊！封呀，你要好好考虑我告诫你的话，现在勉励你的主要是看你能否恭敬地遵循你的先父先王的传统，明审地听取殷有德行的人的话，广泛地寻求殷商过去圣明国君的治国之道，用以治理臣民。你要思考殷商老成人远古的政教风范，潜心研究才能通晓治国顺民的道理。你还要从虞夏时的圣明君主那里寻求治国的方法，才能使臣民康泰安定。只要你的德行像天那样宏大，你的政权就不会被上帝废弃。

周公旦的这番话，概括起来就是所谓“启以商政，疆以周索”的统治策略，因为这里是殷商的旧地，所以必须充分利用商政，以便更好地贯彻周法。这种统治策略的具体化，就是“明德慎刑”。在这篇诰辞中，周公把“明德慎刑”作为治国安邦的一条原则，反复加以阐明。实行德政，才能治理好殷民，巩固自己的政权，而刑罚又是建立统治不可缺少的手段，但必须慎重使用。德刑并用就可长治久安。他这种主张，是建立在“天畏棐忱，民情大可见”的认识的基础上的。上帝的神威并不完全可信，而民众的情绪倒是极容易看得到的。“天命”是通过“民情”体现出来的。所以归根结底还是“民情”在决定统治的安危。在另一篇诰词《梓材》中，周公旦也同样以“明德”作为告诫康叔封的中心内容。

由于这里是殷商旧墟，而康叔封当时还很年轻，周公旦担心他不能抵御殷商贵族腐化堕落风气的影响，便特意做了一篇《酒诰》以告诫康叔。他在这里强调了戒酒的重要性，认为戒酒不但是文王的教导，也是上帝的意旨。而殷商灭亡的主要教训之一是“荒腆于酒”。他把酗酒与政权的安危联系起来，提出了禁止“群饮”“崇饮”的严厉的戒酒措施。

由于周公旦的反复教诫，康叔封对于殷人的统治还是比较成功的，他到那里便能“和集其民”，消除了殷商遗民的反抗情绪，收到了“民大悦”的统治效果。成王亲政以后，又提拔康叔封兼任周王室的司寇，执掌了刑罚大权。在所有封国中，卫国的封地最大，而且地处中原，地理位置也最重要，卫侯又掌握着指挥“成周八师”的大权。卫国是当时“屏蕃周室”的重要支柱。

燕国是周王朝北疆的一个大国。召公奭的长子旨是第一代燕侯。这里的政治、军事地位都很重要，燕都东北方的孤竹国（今河北卢龙）是商王朝的与国，燕国负有震慑这些顽民的作用。燕国还是沟通中原与辽海地区的枢纽。1974 年在北京西南房山县琉璃河镇董家林村，发现了大面积的西周遗址和墓葬，出土了一批带有“匽侯”铭文的铜器。“匽”就是“燕”字的古文。1949 年前在芦沟桥附近也曾出土过一批“匽侯”铜器。根据这些发现推断，这一带可能就是燕国的始封地和统治中心。值得注意的是，1978 年辽宁喀左县马厂沟出土的西周青铜器中，也发现了带“匽侯”铭文的铜器，而且它的字体同琉璃河出土的铜器铭文完全一样。燕国的封疆，当时可能向北已达到大凌河一带。春秋时周景王说“及武王克商……肃慎、燕、亳，吾北土地”，看来是符合历史事实的。

今天的山西境内，自古以来便是戎狄杂居的地方，商朝曾对这里频繁用兵。周武王死后，这里的唐国乘机叛乱。为了加强这里的防御力量，周成王封他的弟弟叔虞于唐（今山西翼城）①，国号唐。到叔虞之子燮父时，始改国号为晋。唐地又是夏朝的故墟之一，所以叔虞受封时，要求他在封国内实行“启以夏政，疆以戎索”的灵活政策，施政时既要考虑到夏人的传统，又要照顾戎狄的习俗。由于成王宠爱唐叔，在他受封时，特地赐给他夏代遗民“怀姓九宗”和“职官五正”等一套贵族官僚班子。

---

① 唐，有说在今山西太原一带的。从晋南地区发现了广泛的西周早期遗址来看，应以山西翼城说为是。

图 7.5　北京琉璃河西周早期车马坑

宜国是长江下游的一个重要封国[①]。古公亶父的儿子太伯、仲雍为了让位于幼弟季历而出走，武王克商以后，找到了太伯、仲雍的后代，把他们封于畿内的虞国，列为诸侯。到了康王时，虞侯夨（zè）改封于宜（今江苏丹徒）。1954 年在江苏丹徒县烟墩山，发现了一组西周青铜器，其中一件《宜侯夨簋》，铭文长达 120 余字，记载了宜侯夨就封于宜的情况，周王封给他山川土田之外，还赐给他在宜地的殷人十七族，在宜地的各种奴隶一千六七百人，还有红色的“彤弓”一张，“彤矢”一百，黑色的“旅弓”百张，“旅矢”一千，以及各种礼器。这样隆重的赏赐，说明周王室对宜侯夨的重视。宜国作为周王朝在长江下游的封国，对于东南地区的开发起了重要的作用。

西周王朝的封邦建国，一方面加强了周王室对于四土的控制力量，从而建立起一个幅员空前辽阔的奴隶制王朝，表现了周代王权统治的进一步发展。另一方面，对于发展各地区的政治、经济和文化，特别是对

---

① 有人据文献记载“太伯、仲雍二人乃奔荆蛮，文身断发……荆蛮义之……立为吴太伯”（《史记·吴太伯世家》），认为江苏之吴国为太伯所创。宜国为吴国附近之一国。据童书业先生考证，“太伯、虞仲所奔为山西之虞，而非‘荆蛮’或江苏之吴”。而“‘吴太伯’即‘虞太伯’，‘虞’‘吴’古同字”（童书业：《春秋左传研究》，上海人民出版社 1980 年版，第 32、355 页）。到康王时始将虞仲之后分封于吴，此即《宜侯夨簋》所记之“宜侯”。有人认为这个“宜侯”就是太伯、仲雍之后周章（唐兰：《宜侯夨簋考释》，《考古学报》1956 年第 2 期）。

于边远地区的开发，也起了积极的作用。但是，随着时间的推移，封国势力的发展，又使王权遭到削弱，形成尾大不掉之势，各地政治、经济发展不平衡，形成了一些强大的地区性中心，到了春秋时期，终于演变成诸侯割据、列国纷争的错综复杂的政治局面。

六　“大宗维翰，宗子维城”——西周的宗法制

西周的分封制度，是在宗法制度的指导下进行的。宗法制确定了贵族的亲疏、等级、分封和世袭的关系，解决了统治阶级内部的矛盾，成为巩固分封制的重要手段。分封制借助于宗法制而得以顺利贯彻。两者密切结合，相辅相成，起了巩固和加强奴隶主专政的作用，成为当时重要的政治制度。正如《诗·大雅·板》所说：

大邦维屏，	诸侯是国家的屏障，
大宗维翰，	大宗是国家的主干，
怀德维宁，	怀德是国家平安的保证，
宗子维城。	同姓是国家的城垒。

——《诗·大雅·板》

分封诸侯与确立宗法统治，是构筑西周王朝统治大厦的两根重要支柱。

什么是宗法呢？简单说来，宗法就是宗族之法或宗庙之法。“宗”字在甲骨文中出现的次数据不完全统计即有 38 次之多，基本字形有这样三个：“”“”“”，而在西周金文中，则固定为一个基本字形“”。“宗”字的上部“门”，为屋宇的象形，下部的“示”，为神主的象形。设置神主的屋宇就是宗庙。同一祖先所繁衍的后世子孙，都属于同一宗族。处理这同一宗族内部成员间的亲疏、等级和世袭权利的制度，便是宗法制度。

宗法制度的渊源，可以上溯到原始社会末期的父系家庭公社，这种家庭公社的显著标志是父权，以及父家长对于妻子、子女和奴隶的役使。在国家产生的过程中，奴隶主贵族利用并改造了父系家庭公社中形成的以血缘关系为纽带的宗族组织系统，形成了作为奴隶社会上层建筑的宗法制

度。宗法制度从商代末年形成，到西周时期达到比较完备的阶段，与奴隶制的等级关系和分封世袭制度相结合，而成为国家的重要政治制度。

周代的宗法制度，虽然也以血缘关系为其基础，但它与氏族组织已有本质的区别。它利用宗族的血缘关系，加强奴隶制的等级从属关系，实行政治上的分封，把族权与政权紧密地结合起来。“天子建国，诸侯立家，卿置侧室，大夫有贰宗，士有隶子弟”（《春秋左传正文》卷五，桓公二年），就是按照宗法制的原则而实行的等级分封制度。

宗法制度的主要特征，是嫡长子的继承制和余子的分封制，以及与之相适应的大宗与小宗的区分。按照宗法制度的原则，“立嫡以长不以贤，立子以贵不以长”（《春秋公羊传注疏》卷一，隐公元年），嫡长子为全宗族的大宗，旁系庶子为小宗。周天子由嫡长子世袭继承，他是姬姓宗族的“大宗”，其余诸子分封为诸侯，是姬姓宗族的“小宗”。在诸侯国内，也是根据嫡长子世袭的原则，由嫡长子继承父位为下一代诸侯，他在封国内被奉为“大宗”，他的诸弟被分封为卿大夫，是为“小宗”。卿大夫在各自的采邑内，也实行嫡长子继承制，他们在自己的采邑内也是大宗，其余诸弟则为“士”，是为小宗。士的长子仍为士，其余诸子则为庶人。总之，始祖的嫡系后裔均为大宗，从周室的王位到诸侯、卿大夫，都必须由嫡长子世袭继承，形成“世卿世禄”的特权制度，他们是姬姓族制系统中不同等级的大宗。每一等级都有其相应的小宗，小宗对大宗来说都属于“庶”。

大宗掌握着宗庙祭祀的特权。宗庙建筑于大宗的所在地。天子的宗庙，是最高一级的祭祀祖先的场所，因此叫做“太庙”。诸侯、卿大夫也在各自的所在地建立宗庙，祭祀始祖。宗庙中供奉着历代祖先的神主，始祖居中，以下父子以左“昭”右“穆”的次序排列。只有大宗才有主祭宗庙的特权，小宗是没有这个资格的。在“国之大事，在祀与戎”的古代社会里，掌握了祭祀权，实际就是掌握了国家权力。在这里，明显地体现了政权与族权、神权的结合。

大宗与小宗的关系，是一种等级从属关系，小宗必须服从大宗。各级小宗都要受到同级大宗的支配和约束，每一等级的大小宗关系，都是上下关系，领导与服从的关系。周天子是天下的大宗主，也是政治上的共主。周天子的都城镐京，被尊奉为“宗周”。各级大宗都受到族人兄弟的共同尊崇，被奉为“宗子”。对于“宗子”的等级从属，集中体现在“尊祖”和“敬宗”的关系上面。尊祖是宗法制的一条重要原则，而对祖先的尊敬则表现于祭祀。祭祀祖先的特权既然掌握在宗子手中，庶子不能祭祖，他们对于祖先的尊敬，就要通过服从宗子，即“敬宗”而体现出来。敬宗就是尊祖的表现，尊祖则必须敬宗。主祭祖宗的特权，使大小宗之间的等级从属关系得到了进一步加强，保证了周天子以至于各级大小诸侯利用宗子的身份实行统治。

与嫡长子世代相袭的原则相适应，大宗是永远不迁祖的，“文王孙子，本支百世”（《诗·大雅·文王》），形成所谓“百世不迁之宗”（《礼记·大传》）。而小宗则是“五世则迁之宗”（《礼记·大传》），即由本人依次往上推算，由父祖、曾祖至高祖为五世，高祖以上的远祖神主便迁入祧庙，不再祭祀。也就是说，大宗与小宗的关系，一般只维持五世，五世之后便成为疏远的族属。这种情况，就叫做“祖迁于上，宗易于下”（《礼记·丧服小记》），在上面迁去一个远祖，下面便改变一次大宗、小宗的关系。

“周之宗盟，异姓为后”（《春秋左传正义》卷四，隐公十一年），宗法制的原则，也适用于异姓贵族。在西周，姬姓是奴隶主贵族中占居支配地位的宗族，它通过婚姻关系，把异姓贵族联系起来。周天子称同姓诸侯为伯父、叔父，称异姓诸侯为伯舅、叔舅。这种甥舅关系，也包含在宗法制的范围内，成为宗法制的组成部分。

宗法制度作为奴隶社会的政治上层建筑，只能从属于奴隶主国家的政治需要，宗法关系必须服从政治关系。所谓“不以亲亲害尊尊”（《春秋穀梁传注疏》卷一〇，文公二年），就是不允许利用血统关系以侵犯政权，当宗法与政权发生矛盾时，宗法关系就应当服从于政权关系。为了防止因子孙繁衍，势力扩大，造成对于政权的威胁，便规定“别子为祖”（《礼记·丧服小记》），把嫡长子以外的诸子区别开来，称为“别子”，让他们另外去建立一个宗族系统，“自卑别于尊”，使其与地位尊贵的嫡长子区别开来，以保证国祚绵长。

宗法制度加强了奴隶主贵族内部的等级制度，在宗法制度的指导原则下，奴隶主阶级内部，形成了“王臣公，公臣大夫，大夫臣士”等一套等级名分制度。这种职位上的等级区分，又决定了爵位上的等级区分，产生了相应的“公、侯、伯、子、男”五等爵称号。周代的等级名分制度，在当时的“列鼎”制度中得到了充分的反映。考古发现西周墓葬中，奴隶主贵族有一套严格的用鼎制度，依身分的高低而使用不同数目的列鼎，一般为天子九鼎，卿大夫七鼎，下大夫五鼎，士则一至三鼎。与奇数组合的列鼎相配合，还有以偶数组合的簋。鼎与簋的配合为：九鼎八簋、七鼎六簋、五鼎四簋，等等。

根据宗法制度的原则，西周的埋葬制度中实行族葬制度。长安沣西发现的182座西周墓地，可以分为六个区域，大概是一个宗族的六个不同支族的墓地。有的墓地在居中的一墓两边，对称地分布着若干墓葬，可能是按照左昭右穆的制度加以排列。在河南浚县辛村发现的卫国贵族墓葬区中，8座大墓之间分布着57座中小型墓，他们可能是8个奴隶主贵族的从属，或是他们的同宗。但是，他们之间显然不属于相同的等级。奴隶主贵族正是通过宗法制度，去掩盖宗族内部的阶层和阶级的区分和对立。

在宗法制度之下，大宗与小宗的关系，是“本根”和“枝叶”的关系，以“本”制“末”，以下事上，是天经地义的，大宗天然地贵于小宗，天子对于诸侯，诸侯对于卿大夫，卿大夫对于士，士对于庶人，都是以“天然尊长”的身份出现，宗统与君统的结合，以族权强化君权，从而加强了周天子以至各级奴隶主贵族的专制统治。

七　“设官分职，以为民极”——西周国家机器的强化

西周王朝在推行分封制和宗法制的基础上，又建立了一套比商代更加复杂的统治机构，大大强化了奴隶主专政的国家机器。

成书于战国时期的《周礼》，系统地叙述了周代的官制。它说周王朝“设官分职，以为民极”，设置了庞大而复杂的官僚机构，以作为统治和镇压人民的工具。根据它的记载，周代有“六官”之制，即：“天官冢宰”，掌“邦治”，称为“治官”，为六官之首；“地官司徒”，掌“邦教”，称为“教官”；“春官宗伯”，掌“邦礼”，称为“礼官”；“夏官司马”，掌“邦政”，称为“政官”；“秋官司寇”，掌“邦禁”，称为“刑官”；“冬官司空”一篇已遗失，其职掌为工程。由于《周礼》六官如此整齐的排列和严密的组织，甚至超过了后世的官制，因此人们怀疑它是

后人的虚构。但是，如果没有一些事实的根据，不可能凭空捏造出这样周密的一套组织系统。因此，我们既不能完全相信这一套记载，也不能认为这些记载全部属子虚乌有。

西周政权机构的详细情况已很难考查，不过，通过《诗经》《尚书》和铜器铭文的相关记载，我们还是可以窥见其构成情况之一斑。

周天子下面重要的辅弼之官，有太师、太保、太傅，称为“三公”或“师保”。三公之中，太师的地位最尊。姜太公在文王、武王之世相继担任太师，因而被尊称为“师尚父”。成王继位以后，以周公旦为太师，召公奭为太保，共同辅佐成王。“师保”总揽军政大权，地位显赫。《诗·小雅·节南山》说：

赫赫师尹，　　显赫的太师和尹氏，
民俱尔瞻。　　人民都惟你是看。
……
尹氏太师，　　尹氏啊，太师啊，
维周之氐①，　　你们是周室的砥柱，
秉国之均②，　　掌握国家的大权，
四方是维，　　四方靠你们维系，
天子是毗。　　天子靠你们辅佐。

——《诗·小雅·节南山》

在中枢机关里，师保一般都兼领冢宰，为最高执政官，率领众多卿士，组成庞大的卿事寮，总揽朝廷政务。卿事寮包括被称为“六大”的官职，即所谓“六卿”。周康王时的小盂鼎铭文有“三左三右”，大概就是“六大”。三右是太宰、太宗、太士。太宰掌王室奴隶和财务，太宗掌贵族事务，太士掌司法。三左是太史、太卜、太祝。太史掌王的册命及祭典，太祝掌祭祀祈祷，太卜掌卜筮。这套机构把政权与神权结合起来，但与商代比较，宗教职能有所削弱，表现了周代国家机构的发展。

---

① 氐：同“砥”。

② 均：权。

在冢宰之下，分管各项具体政务的官职，还有司徒、司马、司空、司寇、司士等“有司”。司徒也写作司土，管理农田耕作和奴隶，官司藉田，负责征发徒役。司马管理军赋的征收和有关军旅的事宜。司空管理百工职事和土木建筑工程，也称为司工。司寇掌管刑狱纠察。司士掌管版籍爵禄。这些官职也很重要，都由奴隶主贵族担任。武王的母弟中，除周公旦兼任太宰以外，还有聃季任司空之职，康叔封以卫侯而兼王室的司寇。

此外，见于古书和铭文的官职，还有掌管出纳王命的“膳夫”，掌管简册告命的“作册”，掌管督促养马的“趣马”，掌管农事的“后稷”等。

诸侯国也仿照周王室的官制，设立相应的官职。有些诸侯可以兼任王室的官职，诸侯国的有些官吏也由周天子任命。

建立一支庞大的武装队伍，是西周王朝强化奴隶主阶级专政的又一重要措施。武王伐纣时，有戎车 300 乘，虎贲 3000 人，甲士 45000 人，这对于一个僻处西土的小邦周来说，其数量不在少数。武王灭商以后，纵马于华山之阳，放牛于桃林之墟，削减了一些武装部队，侧重点是考虑通过封邦建国、营建东都等政治措施以统治新征服地区。这时，周王室的军队，主要有驻守镐京的六师——宗周六师。但是，不久发生的武庚和东夷的叛乱，迫使周人两次东征。东征结束以后，周王室重新布署兵力，扩建新军，其驻屯于殷商故地朝歌者为殷八师，主要用以镇压殷顽，对付东夷。驻屯于新都成周洛邑者，为成周八师，主要是保卫成周，镇抚南土。由于原有的六师驻扎于镐京，便被称为“西六师”或“宗周六师”。新建的八师驻守东方，则被称为“东八师”。宗周六师是以周人为主干的一支王室警卫部队，成周八师和殷八师则是以收编的殷人为主所组成的野战军。周王室直接掌握的主力军，主要是这二十二师。据《周礼》，每师 2500 人，合计 55000 人。这就是西周初年周王室所直接控制的主力部队。

在以上主力部队中，西六师更加受到王室的倚重，平时警卫王都，战时多由周王自统亲征。所谓“周王于迈，六师及之”（《诗·大雅·棫朴》），是说周王出征的时候，由六师跟随而行。东八师则驻守于战略要地，用于镇慑殷商顽民，以及征讨东夷、南国。

军队的最高指挥权属于周天子，重要的军官也由周天子任命。但周天子也可以任命大臣或诸侯代表他去指挥军队。1956 年在陕西郿县出土了一组西周穆王时期的铜器，其中的《盠尊》铭文记载有个叫盠的奴隶主贵族，被穆王任命负责统一指挥宗周六师与成周八师的军队。《伯懋父敦》记载："东夷大反，王命伯懋父以西六师、殷八师征东夷。"这是周王命令卫国国君伯懋父统帅两支主力远征东夷。

"师"是西周军队编制的最高单位。《周礼・地官司徒・小司徒》记载："五人为伍，五伍为两，五两为卒，五卒为旅，五旅为师。"在师之下还有旅、卒、两、伍等单位。与此相应的军事官职，据《尚书・牧誓》说，有师氏、亚、旅、千夫长、百夫长。各诸侯国，也依其地位之高下而建立不同数量的军事编制。

西周军队的作战方式，仍以车战为主。《禹鼎》记载："戎车百乘，斯驭二百，徒千。"战车 100 辆便配有驭者 200 人、徒兵 1000 人，可知每辆战车有驭者 2 人、徒兵 10 人。这同文献记载周初兵制是一致的，《孟子・尽心下》说"武王之伐殷也，革车三百两，虎贲三千人"，也是一辆战车配备十人。这大概就是西周时期的车战制度。所谓"戎车"即是"革车"，是一种蒙着牛皮，有防护装甲的战车，其任务是冲锋陷阵，徒兵跟随两翼，歼灭溃乱之敌兵。到了西周后期，兵车的数量有了很大发展，《诗・小雅・采芑》说"方叔涖止，其车三千"，宣王命卿士方叔南征荆楚，即出动兵车三千辆，为武王伐纣时的十倍。

礼刑并用是西周奴隶制国家的特点之一。礼用以维护统治阶级内部秩序，刑用以镇压被压迫阶级的反抗，两手并用，相互配合。"礼不下庶人，刑不上大夫"（《礼记・曲礼》），充分暴露了西周奴隶主国家机器的阶级实质。

"周因于殷礼"，西周的礼是继承殷代，而加以损益并有所发展。据称周公旦"制礼作乐"，大概在制订西周的礼乐制度上，颇下了一番功夫。所谓礼，即奴隶主贵族衣食住行、婚丧嫁娶以及军旅、朝、聘、祭祀等方面的行为规范。礼汇集起来可以分成五类，吉礼是关于祭祀和敬事鬼神的礼仪；凶礼是关于丧亡殡护的礼仪；嘉礼是关于婚冠饮宴的礼仪；宾礼是关于朝聘盟会的礼仪；军礼是关于行军动众的礼仪。在行礼的仪式上，要依不同的礼而演奏不同的乐章，礼与乐密不可分，故称"制礼作乐"。西周奴隶主国家，充分地利用礼以维持"贵贱有等"的

“上下之纪”，用文的一手以巩固奴隶主的统治秩序。

在加强文的一手同时，另一手则以刑罚进行统治。“周有乱政，而作九刑”（《春秋左传正义》卷四三，昭公六年），西周的“九刑”是在夏代《禹刑》、商代《汤刑》的基础上发展和完备起来的。刑书规定“毁则为贼，掩贼为臧，窃贿为盗，盗器为奸”（《春秋左传正义》卷二〇，文公十八年），把侵犯奴隶主贵族私有财产的“盗”，和侵犯奴隶主贵族的人身和统治秩序的“贼”，作为其主要的镇压对象，从根本上维护奴隶制的所有制和统治秩序。

西周刑罚种类繁多，法网严密。据《尚书·吕刑》记载，主要有“五刑”：墨刑（即后来的黥刑）、劓刑、剕刑（即刖刑）、宫刑、大辟，共有三千条，其中墨刑、劓刑各一千条，剕刑五百条，宫刑三百条，大辟二百条。

严密的刑网，主要用以对付被压迫阶级。奴隶主贵族则不受法律的制裁，他们违犯了法律可以“不躬坐狱讼”（《周礼·秋官司寇·小司寇》），并有“赎刑”的规定，即墨刑罚一百锾，劓刑二百锾，剕刑五百锾，宫刑六百锾，大辟千锾。只要缴纳一定数量的罚金，就可以逍遥法外，为所欲为。奴隶制社会的法律是保护奴隶主阶级的利益，他们的意志就是法律。“昔先王议事以制，不为刑辟”（《春秋左传正义》卷四三，昭公六年），统治者“临事制刑，不豫设法”，并没有严格的刑法制度，遇事以统治者的意志而决定。所谓“九刑”，是西周后期制定的，这些刑法条文也不向人民公布，而是掌握在少数统治者手中，更便于他们上下其手，残暴地压迫人民。

第八章　西周的社会经济和文化

一　“溥天之下，莫非王土”——西周的井田制

井田制是中国奴隶社会基本的土地制度，是奴隶制国家赖以存在的经济基础。西周的分封制和宗法等级制，即是建立在井田制的基础之上的。井田制在西周时期得到了进一步的发展。

井田制实际上起源于原始社会末期的农村公社的土地制度，这种土地制度在进入阶级社会以后，其形式继续保存下来，但是，它的性质却已改变，变为奴隶制的土地所有制，经历夏、商、周三代，成为当时主导性的土地制度，直至春秋战国时期才退出历史舞台。

井田制在西周时期得到充分的发展，进入了它的鼎盛时期。这时期关于井田制的材料，比起商代来也要丰富一些。从传世文献资料和一些出土铜器的铭文，可知西周时期的井田制，主要具有如下内容和特征。

第一，土地的所有权，已经从原来的农村公社所有，变为奴隶主阶级所有。奴隶主阶级的最高政治代表——国王，成了土地的最高所有者。“溥天之下，莫非王土，率土之滨，莫非王臣”（《诗·小雅·北山》），就是这种土地所有制的生动写照。国王凭借政治上的统治权力，把土地层层分封给诸侯、卿大夫等各级贵族。“封略之内，何非君土，食土之毛，谁非君臣”（《春秋左传正义》卷四四，昭公七年），各级贵族又是封国和采邑土地、臣民的实际占有者和所有者。奴隶主阶级把代表它那个阶级进行统治的国家叫做“公”，因此这种土地被称为“公田”。那时土地还不属于个别奴隶主所私有，还没有出现土地买卖的现象，“古者，田里不鬻”（《礼记·王制》），说的就是这种情况。

第二，西周的井田制，还保留着定期平均分配份地的遗风。我们知

道，在农村公社阶段，“为了使自己的劳动机会均等，他们根据土壤的自然差别和经济差别把土地分成一定数量的地段”，对于这些地段，“虽然不再是一年分配一次，但是每隔三年六年九年或十二年，总要把全部开垦的土地（耕地和草地）合在一起，按照位置和土质，分成若干‘大块’”，然后“把土地分配给单个家庭并定期实行重新分配”（《马克思恩格斯全集》第十九卷，中央编译局，人民出版社 1963 年版，第 452、355 页）。这种定期重新分配份地的情况，在西周仍有某些遗迹。《周礼·地官司徒·遂人》说：当时人们按照土地的好坏，分为上地、中地、下地三等，再根据这不同等级的土地进行“颁田”。上地一夫受田百亩，外加“莱田”（草地）五十亩，宅地“一廛”。中地一夫受田百亩，“莱田”百亩，宅地“一廛”。下地一夫受田百亩，“莱田”二百亩，宅地“一廛”。这种分配办法的特点是在耕地、宅地数量相等的前提下，以“莱田”的多寡调剂土地好坏的差别。《周礼·地官司徒·大司徒》所记“制地”办法是：“不易之地，家百畮（亩）；一易之地，家二百畮；再易之地，家三百畮。”这种分配办法的特点，是以受田亩数的多寡调剂土质的好坏。其耕地有“不易”“一易”“再易”三等，不易之田是年年耕种不必休闲的土地，一易之田是耕种一年后须休耕一年的土地，再易之田是耕种一年须休耕二年的土地。我们试把《大司徒》所记“制地”办法与《遂人》所载“颁田”办法作一对照：

表 8.1　《周礼》所载“颁田”情况对照表

<table>
<tr><td>《大司徒》</td><td>不易之田</td><td>100 亩</td><td>一易之田</td><td>200 亩</td><td>再易之田</td><td>300 亩</td></tr>
<tr><td rowspan="2">《遂人》</td><td>上地 100 亩</td><td rowspan="2">150 亩</td><td>中地 100 亩</td><td rowspan="2">200 亩</td><td>下地 100 亩</td><td rowspan="2">300 亩</td></tr>
<tr><td>莱田　50 亩</td><td>莱田　100 亩</td><td>莱田　200 亩</td></tr>
</table>

从上表可见，这两个记载的份地数量与等级基本一致，《遂人》的“下地”相当于《大司徒》的“再易之田”，都是 300 亩；“中地”相当于“一易之田”，都是 200 亩；“上地”相当于“不易之田”，都是 100 亩，仅有 50 亩莱田的差异。

这种搭配好的份地，要定期重新分配。据《周礼》记载，当时的统治者“以岁时稽其人民而授之田野”（《周礼·地官司徒·遂人》）。所谓“岁时”，即定期之意，“稽其人民”即统计户口，按照户口多寡而授以不同份额的土地。其具体时间是“三年一换土易居”（《春秋公羊传注疏》卷一六，宣公十五年何休注），每三年调整一次，不仅耕地须进行调换，宅地也要一起进行调换。这样定期重新分配的用意，是使“肥饶不得独乐，墝埆（qiāo què，土地坚硬而瘠薄）不得独苦”（《春秋公羊传注疏》卷一六，宣公十五年何休注），贯穿着原始的均平的精神。

第三，关于井田的区划，虽然各地区各封国的情况不尽相同，但一夫受田100亩，却是当时通行的标准。西周的一尺，约合现在的23厘米，100亩约合今31.2亩。这个亩积是当时一个劳动力所能耕种的标准。一百亩地即为“一田”，这是井田制的基本单位。若干这种百亩的田块组成一井，有的书上说九个百亩为一井，有的说十个百亩为一井。大约一平方里土地为一井，十井为一通，十通为一成，成以上还有“终”“同”“封”“畿”等单位，均以十进制递增。井田和井田之间，有着纵横交错的“径”“畛”“涂”“道”“路”等田塍路径，以及“甽”“遂”“沟”“浍”等大大小小的灌溉沟渠。这种由许多豆腐干块组成的田地，形状很像汉字的“井”字，故称“井田”。

把土地划分为大小相等的方块或长条块，分配给农村公社的各个家庭去耕种的土地制度，在古代世界的许多民族中间都曾经存在过，并非中国古代独有的现象，马克思说：“你看见棋盘状的土地就不必怀疑这是已经消失的农村公社土地制度。”（《马克思恩格斯全集》第十九卷，第452页）我国古代的井田制度，实际上就是一种农村公社土地制度在奴隶社会中的残存形态。

第四，井田制是建立在农村公社——邑、里上面的。

《周礼·地官司徒·小司徒》：“九夫为井，四井为邑，四邑为丘。”一个邑包含4个井，即36户人。这个数字不一定那么划一，但我们至少可以想见，当时一个邑的大小为三十几户人家。邑是我国古代的一个基层单位。邑也称为里，《尔雅·释言》说：“里，邑也。”由于在邑、里中都有“社神”，所以有时邑、里也被称为“社”。古书上说：“周礼，二十五家为社。”可见“社”与“邑”“里”是规模差不多的基层单位。西周时期，奴隶主贵族封赐土地，都是以邑、里为计算单位。所以邑、里也就成为奴隶主贵族计算财产的单位。邑、里即古代的农村公社，到了夏、商、周，其形式依然存在，但其性质却发生了变化，成为一个有土有民的社会基层单位，也就是奴隶主贵族的剥削单位。奴隶主贵族就是通过驱使一个个邑、里中的成员——庶民，去耕种其上的井田以进行剥削。夏、商、周全部庞大的上层建筑，就是建立在对以邑、里为单位的井田土地的剥削之上的。

总之，所谓井田制，就是一种改变了性质的农村公社土地制度，它是我国夏、商、周时期基本的土地制度，也是其时奴隶社会的经济基础。

二　“周人百亩而彻”——井田上的剥削方式

奴隶主是如何经营井田，以榨取奴隶们的血汗，进行剥削的呢？

我们知道，井田是分为“公田”和“私田”的。①《诗·小雅·大田》有这样的诗句：

有渰萋萋，　　浓云翻腾，
兴雨祁祁，　　大雨连绵，
雨我公田，　　先降公田，
遂及我私。　　再降私田。

——《诗·小雅·大田》

所谓“公田”，就是周天子和各级奴隶主贵族所掌握的土地，奴隶主役使庶人在其上劳动，并将劳动产品全部收归已有。这种土地的面积很大，又叫“大田”或“甫田”。《诗经》里说：“大田多稼，既种既戒”（《诗·小雅·大田》），“倬彼甫田，岁取十千”（《诗·小雅·甫田》），都是这种“公田”。

“公田”的耕作，是强迫“庶民”无偿劳动而进行的。庶人是井田上的主要劳动者。古书上说“其庶人力于农穑”（《春秋左传正义》卷三〇，

① 关于西周井田制度性质的一个关键——公田与私田的问题，史学界有不同的认识。郭沫若先生认为井田都是公田，不存在份地（即“私田”），“公家所授的方田一律都是公田，在方田外所垦辟出的土地便是所谓私田。公田有一定的规格，私田自可以因任地形而自由摆布。”（郭沫若：《奴隶制时代》，科学出版社1956年版，第17—18页）把“私田”看作井田之外的“黑田”，而不论“公田”“私田”都是属于贵族的。范文澜先生承认井田有公田和私田，但认为它的性质是一种封建的土地制度（见范文澜《中国通史简编》第一册，人民出版社1955年版）。

襄公九年），可见他们是农业生产的主力。庶人也叫做“众人”。庶字的意思是“屋下众也”[（汉）许慎撰，（清）段玉裁注：《说文解字注》九下《广部》，上海古籍出版社 1981 年版，第 445 页]，可见庶也有众的意思。《诗经》有“命我众人，庤乃钱镈，奄观铚艾”（《诗·周颂·臣工》）的诗句，描写农官监督“众人”从事耕作，命令他们备带“钱”（臿）“镈”（锄）“铚艾”（镰刀）等农具。

西周的庶人①与商代的众人，其性质是一致的，所指的都是同一种人，只是商、周两代的称谓习惯有所不同而已。他们原来都是农村公社成员，进入阶级社会以后，他们连同土地一起，成了奴隶主贵族的财产，即农业奴隶。奴隶主贵族把他们当作财产一样进行赏赐，其人身受到严格的束缚。宜侯夨被封于宜时，周王授与他土地的同时，还赐给他“宜庶人六百又六［十］夫”（《宜侯夨簋》）。《大盂鼎》记载：“锡……人鬲自驭至于庶人六百又五十又九夫。”在这里“庶人”与作为家内奴隶的“驭”一起赏赐，他们同属于“人鬲”。人鬲是西周对于奴隶的称呼。“鬲”原是一种陶质炊器，因烟熏火燎而发黑。用“鬲”以称呼奴隶，大概取其黑的意思，因为奴隶们长年劳动，风吹日晒，自然面目黧黑。

庶人的劳动是在主人的监督之下进行的。他们平时住在“邑”中，邑的周围就是“野”。春耕来临的时候，奴隶主贵族就要派遣监工头目和爪牙去催促他们下地耕种，“毕出在野”（《汉书·食货志》），男女老少均被驱赶出去。当他们从邑里出去时，“里胥”和“邻长”大清早就坐在里门左右的小屋中，监视着他们鱼贯而出。直到冬天农事完毕，他们才能从野回到邑里。这时，庶人的妻女还要集中在一起，夜以继日地为奴隶主纺织，一个月要干四十五天的工作。

庶人在田野耕作的时候，有奴隶主派去的监工在监督他们。《诗经》里经常提到的“田畯”，就是这种监工头目。

奴隶主驱使庶人为其“公田”进行大规模的集体耕作，这种耕作方

---

① 西周庶人的身份，有人认为是农奴，因为他们有自己的劳动工具，有实际属于自己的土地，有自己的经济，他们从领主那里领得份地，在公田上无偿劳动，作为劳役地租而受到领主的封建剥削。（见范文澜《中国通史简编》第一册）

式叫做“耦耕”①。所谓耦耕，大概是两个人结成一组进行耕作。这种耕作方式是在生产力比较低下的情况下采用的。西周时期井田上进行“耦耕”的规模很大，《诗经》上形容说是“千耦其耘”（《诗·周颂·载芟》），“十千维耦”（《《诗·周颂·噫嘻》），这不必就是一千对人或一万对人在耦耕，但其人数和规模总是不小的。这种耕作方式，同商代甲骨文中讲的“劦田”是一回事情。

井田上的劳动产品是如何进行分配的呢？孟子有过一段名言：“周人百亩而彻。”（《孟子·滕文公上》）“彻”② 是什么意思呢？人们曾对它作过许多不同的解释，有人说“彻”是“通”的意思，即“贡”法与“助”法相通用。孟子说：“请野九一而助，国中什一使自赋。”意思是说，“助”法实行于“野”，“贡”法实行于“国”。“什一使自赋”即是一种“贡”法。国人按照十分之一的比例，缴纳一定数量的实物。周代有“国”和“野”的划分。国就是城邑，是奴隶主的统治据点，奴隶主贵族和为他们服务的工商业者以及一些平民，居住在国中和它的郊区，因此被称为“国人”。郊以外的广大地区属于“野”。住在野中的是广大庶民，即“甿”“氓”等“田民”，他们就是“野人”。国、野之分固然包含着居民身份的区别和阶级的对立，就是国人的内部也同样存在着等级区别和阶级的对立。西周时期对于广大庶人的剥削，主要还是“助”法。所以孟子说：“惟助为有公田，由此观之，虽周亦助也。”（《孟子·滕文公上》）什么是“助”呢？孟子说：“助者，藉也。”“藉”就是“借”，“借民力而耕公田”的意思。奴隶主阶级把这种无偿的劳役剥削加

---

① 关于耦耕的说法甚多，迄无定论。自东汉郑玄注《周礼·考工记》时提出“古者耜一金，两人并发之”之后，或将耦耕解释为二人共执一耜，并力发土［（汉）郑玄注，（唐）贾公彦疏：《周礼注羽》卷四二《冬官考工记·匠人》，郑玄注，贾公彦疏］；或解释为二人各执一耦，并力发土［（汉）毛亨传，（汉）郑玄笺，（唐）孔颖达疏：《毛诗正义》卷一四《小雅·大田》，孔疏］；又见清·程瑶田《沟洫疆浬小记·耦耕义述》。当代史学家对耦耕的解释不下七八种，但大体不出上述两说的范围。要之，耦耕为二人结成一组而共耕，这是在农具笨拙的古代通过协作以提高耕作效率的方法。它流行的时间大约自远古至春秋时期，战国以后随着铁农具和牛耕的推广而退出历史舞台。

② 关于“彻”法的解说，历来颇多歧异。战国时人毛亨注“彻田为粮”，认为“彻，治也。”（《诗·大雅·公刘》毛传）意即修治田亩以种粮食。东汉赵岐《孟子注》说：“彻，犹取，人彻取物也。”意即征取租税。东汉郑玄《论语注》说：“彻，通也。”对“通”的理解也不同，有人主张是“助”“彻”并用，有人主张是“贡”“助”并行，等等。

以美化，说成是“借民力”，企图掩盖其无偿占有庶人劳动成果的剥削实质。从传世古代文献和铜器铭文中可以看到，西周农业生产领域，广泛实行“藉”这种剥削方法。《国语・鲁语》说：“先王制土，藉田以力。”《礼记・王制》说：“古者公田，藉而不税。”《诗・大雅・韩奕》说：“实亩实藉。”都讲到“藉田”。周成王时期的《令鼎》说：“王大藉农于諆田”，是说成王亲自到諆田去督促庶人“藉”田。周宣王时期的《𢦏簋》记载：“令女（汝）作司土，官司藉田。”可知司土（徒）的职责之一是负责管理周天子的“藉田”。

庶人耕种“公田”所得的产品，全部被奴隶主剥削而去。《诗・小雅・甫田》写道：

禾易长亩，	禾苗蕃盛长亩中，
终善且有，	长得既多且美好，
曾孙不怒，	主子总算没发怒，
农夫克敏。	因见农夫努力种。
曾孙之稼，	主子的庄稼收割了，
如茨如梁，	堆得高高似房梁，
曾孙之庾，	主子的仓库堆满粮，
如坻如京。	又高又大象山岗。
乃求千斯仓，	于是造了千个仓，
乃求万斯箱！	于是用了万车装！

——《诗・小雅・甫田》

庶人辛勤劳动了一年，在大片大片的“甫田”和“大田”中收割了无数的粮食，但是这些收获物都流进了奴隶主的粮仓。

“公田”之外的“私田”，是分给庶人作为生活资料来源的份地。上面讲到“三年一换土易居”的分配办法，主要是对庶人的土地分配而言。私田的产品是归庶人所有的，这是为了维持庶人的生命以及人口的再生产所必须的生活资料。这种名义上的“私田”，实际上并不是庶人私有的，而是属于奴隶主国家所有的。庶人仅有一定的使用权而已。“庶人”既然还有一块可以由自己耕种的土地，怎么能说他们的身份是奴隶呢？

我们知道，在奴隶社会中，奴隶主对待奴隶并非全部采取关在“集中营”中并把他们的衣食包下来的办法。除此之外，奴隶主也可以采取发给奴隶一块份地，以维持其生命，再让奴隶无偿劳动以榨取其血汗。在这种剥削方式下，奴隶主的“公田”与奴隶的“私田”，在时间和空间上都是分开的。我国西南凉山地区的彝族，1949 年前还处于奴隶社会阶段，那里的奴隶就有两种，一种被称为“呷西”的奴隶，就是被完全剥夺了一切生产资料，住在主子的庄园里面，他们从主子那里得到一点残羹剩饭，以勉强维持生命，白天劳动一天之后，晚上还要被锁起来，以防止他们逃跑，他们所受的剥削压迫最残酷，身份也是最低下的。还有一种身份稍高的奴隶叫“阿加”，彝语的意思是离主子不远、可以随叫随到的，汉语译为“安家娃子”。他们从奴隶主那里领得少量的“耕食地”，个别也可以自己开垦少量的土地，他们还有自己简陋的住房和生产工具。他们的大部分时间是在主子的田地里劳动，只能在为主子的劳动之余挤出一点时间为自己的“耕食地”耕种，用那上面的产品以维持自己和全家最低限度的生活。西周时期的庶人，与彝族奴隶社会中的“阿加”有许多共同之处。

庶人除了被强迫为“公田”进行无偿劳动之外，还要忍受奴隶主种种繁重的劳役和贡纳的剥削。他们要为奴隶主去狩猎，“取彼狐狸，为公子裘”（《诗·豳风·七月》），猎获狐狸皮给主子添置皮衣。“言私其豵，献豜于公”（《诗·豳风·七月》），猎获的大野猪献给主子，自己只能留下小野猪。每当收割完毕，庶人便要“上入执宫功”（《诗·豳风·七月》），为奴隶主和官府建造宫室，修葺屋宇。冬天，他们要为奴隶主凿冰、藏冰，以备来年消夏之用。庶人的妻子还要为奴隶主采桑、纺织，把五颜六色的织物“为公子裳”（《诗·豳风·七月》）。庶人被榨干了血汗，过着忍饥挨冻的生活，“无衣无褐，何以卒岁”（《诗·豳风·七月》）。他们住在不能遮蔽风雨的土室之中，采集野菜充饥，砍伐劣质木材以作柴薪。

三　“天有十日，人有十等”——西周奴隶制的发展

奴隶制度发展到西周时期达到了它的全盛时期，同商代相比已经有了明显的提高和发展。

西周奴隶制度发展的表现之一，是奴隶制的等级制的进一步发展。

西周社会的阶级结构，同商代一样仍然是奴隶和奴隶主两大对立的阶级。但是，这种阶级的划分同等级的划分交织在一起，形成了十分复杂的等级关系，不仅奴隶主阶级内部有不同的等级，奴隶阶级也分为许多不同的等级。上面我们已经讲过，宗法制度促进并加强了西周的等级制度，所谓“天子建国，诸侯立家，卿置侧室，大夫有贰宗，士有隶子弟，庶人工商各有分亲，皆有等衰。”（《春秋左传正义》卷五，桓公二年）从周天子以至庶人工商，无不在宗法制的影响与制约下，形成层层的等级阶梯。其“等衰”之繁复，竟至“天有十日，人有十等”的地步，所谓“王臣公，公臣大夫，大夫臣士，士臣皂，皂臣舆，舆臣隶，隶臣僚，僚臣仆，仆臣台。马有圉，牛有牧，以待百事。”（《春秋左传正义》卷四四，昭公七年）在这些令人眼花缭乱的等级阶梯中，显然包含了经济、政治地位不同的阶级。《国语·晋语》说：“公食贡，大夫食邑，士食田，庶人食力，工商食官，皂隶食职。”据此可知，士以上为“食田”“食邑”“食贡”的剥削阶级，也就是所谓“君子”。庶人以下是“食力”“食官”“食职”的劳动者，也就是所谓“野人”。以剥削阶级而言，天子、诸侯为高级贵族，卿、大夫为中级贵族，士为下级贵族。以被剥削阶级而言，庶人工商是从事农业和手工业的生产奴隶，皂隶臣妾等则是更为低贱的家内奴隶。

西周奴隶制的发展，还表现在奴隶的种类、数量的增加上。从奴隶的来源看，除了原有公社成员地位下降为奴隶的“庶人”之外，还有许多战俘奴隶和罪犯奴隶等。

战争给西周奴隶主带来了大量的奴隶。据说周武王灭了99国，降服652个方国，俘虏了31万多人。周初大分封时赐给诸侯的“殷民六族”“殷民七族”“怀姓九宗”，大概都是战争中的俘虏或降服。铜器铭文和文献中常常见到在战争中“执讯”“获丑”的记载，“讯”“丑”都是战俘，其数量是相当惊人的，《小盂鼎》记载康王命盂征伐鬼方，一次战争便抓获首领3人，斩首4800多人，俘虏13081人，还缴获车马牛羊甚多。

西周奴隶制的法律规定，庶人犯了罪要罚作罪犯奴隶，所谓“男子入于罪隶，女子入于舂槀”（《周礼·秋官司寇》）。男子从事苦役，女子从事家内劳役。

这些不同种类和名目繁多的奴隶，有的是单身奴隶，如称为“鬲”

“人鬲”“驭”“台”的奴隶，他们的数量往往以“夫”或“人”为单位计算；有的是有家室的，如“臣”在大多数情况下是以“家”为单位计算。周王常将他们成十成百地甚至成千以上赏赐给贵族。如成王时期的《夨令簋》记载奴隶主令得到了“臣十家、鬲百人”的赏赐。《令鼎》记载奴隶主令得到了“臣三十家”的赏赐，《麦尊》记载周王曾以“臣二百家”赏赐给贵族。在这里，臣是以家计算的，鬲是以人计算的。康王时的《大盂鼎》记载奴隶主盂得到了“人鬲自驭至于庶人六百又五十又九夫”和“人鬲千又五十夫”的赏赐。在这里则庶人、人鬲、驭都是以“夫”计算的。《叔徝簋》记载周王赏赐贵族叔徝“臣台十人”，则臣、台都以“人”计算。

奴隶买卖的出现，也是西周奴隶制得到进一步发展的标志。西周已经出现了奴隶市场，奴隶同牛马、兵器、珍宝一起在市场上出售。市场上还设置官吏——“质人”负责买卖双方的契约交换。《曶（hū）鼎》记载奴隶主曶曾向另一奴隶主限买来名叫陪、恒、耦、仓、眚的5名奴隶，其代价为“匹马束丝”，双方并订立了契约。后来由于限违背契约，双方又派人商定“用百寽（重量单位）”的铜交换这5名奴隶。后来限再一次爽约，曶便向治狱官井叔告发了限，井叔命令限如约交付5名奴隶，并向曶赔礼。曶便以这5名奴隶耕种田地。这个材料告诉我们，西周买卖奴隶，既可以用实物，也可以用货币（寽）进行。奴隶主之间因为买卖奴隶而发生纠纷时，奴隶主的“法律”则用来保护奴隶主的“合法权益”。马克思曾经说过：“奴隶主买一个劳动者就像买一匹马一样。他失去奴隶，就是失去一笔资本，必须再花一笔钱到奴隶市场才能得到弥补。……但在实行奴隶贸易以后，同样的经济上的考虑却成了把奴隶折磨致死的原因……管理奴隶的格言是：最有效的经济就是在最短的时间内从当牛马的人身上榨出最多的劳动。”（马克思：《资本论》卷一，第307—308页）

人殉人祭现象的显著减少，是西周奴隶制比商代发展的又一突出表现。

西周时期，殉人的现象还继续存在。考古工作者在陕西的宝鸡、户县，西安的客省庄、张家坡、普渡村，河南的洛阳和浚县的辛村，北京市房山县等地，都发现了西周时期的殉人墓葬。从这些墓葬中可以看到西周时期人殉制度的变化情况。

首先，人殉制度盛行于西周前期，而衰落于西周后期。以西安张家坡、客省庄、普渡村发现的11座殉人墓葬为例，其中6座属于西周早期，1座属于西周中期，其余4座尚不清楚时间，但大体也属于早期或中期。而属于西周晚期的墓葬中，则一座殉人墓也没有发现。北京房山县琉璃河的西周墓葬的情况也是如此，在已经发现的6座殉人墓葬中，有4座属于西周早期，1座属于西周中期，还有1座时间尚未确定，但也大体属于西周早、中时期。这种情况表明，西周初期仍然承袭商代人殉制度的遗风，但是，由于奴隶的反抗斗争和奴隶制度的由盛而衰，到了西周后期人殉制度便逐渐衰落下去。

其次，西周时期人殉的数量比商代已经大大减少。我们知道，商代的殉人数量曾达到骇人听闻的地步，真是“众者数百，寡者数十”。但是，在西周时期却没有发现一座像商代那样大规模的人殉墓葬。西安附近的11座人殉墓和人殉车马坑，一共只有16个殉人，房山县的6座殉人墓中，一共只有8个殉人。每座墓的殉人一般为1、2人，张家坡发现的有4个殉人的墓葬，是到目前为止最大的西周殉人墓葬。很显然，西周殉人的数量较之于商代已不可同日而语，虽然这与尚未发现西周王陵不无关系，但这时人殉数量已显著减少则已毋庸置疑。这种现象表明，随着社会生产和奴隶制的发展，奴隶的使用价值已有所提高，已不像商代那样遭到滥杀滥殉，绝大多数被使用于生产领域，这正是奴隶制向更高阶段发展的一个表现。

从上述的几个方面，我们可以看到，奴隶制发展到了西周时期，已经达到它的顶峰，但是，极盛而衰是事物发展的客观规律，到达顶峰正是走向下坡的开始，所以到了西周后期，奴隶制便呈现出种种衰亡瓦解的迹象了。

四　“倬彼甫田，岁取十千”——西周农业的发展

倬彼甫田，	大田广阔无边，
岁取十千，	每年收获万万千，
我取其陈，	只要拿些陈年谷，
食我农人，	就够农夫作口粮，

自古有年。	历来都是大丰年。
今适南亩，	我到南亩去察看，
或耘或耔，	有的锄草有的壅根，
黍稷薿薿。	黍稷茂盛喜心间。

——《诗·小雅·甫田》

从这首西周奴隶主祈求丰年的祭祀诗中，我们可以看到，由于奴隶们的辛勤劳动，西周的农业有了很大的发展，奴隶主从广阔的“甫田”中，每年可以剥削到成千上万的收获物，展现出一派社会经济繁荣的景象。

西周农业生产的发展，首先表现在生产工具的改进上。西周的农具，虽然同商代一样仍以木、石、骨、蚌器为主，但是，这一时期出土的青铜农具比商代有所增加。江苏仪征破山口的西周墓中，曾出土两口锋利的青铜镰。湖北蕲春毛家嘴的西周遗址中，发现了一件凹字形的青铜臿和用以伐木垦荒的青铜斨。洛阳下瑶村发现了用以掘土的青铜镈。此外，在山西洪赵、河南浚县辛村都发现了若干青铜斧、锛。这种情况表明，农业生产中青铜工具的使用已较前普遍了。

西周时期可能已经有了铁制农具。有人认为《班簋》铭文中的“𢦚人”一语，可能即指冶铁工人，推断西周初年已有铁矿的冶炼和铁器的使用。《诗经》描写西周农业生产的诗句中，经常出现金属农具。“庤乃钱镈，奄观铚艾”（《诗·周颂·臣工》），这里的“钱”“镈”“铚”都是以“金”为偏旁的金属农具。

西周时期的农具使用方便，非常锋利，《诗经》有很多诗句形容了这种情况。“畟畟良耜，俶载南亩”（《诗·周颂·良耜》），“畟畟”形容良耜的锋快。“以我覃耜，俶载南亩”（《诗·小雅·大田》），“覃耜”即锋利的耜。“有略其耜，俶载南亩”（《诗·周颂·载芟》），“其镈斯赵，以薅荼蓼”（《诗·周颂·良耜》），“略”和“赵”都是锋利的意思。这些锋利的农具，也应当有不少是金属工具。

农夫们使用这些得心应手的工具，进行着大规模的垦殖、耕耘和收获。

载芟载柞，	斩除草木，

其耕泽泽，	耕种起来真迅速
千耦其耘，	成千对人在耘田，
徂隰徂畛。	来往田畔和平土。
	——《诗·周颂·载芟》
获之挃（dié）挃，	收割起来唰唰地响，
积之栗栗。	庄稼堆得像山一样。
	——《诗·周颂·良耜》

耕作技术的改进，是西周农业发展的原因及其表现之一。由原来的抛荒制发展到休耕制——三圃制，是这个时期农耕技术的突出成就。《诗·小雅·采芑》说；“薄言采芑，于彼新田，于此菑亩。”《诗·周颂·臣工》说：“亦又何求，如何新畬（yū）。”诗中提到的“菑”“新”“畬”就是一种三圃制。

“菑”是休耕的土地，“新”是休耕以后新耕的田，“畬”是休耕后连续耕种了二年的田。这三种田轮流休闲，周而复始，这就摆脱了过去成片地抛荒的现象。菑、新、畬三田制的出现，反映了西周农业所达到的高度水平。

田间管理也有了很大进步。“或耘或耔，黍稷薿薿”（《诗·小雅·甫田》），“耘”是除草，“耔”是把土壅于禾苗的根部，以耐风旱。“其镈斯赵，以薅荼蓼。荼蓼朽止，黍稷茂止。”（《诗·周颂·良耜》）用快利的锄头除掉杂草，并将这些杂草沤烂，以作绿肥，使黍稷更加茂盛，说明西周农业已知施用绿肥。“彪池北流，浸彼稻田”（《诗·小雅·白华》），这是人工引水灌溉稻田。关于防治病虫害，《诗·小雅·大田》有一段生动的描绘：

既方（fánɡ）既皂[①]，	禾苗慢慢长了粟皮和谷壳，
既坚既好，	颗粒坚实又饱满，
不稂（lánɡ）不莠，	没有了害田的野草
去其螟螣（tè），	吃苗的害虫都除尽，

① 方：谷皮。皂：谷壳。

及其蟊贼，　　　　连同那吃苗根的坏蛋，
无害我田穉（zhì）①。　　　　不让它们害了田中的幼苗。
田祖有神，　　　　田祖啊，请你大发神威，
秉畀炎火！　　　　田祖啊，请你大发神威，烧个干净！

——《诗·小雅·大田》

这是采用火烧的方法，去杀除螟、蝗之类的害虫。

精心的田间管理，使庄稼长得格外茂盛，农田中一派生机蓬勃的情景，保证了农业的丰收：

播厥百谷，　　　　百谷播下地，
实函②斯活，　　　　种子生了芽，
驿驿其达③，　　　　纷纷破土出，
有厌其桀④。　　　　先出的禾苗真美好，
厌厌⑤其苗，　　　　苗儿长得刷刷齐，
绵绵其麃（biāo）⑥，　　　　细细密密把苗间。
载获济济⑦，　　　　收获累累好庄稼，
有实⑧其积，　　　　禾秉堆得满又高，
万亿及秭（zǐ）⑨　　　　多达万亿及亿亿。

——《诗·周颂·载芟》

但是，农业的发展只是给奴隶主带来好处，丰收的粮食自然都流进了奴隶主贵族的仓库里。

---

① 穉，幼苗。
② 实：种子。函：蕴含。
③ 驿驿：连续貌。达：种子出土。
④ 厌：美好。桀：指先出之苗。
⑤ 厌厌：苗齐貌。
⑥ 麃：别苗。
⑦ 济济：众多。
⑧ 实：满。
⑨ 秭：亿亿。

其崇如墉，　　　　　　庄稼堆得像城墙一般高，
其比如栉，　　　　　　一排一排似梳子，
以开百室，　　　　　　打开百间房屋来贮藏，
百室盈止。　　　　　　百间房屋全装满。

——《诗·周颂·良耜》

奴隶主贵族把这些榨取来的奴隶的血汗，用以酿制酒醴，祭祀祖先，庆祝丰年，并满足他们奢侈的享受。

丰年多黍多稌，　　　　　　丰收之年，多黍多稻，
亦有高廪，　　　　　　　　又有高大的谷仓来储存，
万亿及秭。　　　　　　　　多至万亿及亿亿。
为酒为醴，　　　　　　　　用这些粮食酿甜酒，
烝畀[①]祖妣，　　　　　　祭献于我们的祖先，
以洽百礼，　　　　　　　　使各种礼仪融洽和谐，
降福孔皆[②]。　　　　　　祈求上天普降福祐。

——《诗·周颂·丰年》

这些诗章，都是贵族们祈年、祭祀的颂歌，自然不免夸大其辞，但西周农业生产量的提高还是事实。不过，西周农业的发展，并没有给广大人民带来福祐，就在这丰收年景，与奴隶主的挥霍享受形成鲜明对照的，是奴隶们的忍饥挨饿。“我取其陈，食我农人”（《诗·小雅·甫田》），他们顶多从奴隶主那里得到一些陈年积谷，自然填不饱肚皮，于是不得不去采集野菜充饥，“采荼薪樗，食我农夫”（《诗·豳风·七月》），过着凄惨的生活。

五　“工商食官”——西周的手工业和商业

同商代一样，西周的手工业也垄断在奴隶主国家手中，号称“工商食官”（《国语·晋语》）。从周天子到封国诸侯，乃至一些奴隶主大家族

① 烝：献。畀：给。
② 孔：极。皆：普遍。

都拥有自己的手工业作坊，比较重要的手工业部门都被他们所控制。

西周的统治者对于手工业十分重视。康叔封受封时，周公向他发布了严厉的戒酒禁令，如有“群饮”者即格杀勿论。但是，周公特别规定“诸臣惟工，乃湎于酒，勿庸杀之”（《尚书·酒诰》），掌管手工业生产的百工，如沉缅于酒，也不要杀掉他们而应当教育他们。这种格外的宽大，反映了周初统治者对于手工业生产的重视。

西周建国后，掌握了大批的手工业工匠，其中有许多是从商王朝那里接管过来的。许多诸侯受封时，曾经得到过这类手工业工匠。当时的手工业工人都是公家的奴隶，设置众多官吏——“百工”去监督他们从事生产。“司空”（铭文作“司工”）是管理手工业的最高官职，下面设有“工正”负责掌理百工和官营手工业生产。各个手工业部门还设专官管理，如“陶正”负责管理治陶之事，“车正”负责车辆制造，等等。手工业工人在官府的严格管束之下，被束缚于特定的行业之中，不许自由迁徙，所谓“工商皂隶，不知迁业。”（《春秋左传正义》卷三〇，襄公九年）他们的身份比农业奴隶——庶人还要低下。手工业工人是西周生产奴隶的一支重要方面军，通过他们的辛勤劳动和聪明智慧，创造了西周辉煌的手工业成就。

青铜冶铸业仍然是西周手工业中的最重要部门，在继承商代成就的基础上，又有了长足的发展。

西周青铜铸造业的分布地区，已大大超过了商代。商代的青铜业集中于黄河中下游腹地，到西周时期，除了周王朝统治中心的丰镐、成周地区之外，各大小封国乃至一些边远的少数民族地区，都拥有自己的青铜铸造作坊，以至于形成了各地区不同风格的青铜制品。如北方地区的夏家店上层文化，西部甘肃、青海地区的沙井文化、卡约文化等就是地区性的青铜文化。

西周青铜器的数量，比商代也有了明显的增加。虽然到目前为止，还没有发现像商代司母戊鼎那样的巨型铜器，最重的大盂鼎也不过153.5千克，但是，青铜器的总量却大大超过了商代。在西周的遗址中，经常有数量惊人的窖藏或殉葬铜器群出土。周原地区（今陕西扶风、岐山两县）原是周人的发祥地，因此这里的青铜器群特别密集。仅从1890年（光绪十六年）到1960年，这里就发现窖藏铜器群7起，一窖几十件至百余件。如光绪十六年在岐山县任村一次出土《大克鼎》等 120 余件窖藏铜器。1942 年在扶风县一次出土《鬲鼎》等 100 余件窖藏青铜器。1949 年后，这里还陆续有窖藏发现，1976 年扶风县法门公社白家村南发现微史家族的窖藏青铜容器 103 件，是 1949 年后发现数量和器形最多的一次。

此外，在今河南三门峡市的虢国墓地，也曾出土青铜器皿 181 件之多，其他如青铜工具、武器、车马器等，更多达 5000 余件，这种情况表明诸侯也具有雄厚的青铜生产能力。

铜器数量的增多，反映了生产规模和生产能力的扩大。洛阳北郊发现的西周铸铜遗址，面积为 12 万平方米，出土陶范上万块，还有大量炉壁残块和大块的炼渣。其规模比商代后期安阳苗圃的铸铜遗址大十余倍。这里可能是西周的一个青铜铸造中心。

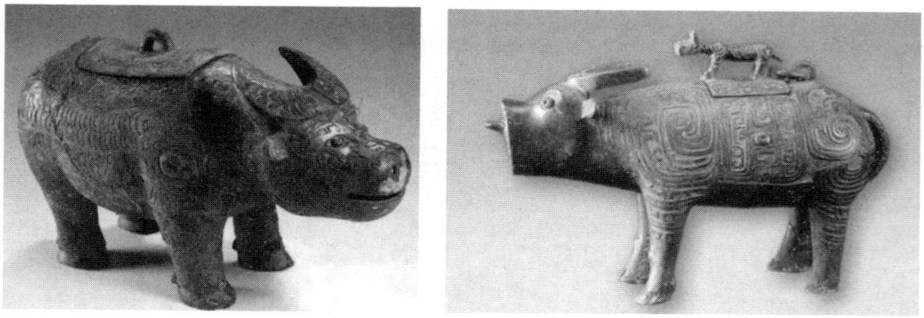

图 8.1　西周中期的青铜牛尊（陕西岐山县贺家村出土）

西周的青铜铸造技术比商代也有所发展，其突出成就之一是用一模翻制数范。在商代，一个模型只能翻一次范，所以那时的青铜器没有发现一件是完全相同的。西周兴起的这项新工艺，大大提高了青铜器的生产效率。这时人们已经掌握了焊接技术，有的附件是在器身铸成以后焊接上去的。

随着铸造工艺的改进，到西周后期青铜器的器壁从原来的厚重变为轻薄，纹饰从繁缛而趋向简朴，显得更加精巧而实用。由于内范的制作已有较大的改进，器壁上刻铸的铭文愈益普遍，字数也愈加增长。扶风白家村出土的 103 件铜器中，有 70 多件有铭文，其中一件《墙盘》有 280 余字。像《墙盘》这样的长篇铭文，在西周可以说是司空见惯了，如西周晚期的《毛公鼎》有铭文32行，497字，已与《尚书·周书》中的一般篇幅差不多长。

图8.2　《墙盘》(又名《史墙盘》)

西周铜器的品种也有了某些变化。商代流行的酒器，如觚、爵、斝等逐渐减少，而炊食器和生活用具却有所增加，并出现了一些新的品种，食器如簠（fǔ）、盨（xǔ）、盆，水器如匜（yí），乐器如编钟，武器如剑、戟等，都是这个时期的新品种。此外还出现了外出用的行器，嫁女儿的媵器等。这种变化当与周代统治者的禁酒措施有一定关系，也是周礼对于殷礼的一种“损益”。

西周的陶瓷业在商代的基础上也有了某些发展。陶器仍然是生活中用途最广的器皿，制陶业是一项重要的手工业部门。沣西的居住遗址中出土了大量陶器，早期以红色粗泥绳纹陶为主，器形有鬲、甗、簋、豆、鼎、碗、盆、尊、缸和瓮等，晚期以泥质素面陶为主，器类以鬲、甑、豆、盂、罐、瓮等较为常见。在这里发现有7座陶窑，以及陶杵等制陶工具。制陶技术已从轮模合制进而以轮制为主。

西周陶瓷业的进步，特别表现于原始瓷器的烧制方面。原始瓷器的分布范围比商代有所扩展，在陕西的西安，河南的浚县、洛阳，甘肃的灵台，江苏的丹徒、吴县，安徽的屯溪，以及山东、北京等黄河中下游和长江中游广大地区的西周遗址中，均有发现。与商代相比，器形逐渐丰富起来，胎质更为细腻，施釉技术也有了显著提高，釉层增厚而均匀。由于瓷器表面普遍施有青色、黄绿色釉，所以人们又叫它“原始青瓷”。

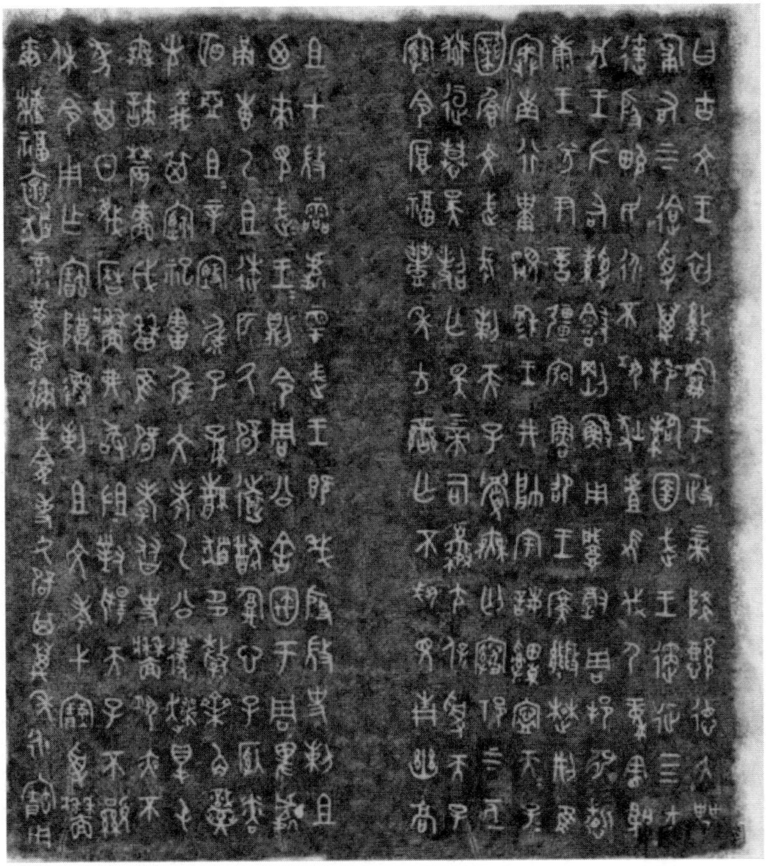

图 8.3　墙盘铭文

经有关部门进行科学检验，证明这种原始青瓷的烧成温度已达 1200℃，胎质结构紧密，吸水性差，矿物组成已接近瓷器，达到了我国古代陶瓷工艺的较高水平。

纺织业也是西周重要的手工业部门之一。

《诗经》里保存了不少关于蚕桑、纺织的诗篇，如《诗·豳风·七月》写道：

春日载[1]阳，　　　　春天里暖洋洋，

① 载：开始。

有鸣仓庚①，	黄莺儿叫起来，
女执懿②筐，	姑娘们拿着深筐，
遵彼微行，	沿着小路走的忙，
爰求柔桑。	去采摘柔嫩的桑。
春日迟迟，	春天日子渐渐长，
采蘩③祁祁，	采蘩的人多又多，
女心伤悲，	采桑女子好悲伤，
殆及公子同归。	担心公子把我抢。
……	
蚕月条④桑，	三月里修桑枝，
取彼斧斨，	拿来那斧和斨，
以伐远扬，	砍伐伸出的枝梢，
猗彼女桑⑤。	牵引那幼嫩的桑。
七月鸣鵙（juē）⑥，	七月里伯劳叫嚷嚷，
八月载绩，	八月里纺织忙，
载玄载黄，	颜色有黑又有黄，
我朱孔阳⑦，	我染的红色最鲜艳，
为公子裳。	要为公子做衣裳。

——《诗·豳风·七月》

这是一幅栩栩如生的织女图。诗中描绘了农夫的妻女们从采桑、养蚕、纺织、染色，直至加工成衣裳的全过程。她们不仅要辛勤地劳动，还要忍受奴隶主的凌辱和剥削，那五颜六色的丝绸绢帛，最后都归奴隶主享用，反映了纺织业生产关系的真情实景。

---

① 仓庚：黄莺。
② 懿：深。
③ 蘩：白蒿，用以生蚕。
④ 条：条：修剪。
⑤ 猗：牵引。女桑：柔桑。
⑥ 鵙：伯劳。
⑦ 孔：甚。阳：鲜。

在黄河、渭水流域的农业发达地区，家蚕的饲养也很普遍。陕西宝鸡茹家庄的西周中期墓葬中，发现了一批玉蚕，数量很多，大小不一，造型生动逼真。河南浚县辛村的西周墓葬中，也曾发现有玉蚕。

纺织业的另一重要原料是麻、葛。“艺麻如之何？衡从其亩”（《诗·齐风·南山》），是说种麻之前要把田地整治得纵横平正，井然有序。“东门之池，可以沤麻”“东门之池，可以沤纻”（《诗·陈风·东门之池》）。表明劳动人民已经掌握了池水沤麻的微生物脱胶法，麻皮经过沤泡之后，便于将纤维分离出来。诗中所述大麻和纻麻，至今都还是优质的纺织原料。

在西周的贵族墓葬中，经常有纺织品遗物出土。宝鸡茹家庄的 3 座西周中期墓，在铜器和淤泥上都贴附着丝织品，还发现一处刺绣的印痕。河南浚县辛村的西周墓中，也发现有在铜尊口上的丝织细绢纹痕，椁顶上还发现了几片麻布。从这些织物看，不仅有平纹织品，而且有斜纹提花织物。刺绣已采用辫子股绣的针法，这是直到今天还在使用的一种绣法。刺绣物上面的朱红和石黄两种鲜艳的颜色，大概是刺绣以后平涂上去的。纺织物的染色技术也有了很大提高，《周礼·天官》记载：“染人掌染丝帛。”（《周礼注疏》卷八《天官冢宰·染人》）染料用矿石和植物，染绛用茜，染青用蓝。“角枕粲兮，锦衾烂兮。”（《诗·唐风·葛生》）鲜艳的枕头，灿烂的锦被，正是当时纺织物丰富多彩的生动写照。

建筑业在西周时期取得了重大成就，其发展水平和技术超过了商代。1976 年在岐山之阳的周原上，考古发现了两处大型宫室建筑群遗址，一处在岐山县京当公社凤雏村，一处在扶风县法门公社召陈村，两处相距只有数里，它们分别代表了西周早期和晚期的建筑技术水平。

凤雏一号基址是西周早期的宫殿（宗庙）遗存。全部建筑座落在整片夯土台基之上，由 3 个庭院及其四周的房屋组成封闭式的建筑群。以殿堂为中心，合理地安排了庭、堂、厢、阶、室、塾、门等单体建筑，采取南北中轴的对称布局，结构严谨，井然有序，很像一个大的四合院。夏、商的宫廷建筑，中轴的布局还不太严整，凤雏遗址是目前所知最早的一个严格对称布局的高级建筑群。墙壁用夯土版筑而成，墙体内设木柱以加固版筑并承受屋顶荷载。墙面和地面用砂、黄土、石灰混合的灰浆涂抹，使表面光洁、平整、坚硬。

《诗·大雅·绵》记述了古公亶父率领周人迁居周原后，在这里兴建宫室宗庙的热烈场面，对于版筑墙壁的施工情况，更有真实细致的描写：

其绳则直，	先用绳墨校正曲直，
缩版以载[①]，	栽上木桩绑上夹板，
作庙翼翼。	建起宗庙庄严平正。
捄（jù）之陾陾（réng）[②]，	装起土来响彭彭，
度（duó）之薨薨（hōng）[③]，	往夹板里装土响轰轰，
筑之登登，	捣起土来响登登，
削屡冯冯[④]，	削平墙土响砰砰，
百堵皆兴，	百堵之墙同时兴起，
鼛（gāo）[⑤] 鼓弗胜。	万众欢呼，胜过擂大鼓。
廼立皋门，	修起王宫的外郭门，
皋门有伉，	郭门高又大，
廼立应门，	修起王宫的正门，
应门将将，	建正门庄严又整肃，
廼立冢土，	起高大的社坛，
戎丑攸行！	那是日后兵众出行的地方！

——《诗·大雅·绵》

诗中对于当时的版筑技术，几乎作了如实的记录：先在墙基放线以定直度，据以架立柱子和夹板，然后装土填进夹板，用夯杵层层捣实，拆去夹板以后，再整修墙面的突棱和空洞。其夯筑技术已很先进。凤雏遗址的发现，完全证实了这些诗篇描写的真实性。

特别值得注意的是，这时屋面已经使用了瓦。凤雏遗址出土的屋瓦系用泥条盘筑工艺制成，分为仰瓦与覆瓦，瓦上附有环耳或钉柱，用以

① 缩：束。载：装土。
② 捄：盛土于器。陾陾：装土声。
③ 度：往夹板里倒土。薨薨：倒土声。
④ 屡：隆起。冯冯：削土声。
⑤ 鼛：大鼓。

穿索结瓦，表现了屋瓦的原始性。在我国建筑史上，这是最早的用瓦盖顶的实例，不过，这时还只在屋脊和天沟等处用瓦，整个屋顶还是用茅草覆盖。

召陈村的建筑群基址属于西周中、晚期。这时屋顶已经全部施瓦。这里出土的瓦不仅数最多，而且种类多。瓦有板瓦、筒瓦，每种都分大中小三种型号，此外还发现了三种“半瓦当”。瓦的发明和使用，是我国建筑史上的巨大进步。在西周以前，夏、商奴隶主的宫室宗庙建筑都还是“茅茨土阶”。从西周早期开始发明用瓦，到西周晚期已发展到屋顶全部施瓦，表明西周是我国用瓦开始并趋于成熟的重要阶段，开创了我国建筑史上的新篇章。随着瓦顶的出现，屋顶的重量加大，也影响了房屋构筑的相应改进。从召陈遗址看，它的梁、柱等构件已比从前粗壮，大型磉①墩的出现，就是适应梁、柱构架整体性提高的需要。

此外，西周的制骨、琢玉、车辆和漆器等手工业部门比商代也有所发展，表现了西周手工工匠高度的工艺水平。

随着农业、手工业的发展，西周的商业交换和货币关系也有了新的发展，成为当时社会经济中不可缺少的部门。

同手工业的情况一样，商业也垄断在奴隶主国家和各级贵族手中，商人同手工工匠一样，也隶属于奴隶主贵族，故称“工商食官”。在当时的通都大邑中，设有固定的交易地点——市。在市上出售牛马、兵器、珍宝和奴隶等，国家设置专职官吏——“质人”负责监督交易的进行，买卖双方需要订立契约，由“质人”负责主持和颁发。

民间的交换也有了一定程度的发展。“氓之蚩蚩，抱布贸丝”（《诗·卫风·氓》），抱着布匹来换丝，这显然是一种以物易物的交换。这种交换，不过是当时自给自足的自然经济的一种补充。

商品交换的发展，使货币的职能得到进一步的发展。贝仍然是当时主要的货币形态，除了天然贝以外，还发现有许多玉贝、石贝、骨贝、陶贝。例如在沣西张家坡的一座西周墓中，发现了 11 枚玉、石磨制的贝。河南浚县辛村的卫墓中发现了骨贝。三门峡市的虢国墓中，竟发现石贝 794 枚、陶贝 216 枚之多。这种情况表明，由于商品交换的发展，人

① 磉（sǎng），安于柱子下面的基石。

们对货币的需求已日益增长。

贝的价值尺度职能，在西周时期已有十分明显的表现。西周早期的《遽伯还簋》铭文，记载奴隶主遽伯用14朋的贝，铸造了这个青铜簋，说明遽伯的铜是用贝交换而来的。西周后期的《卫盉》铭文，记载矩伯庶人从裘卫那里得到2件赤色的虎形玉器，2件鹿皮披肩，1件蔽膝，共计价值20朋的贝。

青铜在这时也已作为货币而行使，其使用单位为“寽”。西周后期的《曶鼎》铭文，记载奴隶主曶和限之间进行的奴隶交换，5个奴隶价值“百寽”。青铜本身就是贵重的商品，有很高的使用价值，如今又承担着交换媒介的职能，随着时间的推移，日后便逐渐取代海贝而成为重要的货币材料。

“锡贝”——赏赐货币在西周时期更为盛行，铜器铭文中记载，锡贝的数量从一朋至几十朋不等，最多一次锡贝百朋。

贝仍然是西周时期重要的贮藏手段。西周墓中殉贝的数量十分惊人，仅河南浚县辛村的一座卫墓，殉贝就达2915枚之多。可见贝是当时奴隶主贵族追求和聚敛的重要财富。

六 阴阳五行与《诗》《书》历数——西周的科学文化

随着奴隶制经济的高涨，西周时期的科学文化也有了相应的发展。

“观象授时”是我国古代天文学的传统，西周继承了这一传统并有所发展。

在河南登封县告成镇，中岳嵩山之阳，至今还屹立着一座巍峨宏伟的观星台①，这里就是著名的“周公测景台”遗址。“景”是古“影”字，“测景台”即用以测量日影、观象授时的场所。据《周礼》记载，周人已使用“土圭之法”测量日影，以确定四时的变化和地理的远近。所谓“土圭”，就是在地面树立一根垂直的“表”，与“表”相连成直角的座子称为“圭”。“土圭之法”就是利用正午的太阳照射在“表”上，观察“表”在“圭”上投影的长短，以确定四时的变化。当太阳走到最北而位置最高时，日影最短，这时候叫做夏至；当太阳走到最南，距地平

① 今所见“观星台”建筑为元代郭守敬所建。

面最低时，日影最长，这时候就是冬至。从日影长短的变化周期中，测定一年的长度。“土圭”是我国最早的测天仪表，“周公测景台”则是我国最古老的观察天象的场所，也是世界上唯一仅存的最古老的天文台。

这种“测景台”又叫“灵台”。《诗经》有修建“灵台”的诗句：

经始灵台，	开始规划建造灵台，
经之营之。	经过设计才行营建。
庶民攻之，	庶民都踊跃前来工作，
不日成之。	没用多少天便完成了工程。

——《诗·大雅·灵台》

从这些诗句我们可以想见当年修建测景台的热烈场面，它所描绘的也许就是建造周公测景台时的情景吧。

既然有了专门观察天象的场所，自然便有相应的专门机构和专职人员。《周礼》春官之属有冯相氏，负责观象授时。“冯”有登高的意思，“相”有观察的意思，“冯相”就是登高台以观察天象。此外，还有保章氏专门负责观察日月星辰的异常现象，以定吉凶之事。司马迁说，周武王时精通天文历法的有史佚，可见天文历法已掌握于太史之手，这比商代掌握在巫卜手中，显然是一个进步。他又说，幽、厉以后周室衰微，观象授时工作因而废弛，于是“畴人”子弟分散。“畴人”就是世代从事天文历法的人。可见幽、厉以前周朝是有专职的天文历法人员的。

在长期观测的基础上，周人创立了二十八宿，以确定天体的位置和日月五星在天空中的运行。《周礼》说冯相氏掌“二十八星之位”，说的就是二十八宿。所谓二十八宿，就是在黄道带与赤道带两侧，选取二十八组恒星作为观测时的标志，每一宿由若干颗恒星组成，并以地上的事物去命名。二十八宿按四个方位分为四组，其具体名称，东方为苍龙七宿（角、亢、氐、房、心、尾、箕），北方为玄武七宿（斗、牛、女、虚、危、室、壁），西方为白虎七宿（奎、娄、胃、昴、毕、觜、参），南方为朱雀七宿（井、鬼、柳、星、张、翼、轸）。二十八宿的全部名称是后来才逐渐完备的，但西周已开始使用则是毋庸置疑的，《诗经》里已经有了“火”“箕”“斗”“室”“昴”“毕”“参”“牵牛”“织女”等星宿的名称。二十八宿是古人测天的基础，通过观察太阳在二十八宿中位置的变化，以推定一年季节的变化，就可以制定更加精确的历法，这在我国古代天文历法发展史上是一个巨大的进步。

从西周的铭文和典籍中可以看到，当时已经把一个月分为“初吉”“既生霸”“既望”“既死霸”四个等分，这实际是今天通行的星期周法的原形。不过这种方法不久即不再使用，未能流传下来。

西周时期继承了前代对于日月食进行观察和记录的优良传统。“十月之交，朔日辛卯，日有食之”（《诗・小雅・十月之交》），记述的是发生在周幽王六年十月初一辰时的一次日食，这一天当公元前 776 年 9 月 6 日。这是我国历史上第一次有准确年月日的日蚀记录。

月蚀（即月食）在周人眼中已属平常之事。就在上述日蚀之前不久，即同年的 8 月 21 日刚发生过一次月食。同一诗中也记述了这次月食，认为“彼月而食，则维其常”。据天文学家推算，这次月蚀是一次月偏蚀，在我国可以看到九分的食相。

天文历法的发展，有赖于数学的进步，两者相辅相成，密不可分。在天文历法和生产发展的基础上，西周的数学也有了相应的发展。

数学教育已受到当时统治阶级的重视。《礼记》说，当时儿童从 6 岁起学习数数，9 岁学习干支记日方法，10 岁外出从师学习书写和更加复杂的计算。当时贵族子弟所学习的“六艺”之一就是“九数”，即九九乘法。由于社会经济的发展和国家职能的扩大，需要设立专职人员负责财政的统计，《周礼》天官之属有“司会”，负责掌管“邦国之财用”和统计群吏上报的财政收支。（《周礼注疏》卷六《天官冢宰・司会》）

留传至今的我国最古老的数学、天文著作——《周髀算经》，虽然成书较晚，大约是公元前 1 世纪的著作，但它所包含的某些数学知识，当是西周时期的产物。《周髀》的前一部分，采用周公与商高对话的形式，讲述了勾股定理，以及运用这种定理去测量地面上的高低深远的方法。同样晚出的《考工记》，也包含着西周时期的数学成果。它为某些工程技术，如制造车、船、弓箭而绘出若干统一的规格，记载了一些有关分数和角度的资料，如“矩”为九十度角，“宣”为四十五度角。规定“十分寸之一为枚”，即十分之一寸等于一“枚”，这成为以后写分数的一种普遍方法。从西周手工业、工程建筑技术的发展水平来看，上述数学知识的产生是很自然的。

西周时期的医学在商代的基础上又有新的发展。周王室和政府中已有专门的医疗机构，由医师“掌医之政令”，负责管理医事行政。在它下面设立各种医疗部门，“凡邦之有疾病者疕（bǐ，头上生疮）疡（身有创伤）者造焉”（《周礼注疏》卷五《天官冢宰·医师》）。各种内外科疾病都可以到那里去诊治。医学的分科已较细致，根据不同的疾病“使医分而治之”。主要有四科：食医、疾医、疡医、兽医。食医是为王室和贵族管理饮食和卫生的医生，相当于现在的营养保健医生。疾医相当于现在的内科医生，负责“掌养万民之疾病”，防治四时的疫病。疡医是外科医生，专门治疗肿疡、溃疡、金疮和折伤等外科疾病。此外还有兽医，专门医治“兽病”“兽疡”。对于医疗事务已有了一套管理制度，年终总结医疗效果以决定医生的食禄，治愈率百分之百者为上等，百分之九十者为次，百分之七十者再次之，百分之六十则为下等。还建立了病案制度，如病人经过治疗不能痊愈而死者，需要写出其病情和死因，上报“医师”，以便积累和总结经验教训。在疾病的诊断上，提出“以五气、五声、五色眡（视）其死生，两之以九窍之变，参之以九藏之动”。通过观察病人外在的体温、声音和气色，再参照病人内在的脏腑活动情况以判断病情。在治疗上，强调“以五味、五谷、五药养其病”，既重视药物的治疗作用，也不忽视食物营养的作用。（以上分别见《周礼注疏》卷五《天官冢宰》之《食医》《疾医》《疡医》）从上述诊断、治疗理论看，当时已把五行学说应用于医学，用以说明人体生理现象和病理变化，为日后中国医药学的发展奠定了基础。

殷周之际的政治大变动，以及社会经济和科学技术的发展，使西周时期的哲学思想和政治思想都发生了不同程度的发展和变化。

“周因于殷礼”，西周时期的统治思想，基本上是继承商代的宗教性的天道观，而进行了很大程度的改造，并增添了一些新鲜的内容。周人以“天”代替商人所崇奉的“帝”“上帝”。商人虽然也讲“天”，但更多的是讲“帝”。周人虽然也讲“帝”，但主要是讲“天”。“天”和“帝”的属性基本上是一致的，都是有意志的人格化的至上神。但两者又有所差别，殷人的“帝”往往包含着祖先神，合二而一，周人的“天”则把祖先神从至上神“天”中分离出来，以祖先神“克配彼天”（《诗·

周颂·思文》)，居于“天”神之下，“天”成了在祖先神之上的唯一至上神。这一改造并非毫无意义，乃是为“君权神授”的政治目的服务，加强神权统治，是为了提高周天子的王权统治。

周人为自己取商而代之找到了充分的理论根据——“天命”。“丕显文王，受天有大命”（《大盂鼎》)，意思是说周人之兴完全出于天命。“天”已经对殷人失望，因而把希望寄托于周人，“天不享殷，今乃有成”(《史记·周本纪》)，殷周革命是上帝的意志，“天乃大命文王，殪戎殷，诞受厥命，越厥邦厥民”(《尚书·康诰》)，“天”把“大命”授与文王，命令他去消灭殷商，接收殷家的天命，以及它的国土和人民。“皇天既付中国民，越厥疆土，于先王肆”（《尚书·梓材》)，是伟大的天把中国的人民和疆土交付周天子，让他代表上天君临大地。所以周王朝的统治就是替天行道，名正言顺。很显然，提高了“天”的神威，自然就提高了周王的权威。

但是，周人并没有简单地因袭殷人的神权思想，他们在“敬天”的同时，加进了“明德”的重要内容，对神权思想作了重大的改造。

殷周革命，毕竟是空前剧烈的一次政治变动，它不能不给统治阶级的思想以深刻的震撼。周初的统治者在咀嚼胜利果实的同时，玩味到了一个深刻的历史教训，统治五六百年的大邑商，为什么竟被僻处西土的小邦周所推翻？为什么商王纣自恃“我生不有命在天”，却竟然一朝覆亡，顷刻瓦解，身首异地？周初一些有头脑的政治家，正是通过不断总结“汤、武革命”的历史经验，认识到了“天命靡常”（《诗·大雅·文王》）的道理，甚至产生了“天不可信”(《尚书·君奭》）的思想。殷商末年“小民方兴，相为敌仇”的阶级斗争现实，和牧野之战中“前徒倒戈”的历史事实，使周初统治者认识到人心向背的重要性，这是实现长治久安的关键。康叔封卫时，周公旦反复告诫他：“天畏（威）棐忱(信)，民情大可见，小人难保，往尽乃心，无康好逸豫，乃其乂（yì）民。”（《尚书·康诰》）就是说，天威并不可信，民情才是实实在在的东西，小人是难以治理的，你到那里务须竭尽心力，不可贪图安逸，才能治理好你的臣民。这段话可以说是对周初统治思想的集中概括。在“天命”与“民情”二者之间，归根结底是“民情”在起决定作用。周初统治者能够有这样的认识，不能不说是一个极大的历史进步。

但是，“小人难保”。如何才能“保民”呢？周初统治者提出了“德”，以作为“天命”的补充和“保民”的手段。他们认为，商王朝的灭亡是因为“惟不敬厥德，乃早坠厥命”（《尚书・召诰》），即不敬重德行，因而早早地丧失了天命。只有“敬德”才能保持“天命”。“王其疾（速）敬德，王其德之用，祈天永命。”（《尚书・召诰》）只有赶快敬重德行，根据德来行事，才能祈求天命长久。“德”不仅是要加强内心的修养，使行动适宜，更重要的是强调人事，也就是《康诰》所说“尽乃心，无康好逸豫”，发挥人的主观能动作用。把“天命”与“人事”联系起来，并强调“人事”的重要作用，这比商代简单的尊天思想是前进了一步，在人类认识史上也是一次思想的解放。

由于社会生产和科学技术的发展，以及阶级斗争的推动，促进了这一时期朴素唯物主义和朴素辩证法的哲学思想的发展。

《尚书・洪范》通过武王与箕子的对话，提出了关于“五行”的观念。“五”指五物，“行”指运动。“五行”就是金、木、水、火、土五种物质元素的运动变化。《洪范》说：“水曰润下，火曰炎上，木曰曲直，金曰从革，土爰稼穑。”水性润下，火性上炎，木可曲直，金可变革，土宜生长庄稼，这是从表面现象去说明五种物质各自的属性。不过，他们认为世界万事万物即由这五种基本元素构成，是一种解释世界生成的朴素唯物主义观念。

《洪范》成书时间可能稍晚，但它所记述的对于“五行”的认识，在殷周之际确已产生。据说武王伐纣到达商郊牧野那天晚上，参战的士兵们情绪高昂，欢欣鼓舞，前歌后舞，通宵达旦，他们欢呼：“孜孜无怠，水火者，百姓之所饮食也；金木者，百姓之所兴生也；土者，万物之所资生，是为人用。”（《尚书・大传》）努力啊，水火金木是人民赖以存在的基础，土是万物赖以生长的基础。这个记载表明，这五种物质是劳动人民在生产、生活中不可须臾或缺的东西，五行观念正是长期实践中对于客观世界认识的概括和升华，因此由这些参战的士兵们首先概括提出来也是很自然的事情。

传说周文王被商纣王囚禁于羑里时，曾演《易》之八卦为六十四卦。现存《周易》一书中的《易经》，可能就是殷末周初的作品，《易传》成书的时间则较晚。《易经》是古代关于占卜的记录。它包含爻（yáo）、卦两种符号和爻辞、卦辞两种解释性的文字。分别代表阴（— —）阳（——）的两种符号叫做“爻”，由这两种符号而组合成不同的“卦”。八种最基本的组合称为“八卦”，即乾（☰）、坤（☷）、震（☳）、巽（☴）、坎（☵）、离（☲）、艮（☶）、兑（☱），它们分别代表天、地、雷、风、水、火、山、泽八种自然现象。八卦的根本是阴阳，它们互相交感而产生天地万物。这种把天地万物产生的总根源归结于阴阳二气的观点，是对世界生成的一种朴素唯物主义的认识。八卦中的每两卦均互相对立，从对立中演变为六十四卦，以此说明自然界和人类社会事物的多样性。在这些对立中，阴阳是最根本的对立双方，它们之间不断处于相互消长与转化的状态中。这种把事物的发展变化归结为对立双方的矛盾运动的观点，包含着朴素的辩证法的思想。

阴阳五行观念中的朴素唯物主义和朴素辩证法产生于这样一个政治变动、王朝鼎革的历史时期，很自然的就被周人作为思想武器，去解释“汤武革命”的合理性，得出“顺乎天而应乎人”的结论。但是，随着奴隶主阶级的腐朽没落，这些学说中的神秘主义和唯心主义的成分被加以发展，从而演变为一种唯心主义和形而上学的反动思想。

西周时期史学已经从神学的附庸地位中独立出来。虽然商代已设有“史”官，但它还只是作为宗教迷信的从属而存在。西周时期设置了专门的史官，负责“掌官书以赞治”（《周礼注疏》卷三《天官冢宰·宰夫》）。史官大概已有一定的分工，“动则左史书之，言则右史书之”（《礼记·王藻》）。因此，西周给后世留下了足资称道的历史记载。

西周铜器铭文，虽然不是全部出于史官之手，但也可以看作历史记载的滥觞。其铭辞从一二百字到四五百字，内容虽多为王臣颂扬功烈庆赏之作，但它记述了封赐、祭祀、宴享、征伐、俘获、诉讼等方面的历史事实，且多有年月日、人物、地点的记录，反映了西周社会史、政治史、经济史、军事史诸方面的情况。所记锡土田、锡臣仆、锡金贝、锡车马彝器等事实，更是研究西周奴隶制度、土地制度的第一手珍贵资料。

现存《今文尚书》28 篇，其中《周书》19 篇。除《洪范》《文侯之命》《秦誓》等晚出外，其余篇章基本上是西周时期的作品。这些作品大多是当时史官所记录并收藏的官府文件，因此具有很高的史料价值，如《大诰》《康诰》《酒诰》《梓材》《召诰》《洛诰》《多士》《多方》等周初八诰，详细记述了周公东征、营建东都、封建诸侯等重大历史事件。司马迁在写作周史时，便以《尚书》为主要依据，有的全文收入，如《牧誓》《金滕》等篇；有的收其一半，如《无逸》《吕刑》《费誓》等篇。从记载形式看，《尚书》确有记言、记事之分，所谓典、谟、训、诰、誓、命等，就是王侯对于臣僚的讲演、命令、宣言和谈话记录，均属“记言”之作。“记事”的作品较少，仅有《金滕》《顾命》两篇。前者记述周公藏书金滕之匮（铜绳捆束的匣子），成王开匣取书，看到周公旦的祝辞，了解其忠诚之后大为感动的全过程；后者叙述了成王临终遗嘱和康王继位登基、朝享诸侯的全过程，对于当时的礼仪、陈设和兵卫都有生动具体的描写。记事的篇章在西周还属少量，这应当是一种新兴的文体。

与《尚书》性质类似的还有《逸周书》。此书原题《周书》，今存60篇。其中的《克殷》《世俘》等篇为西周初年作品，真实地反映了武王伐纣的历史事件。

《诗经》是我国最早的一部诗歌总集，收集周代诗歌305篇，分为风、雅（大小雅）、颂三类。风是各封国和地区的民间歌谣，雅是宫廷乐歌，多为王朝官吏作品，颂是王室和诸侯祭祀宗庙的乐歌。国风有较高的文学价值，雅、颂则有较高的史料价值，其中的周颂、大小雅以及国风中的二南、豳风等，基本上是宗周的作品。

《诗经》的题材十分广泛，其中有史诗，如大雅的《生民》《公刘》《绵》《皇矣》《大明》等篇，叙述后稷始基、公刘迁豳、古公迁岐、文王修德、武王克商等重大历史事件，包括了周族从远古至建国的全过程；有农事诗，如周颂的《臣工》《噫嘻》《丰年》《载芟》《良耜》《思文》，小雅的《楚茨》《信南山》《甫田》《大田》等篇，歌咏农业生产和生产关系的许多方面；有政治讽刺诗，如大雅的《荡》《桑柔》《瞻卬》《召旻》，小雅的《节南山》《正月》《十月之交》《雨无止》《小旻》《何草不黄》等，暴露了幽厉无道、周政衰微的黑暗现实，都具有较高的史料价值。国风更是当时下层人民生活、思想和情感的总汇，表现了社会生活的各个方面，有对于人民的劳动、生活、爱情的咏叹，有对于统治阶级的剥削压迫的愤怒控诉和抗议，它那强烈的人民性和现实性，历久弥彰，千秋传诵。

第九章　西周时期各族人民关系

一　“楛矢石砮”——西周与北方各族关系

春秋时期周大夫詹桓伯在追述西周王朝的四境时曾说：“我自夏以后稷，魏、骀、芮、岐、毕，吾西土也；及武王克商，蒲姑、商、奄，吾东土也；巴、濮、楚、邓，吾南土也；肃慎、燕亳，吾北土也。”（《春秋左传正义》卷四五，昭公九年）这四土的范围之内，都是周王朝的版图。四土内外散布着许多少数民族，他们与周王朝的关系有了进一步的发展。

西周时期，从白山黑水到大漠南北，分散居住着肃慎、东胡、山戎、鬼方等少数民族。

早在西周以前，这些兄弟民族就与中原地区建立起不同程度的联系。在传说中的有虞氏时代，山戎、息慎（即肃慎）就与中原地区有了交往，《竹书纪年》记载，其时“息慎氏来朝，贡弓矢。”（王国维：《今本竹书纪年疏证》卷上）活动于内蒙古和山西北部一带的鬼方，与商王朝有过长期的争战俘掠。西周时期，仍然是北方的严重威胁，康王时对鬼方的战争，一次即斩首3800多，俘虏13000多，可见其规模是很大的。

西周建立后，与北方少数民族的关系有了进一步的发展。武王克商以后，肃慎曾来贡献“楛（hù）矢石砮”（《国语·鲁语下》）。这种精良的弓箭是肃慎的特产，它以当地出产的楛木制成箭杆，坚硬的青石制成箭头。据说这种箭杆“长尺有咫（一尺八寸）”（《国语·鲁语下》）。“其弓四尺，强劲弩射四百步”（《史记·孔子世家》注引《肃慎国记》）。上述有虞氏时代所贡的“弓矢”，大概就是这种“楛矢石砮”。这是肃慎人与中原地区历来进行交流的重要方物。据说周武王对肃慎所献“楛矢石砮”视如“珍玉”，他的长女大姬嫁给有虞氏后代虞胡公而封于陈时，特地赐与肃慎所献“楛矢石砮”，直到春秋时，陈国还在“故府”的“金椟”中珍藏着它们（《国语·鲁语下》）。

武王以后，肃慎与西周的联系一直在继续发展。成王伐东夷以后，肃慎曾派使者前来朝贺。这次朝贺是当时民族关系中的一件盛事，成王特命大臣荣伯作《贿息慎之命》，以示答谢。到康王时，肃慎又一次派人前来贡献。肃慎对西周王朝这种经常性的“朝贡”关系，表明当时已建立起了政治上的“臣属”关系，可见肃慎地区确已包括在西周王朝的“北土”之内了。

肃慎族的居住地区，在不咸山（今长白山）以北的大荒之中，大约在西起嫩江，东至大海，南起吉林长白山地区，北达黑龙江口的范围，包括松花江、乌苏里江和黑龙江下游广大地区。发现于吉林西团山的考古文化就是一种肃慎文化，对其墓葬人骨鉴定结果，表明肃慎人是属于通古斯族人种。在西周时期，肃慎族的氏族社会内部已有了贫富分化。西团山等地考古发掘资料证明，其社会经济已以农业为主，出土的石器以农具为主，只有少量的渔猎工具。青铜已被广泛运用于制造武器和斧、刀等生产工具。不过，渔猎经济仍占相当的地位，《逸周书·王会解》记载，肃慎地区出产一种名为“麈”（zhǔ）的动物。

北方各族与中原地区政治上的密切联系，促进了相互的经济文化交流。肃慎遗址中出土的大量鬲、豆、鼎、甑等陶器，都是中原地区特有的器皿，显然是受中原文化影响的结果。在肃慎西南与其相邻的东胡、山戎等族，与中原的关系更为密切，考古发现分布于河北北部和辽宁一带的夏家店上层文化，就是包括东胡、山戎在内的北狄文化。在这里发现了典型的商周青铜文化，如带盖的簋、簠和蹄足的盆、鼎等，完全是仿照中原地区的模本翻铸而成。在辽宁喀左等地更发现了西周初期的燕国铜器。周公东征淮夷以后，迁蒲姑之君，在其地建立姜齐。有的学者推断，当时蒲姑之民可能越过渤海迁居辽东半岛以至朝鲜。这种迁徙活动更是大规模地把中原的风俗文化带到那里。在中原文化传播的同时，北方民族的物产也传入中原地区，如戎菽（大豆）就是从山戎引进中原的优良品种。

二 昭王南征——西周与南方各族关系

西周时期南方广大地区分布着泛称为“群蛮”“百濮”的许多蛮族部

落和方国。

长江中游的荆楚，是祝融氏的后裔芈（mǐ）姓部落与蛮族结合而发展起来的强大的地方势力。周成王时封熊绎于楚，定都于丹阳（今湖北枝江）。在荆楚的北面，周王室封了许多姬姓诸侯，如息（今河南息县）、随（今湖北随县）、郧（今湖北安陆）等“汉阳诸姬”。在荆楚的西部，则有庸、卢、彭、濮等群蛮部落。在周王朝的西南，主要有巴（今四川重庆）、蜀（今四川成都）等国。这就是周景王时詹桓伯所谓“巴、濮、楚、邓，吾南土也”。

武王伐纣时，巴蜀和庸、卢、彭、濮等方国部落都曾踊跃参战。“巴师勇锐，歌舞以凌殷人，前徒倒戈”（《华阳国志·巴志》），他们英勇善战，前歌后舞，殷军闻风丧胆。西周建立后，即将姬姓贵族封于巴。周成王时曾大会诸侯于东都，巴人也前来贡献“比翼鸟”。

西周初年，楚国表面上臣服于周王朝，并定期向周天子进贡“苞茅”。但是，周王朝总是“以蛮夷视之”，看不起楚国。在岐阳会盟时，成王派熊绎去看管火堆，还没有资格参加大会。楚国积极发展自己的势力，与周王室的矛盾日益发展。从成王以后，周楚之间的战争一直没有间断过。到了周昭王时，周楚之间发生了规模空前的战争。

周昭王是西周第四代国君。经过成、康时期几十年的盛世，积蓄了雄厚的力量，昭王利用这一条件，大举南征荆楚。昭王十六年至十九年间，曾连年对楚用兵。1976 年在陕西扶风出土的《墙盘》，历述文、武、成、康、昭、穆六王的功业，其称述昭王的一段话是：“弘鲁昭王，广笞荆楚，唯狩南行。”意思是说，宏伟的昭王，曾大规模地挞伐荆楚，巡狩到了南方。这次战争，昭王亲自出马，御驾亲征。青铜器铭文告诉我们，许多贵族都曾随从昭王参加过伐楚的战争。如《过伯簋》说：过伯曾“从王南征，伐楚荆。”《蠤簋》说：蠤也曾“从王伐楚”。可见动员的人力是很广的。战争的初期曾取得大胜，但最后还是遭到了失败。昭王十九年最后一次伐楚，规模更大，昭王亲率六师征讨，祭（zhài）公也随王从征。周师浩浩荡荡开到汉水边上，适逢天气阴霾昏暗，以致雉兔都震惊窜突。这次战争遭到楚国人民强烈的抵抗。昭王打算渡过汉水，抓来楚国的船夫，强迫他们撑船运送大军。船夫们反对昭王的战争，便暗中用胶粘住船板。当渡船驶至汉水中流时，胶液融化，船只解体，周人大多不习水性，昭王和祭公都溺水而死。只有昭王的卫队长辛游靡还懂得点水性，他拼全力游泳将昭王尸体捞起。楚军乘势反击，周人“丧六师于汉水”，遭到了全军覆灭的惨败。俨然“天下共主”的周天子竟被诸侯打败，葬身鱼腹，实在丢脸，周王朝对此讳莫如深。昭王死后没有向诸侯发“讣告”，而用“巡狩”“南行”之类的字眼以隐瞒这次事件的真相，把他说成是“南征而不返”。

昭王南征失败是周王朝开始走向衰落的一个信号，从此“王道微缺”，四方多事。楚国在南方乘机发展，逐步吞并周围许多小国，“汉阳诸姬，楚实尽之”。此后，楚国成为南方最大的一个地方势力。

周宣王时，周王朝的国力曾一度恢复，他为了转移内部矛盾，在征伐猃狁（xiǎn yǔn）之后，又一次大规模征伐荆楚。宣王的卿士、元老重臣方叔受命为将，率军前往。《诗·小雅·采芑》对此曾有如下的描述：

蠢尔荆蛮，	愚蠢妄动的荆蛮，
大邦为雠。	竟敢与大国为仇。
方叔元老，	元老重臣方叔，
克壮其猷[①]。	能够展其谋略。
方叔率止，	以方叔为统帅，
执讯获丑。	虏获了众多的敌人。
戎车啴啴（tān）[②]，	战车浩浩荡荡出动，
啴啴焞焞（tuī）[③]，	声威震撼，
如霆如雷。	如雷如霆。
显允方叔，	方叔的功劳实在大，
征伐猃狁，	征伐玁狁之后，
蛮荆来威！	又来威服荆蛮！

——《诗·小雅·采芑》

① 猷：计划。
② 啴啴：众多。
③ 焞焞：盛大貌。

这次战争虽然取得了胜利，但由于周王朝国势日蹙，不仅再也无力南图荆楚，连戍守南方的“南国之师”也全部丧失，荆楚的势力便乘机大大发展起来，终于成为春秋时期的五霸之一。

三　“徐方来庭”——西周与东方各族关系

东方的夷族，主要有莱夷（山东半岛北部）、淮夷、徐夷（淮泗之间）和舒夷（今安徽中部一带）等。西周时期，淮夷、徐夷是东夷中最活跃的地方势力。

穆王时期，徐淮地区的夷人势力有了很大的发展，出现了“徐夷僭号”的情况。淮夷之中，徐国最大。它不断进犯西周王朝，曾经“伐宗周西至河上”，兵锋已到达黄河，深入西周王朝腹地。传说淮夷首领徐偃王反叛，周穆王坐着赵国的始祖造父驾驶的车子，日驰千里，大败徐偃王。徐偃王是个传说人物，不过周穆王确实曾经讨伐徐淮地区。穆王曾命贵族伯䵼（zhōng）为“师氏”，统帅成周八师，前往讨伐淮夷。伯䵼挥军追至㝬（hú）国（今安徽阜阳），大败淮夷，灭掉徐国，凯旋而归。伯䵼受到周穆王的嘉奖，他为此铸造了许多青铜器以纪念这一光荣历史。

徐国虽然一度被灭，但淮夷的势力并未因此而削弱，到了周厉王时，淮夷又成为周室在东方的严重威胁。淮夷利用王室衰弱的时机，大举侵周。据《敔（yǔ）簋》铭文记载，徐君迁及亲率部众，攻至洛水南北两岸，厉王曾派敔率军，把入侵的南淮夷从上洛（今陕西商县）赶到东方的伊水方面去。杀死南淮夷100人，活捉了40人，还夺回了400个俘虏。据《无其簋》记载，厉王于十三年正月又亲征淮夷，王朝卿士虢仲为将随同前往，征服了东夷南夷26国，大胜而归。后来因周室内乱，力量削弱，淮夷又失去控制。

宣王时期又一次大举讨伐淮夷。宣王任命卿士南仲为统军元帅，以皇父为“大师”（总参谋长），率领“六师”前往征讨。程国君主休父也前来参战。《诗·大雅·常武》描写了这次战争的情况：

赫赫明明，	王命赫赫而明显，
王命卿士，	卿士南仲为元帅，

南仲大祖，	受命于太祖之庙
大师皇父。	还以皇父为大师。
整我六师，	整顿我们的六师，
以修我戎。	修理我们的兵器。
既敬既戒，	谨慎从事，提高警惕，
惠此南国。	加惠于南方之国。
王谓尹氏：	宣王告诉大师皇父：
“命程伯休父，	“命令程伯休父，
左右陈行，	整顿好左右行阵，
戒我师旅，	告戒我们的部众，
率彼淮浦，	循着淮水的岸边，
省此徐土。”	挺进徐方之土。”

——《诗·大雅·常武》

周师沿着淮水，挺进徐土。“赫赫明明”，声势浩大，“如雷如霆，徐方震惊”，兵马强壮，攻势凌厉。战争取得了辉煌的胜利，“四方既平，徐方来庭，徐方不回，王曰还归”。四方既已平定，徐方也前来朝见周天子，表示不敢违抗王命了，宣王这才下令班师而归。

随着“宣王中兴”的昙花一现，到了幽王时，四夷交侵，淮夷复叛，周王朝的力量终于从徐淮地区退出。

在相互战争的同时，也有着密切的经济文化交流。1949 年后考古工作者在江淮地区发现的青铜器表明，东夷的青铜文化已有很高的水平，并受到中原文化的强烈影响。如安徽屯溪出土的西周时期的青铜器，大多数型式与中原的铜器相同，1959 年在 1 号墓出土的铜尊，其族氏铭文与山西长子县西旺村出土铜鼎铭文完全一致，从中可以看到中原与徐淮地区文化的相互影响。

四　穆王西行——西周与西方各族关系

有一部叫《穆天子传》的古书里，记载了周穆王西行的故事：周穆王十三年，赵国的始祖造父驾着八骏大车，载着周穆王，带着大队随从，从镐京出发，进入犬戎地区，然后溯黄河，登昆仑，最后到达西王母之邦，与西王母相会于瑶池，双方互赠了礼品。周穆王与西王母珍重道别之后，又经历万水千山才返回镐京，前后行程三万五千里。《穆天子传》是产生于春秋战国时期的一部小说，这个故事虽然近于神话传奇，但是，书中对于西方各族人民和风土人情的记叙，显然反映了当时人对于西部地区的认识，证明中原与西部各族人民之间的友好交往已经源远流长了。周族发祥于西土，他们对于西方各族有更多的交往和了解，原是十分自然的事情，这个传说加在周穆王身上，看来也不是没有原因的。穆王所至的“西王母”之邦究竟在哪里呢？有人说是在帕米尔地区，有人说是指古代康藏地区的女国。虽然穆王不一定曾到达那么遥远的地方，但是，许多古书说穆王曾经周游天下，巡行四方，这恐怕还是有一定事实根据的。事实上，在周穆王时代，周王朝与西方各族的交往确是空前频繁的。

我国西部的少数民族，在古代被笼统地称为“戎”或“西戎”。戎族中最大的一支是羌人，分布于西北广大地区，因此后来有人就把“西羌”作为西方各族的总称，或以“羌戎”泛指这里众多的民族。在商代，羌人与商王朝有着叛服不常的关系。武王伐纣时，羌人曾参加周人的同盟，共同伐商。周人同羌族部落群中的一支——姜姓也有着世代相传的婚姻关系。

《穆天子传》里所讲到的犬戎，又叫玁狁，是西方羌族的一支。《国语·周语》记载，周穆王时曾经西伐犬戎。穆王的大臣祭公谋父不同意伐犬戎，他说“先王耀德不观兵”，主张实行怀柔政策。但是周穆王没有接受祭公谋父的劝告，独断专行，大举出兵征犬戎。战争并未取得重大成果，只是得到“四白狼四白鹿”而归。所谓“白狼”“白鹿”大概是犬戎的部落名号。《竹书纪年》在讲这次对犬戎的战争时，说周穆王曾俘获了犬戎的“五王”，并把部分犬戎族人迁徙到太原（泛指陕、晋北部高原）（《古本竹书纪年辑证》，第46页）。这件事与上面所谓获“四白狼四白鹿”以归大概就是一回事情，指穆王在这次战争中曾把俘获的犬戎部落迁归内地，安置于陕晋北部高原地区。周穆王的战争，受到西方各族的反对，此后“荒服者不至”，西戎诸部与周王朝断绝了关系，双方的矛盾斗争日趋尖锐。

到了西周末年，犬戎日益成为周王朝在西北方的严重威胁，对犬戎的战争连年不断。宣王时，犬戎的势力已直逼王畿，威胁着镐京的安全。“玁狁孔炽，我是用急”（《诗·小雅·六月》），玁狁的势力非常凶猛，我方的情势因而十分紧张。“猃狁匪茹（柔弱），整居焦获，侵镐及方，至于泾阳”（《诗·小雅·六月》），猃狁的势力并非柔弱易制，他们以焦获（今陕西三原）为根据地，整军经武，于是侵略镐、方，直至泾水北边。猃狁的进逼，使周王朝大为震动，宣王任命尹吉甫为抗击猃狁的统帅。尹吉甫不顾六月的炎热，整饬兵马，以每天三十里的速度进军。部队以元戎（大兵车）十乘作为开路先锋，浩浩荡荡挺进西北，“薄伐猃狁，至于太原”，一直打到猃狁的聚居地，大胜而归。

为了防御猃狁的侵犯，宣王又命南仲在朔方筑城，驻守重兵加强防卫。《诗·小雅·出车》对此曾有生动的描绘：

王命南仲：	宣王命令南仲：
往城于方。	去筑城于朔方。
出车彭彭，	戎车彭彭而壮盛，
旂旐央央。	旌旗央央而鲜明。
天子命我：	天子给我们的命令：
城彼朔方。	威名去建造朔方的城垒。
赫赫南仲，	威名赫赫的南仲，
猃狁于襄①！	要把猃狁驱逐出去！

——《诗·小雅·出车》

宣王一代，对于猃狁的战争连年不断。许多铜器铭文记载了这些频繁的战事。如《兮甲盘》记述了宣王五年三月对猃狁的第一次战争。《虢季子白盘》记载了宣王十二年对猃狁的一次战争。子白参加了这次战争，“搏伐猃狁，于洛（陕西洛水）之阳，折首五百，执讯五十。”子白在洛水北岸大败猃狁，斩首五百，俘虏五十人，宣王嘉奖了他的战功。《不𡢁簋》记载某年九月，猃狁进犯周的西俞之地，虢季子白命令他的部将不𡢁率军追击猃狁，也取得了胜利。

连年的征战，以及战争所带来的繁重徭役兵役，使人民遭受极大的痛苦。《诗·小雅·采薇》以哀怨的情绪抒发了当时人民的痛苦：

① 襄：同“攘”。

采薇采薇，
薇亦作止。
曰归曰归，
岁亦莫[1]止。
靡室靡家，
猃狁之故。
不遑起居，
猃狁之故。
……
王事靡盬（gǔ）[2]，
不遑启处。
忧心孔疚[3]，
我行不来。

采蕨菜啊采蕨菜，
蕨菜已经生出来。
回家去啊回家，
时间已经到年底。
我们无家无室，
是玁狁骚扰的缘故。
我们无暇安居乐业，
是玁狁骚扰的缘故。

王家的差事没个完，
哪有一点休息的时间。
心中忧愁似大病，
戍守在外不回还。

——《诗·小雅·采薇》

战争加重了人民的负担，也削弱了周王朝的力量。宣王三十九年（公元前789年），周军与姜氏之戎（即猃狁）战于千亩，结果周军大败，从南方调来的戍军——“南国之师”全部丧失。不久，西周王朝便在犬戎的进攻下灭亡了。

---

① 莫：同“暮”。
② 盬：止息。
③ 孔疚：大病。

第十章　西周后期的社会变化与西周王朝的灭亡

一　从裘卫家族的兴起谈起——西周后期社会经济的变化

1975年2月2日，岐山南麓董家村的社员在平整土地时，发现了一处青铜器窖藏，共出土青铜器37件。这些器物是西周时期一个叫裘卫的人及其家族后人的窖藏品。大概在西周末年，戎狄兴兵，周室东迁之际，这个家族的成员仓皇东逃，来不及将这些重器带走，只得挖窖暂存。岂料他们或死于战乱，或离散四方，竟一去不复返，因而使这批铜器在地下沉睡了二千余年，至今才得以重见天日。

裘卫家族的37件铜器中，有30件有铭文，最长的一篇铭文达307字。这些铭文记载了从周穆王至周宣王时期，裘卫及其子孙后代的一些活动事迹，可以说是一部裘卫家族的历史。与裘卫家族的历史相联系，铭文内容还涉及了西周奴隶社会的政治、经济、法律、土地制度和阶级关系等方面的情况，提供了西周社会史的极其珍贵的第一手资料。这个家族的兴起适逢西周王朝的后期，可以说是这一历史时期的见证人。因此，通过这个家族的发家史，可以从一个侧面窥见西周后期社会经济发展变化的情况。

西周前期，经过武、成、康几十年的发展，社会经济臻于鼎盛阶段。昭、穆之世虽然呈现了一些衰败的迹象，但他们继承着这一份雄厚的家业，尚能维持着表面的稳定。到了共王以后，西周的社会开始发生变化，从经济基础到上层建筑都在经历着不同程度的变化。这一变化不仅意味着西周的历史从前期转入后期，也意味着中国的奴隶制开始向封建制发生转变。

我国奴隶社会基本的土地制度——井田制，从共王时期开始呈现破坏的迹象。属于裘卫本人的几件铜器，都是在穆、共时期铸造的。其铭文内容反映了这一变化的事实。

裘卫是穆、共时期的人物。在周穆王二十七年，他曾受到穆王的接见和赏赐，他的身份当是一个奴隶主。后来他当了"司裘"，以官职为氏，故称裘卫。作于穆王二十七年的《卫簋》，还只称他为"卫"，后来的铜器铭文中才称他为"裘卫"，可见这时他才任此官职。《周礼》天官冢宰之属有"司裘"，《考工记》有"裘氏"之职，管理"攻皮之工"。裘卫大概是一个掌管加工皮裘的手工业奴隶主阶层的人。通过经营工商业，裘卫积累了大量的财富，并用这些财富大肆占有土地，从而成为一个兼营农业的新兴的土地所有者。

作于共王三年的《卫盉》，详细记载了他与另一个奴求主贵族矩伯交换土地的情况。

共王三年三月，共王将在丰邑举行建旗典礼，接见诸侯和臣下。矩伯将参加这一典礼，因为缺少朝觐所需的礼器和饰物，便向裘卫要来"瑾璋"（玉器）1 件，价值 80 朋，双方议定以"十田"偿付。此外，还取了赤玉的琥 2 个，鹿皮披肩 2 件，杂色的蔽膝 1 件，价值 20 朋，以"三田"偿付。裘卫将此事报告执政大臣伯邑父、崇伯、定伯、琼（liàng）伯、单伯等人，他们便命令三有司：即司土（徒）微邑、司马单旟、司工（空）邑人服三人，到现场主持田地移交。有关人员宴享一番之后，交接田地的手续便告完成。

过了两年，裘卫又与另一个奴隶主贵族邦君厉做成一笔田地交易。铸于共王五年的《卫鼎》，以 307 字的铭文记述了这一事件。

这年的正月初，裘卫向邢伯、伯邑父、定伯、琼伯、伯俗父等控告邦君厉。因为裘卫曾在昭太室东北营治二川，（可能这一工程中邦君厉得到了什么利益），邦君厉曾答应给裘卫"五田"。由于邦君厉背弃了协议，裘卫便将他告发。于是执政大臣们便传讯邦君厉，问他："女𧶠（贾）田不?"（你是否曾答应卖田?）邦君厉承认道："余审𧶠田五田"（我确实答应卖给他五田）。于是执政们做出裁决，并让邦君厉立下誓言。执政们命令三有司（司徒邑人趞、司马颈人邦、司空附矩）和内史友寺刍等有

图 10.1　《卫盉》（西周共王三年）

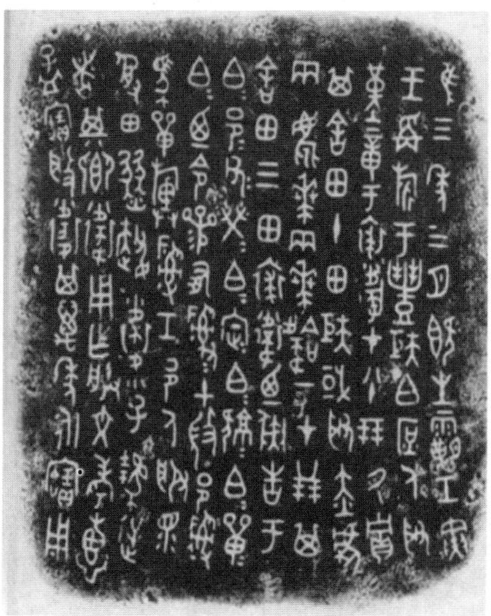

释文

唯三年三月既生霸壬寅
王称旗于丰矩伯庶人取
瑾璋于裘卫才八十朋厥贾
其舍田十田矩或取赤琥
两麀桒两桒韐一才廿朋其
舍田三田裘卫乃矢告于
伯：邑：父：荣：伯：定：
：伯：稴：伯：单
伯：乃令三有司：土微邑司
马单旗司工邑人服逮
受田燹趞卫小子□迎
诸其乡卫卫用作朕文考惠
盂宝盘卫其万年永宝用

图 10.2　铭文

关官员，前往踏勘邦君厉应给裘的四田（比原来少了一田），详细标明了田地的四界：北界靠着厉田，东界挨着散田，南界连着散田和政父的田，西界接着厉田。邦君厉到场付给裘卫田地。厉叔子夙和厉家的管家等人还举行宴会并送了礼。

这件事之后四年，即共王九年，裘卫又同矩伯做成另一笔更大的交易。铸造于共王九年的《卫鼎》铭文，记载了这件事情。

共王九年正月底，王在周的驹宫举行了盛大的接待礼，接见眉敖的使者者肤。矩伯为了参加这次典礼，向裘卫要了一辆好车和几件车马的用具和饰物。裘卫又给了矩伯的夫人矩姜帛十二丈。① 作为这些东西的代价，矩伯把自己的林孴（nǐ）里给了裘卫。林孴里有一片颜林，于是裘卫又送给颜家主人颜陈两匹大马，颜陈的夫人颜娰一件青黑色衣服，颜家管事寿商一件貉皮袍子和罩巾。矩伯会同颜家管事寿商等人踏勘林孴里，确定了四周封疆，起土垄为界。裘卫又给了参与此事的人员若干礼物。

裘卫三器铭文包含着丰富而珍贵的社会史资料。首先，它向我们透露了西周井田制崩溃的相关信息。井田制的基本性质是土地国有制，各级奴隶主贵族对于受封的田邑并无所有权，这种土地是不能买卖的，即所谓“田里不鬻”。但是，现在却出现了“田”“里”都可以买卖的情况。共王三年，裘卫以一件瑾璋、两个赤琥、两件鹿皮披肩、一件蔽膝换来矩伯的十三田。裘卫的这些财物被折合成一百朋的货贝，矩伯没有以货贝，而是以等价的十三田为代价赏付裘卫。货贝起了双方交换的价值尺度的作用。这显然是一种买卖行为。铭文中的“𧶠”字，解为“贾”②，含有价钱、交易、买卖等意思。

不仅田地可以买卖，邑里也可以买卖。九年《卫鼎》所载就属于邑里的交换。裘卫以车辆、绢帛、马匹等财物，交换到了矩伯的林孴里及其上的颜林。里是西周时期有土有民的基层单位，是奴隶主贵族的采邑。

---

① 原文作“舍矩姜帛三两”。“两”为古代长度，《小尔雅·广度》：“倍丈谓之端，倍端谓之两”，据此则每两四丈，三两为十二丈（参见《陕西省岐山县董家村西周铜器窖穴发掘简报》，《文物》1976 年第 5 期）。

② 𧶠释为“贮”，不少金文家解为“租”，如郭沫若说，“贮者赋也，租也。”（见《两周金文辞大系图录考释》（下册）《沈子毁》，科学出版社 1957 年版，第 48 页）唐兰说：“贮与租音近通用……倗生毁（即格伯毁）与此铭（即卫盉）的贮是租田”（《陕西省岐山县董家村新出西周重要铜器铭辞的译文和注释》，《文物》1976 年第 5 期）。也有的学者解此字为“贾”（杨树达《积微居金文说》卷一《格伯毁跋》，科学出版社 1959 年版，第 26—27 页），赵光贤先生引申杨说，认为“从裘卫诸器铭与其他器铭合看，凡用此字者均有货物、价钱、商人诸义，这些意义是相因的”（见赵光贤《周代社会辨析》，人民出版社 1980 年版，第 222 页）。

矩伯于七年前出卖十三田给裘卫之后，又把自己的一个“里”也卖给了裘卫。

田里可鬻的出现，意味着“土地所有者可以像每个商品所有者处理自己的商品一样去处理土地”（马克思：《资本论》第三卷，第696页）。矩伯用以向裘卫交换的田里，正如裘卫用以向矩伯交换的车马、珍宝、皮毛等财物一样，都是他们自己有权处理的私有财产。矩伯以田里去交换自己所需的财物，表明他对这些田里具有支配权，而裘卫以一定数量的财物换得这些田里之后，便意味着田里所有权的转移。正因为这样，所以当裘卫买到这些田里之后，便需要详细勘明田里的四界，订立契约，甚至载在宗彝，以作为子孙万年永保用的凭证。这种田里，对于买卖双方来说，都已具有私有的性质。

这种田里的交换行为，已经得到奴隶主国家的承认，被视为“合法”。买卖双方成交之后，要上报上级官吏，上级官吏及时派遣“有司”官员到场勘踏田界，主持交换手续。官方对此没有任何阻拦，毫无例外地都给予及时的办理。官方对于买方的权益还给予加意保护，如邦君厉违背协议，即遭到执政大臣的传讯质问，迫使其履行协议，将田交付裘卫。林舂里的交换没有上报执政大臣，是双方私下成交，这种行为在当时也同样是“合法”的，否则裘卫是不会把这件事情的始末载诸彝铭的。

矩伯、邦君厉所出卖的田里，就是在井田制内部出现的真正意义上的“私田”。这种私田并非在公田之外额外开垦出来的，而是由原来的公田转化而来的。矩伯是矩国之君，“邦君”也是诸侯，他们都是西周分封制卵翼下产生的诸侯。他们所拥有的田里，显然是从周天子那里受封而来的“世业”。随着时间的推移，这些公田逐渐由受封者的占有对象而演变为所有对象——私田。原来公有的山林川泽，也随之成为贵族瓜分垄断的对象，以至于发展到可以出卖和转让这些所有权，周王朝也不得不承认这种现实。这同昔日“溥天之下，莫非王土”的情况已不可同日而语，井田制已被打开了缺口，奴隶制的国有土地制度开始崩溃。

值得注意的是，在当时类似裘卫三器铭文所反映的田里交换和转移的情况，已不是个别的偶然的现象。在同时代的《格伯簋》（有人作《倗生簋》）中，记载“格伯受良马乘于倗生，厥贮卅田，则析”。格伯从倗生那里得到四匹良马，作为交换的代价，倗生得到了格伯的三十田，双方立契约为证。这是以四匹马换取三十田。这个格伯的情况，很有点类似裘卫铭中的矩伯。孝王时期的《曶鼎》，记载一个叫匡的奴隶主因偷了曶的十秭（重量单位）禾，被曶告到东宫，经过东宫的审理，匡以“七田”赔偿于曶。厉王时期的《夨人盘》，记载夨国因侵犯散国的城邑，结果失败，只得用“眉田”“井邑田”赔偿给散氏。双方官员参加划界移交，踏勘了田地的四界，画成地图交给散氏保存。厉王时期的《鬲从盨》，记载章氏用八邑去向鬲从换田，良氏也用五邑换田。所有这些土地，都是奴隶主自己有权处理的土地，因而都在不同程度上具有了私有制的性质。可见西周后期土地私有制已在蓬勃发展。

其次，从裘卫家族的发家史中，我们还可以看到当时阶级关系的消长变化情况：旧的奴隶主宗法贵族的地位在下降，而新兴的土地所有者在上升。

矩伯和邦君厉是西周分封制所产生的宗法贵族，他们在经济上拥有大量的田里，政治上与周王室有着密切的联系。到了西周后期，他们中的一部分人在经济上开始破落。他们虽然还保持着贵族的身份和排场，一而再地参加周王举行的朝会典礼，但却备办不起应有的车服礼器，显出一付捉襟见肘的窘态，不得不向别人举债，然后把祖传的家业拿去抵押，以此勉强支撑门面。矩伯在短短的六年间，就先后卖掉十三田和一个里，经济上迅速下降乃至破产，沦为地道的没落贵族。

相反的，像裘卫这样的家族却在迅速地上升起来。裘卫虽然属于奴隶主阶级，但其身份和社会地位并不高，他是“司裘”，一个掌管皮裘生产的小官，属于工正、贾正一类。据《周礼》的记载，不过是中士一级。从裘卫家族晚期铜器铭文可知，裘卫家族为嬴姓，是周王室的姬姓贵族以外的“庶姓”。但是，由于经营工商业，裘卫积累了大量的财富。他用以交换田地的财物，除了车马玉器之外，还有大量的皮毛及其制品，可见他确是经营皮毛生产的手工业者。他还承包像“营二川”这样的水利工程。如今又把积累的财富投资于土地，掌握了大量的“私田”，成为新兴的土地经营者。可以说裘卫是我国历史上出现的第一批“私家”的代表人物。

随行经济地位的上升，裘卫家族的政治地位也在上升。到了厉王时期，裘卫家族已由原来专事皮裘生产的工官，上升为厉王重臣虢仲的

“百工”，掌握了更多的手工业权力。铸于厉王时的《公臣簋》，是裘卫的后代公臣所造，铭文记载虢仲曾亲自任命他“司朕百工”。到了宣王时期，裘卫的后代旅伯（又叫“此”“伯辛父”）更上升为“膳夫”，掌管出纳王命，成为王室重要官员。这种现象正如《诗经》所说，“私人之子，百僚是试”（《诗·小雅·大东》），私家的子弟，都练习着去做官了。而王室在选择官吏时，则是“择三有事，亶侯多藏”（《诗·小雅·十月之交》），选择之卿，都是来自有财富的人家。

经济地位和政治地位的上升，使裘卫家族的社会地位也在上升。《旅伯鼎》记载旅伯曾娶毛仲姬为妻。毛是文王第八子的封国，属于姬姓。稍后的《荣有司再鬲》，是裘卫的后代再为其女儿做的陪嫁器物，他的女儿嫁给了成伯孙父。成，就是周武王弟叔武的封国郕，也是姬姓。可见在厉宣时期，裘卫家族已与姬姓贵族互相联姻，表明这个下层家族的社会地位在不断地上升。

最后，社会经济的变化也反映于上层建筑的“礼崩乐坏”上面。从裘卫家族的铜器铭文中，也可以窥见这方面的一些情况。铸造于夷、厉时期的《倂（yìng）匜》，记载有个叫牧牛的人，“敢以乃师讼”（竟敢和他上级的“师”打官司），因而被周王的官吏伯扬父判以鞭刑五百，罚金三百寽，并且勒令他如果再敢告发上司，就将处以更重的刑罚。这个案件说明西周奴隶制的法律，是如何千方百计地维护“上下尊卑”的等级秩序的，牧牛的唯一罪过就是告发了上司，违反了尊卑等级秩序，在统治阶级看来这就是“犯上作乱”的犯罪行为，因此必须科以重罚。不过，从这个案例中，也透露出当时像牧牛这样胆敢“犯上作乱”的现象已比较普遍，因而引起奴隶主统治阶级的恐慌，不惜动用刑罚以镇压这种违反礼制的行为。

共、懿以后，西周奴隶社会开始走向衰败，井田制的破坏、阶级关系的变动以及等级秩序的破坏，无不反映了奴隶制度江河日下的景况，一场重大的历史变革正在酝酿积蓄之中。

二　厉王专利与国人暴动——西周后期的阶级矛盾和斗争

司马迁说：“共王崩，子懿王囏立。懿王之时，王室遂衰，诗人作刺。”（《史记·周本纪》）从共、懿之后，西周王朝统治权力逐步下移，地方诸侯势力日益上升。“夷王衰弱，荒服不朝。”（《后汉书·西羌传》）尊贵为周天子也不得不“下堂而见诸侯”（《礼记·郊特牲》）。王室衰弱的原因，从根本上说，是古老的奴隶制度已经走到它的尽头，新的封建因素已在旧的机体中孕育生成。奴隶主专政的总代表周王室日益腐朽，它对人民残酷的压迫剥削，激化了阶级矛盾和统治阶级的内部矛盾，这些矛盾和斗争加速了西周王朝的灭亡。

残酷的阶级压迫和剥削，激起了广大奴隶和下层人民的满腔仇恨，他们终于喊出了郁积在心中的愤怒：

坎坎伐檀兮，	砍伐檀木造车辆，
置之河之干兮，	放在河边没用场，
河水清且涟猗。	河水清澈见波纹。
“不稼不穑，	“你们既不耕种又不收割，
胡取禾三百廛[①]兮？	任什么拿走三百家人的谷物？
不狩不猎，	你们不去打猎，
胡瞻尔庭有悬貆兮？”	为什么看见你们家里挂着野獾呢？”
彼君子兮，	那些有道德的君子，
不素餐兮！	决不能不劳而获！

——《诗·魏风·伐檀》

奴隶们再也不能忍受奴隶主“岁取十千”的剥削，“千斯仓，万斯箱”地占有他们的劳动产品。他们决心对剥削者采取反抗行动。

硕鼠硕鼠，	大田鼠大田鼠，
无食我黍。	不要再吃我的黍。
三岁贯女，	多年来纵惯着你，
莫我肯顾。	而你对我们却毫不眷顾。
逝将去女，	我要离开你了，
适彼乐土。	到那快乐的土地。

① 廛：家。

乐土乐土，	乐土呀乐土，
爰得我所！	哪里是我的安身之处！

——《诗·魏风·硕鼠》

逃亡是当时奴隶们最主要的斗争方式。“逝将去女，适彼乐土”，这是奴隶们以逃亡为手段摆脱剥削，寻求美好生活的心声。西周后期，“臣妾逋逃”（《尚书·费誓》）的事件已比比发生，有一个奴隶主外出打官司，“归而逋其邑，人三百户”（《三国·魏》王弼注，（唐）孔颖达疏：《周易正义》卷二《讼》），三百户奴隶集体逃亡了。奴隶逃亡的反抗形式，严重地打击了奴隶主阶级，使奴隶制及其赖以存在的井田制迅速趋于瓦解。

与此同时，统治阶级内部的矛盾也在日益激化。周王室对于诸侯征敛无度，苛求不已。“小东大东，杼轴其空，纠纠葛屦，可以履霜。”（《诗·小雅·大东》）东方的大国小国，织布机上的产品都被征敛而光，人民只好用葛草胡乱缠成鞋穿，踩在冰霜之上，怎能御寒呢？这种情况加大了王室与诸侯的矛盾，“王室遂衰”“诸侯不朝”的记载史不绝书。

随着奴隶制度的腐朽，新的封建因素的成长，也造成了统治族——周族和统治集团内部的矛盾和分化。“人有土田，女反有之；人有民人，女复夺之。”（《诗·大雅·瞻卬》）反映了贵族内部有些人丧失了土地和奴隶，另一些人则集中了越来越多的土地和奴隶。

厉王胡是夷王的儿子，西周第十个国王，是一个贪婪残暴的君主。他在位期间，各种错综复杂的社会矛盾更进一步激化了。

厉王好利，他信任同样“好专利而不知大难将至”的荣夷公，任命他为卿士，委以大权，进一步实行专利。所谓专利，就是专山林川泽之利，把原来公有的山林川泽霸占为己有，不许人民樵采渔猎。厉王专利，不完全是他个人性“好利”，也不是一时兴之所至的偶然的行为，这是西周后期社会经济发展变化的一个反映。前面我们已经提到，共王时裘卫就曾向矩伯买来林舂里和颜林，使这片山林成为他的“专利”。可见，对于山林川泽的“专利”是西周后期开始出现的一种社会现象，是随着奴隶制的瓦解和土地私有制的发展而产生的现象。到了厉王时期，不仅“匹夫专利”，王室贵族如荣夷公之流“专利”，连周天子也“专利”起来了。

厉王染指山林川泽，实行专利，触犯了社会各阶层的利益，其结果是“所怒甚多”。一方面，在守旧的贵族看来，这种做法背离了周室“王人”的传统，“王而行之，其归鲜矣”（《国语·周语》）。因行专利而失掉了王室贵族和统治集团的支持。另一方面，对于广大平民和下层民众来说，在遭受着本来已经十分沉重的剥削的同时，又断绝了渔猎薪樵之源，造成“下民胥怨，财力单竭，手足靡措”（《逸周书·芮良夫解》），达到了“民不堪命”的地步。这样就使社会各方面的矛盾进一步激化起来。

厉王的专利特别严重地触犯了“国人”的利益，因此激起了国人的强烈反对。

国人中的基本群众是平民。他们有自己的土地，平时参加农业生产，战时则要“执干戈以卫社稷”，是兵役和军赋的主要承担者。他们的上层也可以进入官僚的行列，参与政治。这个阶级是不稳定的，处在经常的分化之中，少数人可以上升为奴隶主，大多数人则随时有下降为奴隶的危险。西周后期，随着对外战争和赋敛的有增无已，他们的负担与日俱增，迅速破产和分化。他们与奴隶主贵族的矛盾越来越尖锐，发出了怨天尤人的呼声：

肃肃鸨翼，	鸨鸟急促飞，
集于苞棘。	落在枣树上。
王事靡盬，	王事没个完，
不能艺黍稷，	害得我们不能种黍稷，
父母何食？	年老的父母吃什么？
悠悠苍天，	老天爷呀老天爷，
曷其有极！	什么时候才能有个完！

——《诗·唐风·鸨羽》

在沉重的赋役压迫之下，平民的生活是何等的痛苦。如今以厉王、荣夷公为首的奴隶主统治集团又争相专利，使国人更加忍无可忍。他们议论纷纷，抨击厉王的暴政。

西周政治制度中，还保留着某些原始民主的传统，国人议政就是其中的一个表现。国君遇有大事，需要征询国人的意见。他们的向背往往可以起很大作用。但是，周厉王却破坏了这个原始民主的传统，将国人的议论诬蔑为“诽谤”，给予了严厉的镇压。为了压制国人的言论，他特地从卫国请来巫师，让他负责监视人民，企图借助巫术去侦察国人的窃窃私议。卫巫顺从厉王的旨意，假托神灵，肆意指控国人“谤王”。一经卫巫指控的人便遭到杀戮。这样一来，国人都敢怒而不敢言，路上见面，以目示意。镐京城里，一片恐怖气氛。国人公开的议论倒是被压下去了，但是他们内心的愤怒却越积越厚。厉王对这种情况挺满意，自鸣得意地对大臣召公说：“我有办法消除诽谤，现在都不敢议论了!”召公是个有头脑的政治家，曾屡屡向厉王进谏。他见厉王如此倒行逆施，执迷不悟，便又一次劝说道：“防民之口，甚于防川。把水堵上，一旦溃决，伤人更多。堵住人民的嘴巴也是一样的道理。治水的办法是疏导水道让它流畅，治民的办法也应广开言路让人民说话。天子听政，要让上至公卿列士，近臣亲戚，下至百工、庶人都发表自己的意见，或献诗书、箴戒、赋诵，或街巷传语。然后君王斟酌取舍，决定施行的办法，这才能保证不出偏差。所以人民之口，就像土地有山川一样，是出产万物的所在。人民心中有意见，就会通过嘴巴说出来，如果硬要堵住人民的嘴巴，不让说话，其后果是不堪设想的。”但是厉王根本听不进这一套，继续一意孤行，压制人民。

在厉王的暴政之下，阶级矛盾处于一触即发之势，“民之贪乱，宁为荼毒”(《诗·大雅·桑柔》)，民不堪命，都不顾一切盼望天下大乱，宁愿吃更大的苦头，不惜同归于尽。在厉王的高压统治之下三年，国人实在忍无可忍，终于暴发了声势浩大的武装起义，真像决堤的江河一样奔腾倾泻，冲垮了厉王的残暴统治。

愤怒的国人冲进王宫，袭击厉王。厉王闻讯，狼狈逃窜，渡过黄河，逃奔于彘（今山西霍县)。厉王的太子静，逃到召公家中躲藏，起义者闻讯，又包围了召公的家，要他交出太子静。召公用自己的儿子冒充太子，交给起义者杀死，这才保住了太子静一命。

厉王被推翻以后，诸侯推举共伯和摄理王事，史称“共伯和干王位”(《古本竹书纪年辑证》，第55页)。共伯和即卫武公。卫为姬姓，是周初封国中的大国，为东方诸侯之伯。卫君后来居于共（今河南辉县），故称卫伯为“共伯”。共伯和好行仁义，在诸侯中有威信，便受到拥戴以代行天子职务。这一年被称为共和①元年，即公元前841年。司马迁作《十二诸侯年表》就从这一年开始，从此我国的历史就有了确切的纪年。

这次国人暴动是我国历史上第一次大规模的群众性武装暴动。据宣王时期的铜器《皇簋》铭文记载，参加这次起义的有“邦人、正人、师氏人”。“邦人”就是国人；“正人”就是工正所属的手工业奴隶；“师氏人”就是军队的下层卒伍。可见参加这次起义的是以平民为主体的各阶层群众。

这次起义推翻了周厉王的残暴统治，沉重地打击了西周奴隶主统治集团，戳穿了周天子是上帝的代表、神圣不可侵犯的神话。国人暴动点燃的斗争烈火遍地燃烧，“乱生不夷，靡国不泯”（《诗·大雅·桑柔》），动乱连年，无法平服，没有一个国家不趋于灭亡。周王朝更面临“国步斯频（国运危蹙）”（《诗·大雅·桑柔》）的境地。这次起义不仅是西周历史的一个转折点，从此以后“赫赫宗周”江河日下，加速了它灭亡的进程，而且沉重地打击了奴隶制的统治，进一步冲击了井田制和助耕公田的剥削制度，为封建制的产生开辟了道路，具有深远的历史意义。

三　宣王中兴——奴隶制危机的加深

共和十四年（公元前828年），逃亡在彘的周厉王死了。这时太子静在召公的养育下已长大成人，于是共伯和联合其他诸侯立太子静继位，是为周宣王，共伯和归国于卫。

宣王在位四十六年（公元前827—前782年），他慑于国人暴动的余威，在位期间，刷新政治，“任贤使能，周室中兴焉”（《诗·大雅·烝民序》）。他以召公、周公二相为辅，又任用尹吉甫、仲山甫等贤臣，“修政，法文、武、成、康之遗风”，使得“诸侯复宗周”。于是，史称“宣

① 关于“共和”的含义，有两种说法，一种说法认为是周公、召公摄行天子事，实行贵族共和政治，其根据是《史记·周本纪》所谓“召公、周公二相行政，号曰共和”。另一种说法认为是共伯和入相于周，以行天子事。《竹书纪年》《吕氏春秋》《鲁连子》等均主此说。后面一说根据较为充分。

王中兴”。所谓宣王中兴，不过是西周王朝和奴隶制灭亡前的回光返照，在中兴的背后，隐藏着越来越深刻的社会危机，预示着西周王朝的覆灭和奴隶制度的崩溃。

宣王利用国势暂时振兴的机会，大举北伐玁狁，南征淮夷、荆楚。玁狁是周王朝在西北边地的劲敌，它乘周室内乱的时机，大举南侵，深入王畿腹地。宣王用了很大力气，花了多年的时间，终于打败玁狁，迫使其逃向更远的北方，解除了对周王室的威胁。宣王乘势封韩侯于韩城（今陕西韩城），令其“因时百蛮”“奄受北国”（《诗·大雅·韩奕》），为北方百蛮之长，控制整个北国。

宣王在打败玁狁之后，又南向征服荆楚和淮夷，并封他的元舅于申（今河南南阳），是为申伯。宣王令他“式是南邦”“南土是保”（《诗·大雅·崧高》），为南方诸侯之表率，保卫周室的南土。通过这些措施，周王朝又恢复了对于南方的影响，“王国来极，于疆于理，至于南海”（《诗·大雅·江汉》）。以周王朝的制度为准绳，划定田界疆土，其影响直达南海。一时间呈现出“四方既平，王国庶定，时靡有争，王心载宁”（四方既然平服，王国因而安定，天下太平，王心安宁）的安定局面。

但是，这种中兴气象不过是昙花一现。连年征战消耗了内部的力量，到了宣王晚年，国势又一步步衰颓，在讨伐太原戎、条戎、奔戎的战争中都遭到失败。宣王三十九年（前789年）与姜氏之戎战于千亩（今山西介休南），结果“王师败绩”，从南方调来的“南国之师”也全军覆灭。这些失败就使本来已经存在的社会危机更为加深。

宣王即位之初，曾一度出现诸侯朝周的情况。但是，由于王室力量日益衰弱，诸侯的离心倾向在继续增长。宣王十一年（前817年）鲁武公携带长子括、少子戏，西朝周宣王。宣王很喜欢戏，便打算立戏为鲁国的太子。仲山甫进谏说：“废长立少，必犯王命，民将弃上。如果诸侯都照鲁国的样子办，先王之法就不能行使于诸侯了。”宣王没有听，还是改立戏为鲁国太子。戏继位为鲁君后没有几年，鲁国就发生了内乱，括的儿子伯御起兵杀死戏，自己取而代之。这是对宣王的权威的公开挑战。宣王恼羞成怒，亲自出兵讨伐鲁国，杀死伯御，改立戏的弟弟为鲁孝公。周宣王在鲁国搞的这一套，引起诸侯的普遍不满，此后“诸侯多畔王命”（《史记·鲁世家》）。周王室对诸侯的控制进一步削弱。

国人起义对于奴隶制的打击，使奴隶制危机日益深重，这种历史发展趋势绝不是宣王中兴所能挽回的。奴隶们对于井田上的劳作愈益缺乏兴趣，“民不肯尽力于公田”（《春秋公羊传注疏》卷一六，宣公十五年何休注），他们用消极怠工的方式反抗公田的剥削。于是，奴隶集体逃亡、户口流离、井田荒废的现象日益严重。

旻（mín）天疾威，	上天大怒逞神威，
天笃降丧，	降下了严重的丧乱，
瘨（dīan）我饥馑，	以饥馑来苦害我们，
民卒流亡，	庶民都流亡于外，
我居圉卒荒。	我所居住地区，全部逃亡而空。

——《诗·大雅·召旻》

在人们面前呈现出一派庶民逃亡、邑里空虚、村落萧条、田园荒芜、饥荒频仍的衰落景象。这种情况，使得奴隶主手中掌握的劳动人手和作战士兵越来越少，于是周宣王三十九年（前789年）不得不“料民于太原”（《国语·周语》）。“料”是“数”的意思。料民，就是清点户口人数。奴隶主需要通过调查户口、搜捕逃亡奴隶，来掌握奴隶人手，加强对人民的控制。这在奴隶制的全盛时期是不需要的，“古者不料民而知多少”。如今由于奴隶、平民的逃亡流散，奴隶主已无法掌握劳动人手和兵源，这正是奴隶制危机业已到来的一个信号。

随着土地所有制的变化和奴隶平民的反抗斗争，奴隶主不得不改变井田的剥削方法。这时，井田上的大规模集体耕作已无法照旧实行。从前，为了把大量没有劳动兴趣的奴隶集中在一起，为奴隶主耕种“公田”，因此需要有严格的监督和周密的布置。每当春耕时节，周天子便率领百官和贵族参加“藉田”仪式。在“藉田”仪式上，“王耕一墢班三之”，周天子第一个踏耒而耕，百官公卿按照等级高低依次增加三耜，最后由“庶人终于千亩”，完成全部耕种任务。这种象征性的藉礼实际上起着监督庶人劳动的作用。现在由于奴隶逃亡，集体耕种公田的办法已难以继续，也无利可图了，于是周宣王便不得不宣布取消藉田仪式，“不藉千亩”。这就等于宣告废止集体助耕公田的剥削方式，也就意味着井田制的崩溃。

集体助耕公田的方式破坏之后，奴隶主便不得不以“公田分授各夫”，把土地分成小块，租给农民去耕种，然后按一定的数额征取田租，这样就发展起封建性质的租佃关系。这种新的剥削方法，也就是前面讲过的所谓“彻”法。周代的“彻”法，在最初主要是一种藉法，即“助耕公田”的方法。到了后来，它是指彻取实物租税的剥削方法。东汉人赵岐在《孟子注》中说：“彻，犹取，人彻取物也。”就是指征取实物租税的剥削方式。周宣王曾命召伯“彻申伯土田”，又让他“彻申伯土疆，以峙（储积）其枨（zhāng，粮）”（《诗·大雅·崧高》）。申是在今河南南阳一带的封国，可见彻法也推行于王畿以外的地区。在奴隶制的母体中，这种封建的生产关系日益发展起来，于是从裘卫一类富有的新兴土地所有者中，逐步产生了最初的封建地主，而为他们耕种份地的奴隶则转变为农民了。

四 “赫赫宗周，褒姒灭之”——幽王氏昏暴与西周的灭亡

公元前782年宣王死，子宫涅继位，是为幽王。幽王是西周王朝最后一个国王，也是历史上臭名昭著的昏暴之君。他承继着宣王晚年已衰败的国势，以短短十二年的时间就葬送了西周王朝。

幽王即位以后，社会上呈现一派山雨欲来的景象，天灾人祸，纷至沓来，交相为虐，动荡不安。幽王二年（前781年），周王朝的心脏——三川（渭、泾、洛）地区发生了大地震，三川竭，岐山崩，造成了严重的灾害。诗人描述当时的情景道：

烨烨震电，	电光闪闪，雷声隆隆，
不宁不令。	地动山摇，不安不祥。
百川沸腾，	百川象沸水翻腾，
山冢崒（zú）崩。	山顶突然崩塌而下。
高岸为谷，	高岸变为深谷，
深谷为陵！	深谷变为丘陵！

——《诗·小雅·十月之交》

山崩地裂，川原堵塞，不仅造成生命财产的巨大损失，也加重了政

局的动荡不安。一些头脑清醒的人物，已预感到西周王朝难以继续维持下去了，王室史官伯阳父说“现在周朝的情况，很像夏、商二代末年的景象”，并一再预言：“周将灭矣!”

但是，在这危急存亡之秋，幽王不但没有采取任何补救措施，反而加重对人民的剥削，以满足他奢侈无度的享受。他任用奸臣，使“小人在位，君子在野”（《诗·小雅·隰桑序》）。虢石父是一个奸诈的坏人，贪财好利，但由于他善于阿谀奉承，便得到幽王的信任，大加重用，擢升为卿士，使政治愈益黑暗，激起了国人更强烈的不满。

幽王宠爱妃子褒姒，据说她不好笑，幽王便费尽心机企图博她一笑，但一切办法都没有奏效。最后幽王想了一个荒唐的主意，用“烽火戏诸侯”的玩笑以博取褒姒一笑。“烽火”是古代的军事报警信号。为了传递军情，在边塞或军事要地，相隔一定距离修建一座高大的台子，作为“烽火台”。台上堆积着柴草，遇有敌人入侵，白天以柴草烧烟为信号，称为“燧”，夜里举火把为信号，称为“烽”。点燃烽燧，就意味着有紧急军情发生。在西周，如果周天子发出警报，诸侯都有出兵援救的义务。可见，燃烽燧，召诸侯，是一件十分严肃的军国大事。可是周幽王却拿它当作儿戏。他命人点燃了烽燧，霎时间烽烟滚滚，传遍四方，诸侯闻警，纷纷率领本国兵马，浩浩荡荡开赴镐京勤王。来到镐京一看，根本没有敌人进犯，才知道上了当。褒姒见此情景，不禁开怀大笑，乐不可支。幽王自以为得计，也满心欢喜。幽王为了一己之乐，竟不惜劳师动众，拿国家大事当作儿戏，他的昏庸残暴只此可见一斑。

在王位继承问题上，幽王也是胡作非为，从而加深了统治集团的分裂和政治上的动乱，终于酿成大祸，不可收拾。幽王的王后原来是申后。申后的儿子宜臼已立为太子。幽王自宠幸褒姒以后，便想废掉申后，改立褒姒为王后，同时把宜臼废去，改立褒姒之子伯服为太子。此事虽然遭到大臣反对，但幽王还是一意孤行。褒姒得势以后，与朝中奸臣勾结，朝政更为黑暗。“艳妻煽方处”（《诗·小雅·十月之交》），指的就是幽王美艳的妻子褒姒势焰狂炽、惑乱朝政的情况。

申后是申侯的女儿。她受到幽王迫害，太子宜臼也逃回母家申国去躲藏。幽王十年（前 772 年）与诸侯会盟于太室（即中岳嵩山），同时又兴兵讨伐申国，企图杀害宜臼。申侯忍无可忍，于周幽王十一年（前 771

年）联合缯国和西方的犬戎，举兵进攻宗周。一时“戎狄叛之”（《春秋左传正义》卷四二，昭公四年），幽王慌了手脚，连忙命人点燃烽火，召唤诸侯前来援救。据说由于诸侯曾经上过幽王“烽火戏诸侯”的大当，这次虽然见到报警的烽火，却没有一个人派兵前来，以为还是幽王为逗引褒姒开心而开的玩笑。幽王得不到援兵，势穷力孤，被打得大败。幽王带着褒姒、伯服等人以及王室珍宝，向东狼狈逃窜。逃至骊山（今陕西临潼）脚下，幽王和伯服被追兵杀死，褒姒被俘虏而去。

其实，幽王受到申侯和犬戎的进攻，诸侯没有前往援救，并非由于他曾以“烽火戏诸侯”。这个故事近乎小说，并不完全可信。真正的原因是，当时周王室已经十分衰微，周天子已经失去对于诸侯的控制力量，因此诸侯敢于按兵不动，坐观成败。那时，不仅西周初期建立的诸侯国，如齐、鲁、晋、卫等早已坐大自守，摆脱了王室的控制，就连新建立的姬姓诸侯也已离心离德了。如郑国是在周宣王二十二年（前 806 年）所封，始祖郑桓公友是宣王的庶弟。郑桓公在幽王时当了一年王室的司徒就不干了，原来他另有打算。他对太史伯说：“我看王室不安定，早晚要出乱子，我想离开这里到一个安全的地方去。”太史伯建议他迁到关东洛邑以东、黄河济水以南去，认为那里比较安全。于是郑桓公便把他的封国人民迁到了东方。申国也是周宣王时才立的封国，申侯为姜姓，是周王室的亲戚，如今却带头起兵反对周王。可见这时诸侯对于周室已经离心离德，史称“幽王以褒后故，王室治多邪，诸侯或畔之”（《史记·郑世家》）。这时西周王朝的力量，已降至如同一个中小诸侯了。在这种形势下，幽王把烽烟烧得再旺再浓也无济于事了。这个故事中某些离奇的情节虽然并不完全可信，但它所反映的幽王求援、诸侯不救的情况，倒是符合历史事实的，从这个角度看，这个故事又是真实的。

幽王死后，申侯、鲁侯和许文公在申国拥立宜臼为平王，同时虢公翰又在携地立周王子余臣为王，[①] 形成二王并立的局面。这时，晋、卫、秦、郑等国联兵讨平了犬戎之乱，但是，关中由于战乱而遭到很大的破坏，镐京残破，于是第二年（前 770 年）晋文侯、郑武公、卫武公、秦襄公等以武力护送平王东迁雒邑，史称东周。至此，我国历史上第三个

① 平王十一年（前 760 年）晋文侯杀携王余臣。

奴隶制王朝——西周宣告灭亡。诗人愤懑地指斥道："赫赫宗周，褒姒灭之"。（《诗·小雅·正月》）宗周的灭亡，与褒姒当然有一定的关系，但是，从根本上说，不仅主要不是由于褒姒，甚至主要也不是由周幽王个人所造成的，而是由于这个奴隶制王朝已经腐朽不堪，中国的奴隶制也随之而走到了它的尽头，幽王和褒姒不过是被历史所选择去充当了殉葬者而已。

1981 年 10 月 27 日初稿

1981 年 2 月 2 日完稿

1981 年 7 月 15 日修改定稿

附录　西周（共和以后）大事年表

公元	周王纪年	大事
前 841 年	共和元年	厉王专利暴虐，引起国人暴动，推翻厉王，厉王流于彘。推共伯和摄行天子事，史称“共和”元年。从这年起中国历史有了确切的纪年。
前 840 年	共和二年	猃狁侵犯宗周的西鄙。召穆公帅师追荆蛮，至于洛。
前 828 年	共和十四年	厉王死于彘，周、召二公立太子静为王，是为宣王。共伯和归其国。周、召二相辅政，法文、武、成、康之风，诸侯复宗周。宣王以秦仲为大夫。
前 825 年	宣王三年	宣王命大夫秦仲伐西戎。
前 823 年	宣王五年	夏六月，尹吉甫帅师伐猃狁，至于太原。八月，方叔帅师伐荆蛮。
前 822 年	宣王六年	召穆公帅师伐淮夷。宣王伐徐戎，太师皇父和程伯休父随王从征，驻军于淮。西戎杀秦仲。
前 821 年	宣王七年	宣王命樊侯仲山甫筑城于齐。宣王将秦人故地复予秦庄公。
前 819 年	宣王九年	宣王会诸侯于东都。
前 816 年	宣王十二年	鲁武公与长子括、少子戏，西朝周宣王。宣王拒仲山甫谏，立戏为太子。夏，鲁武公卒，戏立，是为鲁懿公。宣王“不藉千亩”，虢文公谏，宣王不听。
前 807 年	宣王二十一年	鲁懿公括子伯御攻杀懿公而自立。
前 806 年	宣王二十二年	宣王初封其弟友于郑，是为郑桓公。

前796年	宣王三十二年	宣王伐鲁，杀伯御，立懿公弟称，是为孝公。
前795年	宣王三十三年	宣王派兵伐太原之戎，不克。
前790年	宣王三十八年	宣王及晋穆侯伐条戎、奔戎，周师大败。
前789年	宣王三十九年	宣王伐姜氏之戎，战于千亩，周师大败。
前788年	宣王四十年	宣王既丧南国之师，乃料民于太原。
前787年	宣王四十一年	宣王征申戎，破之。
前785年	宣王四十三年	宣王杀大夫杜伯，杜伯无辜，其子隰叔出奔晋。
前782年	宣王四十六年	宣王卒。子宫涅立，是为幽王。
前780年	幽王二年	关中大地震，泾、渭、洛三川断流，岐山崩坍。
前779年	幽王三年	幽王爱褒姒。幽王用谀臣虢石父为卿，操纵朝政。冬，大震电。
前778年	幽王四年	秦庄公卒，秦襄公立。
前777年	幽王五年	幽王废申后及太子宜臼，立褒姒为后。宜臼逃亡至母家申国。
前774年	幽王八年	幽王以郑桓公为司徒。幽王立褒姒子伯服为太子。
前773年	幽王九年	幽王因立褒姒、伯服，加剧王室内部矛盾，郑桓公知周将亡，请求幽王允许东迁其民于雒东。虢、鄫献十邑，郑国移居于此，号新郑。 申侯聘西戎及鄫国。
前772年	幽王十年	幽王与诸侯盟于太室山，并派兵讨伐申国。
前771年	幽王十一年	申侯与鄫、西戎、犬夷联兵攻幽王，杀幽王、伯服及郑桓公于戏（今陕西临潼），虏褒姒而去。西周亡。申侯、鲁侯、许男、郑子立宜臼于申，是为平王。虢公翰立王子余臣于携，二王并立。晋、卫、秦、郑平犬戎之乱，护送平王东迁雒邑，史称东周。

燕国故事

开场白

在我国的北方有过一个古老的封国，叫做燕国。它从西周初年（公元前 11 世纪）建立以后，子孙繁衍，世代相传，直到战国末年——公元前 222 年才被秦国灭掉，一共存在了八、九百年。

提起燕国，人们就会联想到今天还有一些跟燕国有关系的地名或古迹，比如，矗立在河北省北部，由西向东绵亘的那条山脉叫做“燕山”；我们伟大祖国的首都北京常常被人们称为“燕京”；著名的“燕下都”遗址就在河北省的易县；传为千古美谈的“燕台”（又叫“黄金台”）在河北省更是不止一处。这些地方大多在今天河北省的北部。原来，河北省的北部正是当年燕国统治的中心地区。因此，后世的人们有时也把河北省简称为“燕”。不过，燕国统治的范围可不限于河北省北部，在战国时期燕国疆域最大的时候，它的地盘包括着西起今天山西省的东北角，东到今天的辽宁省。

下面就给大家讲讲关于燕国的故事。

一　召公封燕

公元前 1027 年春天的一个早晨，朝歌（今河南淇县）城里一片热闹、繁忙的节日景象。原来这天要在这里举行隆重的典礼，宣告周武王正式继承商王朝的天命。尽管昨天这里才发生过一场激战，城里四处还在冒烟，商纣王豪华的琼宫里的大火还没有完全熄灭，他的头还被悬挂在城楼的一根高高的旗杆上……但是，人们似乎都不去注意这些了，而是把两眼紧紧盯住新筑起来的祭坛和它的入口处。一会儿，随着轰鸣的钟鼓声，一队盔甲鲜明的武士和仪仗在前面开路，一群文臣武将簇拥着一个全身披挂、威风凛凛的统帅走入祭坛，他就是赫赫有名的周武王。在周武王的身后，有个身着礼服、文质彬彬、手执礼器的人。武王在神主面前就位以后，只见那人站立一旁，充当司仪，人们随着他的高声赞唱而行礼如仪。这个司仪就是日后被封到燕国的召公奭（shì）。

召公奭是周族的一个大贵族。关于这个人，还有一段有趣的故事呢。

早先，周人还居住在周原（今陕西扶风、岐山县一带）的时候，他曾被封在召（今陕西岐山县），所以被称为召公。据说，召公奭经常到乡下巡行，处理各种诉讼和纠纷。到了乡下，他总是在一棵棠梨树下接待那些来打官司的人，累了就在树底下的一个草屋里休息。因为他倾听人们的申诉十分耐心，断案也十分公正，所以来找他的人很多。后来人们为了怀念他，便把那棵棠梨树保护起来，不让砍伐，并且作了一首《甘棠》诗来歌颂他：小小棠梨树，谁人舍得除？树下小草庵，召伯休息处！

周武王在朝歌宣告西周王朝建立不久，召公奭便跟随武王回到了关中的镐京（今陕西西安市西南）。

一年后的一天，有一大队人马浩浩荡荡出了镐京城，向着东方前进。

他们出了潼关，渡过黄河，又折向北行。在这长长的行列中，有一辆四匹大马拉着的车子，显得格外华丽。马头上的青铜马冠在阳光下熠熠发光，洁白的贝壳缀成的辔带把这些体格健壮的马匹打扮得更加威武。高大的木轮在坎坷不平的土路上颠簸得很厉害。车中端坐着一个还带着几分稚气的青年，他就是召公奭的长子——旨。

他要到哪里去呢？要去干什么呢？

他率领大队人马正要到他的封地燕国去呢。尽管长途跋涉使他感到疲惫，但他还是不时地眺望着绵延在西边的太行山和东边一望无际的大平原。他有时露出急切的心情，有时又陷入沉思之中，离开镐京前的一幕幕情景又浮现在他的眼前。他想起那隆重的受封仪式，在祖宗庙里，天子亲自把各种文物典册授给他。并且告诉他：本来应该让他的父亲召公奭亲自到燕地去，无奈朝廷新建，百事草创，政务繁忙，他父亲不能离开京城，因此决定让他代表召公奭到燕地去。出发前，召公奭把他叫到跟前，问他："你知道天子为什么把咱们封到燕地去吗？"年轻的旨回答说："最近不是一再有消息从关东传来吗？那里的商贵族蠢蠢欲动，他们不甘心失败，燕地也是他们的一个重要据点。"召公奭点点头，语重心长地说："是呀，天子让咱们去镇守北方，这是关系重大的事情。商人的同姓国孤竹国就在燕地。他们并没有屈服，孤竹君的两个公子伯夷、叔齐就是一个例子，他们反对我们讨伐那荒淫残暴的纣王，不服我们周家的统治，宁愿饿死在首阳山也不肯吃我们的粮食，可见他们多么顽固。因此你要赶紧到那里去建立封国，保卫北疆！"

他们晓行夜宿，催赶路程，好容易渡过易水，来到了燕山脚下的蓟（jì）城。于是，他们就在这里停下，祭告天地以后，燕侯旨便命令随从人员把大大小小的殷贵族召来，让他们率领自己的奴隶前来服役。在周人的指挥下，人们把已经破败了的城垣重新修好，在城圈的四周还栽上树木，挖了壕沟，在城内修建了宗庙和宫殿。不久，一座崭新的城池就屹立在燕山脚下的平原之上了。因为它背靠燕山，因此人们便把这个封国叫做燕国。

燕侯旨在这里建立起统治据点以后，便仿照着周天子分封诸侯的办法，也把从镐京带来的子弟亲戚和功臣分封到燕国的各地去，作为自己统治的支柱。对于那些替他效力有功的大小奴隶主贵族，他也常常把奴

图1　燕侯旨率领大队人马，向燕地奔去。

隶和各种珍宝赏赐给他们，让他们更好地为他卖力。前几年，在北京西南郊房山县的琉璃河，考古工作者挖出了许多燕国奴隶主贵族的墓葬。其中有一个墓里出土了一件青铜酒尊，那上面铸着这样一句话：“匽侯赏复冕衣臣妾贝。”这是什么意思呢？所谓“匽侯”，就是“燕侯”，在西周早期，“燕”字通常都写作“匽”。根据考古学家判断，我们知道这个

“燕侯”就是燕国的第一代国君燕侯旨。这里的“复”，就是这座墓里的主人。这段话的大意是说：燕侯旨曾经把冕衣、臣妾和贝赏赐给复。大概这个复曾经替燕侯旨效劳过，因此得到了他的赏赐。他的身份应该是一个奴隶主，因为在他的墓里，殉葬着一个12岁左右的男孩。这个男孩侧着身子，面向着主人，双手被捆绑着，一把青铜矛扎进了他的头部，铜矛已经弯曲，头骨已经破碎。这就说明，这个奴隶是被捆起双手以后，用铜矛活活扎死，再埋进去为这个奴隶主殉葬的。可见当时的奴隶制度是多么野蛮和残酷啊！

这种带“燕侯”字样的青铜器，在河北省的北部和辽宁省都有发现。可见，当时燕国的势力范围，已经到达了东北地区。经过燕侯旨的努力，燕国在北方终于站住了脚跟，成了西周王朝在北方的一个重要屏障。

二　割沟为界

燕侯旨以后，大约传了十七代，到了燕庄公（前690年—前658年）的时候，已经是春秋时期了。

燕庄公二十八年（前663年），燕国北方的一支少数民族山戎的首领发兵攻打燕国，抢走了燕国许多人口和财物。燕庄公一连吃了几个败仗，退守在蓟城。山戎又把蓟城团团围住，燕庄公急得象热锅上的蚂蚁一样，团团乱转。底下的人议论纷纷，都说："现在只有向齐桓公求救，才有希望解救燕国了！"

燕庄公有点犹豫，说道："齐国肯来吗？"

大臣们说："齐国是我们东南面的近邻，燕国灭亡了，就要威胁到他们。如今齐桓公在位，任用管仲为相，改革内政，励精图治，国力雄厚，兵强马壮。十六年前，齐桓公在鄄（juàn，今山东鄄城）大会诸侯，开始称霸，提出'尊王攘夷'的口号，保证要尊崇周天子，扶助弱小，抵御夷狄。因此，我们向他求援，他准得答应。"

燕庄公想，也只有这个办法了。便派人偷越重围，星夜赶往齐国。

原来齐桓公早就有北伐戎狄的打算。因为山戎、北狄经常侵扰中原，虏掠人畜。如果齐国能够率领诸侯打败戎狄，自然会提高齐国在诸侯中的威信，更有了称霸中原的本钱。因此，当齐桓公接到燕国告急的消息时，二话没说，立即跟管仲一道率领着大军，浩浩荡荡向北开拔。

山戎见齐国的大军来势凶猛，便撤离燕国，退到了燕国东北的孤竹国（今河北卢龙县）。这孤竹国原先是商王朝的同姓国。商朝灭亡后，它总是跟周王朝和燕国抱着敌对的态度，因此，这次山戎侵燕，它也出兵助战。齐桓公跟燕庄公相会后，便合起兵马，继续向东北进军，一直打到孤竹国，把山戎赶回它原来的地盘。

齐桓公不辞辛苦，长途跋涉，劳师远征，挽救了燕国的危亡。燕国的上上下下都非常感激他。齐桓公的大军要回国了，燕庄公苦苦挽留也挽留不住，便带领着燕国的文武官员和百姓，前往送行。他们送了一程又一程，齐桓公再三催促他们回去，他们哪里肯听。不知不觉已经送出燕国的国境，来到了齐国境内。

图 2　齐桓公命人挖了一条沟，算作是两国的国界。

这下齐桓公可有点急了，他握住燕庄公的手，说道："按照周礼的规定，送周天子可以送出国境，诸侯之间相送是不出国境的。如今您送我们已经出了燕国国境，这样我们齐国就失礼了。现在我只好以此地为界，就把您越过的地方割让给您，算作是燕国的领土吧。”

燕庄公听了，哪里肯答应。他心里想：齐国比燕国强大，一贯想侵占燕国的土地，哪能反过来把土地给我们呢？何况山戎的威胁并没有彻底解除，将来说不定还得求助于齐国。他便说：“你们帮助我们打退了山戎，已经感激不尽了，怎么还能要你们的土地呢！”

齐桓公却执意要给。原来他心里另有主意：我们帮助燕国打败了山戎，已经提高了齐国的威望，如果在遵守周礼方面再做出个样子来，各国诸侯更得服从我们，周天子再不承认我们的霸主地位也就不行了。于是，两个人你推我让，争执了半天，最后燕庄公拧不过齐桓公，只得答应。

齐桓公立即命人就地挖了一条沟，算作是两国的国界，在沟北边筑起一座城，人们把这座城叫做“燕留城”。

临别那天，燕庄公站在沟北边，齐桓公站在沟南边，两个人互相施礼告别。齐桓公俨然摆出一副霸主的气派，对燕庄公说：“贵国是北边的屏障。贵国强盛起来，对中原各国都有好处。只要贵国能继承召公奭的业绩，像当年成王、康王时期那样，按时向周天子纳贡，我也就心满意足了。”燕庄公听他话里有话，脸上红一阵白一阵，只是点点头，一句话也没有说出来。

三 燕哙让国

公元前481年，齐国的新兴地主代表田氏夺取了齐国的政权，历史上叫做“田氏代齐”；不久，晋国的新兴势力韩、赵、魏三家大夫，消灭了另一家大夫智氏，实际上三分晋国。从此开始了战国时期。经过二百多年的兼并战争，到公元前221年秦始皇统一六国，才结束了这个历史时期。战国时期最重要的国家有秦、齐、楚、赵、魏、燕、韩，号称“战国七雄”。燕国虽然是战国七雄中最弱小的一个国家，但它在战国历史中也曾扮演过重要的角色。

公元前321年，燕国国君燕易王死了，他的儿子哙（kuài）继了位。

燕王哙这个人书呆子气很重，还带有几分糊涂。他的相国叫做子之，这个人贪图权势，野心很大。虽然他已经身居相国，但仍不满足，两只眼睛还紧紧盯着燕王的宝座。他利用燕王哙的书呆子气，暗中拉帮结派，培植自己的势力。

当时有个人叫苏代，经常往来于燕、齐、楚、魏等国，到处充当说客。他凭着老奸巨滑的政客手腕和三寸不烂之舌，居然取得了燕王哙和子之的信任。公元前318年，苏代从齐国来到燕国，燕王哙顺便打听齐国的情形，问道：“齐宣王这个人怎么样？你看他能称霸吗？”

苏代的两只眼珠子骨碌碌地转了几下，说：“不行啊！”

“为什么不行呢？”燕王哙呆声呆气地追问。

“因为齐宣王不信任他的臣下，自己紧紧地攥着国家大权，这哪有一点儿霸主的风度呢！”苏代说着，眼睛一会儿瞄瞄子之，一会儿瞄瞄燕王哙。燕王哙心想：是呀，一个有霸主风度的国君，怎么能像齐宣王那样不信任臣下呢？

从宫里出来，子之立即给苏代送去一百金，说："一点小意思，您先拿去用吧。"

有个叫鹿毛寿的大臣，与子之也是一党。有一天，他看见燕王哙正捧着一本书，一边读着，一边摇头晃脑地称赞尧舜是难得的"圣贤"。鹿毛寿凑上前去，对燕王哙说："主公想想，为什么世人都称颂尧是个圣贤呢?"

图3 燕王哙亲手捧上传国的御玺，交给子之，口称臣子。

燕王哙放下书本，不加思索地说："因为他能实行禅让，他宁愿把天下传给有才能的人，而不传给自己的儿子。”

鹿毛寿伸出了大拇指，冲着燕王哙说：“大王真是英明！是呀，世人所以称赞尧是圣贤，就是因为他把天下主动让给一个叫许由的贤人。”鹿毛寿眨巴了几下眼皮，咽了一口唾沫，说话时嘴巴都快贴到燕王哙的耳朵上了。“可是，许由他哪里敢要这天下呢？尧越是让他，他越不敢接受。这样一来，尧的名声可就传开了，都知道他让国的美名了。他这一着真高明，既落了个让天下的美名，又不失其天下。大王如果也把国家让给相国子之，子之一定不敢接受，这样一来，大王的行为不是就跟尧一样了吗？不是也可以得到‘圣贤’的美名而流芳百世吗？”燕王哙听着，不禁飘飘然起来，他拍着鹿毛寿的肩膀，说：“有理！有理！”

于是，燕王哙便把燕国的大权都交给了子之。谁知子之就毫不客气地接受了。这一下，子之的权势更加显赫，掌握了燕国的实际大权。

过了些时候，子之又派了几个亲信去劝说燕王哙。这几个人对燕王哙说：“大禹王把天下让给伯益，却让自己儿子启的亲信去伯益手下当官，掌握实权。大禹一死，启就轻而易举地打败了伯益，把天下夺回。所以，天下的人都说，大禹的让位是假的。现在大王虽然说是把国家大权交给了子之，而底下的文武大臣都还是大王和太子平的人。这与大禹让位有什么区别呢？这样的‘圣贤’还是美中不足啊！”

燕王哙一心想当“圣贤”，鬼迷了心窍，便一不做，二不休，第二天，在燕王宫里就演出了一幕“禅让”的闹剧。燕王哙召集文武大臣来到王宫，当众宣布把王位让给子之。他让子之坐在正中的宝座上，自己亲手捧上传国的御玺和三百石以上官吏的印章，交给子之，口称臣子，向北跪拜。于是，子之代替燕王哙，正式当了燕国国王。

四　子之乱燕

子之当上燕国国王以后，自以为目的已经达到。一朝权在手，便把令来行。为了巩固这骗得的王位，他大肆排斥异己，把那些跟燕王哙和太子平亲近的大臣统统打下去，安插上自己的亲信，拚命搜刮财物，过着穷奢极欲的生活。短短三年，把个燕国搞得一塌糊涂，民不聊生，怨声载道。

太子平眼看燕国这样下去，要被子之一伙断送掉，心中又气又恨。有个叫市被的将军，对子之也很不满。太子平便跟市被联络，密谋推翻子之。为了取得齐国的帮助，他们暗中派人到齐国去联系。齐宣王给太子平捎话说："听说太子要恢复燕国的君臣之义、父子之位，敝国军队虽然不算太多，可以听你的调遣。"太子平有了齐国给撑腰，便决定动手。

公元前315年，太子平起兵讨伐子之。他派市被去包围王宫。子之做贼心虚，总怕别人暗算他，因此对于自己的王宫防守得十分严密。市被攻了几次也没有攻下，最后带着人马，回过头来，反倒把太子平给杀了。这下燕国就像煮开了的锅一样，顿时大乱，一连几个月，死了好几万人，老百姓叫苦连天。

齐宣王得知燕国内乱，便派大将匡章讨伐燕国。匡章从齐国北边的五座城邑里调来兵马，杀奔燕国。燕国人因为吃尽了子之的苦头，所以齐国军队来到燕国的城邑时，燕国的兵士都不跟齐军作战，连城门也不关闭。老百姓还送水送饭，欢迎齐国的军队。齐军很快就攻下了燕国都城，燕王哙被乱兵杀死，子之被齐军活捉，剁成了肉酱。

齐国打败燕国以后，便想占着燕国不走。别的诸侯国眼看齐国一下子占了这么大的便宜，都嚷嚷着要联合起来出兵搭救燕国。燕国人民看到齐国军队到处烧杀抢掠，也纷纷起来反抗。齐宣王这才被迫下令撤兵，不过，他顺手牵羊，撤兵时把燕国的传国宝鼎和其他财物都搬到了齐国，还占领了燕国十座城邑。

子之之乱虽然被平定了，但燕王哙和太子平都已死去，燕国的王位由谁来继承呢？这时赵武灵王出来作主，把正在韩国的燕王哙的另一个儿子公子职召回，立他为燕王，派大将乐池护送他回燕国即位，这就是燕国历史上著名的燕昭王。

五　昭王招贤

在北京市永定门外东南三、四里的地方，有一个土岗子。早年在那上面有一个亭子，亭子里立着一块石碑，碑上刻着“金台夕照”四个大字。这还是著名的燕京八景之一呢！据说，它是当年燕昭王为了招引贤士而修筑的黄金台，简称为“金台”或“燕台”。这种“金台”遗址，除北京以外，在河的易县、徐水、满城、定兴等地都有。不过，这些台子不一定都是燕昭王当年修筑的，有一些大概是后人为了纪念燕昭王爱惜人才、礼贤下士而修建起来的。千百年来，人们还写了无数诗篇来歌颂它。其中，唐朝著名诗人李白有一首五言古风，写道：

燕昭延郭隗，
遂筑黄金台。
剧辛方赵至，
邹衍复齐来。
……

为什么人们对黄金台怀着那样强烈的感情呢？李白的诗句又是什么意思呢？让我们看完下面的故事，自然就会明白了。

燕昭王即位时，燕国的情形可真够惨的。经过子之之乱和齐国的侵略，国都蓟城差不多成了一片废墟，燕王的宫殿和宗庙也被烧光了，到处是断壁残垣和瓦砾。老百姓死的死，伤的伤，啼饥号寒。面对这堆烂摊子，燕昭王不是悲观丧气，而是奋发图强，积极复兴燕国。他脚穿草鞋，身着粗衣，与老百姓同甘共苦，亲自吊祭战死的将士，慰问孤儿寡妇。当时燕国的问题很多，百废待举。但是，燕昭王认为，要复兴燕国，最要紧的一条是要有众多的人才。有了人才，就什么事情都好办了。因此他决心从广招人才着手，治理燕国。

当时，燕国有一个叫郭隗（wěi）的人，很有才能。燕昭王便亲自登门向他求教。

燕昭王对郭隗说："齐国利用咱们燕国内乱，趁机攻破燕国。寡人深知燕国国小力弱，无力报仇雪恨。但是，如果有许多贤才与寡人同心协力，共治燕国，就有洗雪先王耻辱的希望。请问先生对此有何见教？"

图4　燕昭王把郭隗请到宫中，讨论复兴大计。

郭隗对燕昭王的看法颇有同感，又见燕昭王态度诚恳，便说：“是的，要实现大王的宿愿，成就帝王之业，第一步就应当先把燕国的贤才选拔出来，给予重用，使天下人都知道大王爱惜人才。这样，天下的贤才就会争先恐后到燕国来为大王效力了！”

“那么，寡人应当先从谁做起呢？先生看哪个人合适呢？”燕昭王急切地征询着郭隗的意见。

郭隗拈着胡须，慢条斯理地说：“小臣听说过这样一个故事：古代有一个人君，很想得到一匹千里马。尽管他出了很大的价钱，愿意用一千金买一匹，但是，等了三年，一匹也没有等到。他底下有个亲信的‘涓人’（负责宫中洒扫的人）自告奋勇说：‘我能买到千里马’人君便派涓人去买千里马。三个月后，涓人提着一颗千里马的马头回来了。人君大怒道：‘我要的是活千里马，你却买来一个死马的头，这有什么用？’涓人答道：‘死马我们都舍得用五百金去买，更不用说活的了。现在天下人已经都知道大王是诚心诚意要买千里马了，您就放心等着吧，千里马就要来啦！’果然，还不到一年的功夫，就得到了好几匹千里马。”郭隗讲到这里，用眼睛打量着燕昭王，又说：“大王如果真心实意要招揽人才，就请先从我郭隗开始罢！人们看见像我这样的人都受到大王的重用，那些比我有才能的人，自然会不远千里而来。”

于是，燕昭王便把郭隗请到宫中，加以重用，日夜跟他讨论复兴大计，虚心求教。当时，燕国的经济还十分困难，连燕昭王也没有像样的宫殿，但他还是命人筑起一个高台子，在上面建造了华丽舒适的宫室，然后把郭隗恭恭敬敬地请到里面去住。据说，燕昭王还在里面放了许多金钱，任郭隗和那些招来的贤士们使用，于是，人们便把这个地方叫做“黄金台”。

果然，燕昭王纳贤的名声很快便传了开来，不仅燕国有才能的人纷纷跑来，就是别国有才能的人，也不远千里，争相而来。如名将乐毅从魏国而来，学者邹衍从齐国而来，武将剧辛从赵国而来，杰出的外交家苏秦也从东周而来。真如一首唐诗所说：“燕昭北筑黄金台，四方豪杰乘风来！”一时间谋臣如雨，猛将如云。燕昭王依靠着这些人才，经过二十多年的努力，使燕国的经济得到了迅速的恢复和发展，军事力量也相应地强大起来，从一个几乎要灭亡的弱小国家，一跃而变成了一个强盛一时的国家。

六　苏秦说齐

燕昭王招贤纳士，从中原引来了一位叫苏秦的人。

苏秦原是东周洛阳人，家里虽有几亩田地，但日子过得并不富裕。他曾到过齐国，跟鬼谷子先生学过纵横之术。什么叫纵横之术呢？战国时期，七雄混战，各国的关系和相互的斗争十分剧烈而又复杂。西方的秦国自从商鞅变法以后，迅速强大，对东方六国形成日益严重的威胁，于是有些人便出来提倡六国联合抗秦。因为六国的地理位置大体上是由南到北纵贯着，因此把这一派主张叫做“合纵”。而另一派帮助秦国的人，为了对付合纵，便主张秦国与东方一国或几国联合，实行各个击破的策略，这就形成一种从西向东的横的联合，因此叫做“连横”。这些专门研究各国关系及其斗争策略的学问叫做“纵横之术”，善于纵横之术的人被称为“纵横家”。苏秦早年曾经去游说过秦王和东周君，都没有成功，只好回家继续埋头读书。不久，他听到燕昭王招贤的消息，便跟别人借了一百个铜钱，背着行李，步行来到了燕国。

燕昭王听说苏秦来投奔燕国，特意出城迎接，重礼相待，并让他参予国家大事。

这时，燕昭王即位才四年，齐国占去的十座城还没有归还。他吃不下饭，睡不着觉，念念不忘收回失地，报仇雪耻。但是，燕国的力量比齐国小得多，他只得表面服从齐国，暗地里加紧准备。

自从苏秦来到燕国，燕昭王跟他日夜倾谈，十分投机。他见苏秦能说会道，很有办事能力，便把自己的女儿嫁给苏秦，还把心事告诉苏秦，问他能不能去向齐国要回那十座城。苏秦觉得，燕王对自己如此看重，而自己刚到燕国不久，还没有什么功劳，这正是建功立业，报效燕王的时候，便一口答应下来。

燕昭王五年（公元前307年）苏秦来到了齐国都城临淄。他买通了齐宣王的左右，很快便被引进宫去。苏秦见到齐宣王，连忙向前跪下拜了几拜，向他表示祝贺；一会儿却又仰头痛哭，向他表示哀悼。齐宣王被他这反常的举动吓了一跳，后退了几步，气势汹汹地喝问："你这样一喜一悲，一贺一吊，是什么意思？！"

苏秦微微一笑，泰然自若地说道："我第一次出使贵国，礼当向大王祝贺；但是，眼看大难就要降临贵国，不得不为大王哀悼。"

"我怎么看不见有什么大难呢？"齐宣王气呼呼地反问。

图5　苏秦向齐宣王陈述利害，越谈越有劲。

苏秦答道："请大王息怒。我听说饿肚子的人，饿得再急也不肯去吃乌头籽，因为那是一种毒草，吃得越多，死得越快。现在燕国虽然弱小，但是秦王把女儿嫁给了燕昭王，昭王便是强秦的女婿。可是，大王占着燕国的十座城，至今还不肯交还给燕国。这不是等于得罪了强秦吗？大王贪图燕国十座城的小利，而看不见跟强秦为敌的大害，这不是跟吃乌头籽一样的蠢事吗？如果大王要再占着这十座城，就将逼得弱小的燕国起来反抗，强大的秦国在后头压阵，这还不是大难临头吗？"

齐宣王听着，刚才的火气也下去了，两道眉毛纵得紧紧的，问道："那该怎么办呢？"

苏秦答道："我听说古代的圣人，往往能够转祸为福，变失败为成功。大王如果能听小臣的计谋，不如赶快把那十座城归还燕国，同时派人向秦王承认错误。这样一来，秦王知道大王是因为他的缘故而归还燕国十城，心中一定十分高兴，自然会谅解齐国；而燕国不费力气就得到十座城，更会欢天喜地，对大王感激不尽。这不就消除了强大的仇人，反而得到了强大的朋友，一举两得，何乐而不为呢？"

齐宣王听后，紧纵着的两道眉毛，才渐渐地舒展开了。

苏秦越说越带劲，向前跨了两步，说："还不止这些好处呢！大王这一着，一下子争取了两个朋友，使秦国、燕国都尊敬大王，那么，大王号令天下，谁还敢不服从呢？所以，大王不过是用十座城换来了整个天下，这实在是千载难逢的霸王之业啊！"

齐宣王听得出了神，眉飞色舞，连声叫好，当场答应把十座城归还燕国，表示愿与燕国结为兄弟，并派人去秦国请罪。

齐宣王对苏秦十分感激，天天在宫里设宴招待他。苏秦回燕国时，还送给苏秦许多金子，表示感谢。

七　忠奸之辨

苏秦凭着三寸不烂之舌，就替燕国要回十座城，满以为自己立了一个大功，燕昭王一定会十分感激他。他高高兴兴地回到燕国。哪知道，竟然没有一个人去迎接他，燕昭王也不理他，还把他的官给撤了。这是怎么回事呢?

原来苏秦奉使到齐国以后，有人就在燕昭王跟前讲起了苏秦的坏话。他们说："苏秦是个反复无常的人，哪能真心实意替燕国出力呢？他这一去，准得给齐王收买了。过去，大王身为一国之尊，居然屈身远迎，还让他在燕国朝廷中享受如此尊崇的地位，天下人都把大王看作是跟小人一伙的人了呢!"

燕昭王本来对苏秦也还不大了解，只是听他讲得很好，不知道实际上怎么样。他更担心的是苏秦万一真的被齐国收买了，来图谋燕国。所以他经不住臣下的议论，便罢免了苏秦的官。

苏秦了解到事情的原委，便进宫去见燕昭王燕昭王有点爱搭不理的，苏秦也不管这些，上前拱了拱手，说道："小臣本是东周的一个乡下人，远离亲人来到燕国，初来时没有一寸功劳，大王却亲自到城外迎接小臣，拜官结亲，给予小臣莫大的荣耀。如今小臣奉大王之命到齐国，不费一兵一卒，替大王要回十座城，使齐国主动倒向燕国。这种情况下，大王本应对我更加信任才是。可是，现在大王反而免了我的官，不理睬小臣，想来是有人对大王讲了我的坏话，认为我苏秦是个不忠不信的人。说实在的，细想起来，小臣的确有点不忠不信。不过，这倒是于大王十分有利的呢!"

燕昭王听了，有点迷惑不解，问道："这话怎么讲呢?"

苏秦说："曾参以孝顺闻名，尾生以忠信著称，伯夷也以忠于亡君而受到世人的称赞。这三个人都是天下最有德行的人，如果用这三个人辅佐大王，大王以为如何?"

“那就足够啦!”燕昭王不耐烦地答道。

苏秦说：“如果都像这三个人，就不会有人来辅佐大王了。曾参为了尽孝道，日夜不离父母，大王怎么能让这种人背井离乡，步行千里，来帮助弱小的燕国挽救危亡呢？孤竹君的儿子伯夷为了表示尽忠于商王朝，他宁肯饿死在首阳山上，也不肯吃周家的粮食，大王又怎能指望这种人自告奋勇出使齐国呢？尾生倒是真讲信用，他跟一个姑娘约好在一个破庙底下相会，那个姑娘没有来，正好碰上发大水，他宁肯抱着柱子淹死也不躲避。大王又怎能让这种人去向齐宣王宣扬燕、秦的国威，而逼他交出十城来呢？可见，这些讲忠信孝廉的人，看重的是保全自己的名声，而不是为国出力。”苏秦越说越激动，一肚子的委屈倾泻而出。“如果小臣也拘泥于这些品行，也就不会离乡背井来为大王效劳了。小臣还有老母在洛阳，但我还是辞别了老母来投奔足下，就是因为不受那忠信孝廉的束缚。我以为这才是对大王最大的忠信呢！小臣正是抛弃了小的忠信而实行最大的忠信，哪里料到，我恰恰是因为忠信而得罪了大王呢!”

燕昭王说：“天底下哪里有对人忠信反倒得罪人的事呢?”

“大王有所不知，因为对人忠信而得罪于人的事是有的。”苏秦愤愤不平地说。“小臣曾有一个邻居，那家的主人到远处做官去了，他的妻子就勾上了另一个男人。后来主人将要回来了，那个男人很发愁。那个女人说：‘你不用发愁，我已准备好毒酒等着他呢，过了三天，主人回到了家。那女人便让婢女给主人端酒。婢女知道这酒里有毒，心里想：如果送进去让主人喝了，就等于杀了主人，如果把实情告诉主人，又怕主人会赶走主母。她急中生智，假装不小心，跌了一跤，把酒全给洒了。主人大怒，将婢女打了几十大板子。大王看看，这个婢女跌这一跤，上可以保全主人，下可以保全主母，还不够忠信吗？但是，她却不免挨打，这不是对人忠信反倒得罪于人吗？小臣现在的处境，跟那个婢女十分相似。小臣尽忠于足下，为燕国立了大功，反而得罪了大王。我担心今后谁还肯尽心竭力为大王效劳呢!”

燕昭王越听越觉得自己是听信了谗言，委屈了苏秦，便站起身来，向前紧紧握住苏秦的手说：“都怪我一时糊涂，冤屈了您。”

于是，燕昭王立即命令，恢复了苏秦的官职，还给了他许多赏赐。从此以后，他对苏秦更加信任，而苏秦也为燕国做出了更多更大的贡献。

八　合纵亲赵

如果你有机会到河北省易县去，从县城出来往东南走十几里，就会看见这一带错落散布着一些高高低低的夯土台子和城墙的残垣，这便是战国时期的燕下都遗址。

这个燕下都就是燕昭王时营建起来的。因为燕国的国都本来是在蓟，所以人们就把蓟叫做“上都”，而把这个新建的都城叫做“下都”。

燕昭王为什么要在这里兴建下都呢？它对于燕国有什么意义呢？这还得从苏秦的合纵主张谈起。

苏秦投奔燕昭王以后，便时常把自己的合纵主张拿来劝说燕昭王。

有一次，苏秦问燕昭王：“西方的秦国一天比一天强大，东方六国随时都受到他的威胁。燕国是六国中最弱小的国家，但现在居然能够安然无事，不受强秦的侵扰，大王认为是什么原因呢？”

燕昭王一时也无从回答，便说：“想听听先生的高见。”

苏秦说：“这是因为赵国在南面像屏障一样挡着秦国的缘故。秦国要想攻打燕国，必须越过赵国，而且要长途跋涉几千里地。而赵国要攻打燕国，可就容易得多了，它只要一声号令，不出十天，数十万大军便可以压向燕国南部边境，渡过滹沱河、易水，不过四、五天功夫，便可打到蓟都。因此，赵国是我们最直接的威胁，我们必须跟赵国搞好关系，结成合纵，燕国才能得到安全。”

燕昭王心里想：是呀，要南攻齐国，必须先跟赵国搞好关系，消除后顾之忧；要对付秦国的威胁，也必须联合赵国才能成功。不论攻齐还是抗秦，联合赵国都是一个关键。他便对苏秦说：“燕国南邻齐国，西邻赵国，这两个都是强国。看来跟赵国搞好关系，十分重要，那就请先生不辞辛苦，亲自到赵国去一趟吧。”

于是，燕昭王给苏秦准备了车马和钱财，派他出使赵国。苏秦到了赵国，向赵王分析了天下形势，特别指出强秦东侵六国的野心，强调了燕赵合纵抗秦的必要性。赵王果然答应，愿意与燕国合纵。从此，燕赵两国保持了较长时期的友好关系。但是，这种关系并不是一帆风顺的，赵国比燕国强大，只要有机会，它也不放过进攻燕国的机会，两国之间的战争也时有发生。因此，燕国也不得不在西南边境驻守重兵，随时防备着赵国的进攻，燕下都就是适应这种防御战争的需要而建造起来的。不过，燕国对于赵国，主要还是采取合纵团结的方针。

有一年，赵国准备进攻燕国。燕昭王听到消息，便派苏秦到赵国去。

苏秦来到赵国都城邯郸，进宫去见赵惠文王，只见赵惠文王高高地坐在宝座上，昂着头，把脸扭到一边去，好像在说：你说什么也是白搭，我就是不听！

苏秦一看这个架势，心中暗暗好笑，上前说道："臣这次来贵国，路过易水，听到了一个很有意思的故事……"

赵惠文王听苏秦要讲故事，便慢慢的把脸转了过来。

苏秦说："有一只大河蚌，在易水的河滩上张开嘴正晒太阳。一只大灰鹬（yù）过来，想啄它的肉吃，一嘴下去，河蚌赶快合上蚌壳，把灰鹬的细长嘴紧紧地夹住。大灰鹬拼命摔，可是越摔夹得越紧。灰鹬生气地说：'今天不下雨，明天不下雨，非干死你不可！'河蚌也不甘示弱，说：'今天出不来，明天出不来，非饿死你不可！'这两个谁也不肯相让。有个渔翁路过这里，上去把灰鹬和河蚌都给逮住了。真是'鹬蚌相争，渔翁得利'啊！"

赵惠文王听罢，乐得前仰后合。

苏秦接着把话锋一转说："听说大王要发兵攻打燕国，现在燕国上下正积极准备，决心誓死抵抗，燕、赵两国必然相持不下。如果长久拖延下去，双方都会精疲力竭。但是，大王别忘了强秦，它虎视眈眈地站在燕、赵两国的背后，正想当那个坐收其利的渔翁呢！大王进攻燕国，不仅得不到燕国，自己反而有被秦国吃掉的危险；如果燕、赵两国团结一致，强秦就不敢侵略咱们。所以，请大王认真考虑考虑吧。"

赵惠文王觉得苏秦的话很有道理，便答应不去进攻燕国，一场眼看就要爆发的战争，就这样被制止住了。赵国与燕国的和好关系，对于燕国准备的报齐复仇计划，起了很重要的作用。

九　定计谋齐

燕昭王虽然一心一意想要报复齐国，但他从来不露声色，只是埋头苦干，暗暗做准备。

他这个心思瞒得了别人，却瞒不了苏秦。

有一天，苏秦跟燕昭王议论朝政。苏秦见旁边没有人，便故意拐弯抹角地对燕昭王说："齐国和赵国是燕国的近敌；而楚国和魏国可以牵制齐、赵，是燕国的援国。但是，现在大王总是顺从近敌，而不注意联络援国，这对燕国究竟有什么好处呢？"

燕昭王分辩说："因为齐国、赵国都比燕国强大，所以寡人只能顺从他们，哪里还敢有别的想法呢！"

苏秦轻轻地笑了一声，说道："没有图谋别人的心，却引起别人的怀疑，这是很不高明的，有图谋别人的心，还没有行动，就让别人知道了，这是很拙劣的。我听人们纷纷议论，说大王废寝忘食，一心考虑的是如何向齐国报仇。大王和王后还亲自参加制造盔甲，有这样的事吗？"

"您已经看出，寡人也就不好隐瞒了。"燕昭王的表情一下子变得严峻起来，用低沉而激愤的声调说道："我与齐国有深仇大恨。二十年前，齐国攻破了燕国，杀害了先王；二十年来，齐国从不把燕国放在眼里，任意欺凌；两年前，齐闵王派大将陈璋进犯燕国，使燕国损失了两员大将。所以，寡人早就想讨伐齐国，报此深仇，无奈力不从心。如果先生能有办法帮助寡人战胜齐国，寡人愿把燕国托付给先生！"

苏秦沉思了片刻，说道："现在天下的大国有七个，而燕国是很弱小的一个。单独跟齐国打仗，是打不赢的。但是，燕国要是倒向楚国，楚国的力量马上就增大；倒向秦国，秦国的威势就更重；倒向韩、魏，韩、魏也会立即变得很有力量。这些国家力量强大了，反过来也就加强了燕国的力量。所以我们应联合这些国家，集中力量对付齐国。齐国当今是闵王在位，此人好大喜功，凶暴贪残，刚愎自用。他向南进攻楚国，已经五年；向西与秦为敌，已有三年；向北则不断侵略燕国。现在，他又打算举兵南下，消灭宋国。像这样连年东征西讨，搞得人民精疲力竭，士兵厌战，难道能够长久得了吗？”

燕昭王点点头说：“是的。不过我听说齐国有黄河、济水作为屏障，有长城、巨防作为要塞，形势险要，易守难攻。”

图 6　燕昭王掩饰不住内心的激动，在屋子里踱来踱去。

苏秦哈哈大笑，说："天时不利，虽有黄河、济水也当不了屏障；民力疲惫，虽有长城、巨防也当不了要塞。过去，齐国在靠近赵国的济西一带，养兵防备赵国；在黄河北面靠近燕国的地方，养兵防备燕国。现在，齐国把济西和黄河北面的壮丁都抽光了，这些地方已经十分空虚。这对于燕国倒是十分有利的形势。况且那骄横的君主一定不会有周全的计谋，亡国的臣子都是贪恋财物之徒。如果大王舍得自己的爱子，送到齐国作为人质，稳住齐闵王，再拿大批金银财宝去收买他的左右，他们一定会对燕国更加放心，而用全力去攻打宋国，这样，齐国的灭亡就指日可待了。"说到这里，苏秦看了看周围没有别人，便凑到燕昭王的耳朵旁边，小声地说："依小臣之计，大王可以派一密使到齐国，实行反间计，鼓动齐国去攻打宋国，消耗它的力量，这样，大王的愿望就可以实现了。"

燕昭王掩饰不住内心的激动，站起来，倒背着双手，在屋子里走了几步，突然停了下来，说："这样的话，有五年时间，寡人的愿望就可以实现了！"

"我看得十年吧？"苏秦笑了笑说。

燕昭王走到苏秦的跟前，拍着他的肩膀，说："就照你说的办。看来还是要靠你来实现这个大计啊！我就派你到齐国去执行这个计划吧。"

这回苏秦可多留了个心眼儿，他想起前次出使齐国的教训，生怕他到了齐国，又有人在背后讲他的坏话，引起燕昭王对自己的不信任，便对燕昭王说："如果大王一定要我去执行这个计划，我可有话在先：我这次去齐国，时间不会太短，必然又会有人在背后说三道四的。我如果取得了齐国的信任，燕国的大夫们将会不信任我；我如果不被齐国信任，他们又将轻视我；如果齐国真的信任了我，他们则可能向我提出许多过分的要求；齐国如果对燕国有什么冒犯，他们也许会归罪于我；天下各国不去攻打齐国，他们会说这是我替齐国出力的结果；天下各国进攻齐国，我又可能被齐国抛弃。所以，我的处境是十分困难的，就像石头底下压着的鸡蛋一样危险。"

燕昭王想起上次对苏秦的委屈，听着这番话，便上去紧紧拉住苏秦的手说："从前是寡人的过错。这回请您放心好啦，我一定不再听别人的挑拨，完全信任您。您到了齐国，有上、中、下三策。上策呢，是得到齐国的重用；中策呢，是取得齐国的信任；下策是能保全自己就可以了。

您可以带着家眷去，可以跟齐国人说是从燕国逃走的，甚至还可以跟齐国人一起打点燕国的主意。一句话，您就放手去干，只要能完成咱们的大计就可以。”

苏秦见燕昭王说得十分诚恳，便说：“只要内部团结和睦，就没有不可抵抗的外敌。今后，大王从外面进攻齐国，小臣从它里面去瓦解，齐国的灭亡就不在话下了。”

十　反间伐宋

苏秦这次来到齐国，并没有直接去见齐闵王，而是先去找到闵王的一个亲信，说道："我要见大王，想请您帮个忙。"

那人说："你去见就是了，何必来找我呢？"

苏秦哈哈大笑，问道："有一个卖马的故事，不知道您听说过没有？"

那人莫名其妙，便说："没有听说过。"

苏秦说："从前有人要卖一匹骏马，他牵着马在市场上站了三天，连一个光顾的人也没有。他就去找那位以善于相马而著称的伯乐，跟他说：'我这马明明是匹好马，可是卖了三天也没有人买。我想请您明天到市上去看一看我的马，我会重重地报答您的。'第二天，伯乐果然去了，他围着马转了一圈，看了又看，走的时候，还一再回头来看它。于是，这匹马的价钱一下子就涨了十倍。现在我想拜见大王，如果先生愿意为我当伯乐，我愿送给您一对白璧，一千镒（yì，古代重量单位，二十两为一镒）黄金酬谢。"

那个亲信说："好吧，这件事就包在我身上了。"

于是，他便进宫去见齐闵王，如此这般说了一番。齐闵王果然十分高兴，马上传令要见苏秦。

苏秦来到宫中，夸奖齐闵王这几年的战功，说："齐国在大王领导下，向南攻破了南方的劲敌楚国，向西则使强秦屈服，至于小小的韩、魏、燕、赵，更是不在话下，这几国的军队，就像大王手中的马鞭一样，随时听从使唤。"

齐闵王听到苏秦这番奉承话，心里美滋滋的。苏秦瞧着他那满脸得意的神色，心中暗暗高兴，接着说："不过，小臣听说当代的圣王，还必须承担讨伐暴乱，消灭无道，攻打不义之国的重任。贵国南面小小的宋国，当今在位的宋君偃，狂妄昏暴，无法无天，他居然用木头刻了诸侯国君的偶像，当然也有大王的像，摆在厕所里面，还用乱箭射他们的鼻子。这实在是天下最无道不义的行径，如大王不去讨伐这无道之君，那么大王的圣名未免有些美中不足啊！”

齐闵王“啪”的一声，猛击了一下案子，把案子上的青铜觚（gū，酒杯）差一点儿给震倒了，大声吼叫着：“寡人不端了宋国的老窝，活捉那无道之君，誓不罢休！”

苏秦满脸堆笑，说：“这就对啦！何况宋国还真是一块肥肉呢，它地处中原，土地肥沃，物产丰富，人口众多，跟齐国又紧紧相连。与其得到燕国那荒凉的一百里地，还不如得到宋国的十里地呢。如果大王能出兵伐宋，既可以得到讨伐不义之君的美名，又可以得到吞并宋国的实惠，这样的美事，何乐而不为呢？”

齐闵王乐得嘴都合不拢，心里想：如果苏秦能够留在齐国，经常帮助寡人出谋划策，岂不是天助我也？

于是齐闵王立即调兵遣将，大举伐宋。苏秦赶紧派人把情报送给了燕昭王。为了进一步坚定齐闵王伐宋的决心，他还建议燕昭王派出一支军队，帮助齐国伐宋。不久，燕国派出了一员大将，率领着两万军队，前来齐国助战。

苏秦的使命完成得十分出色。他果然取得了齐闵王的信任，受到重用，还被拜为相国，执掌了齐国的大权。在苏秦的鼓动下，齐闵王连年出兵攻打宋国。最后虽然灭了宋国，却也把齐国拖得精疲力竭。齐国为了伐宋，把北方靠近燕国的兵力抽调走了，减轻了对燕国的威胁，使燕国得以保持长时期的和平局面，为燕昭王复兴燕国创造了有利的条件。过了不久，燕国便反守为攻，差一点儿把齐国灭掉。

十一　乐毅伐齐

乐毅的祖先原是魏国人，后来居住在赵国。他从小就喜欢兵法，长大后在赵国当了武将。后来赵国发生内乱，乐毅就离开赵国到了魏国。

公元前308年，魏襄王派乐毅出使燕国。燕昭王见他很有才能，便有意留他。乐毅在魏国的时候，就听说燕昭王礼贤下士，如今一见面，果然待人十分谦恭有礼，便决定留在燕国。燕昭王拜他为将，他帮助燕国训练士卒，逐步建立起强大的武装力量。

燕昭王即位之后，经过二十几年的艰苦奋斗，终于改变了原来的动乱贫弱的局面，逐渐发展成为北方的一个强大的国家。由于农业生产的发展，储存的粮食够几年吃用。这里还盛产枣和栗，即使几年粮食不收，也可以支持。原来荒凉残破的燕国，如今被人们称为“天府”之国。随着经济的发展，燕国的军事力量也空前强大起来，它拥有几十万军队，七百辆战车，六千匹战马。相反的，原来比燕国强大得多的齐国，由于齐闵王穷兵黩武，南征北伐，搞得经济凋敝，民穷财尽，统治阶级内部矛盾重重，与周围邻国的关系也很不好，处于孤立的境地。面对着这些有利的形势，燕昭王认为向齐国发动反击的时机成熟了。

有一天，燕昭王召见乐毅，跟他讲了自己的心事和打算，说：“我跟齐国的深仇大恨，已经在心中郁积了多年，现在，我想不自量力，讨伐齐国，您以为如何?”

乐毅心里也早就盘算着这件事情，听燕昭王说罢，便答道：“齐国现在虽然内外交困，但它毕竟地广人多，又是当年霸主的后继者，素来兵马强盛，能征惯战，轻视不得。大王如果决心讨伐它，不可单独行事，必须与列国联合，共图大事，方可成功。首先应当联合赵国，如果赵国同意，再联合楚、魏等国。只要几个国家同心合力，攻破齐国就有把握了。”

燕昭王说：“是的，赵国是我们西南面的强邻，如果赵国同我们一道行事，既可以消除我们的后顾之忧，又可以增加反齐的力量。这件事至关重要，您跟赵惠文王很要好，还是请您走一趟吧。”

于是，乐毅奉命出使赵国，面见赵惠文王，与他相约共同伐齐。赵惠文王很痛快地就答应了。赵国为了表示伐齐的决心，拜乐毅为赵国的相国。乐毅说通了赵国，又请赵国去劝说秦国也来参加。与此同时，燕昭王还派出使者，到楚国和魏国进行游说。这两个国家对齐闵王的骄横跋扈，早就十分反感，如今见燕国愿意带头伐齐，便也都很痛快地答应了。

图 7　乐毅统率着五国联军，浩浩荡荡杀向齐国。

乐毅和其他使者先后回到燕国，向燕昭王报告了各国同意联合出兵伐齐的计划。这时，苏秦也从齐国给燕昭王写了一封信，说：齐国现在与赵国关系已经破裂，处境十分孤立，请大王立即出兵攻齐，我从内部配合。

燕昭王看到伐齐的条件已经完全成熟，便下令跟齐国断交，同时任命乐毅为上将军，统率伐齐大军。

燕昭王二十八年（公元前284年），乐毅统率着赵、楚、韩、魏和燕的五国联军，浩浩荡荡杀向齐国。

当五国联军压境之时，齐闵王还蒙在鼓里呢。他对苏秦过于信任，认为苏秦也好，燕国也好，一贯对自己服服贴贴，决不会反对齐国。当他得知五国联军攻齐的消息时，还以为主谋是赵国呢。因此，他把齐国的主力调到跟赵国交界的济西一带，而没有去防备跟燕国交界的北线。他哪里知道，乐毅的大军不是从齐国的西面进攻，而是出其不意地从北线发动了进攻。

当北线的战报传来的时候，齐闵王赶忙召集臣下商议。可是那些大臣早被苏秦收买了，

他们说："燕国来打齐国，不过是想夺回原来被我们占着的地方罢了。听说燕军驻在晋这个地方迟疑不进，可见它在犹豫不决。燕军素来不是齐国的敌手，大王派苏秦带些兵去对付一下就可以了。只要苏秦打退了燕军，赵国也就不敢来了。"

齐闵王果真让苏秦带兵去抵挡燕军了。其实，苏秦心里早就明白是怎么一回事了，便假意推辞说："臣素来没有领兵作战的本领，去了肯定要打败仗的，大王还是另派别人去吧。"

"您就去去吧，寡人相信您就是啦！"齐闵王执意要苏秦前去。

于是，苏秦便率领齐军去跟燕军打仗。一交锋，齐国军队就败下阵来，被燕国连杀带俘，共损失了两万人。

齐国的残兵败将退到阳城。苏秦向齐闵王报告了失败的情况，并请求办自己的罪。齐闵王说："这是寡人的过错，不能全赖您。"

过了不久，燕军又来攻打阳城。那些原先推荐苏秦带兵的大臣，又向齐闵王建议："苏秦前次在晋地吃了败仗，这次大王再任命他为将，他一定会拼死拼活打个胜仗来报答大王的。"齐闵王觉得有理，便又让苏秦

前去抵敌。苏秦怎么推辞也不行，只得再次上阵。结果，齐军又遭到惨败，被燕军杀死了三万人。

这一连串的失败，使齐闵王如梦初醒。他想起了苏秦这些年的所作所为，特别是最近他还几次派人去燕国，据说，平时他跟燕昭王书信往来也十分频繁。他开始对苏秦产生怀疑了。

乐毅率领的五国联军，从北线发动了全面攻势，势如破竹，打垮了齐国在北线的防御。随着北线的崩溃，西线也跟着守不住了。

这时，齐闵王才终于发现苏秦原来是燕国的间谍，他在齐国多年，干了许多削弱齐国的事情。于是，他便下令逮捕了苏秦，在临淄街头把他“车裂”了。但是，已经晚了，乐毅的大军已经逼近临淄了。

五国联军突破齐国的北部防线以后，其他几国的军队陆续回国去了。乐毅率领着燕国的军队，深入齐境，继续追击，很快便攻下了齐国的国都临淄。齐闵王逃跑到莒（今山东莒县），也被人杀死了。

乐毅的大军进入临淄，把过去齐国抢去的燕国的传国宝鼎拿了回来，同时把齐王宗庙里的祭祀铜器和宫中的宝物，都搬到了燕国。燕昭王乐得合不上嘴，喜气洋洋，亲自到济水之上慰劳燕军，奖励有功将士。燕昭王封乐毅为昌国君，并让他留在齐国，继续攻打那些没有投降的地方。

乐毅率领着燕军，继续扫荡齐国的残余势力，一连攻下了齐国七十多座城，最后只剩下莒和即墨这两个孤城没有打下。这两个地方的守军防守得也真够顽强的，一直坚持了三年之久。

十二　不听谗言

乐毅伐齐立下了赫赫战功，燕昭王对他感激不尽，给了他莫大的荣誉。但是，这一切却引起了一些人的嫉妒。在燕国的宫廷里，诽谤乐毅的流言蜚语越来越多。有几个人还特意去面见燕昭王，七嘴八舌地攻击乐毅。

一个说："乐将军智谋过人，一下子就攻下了齐国七十多座城，现在只剩下两座孤城，三年还没有打下来。他不是打不下来，而是想借这两座城，继续抓着燕国的兵权，用来威吓齐国人服从他，他好称齐王。"

另一个说："现在齐国人已经屈服于他了，只是他的老婆孩子还在燕国，所以他还不敢称王呢!"

"听说他已经讨了齐国的美女，忘了原先的老婆孩子了……"又一个添油加醋地说。

燕昭王只是不动声色地听着，一句话也没有言语。

第二天，燕昭王在宫里摆下了酒席，把群臣百官都请来了。那几个说乐毅坏话的人也被邀请参加。人们都不知道今天为什么设宴，那几个人心里直嘀咕。

酒过三巡，燕昭王站了起来，一脸严厉的神情，说道：

> 先王当年曾把国家让出，可见并非贪图权位，非得传给自己的子孙不可，而是一心考虑燕国的前途，只是所让的人不好，使燕国遭难。但是，齐国无道，趁燕国内乱，杀害了先王，这深仇大恨，燕国上下，无不刻骨铭心。寡人继位以来，一时一刻也不敢忘报此仇，因此广招贤能，不分内外，只要能够打败齐国的人，寡人便乐意跟他共有燕国。现在昌国君乐毅替寡人攻破齐国，报了此仇，这齐国理应属于他。如果乐将军能够当上齐王，与燕国并列，两国世

代相好，这是燕国的福气，也是寡人衷心的愿望。

说着，他用手指着那几个讲乐毅坏话的人，厉声说道："可是，这几个人却在我面前挑拨是非，攻击乐将军，要我早点下手杀了乐将军，这究竟居心何在？"

燕昭王把手一挥，几个武士上去，把他们从人群里揪了出来。那几个人吓得脸色煞白，筛糠似的直打哆嗦，你看着我，我看着你，一句话也说不出来。燕昭王厉声喝道："这种嫉贤妒能，拨弄是非的奸臣，早晚是国家的祸害，留下何用！"立即命令武士把他们推出去斩了。

图 8　那几个讲过乐毅坏话的人被吓得脸色煞白，直打哆嗦。

接着，燕昭王当众宣布，封乐毅为齐王。

开罢宴会，燕昭王便派人把王后的衣服赐给乐毅的夫人，把公子的衣服赐给乐毅的儿子。还准备了国王专用的辂（lù）车一辆，随从的车子一百辆，派相国亲自带着，到齐国去送给乐毅。不料乐毅死活不肯接受“齐王”这个封号。这样一来，大家对乐毅更加敬佩，他的威信也更高了。

十三　功败垂成

公元前278年，在位32年的燕昭王死了，太子即位，就是燕惠王。

燕惠王当太子时，跟乐毅有过一些摩擦，两个人的关系不太好。防守即墨的齐将田单了解到这种情况，便派间谍到燕国去散布谣言，说："莒和即墨所以久久打不下来，是因为乐毅跟燕国的新国王不和，他害怕回去被害，因此借故拖延，企图等待时机，自称齐王。现在齐国人害怕的不是乐毅，而是害怕燕国派别的将军来接替他。如果真要把乐毅替换了，即墨和莒就保不住了。"

燕惠王对乐毅本来就不满，听了这些风言风语，自然信以为真。于是，他下令让大将骑劫代替乐毅，叫乐毅交出兵权，立即回燕国来。乐毅接到燕惠王的命令，心想："这不是明摆着撤了我的职，回去以后再收拾我吗？赵惠文王对我挺不错，不如投奔赵国去。"于是，乐毅便跑到了赵国，赵王果然十分欢喜，封他为望诸君。

齐将田单得知燕惠王中了他的计，撤换了主将，便开始组织反攻。他收集了一千多头牛，每头牛的牛角上捆上两把尖刀，牛身上披着花布，牛尾巴上缚着浇了油的草把。半夜里，田单悄悄打开即墨城门，用火点着了牛尾巴，把牛轰出城去。牛被火一烧，疼得四处狂奔，冲向燕国军营。田单率领五千名敢死队，在后面跟着杀出城来。燕军像炸了的马蜂窝，一下子乱了营，四处逃散，死伤无数。那些原来被燕军占去的七十多座城邑，也纷纷起来响应。骑劫一败涂地，率领残兵败将，退回了黄河以北。差点儿被燕国灭了的齐国，又得到恢复。齐国人从莒把齐闵王的太子接回临淄即位，就是齐襄王。

这下燕惠王可真后悔极了。本来嘛，燕昭王苦心经营了几十年的灭齐大计，眼看就要成功，被他一下子断送了。现在，齐国恢复了，乐毅又跑到赵国去了，万一赵国趁着燕国现在狼狈不堪的局面，派乐毅来攻打燕国，那就糟糕了。他的心急得像在滚油锅里煎着一般，想起乐毅来，更是又恼恨，又害怕。恼恨的是乐毅不该投奔赵国去，害怕的是乐毅可能怂恿赵国与燕国为敌。没有办法，只得派人到赵国去，找乐毅说说看。

燕国使者来到赵国，见到乐毅，传达燕惠王的话说："将军为燕国破了齐国，报了先王的仇，大王一天也不敢忘记将军的功劳。大王派骑劫去代替将军，是体念将军在外作战多年，过于辛苦劳累，因此想召将军回国歇息一下，再与将军共商国家大计。哪儿想到将军听信流言蜚语，便投奔了赵国。将军这样做，对得起先王往日对将军的深情厚意吗?"

乐毅见来人言语中带有责备口气，处处文过饰非，知道燕惠王并没有真正认错，便对来人说："不用多说啦。我写封信跟大王直接谈吧。"

于是，乐毅写了一封长信，交来人带给燕惠王。信中追述了他到燕国以后所立下的种种功劳，燕昭王对自己的倾心相待，以及自己为什么离开燕国投奔赵国。信的最后，他对燕惠王说：古代的君子，虽然跟人绝了交，也不在别人面前夸耀自己的长处，而揭露别人的短处；忠臣离开了主人，也不诽谤主人而表白自己的清白。我虽然是个武人，这点道理还是明白的。请大王放心，我绝不会做不利于燕国的事情。

燕惠王看完这封信，见他讲得句句在理，也就没话好说了。他见乐毅虽然不想回燕国来，但也不至于做反对燕国的事情，也就放了心。为了弥补一下自己对乐毅的过错，他把乐毅的儿子乐闲找来，让他继承他父亲的爵位，封为昌国君。后来，乐毅经常来往于燕赵两国之间，始终与燕国保持着友好的关系。

十四　问计图秦

公元前254年，燕孝王的儿子燕王喜即位。他是燕国的最后一个国王。

燕王喜的太子，名丹，小时候曾在赵国的都城邯郸当“质子”。燕太子丹在这里结识了一个秦国人，他姓嬴名政，就是日后赫赫有名的秦始皇。燕太子丹跟嬴政经常在一块玩儿，两个人还挺要好的。

公元前246年，回到秦国的嬴政当了秦王。后来，燕王喜把太子丹又送到秦国去当“质子”，两个老朋友又碰到一块儿了。可是，这回跟从前大不一样啦，嬴政当了国王，就看不起老朋友了，他对太子丹很不礼貌。这也不完全是由于秦王政个人品质的原因，而是由于那时的天下形势决定的。经过长期的兼并战争，山东六国遭到很大削弱，唯独秦国日益强大，经济、军事力量已经首屈一指，国土不断扩大，对山东六国已形成巨大威胁，由秦国来实现统一的条件已经成熟。秦王政正在执行吞并六国、统一中国的雄心勃勃的计划，弱小的燕国当然就不放在秦王政的眼里了。燕太子丹是个烈性子的人，哪里咽得下这口气？一怒之下，便不辞而别，逃回燕国去了。

燕太子丹回到燕国，就想对秦王政报复，但燕国在燕王喜统治的二十多年中，政治、经济日益衰败，国势一天不如一天，根本不是秦国的对手。这时，不仅燕国无力抗秦，就是韩、赵、魏、齐、楚也都受到秦国的严重威胁，都是泥菩萨过河，自身难保了。

没有办法，燕太子丹只得去找他的太傅（辅导太子的官）鞠武，向他请教说：“如今强秦虎视燕国，兵临易水，燕国上下莫不提心吊胆，惶惶不可终日，不知太傅有何主意？”

鞠武捋了捋已经花白的胡须，说道：“如今的秦国无敌于天下。如果他想要的话，那么长城以南、易水以北这块地方，是很容易到手的。因此，我们绝不可因一点小怨去跟它怄气。”

“这样说来，就没有什么办法了吗？”太子丹很不服气地反问。

鞠武低着头，沉思了一会儿，说：“你先回去，让我再考虑考虑。”

过了些日子，秦国的将军樊于期因为得罪了秦王政，逃到燕国，投奔了太子丹。鞠武知道太子丹收留了樊于期，便急急忙忙到东宫去找太子丹。

鞠武说：“这件事办得可失策啊！你想，秦王政是那样的横暴，他对燕国早已怀恨在心，这已经叫人够胆寒的了，再知道你收留了樊将军，他能答应吗？这就像把肉扔在饿虎经过的路上，还能不被吃掉吗？所以，我希望你马上把樊将军送到北边匈奴那里去，借匈奴之手灭口免祸。”

没等鞠武把话说完，太子就插嘴道：“人家樊将军是在走投无路之时，才投奔了我，我怎能因强秦的压力而抛弃患难之交呢？那样的话，我活着还有什么脸面见人？”

鞠武见太子丹态度坚决，估计说不动他，便转变了话题，说：“前些日子你所谈的事，我考虑再三，觉得还是向西联合三晋（即韩、赵、魏），向南连结齐、楚，北面联络匈奴单于，团结一致，共抗强秦，才是稳妥的办法，其他的办法都不妥当。”

太子丹耐着性子听完，便说：“太傅这个办法，旷日持久，哪年才能成功呢？我现在心里已经乜得慌，哪里等得及呢？还是请太傅再想个别的办法吧！”

鞠武摇摇头，显出一副无可奈何的样子，长叹了一声，说：“惹是生非而想求得平安无事，怎么可能呢？看重一个人的交情，而不顾国家的大害，这不是自取灭亡吗？看来我的话你是听不进去了，我给你另推荐一个人吧。”

“好呀，他是谁呢？”太子丹问。.

鞠武说：“咱们燕国有一个隐士，叫田光先生，这个人智谋过人，勇敢沉着，你可以跟他合计合计。”

太子丹很高兴，急切地说：“那就有劳太傅，给我介绍一下田光先生吧！”

十五　田光荐士

田光先生年轻时在燕国曾经名噪一时，如今年老了，就隐居在山林里。太傅鞠武为了把他推荐给太子丹，便不辞辛苦，进山找到田光，向他说明来意。田光倒也很痛快，立即答应了。

田光来到宫门口，看见太子丹早已恭候在那里了。太子丹远远看见鞠武领着一个须发全白的老头儿往这边走来，知道是田光先生，便立即迎上前去，毕恭毕敬地行了个礼，然后一边后退着走，一边引导田光先生进宫。

进到宫中，太子丹连忙跪下，掸（dǎn）了掸席子，请田光先生坐下。太子丹用眼睛示意，左右的人都下去了。太子丹离开座位，凑到田光跟前，说："早就听说先生智勇过人。秦国是咱们燕国誓不两立的仇敌，请先生费心想个办法。"

田光先生捋着白胡子，哈哈大笑，说："良马在壮年的时候，一天能跑千里，等它老了，就连一匹劣马也跑不过了。太子所夸奖的是当年的田光，现在老了，不中用啦！"

"难道先生愿意眼看着燕国被强秦灭掉吗？"太子丹带着哀求的语气说。

"话虽如此说，我也不能眼看着国家大事而不管。我有一个好朋友叫荆轲，我看他可以帮助太子办成大事。"

太子丹听到田光要给他推荐一个人，十分欢喜，便说："此人我也听说过，只是不曾见过。那就请田先生给我介绍一下吧。"

太子丹说完，田光就起身告辞，去请荆轲。太子丹送他到门口的时候，在他耳边小声地嘱咐道："刚才你我所谈的，都是国家大事，至关紧要，请先生千万不可泄露！"田光弓着腰笑了笑，说："请放心吧！"

田光先生要去找的荆轲是一个什么人呢？

荆轲原来是卫国人，从小喜欢读书练剑。他曾经周游列国，后来才流落到燕国。荆轲在燕国结识了许多好朋友，其中最要好的一个叫高渐离。高渐离弹得一手好筑（zhù，古代的弦乐器，用竹尺击弦发音）。荆轲经常跟这些好朋友一起喝酒。喝醉了，荆轲便引吭高歌，高渐离就给他击筑伴奏。唱到高兴的时候，两个人便手舞足蹈，唱到悲伤的地方，两个人便相对痛哭，旁若无人。别看荆轲成天喝酒，回到家里总是埋头读书。他遇事沉着老练，待人慷慨大方，所以人们都很尊重他。

再说田光从太子宫里出来，便直奔荆轲家里，把刚才太子丹找他的意思对荆轲说了一遍，最后说道："燕国人都知道您我的关系。因此我就自作主张，把您推荐给了太子。希望您马上到太子宫里去见他。"荆轲听说太子要找他，起身就要走。田光拦住荆轲说："太子跟我分手时，嘱咐我不要泄露秘密。看来太子对我有点儿不大放心。一个人的行动让人怀疑，还算什么侠义之人呢！为了燕国的利益，我还是死了的好。"说着就要去腰里摸匕首。荆轲吃了一惊，急忙攥住田光的手。田光决意用自杀来给荆轲做出个榜样，激励他好生替太子丹效力，便使劲推开荆轲，大叫："你赶快到太子那里去，就说田光已经死了！"说时迟，那时快，田光已把匕首扎进了自己的胸脯。

荆轲匆匆跑到太子丹那里，把田光先生为了保守秘密而自杀的事告诉了他。太子丹听到这个消息，噗通一声，跪倒在地，泪涕满面，悲痛地对荆轲说："我所以嘱咐他别往外说，是为了保证那个图秦大计的实现。哪里想到田光先生竟以死来表白自己呢?"一边说着，一边号啕大哭。

荆轲上前扶起太子丹，劝他不要过于悲伤，还是以国家大事为重。太子丹这才收住眼泪，请荆轲坐下，上前跪下磕了一个头，说："田先生把您推荐给我，看来老天爷还没有抛弃燕国，燕国还是有希望的。"

荆轲起身扶起太子丹，说道："太子有什么吩咐，请说吧。"

太子丹心事重重，脸色阴沉，一把拉住荆轲，说道："现在秦国已经把韩国灭了。接着，它又兵分两路，南伐楚国，北攻赵国。万一赵国支持不住，投降了秦国，下一步灾祸就要降临到燕国的头上。燕国本来就弱小，这些年来又一连吃了许多败仗，现在即使倾全国的兵力也无法抵挡秦国。诸侯国屈服于强秦的压力，谁也不敢出来讲合纵了。情况万分危急。经过再三考虑，我想如能招募勇士，劫持秦王，迫他停止进攻别国，交还侵占的土地，这样最好；如果他不答应，就把他刺死。这样一来，秦国内部就会大乱，我们再联合诸侯国合纵，就可以打败秦国。这就是我的最大愿望，特意请您来商议此事。”

太子丹讲完，看了看荆轲，见他低头沉思，一句话也不说。太子丹用期待的目光等着他。过了好久，荆轲才说出一句话：“这是国家大事，小臣无能，恐怕不能胜任。”

太子丹又趴在地下，一再磕头，苦苦哀求说：“这是关系燕国生死存亡的大事，壮士千万不可推辞啊！”

荆轲经不住太子丹的反复哀求，只得表示同意。于是，太子丹便把荆轲请到燕国最豪华的宫室里住下，每天亲自登门，早晚问候，山珍海味任他吃，车马珍宝任他享用。

十六　图穷匕见

公元前228年，秦将王翦大破赵军，在东阳俘虏了赵王迁，赵国灭亡。接着，秦国的大军进抵燕国南部边界。

这下燕太子丹可急坏了，他赶紧去见荆轲，说道："秦军早晚就要渡过易水，到那时，即使我想长久地侍候足下，也是不可能了！"

荆轲说："这事我已经琢磨好久了，你不来，我也要去找你的。现在可以行动了。不过，如果空着手去，秦王政是不会接见的。"

"那么，您需要什么呢？"太子丹急切地问。

"有一件东西，太子恐怕舍不得。"荆轲说。

"只要事情能成功，没有什么舍不得的！"太子斩钉截铁地说。

"我想要樊于期的脑袋！"荆轲说。

太子愣住了，连连摇头说："您要什么都可以，只是这个不行！"

荆轲说："自从樊将军投奔您以后，秦王政发出告示，有谁取得樊于期的头，奖赏千金，封邑万户。所以，如果我带着樊将军的头和燕国督亢（古地区名。在今河北涿县、固安、新城等县一带）的地图，去奉献给秦王，秦王一定非常乐意接见我，那我就有办法啦！"

太子丹说："督亢虽然是我们燕国南部的军事重地，我也可以答应，只是樊将军的头实在不能答应。樊将军是在患难之中投奔于我，那是人家信得过我，我怎么能为了自己的利益而辜负人家呢！还是请您再想想别的办法吧！"

荆轲见太子丹实在不忍心杀死樊于期，便不跟他再谈下去了。等太子一走，他便偷偷地溜到樊于期那里。

荆轲对樊于期说："自将军离开秦国，秦王把您的父母和宗族都杀光了。听说秦王现在又悬赏将军的头，您打算怎么办呢？"

樊于期听罢，仰天长叹，泪眼汪汪，说：“于期也常在想着这件事，每想起来就痛入骨髓，只是想不出什么好的办法来。”

荆轲说：“现在倒有一个办法，既可以解除燕国的祸患，又可以报将军的仇……”

没等荆轲说完，樊于期就问：“有什么好办法呢？”

荆轲说：“如果将军肯把脑袋献出来，我带着将军的脑袋，秦王一定会接见我，那时我就可以左手抓住他的袖子，右手拿着匕首向他扎去，这样不是一可以报将军的仇，二可以解除燕国的灾难吗？不知将军愿意不愿意？”

樊于期听罢，立即解开上衣，脱出右手，用左手紧紧攥住右手腕，说道：“这正是我报仇雪恨的好机会，怎么不愿意呢？”说罢，拿起匕首，一抹脖子，便倒在了地上。

太子丹听说樊将军死了，急忙跑到他那里，趴在死尸上，哭得死去活来。人们上来劝他说：“人已经死了，再哭也活不了，还是想想怎样替樊将军报仇，也算没有辜负他。”于是，太子丹按荆轲的要求，把樊将军的头割下，装在了一个匣子里。

出发前的准备工作已经就绪。太子丹早就花了一百金，从赵国买到一把锋利的匕首。工匠用毒药淬过，这样，只要被它划破一点，人就立刻死去。太子还给荆轲物色了一个副手，叫做秦舞阳。他是燕国的一个勇士，这年才十三岁。

冬天，易水上空笼罩着浓重的乌云，西北风呼呼地刮着。这天，太子丹陪着荆轲，荆轲的后面跟着秦舞阳，秦舞阳的手里提着两个匣子，一个盛着樊于期的头，另一个装着燕国的督亢地图。后面是一大群送行的人。太子丹和送行的人都裹着白头巾，穿着白衣裳。人们的脸色就跟那天的天气一样阴沉，谁也没有言语。

来到易水边上，摆下了送别酒。太子丹首先起身向荆轲敬酒，荆轲端起酒杯，一饮而尽，一连喝了三大杯。这时，高渐离敲起了筑，荆轲和着节拍唱着。那悲愤、抑郁的歌声，把人们憋在眼眶里的泪水一下子催了出来，满座的人哭成一片。渐渐地，筑声越来越高昂，荆轲离席起身，引吭而歌：

风萧萧兮易水寒，
壮士一去兮不复还！

唱罢，荆轲跳上车子，头也没有回，只听“啪!”的一声，抽了一下鞭子，那驾辕的红鬃烈马扬起四蹄，荡起一股烟尘。一会儿，车子就消失在灰濛濛的天边……

咸阳宫中香烟缭绕，钟鼓轰鸣。宫女们簇拥着秦王政登上宝座，辉煌的烛光映照着他的脸孔，威严中露出几分抑制不住的得意神情。他今天要在这里接见燕国使臣。

荆轲端着樊于期的头匣，秦舞阳捧着地图匣，一前一后，走进宫来。只见殿下站着两排武士，手持长戟，雄赳赳，气昂昂。台阶上站满了文臣武将。秦舞阳看见秦王这样大的气派，端着匣子的两只手早已不听使唤了，哆哆嗦嗦的直抖，脸色青一阵白一阵。而荆轲却镇定坦然。他回过头对秦舞阳笑了笑，又连忙向前对秦王拱手作揖，说道：“他是北方边地的乡下人，没有见过世面，所以有点紧张，请大王不要见怪。”

秦王政打量了一下秦舞阳，不过十几岁的孩子，也就没去理会他，便对荆轲说：“把那个孩子端的地图匣给朕拿来!”

荆轲从秦舞阳手里接过度子，送到秦王跟前，打开匣子，秦王政喜形于色，急着翻看地图，翻着翻着，突然露出了一把匕首。还没等秦王政看清楚是什么，荆轲猛的将匕首抓起，左手揪住了秦王政的衣袖。秦王政吓了一跳，扯破了袖子，跑到一根大铜柱后面。荆轲在后面紧追，两个人就围着柱子兜开了圈子。

事情发生得太突然了，尽管殿上殿下都是人，但都手足无措，不知怎么办才好。按照秦国的规定，武士只能站在殿下，没有秦王的命令，谁也不许上殿来。因此人们只能站在一旁，眼睁睁地看着这突如其来的事变。只有一个跟随秦王政的侍医夏无且，抡起手里的药囊子向荆轲砍去，这哪里管用呢？秦王政自己倒是持着一把宝剑，可是剑把太长，慌乱中怎么也拔不出来。旁边的人高声嚷着，提醒秦王，“大王把剑背在背后!”秦王把剑鞘往背后一推，果然拔出了宝剑，他举起剑，砍着了荆轲的左腿。荆轲抡起匕首向秦王政掷去，只听见铜柱上“当!”的一声，溅起了火星。

图9　荆轲猛的将匕首抓起，向秦王政刺去。

这时，左右的人一拥而上，杀死了荆轲和秦舞阳。只见秦王政坐在一边直喘气，目光呆滞，面无人色。

尾　声

燕太子丹的这个行动，不但没能挽救燕国，反而加速了燕国的灭亡。

秦王政怒不可遏，命令大将王翦立即从赵国进攻燕国，并抽调大批军队，增援王翦。王翦的大军在易水西边发动进攻，大败燕军。第二年（前 226 年）十月，攻下了燕国的国都蓟。燕王喜和太子丹率领少数精兵，慌忙逃到辽东。秦将李信率领一支人马，又急追到辽东。

两年前，秦国俘虏了赵王迁后，赵国的公子嘉曾带着几百人逃到代，自立为代王，并依附于燕国，联合抗秦。如今，燕王喜逃到辽东以后，秦军继续穷追猛打，代王嘉看到燕王喜实在招架不住了，就给燕王喜写了一封信，信中说，如果把太子丹杀了，献给秦王，秦王也许会停止进攻。燕王喜便派人把躲藏在衍水的太子丹杀死，将太子丹的头献给了秦王。但是，秦王没有因此而停止进攻。公元前 225 年，秦国灭了魏国；公元前 223 年，灭了楚国；公元前 222 年，秦王派王翦的儿子王贲（fèn）攻打辽东，俘虏了燕王喜。从西周初年建国，延续了八、九百年的燕国，至此终于灭亡了。

（《燕国故事》为河北人民出版社1980年代推出的“历史故事小丛书”之一，1981年7月第1版，首次印刷11500册，1983年3月第2次印刷，印数达到48500册。“历史小故事丛书”对于向大众普及中国历史知识、传播和弘扬中国传统历史文化做出了独到的贡献。黎虎先生从事史学研究60余年，不仅发表和出版了许多原创性的史学研究论著，而且在史学普及领域也卓有成就，他的这些史学科普著作或小品文，都是不可多得的语言流畅、通俗易懂而又蕴含历史智慧的历史文化读本。包括整理者在内的不少学者，在讲述自己从事史学研究的缘由时，每每言及小时候所读过的这类“历史故事”所给予自己的启发。黎虎先生的《夏商周史话》《燕国故事》也是整理者在少年时代所读过的而又给予整理者以启迪的历史普及读物。今据原刊本整理。又，原书的公元纪年采用汉字的表述方式，如“公元前十一世纪”“公元前二二二年”等，今一律改用阿拉伯数字表述，如“公元前11世纪”“公元前222年”等。李文才敬识）

史学科普文艺

“塘沽协定”和“何梅协定”是怎么回事？

问：“塘沽协定”和“何梅协定”是怎么回事？协定的内容和性质如何？

答：“塘沽协定”和“何梅协定”是蒋介石国民党反动政府和日本帝国主义签订的卖国条约。1931 年“九一八”事变后，日本帝国主义大举侵略中国。蒋介石卖国政府，对日寇的侵略采取了不抵抗主义和卖国投降政策，而集中全力进攻我革命根据地，妄图消灭中国共产党和红军。这两个卖国协定就是蒋介石国民党执行反共反人民和对外投降政策的结果。

日本帝国主义侵占了我国东北以后，继续把它的侵略魔爪向南伸展。1933 年 1 月 3 日，日寇攻陷山海关和临榆县城。2 月 21 日又纠合日伪军十万人，分兵三路进攻热河。在国民党不抵抗政策下，中国驻守部队二十万人不战而遁，仅仅十天，热河全部沦陷。日军又继续向长城一线进犯。这时在中国共产党的领导和号召下，在全国人民抗日情绪高涨的推动下，驻长城线的士兵和长城内外的义勇军自动奋起抵抗。但是，蒋介石不但没有给予任何支持，反而给“请缨杀敌”的爱国将领下令：“侈言抗日者杀无赦。”接着命令何应钦取消河北境内义勇军、救国军等抗日组织，派特务头子蒋孝先到北平搜捕共产党员和抗日爱国青年，长城各口作战部队孤立无援，终于在 4 月间失败了。日寇占领长城各口后，一面向滦东进攻，陷玉田、通州、密云等二十二县，把平津置于其包围线下；一面进袭察东，多伦、宝昌、张北，化德、沽源等县亦先后沦陷。在这国土沦丧、平津危急的形势下，蒋介石国民党反动政府仍向日本帝国主义妥协投降。1933 年 5 月 31 日，北平军分会总参议熊斌与日本关东军冈村代表在塘沽签订了由日方事先拟定的协定，这就是所谓“塘沽协定”。

“塘沽协定”内容如下：

一、中国军队即撤退至延庆、昌干、高丽营、通州、顺义、香河、宝坻、林亭口、芦台所连之线以西以南地区，尔后不得前进，也不得进行一切挑战扰乱之行为。

二、日本为确悉第一项实行之情形，可用飞机及其他方法视察，中国方面应加以保护，并给以方便。

三、日军认中国军队已撤至第一项协定之线，不再越该线追击，且自动撤归长城线。

四、长城线以南，第一项协定之线以北及以东地区内之治安维持，由中国警察任之。

这是一项丧权辱国的彻头彻尾的卖国协定。首先，蒋介石反动政府已在事实上承认了日本对东北三省和热河省侵占的合法化，并把察北、冀东的大片国土拱手送给日本。根据协定，中国军队从滦东一带撤退后，便不能再越雷池一步，这就等于中国承认永远不能收复东北和热河失地。所谓日军“自动撤归长城线”，无异于承认长城线为伪“满州国”国界；至于“长城线”究竟到什么地方为止并没有明确规定，使日寇后来得以另找借口进攻绥东察北。其次是使华北门户洞开，置于日寇的监视和控制之下，把平津华北出卖给日本帝国主义。协定第二条的规定就使日寇从领空到地面都可以任意横行于华北，并种下以后日寇进犯华北、攫取平津的祸根。协定第四条则等于完全解除了中国的抗日武装，日军得以肆意活动，尤其是为后来日本制造冀东傀儡组织大开方便之门。这个卖国协定还充满了战胜国对战败国的侮辱词句，如“不得前进”“不得进行一切挑战扰乱之行为”“视察”“加以保护，并给以方便”“不再追击”等，都是对中国人民的莫大污辱。

蒋介石反动集团这一卖国协定，激起了全国人民无比的愤怒，1933年6月1日，中央工农民主政府代表全国人民，发布了“为反对国民党出卖平津华北宣言”，坚决反对“塘沽协定”。宣言揭露了蒋介石国民党对人民的竭力进攻和对日寇的投降卖国的罪行，驳斥了它掩饰其卖国罪责的所谓工农红军“障碍抗日战争”“中国无力抗日”，故“不得不忍痛停战”等无耻谎言。宣言最后号召：“全中国的民众们！团结起来，武装起来，同中华苏维埃共和国中央政府在一起，扩大民族战争与收复东北失地，为保卫中国，为争取中国民族的独立解放而斗争！”

“塘沽协定”签订后，日寇更进一步企图吞并华北五省，于是在1935年发动了新的进攻。

1935年2、3月间，日本帝国主义者一方面继续在外交上高唱所谓“中日亲善”“经济提携”等滥调，而国民党反动政府，特别是其中的亲日派，也求媚迎合，企图以所谓“调整”中日关系，而与日寇进行无耻的勾结。另一方面日寇进行武力威胁，逼使国民党政府作出更大的投降卖国让步。1935年5月29日，日寇关东军驻天津参议长酒井等威胁国民党北平军分会代理委员长何应钦，借口中国当局援助东北义勇军孙永勤部进入滦东非武装区，为所谓破坏“塘沽协定”，又谓天津两个汉奸报社社长被暗杀，为中国政府的“排日行为”，向何应钦提出了种种无理要求；并由关外调遣大批军队开入关内，进一步威胁平津，日寇重要将领也在天津集会，扬言如不接受日本的要求就要采取“自由行动”。结果国民党政府又无耻地完全屈服。1935年6月4日，国民党代表亲日分子何应钦与日寇在天津的驻军司令梅津美治郎举行谈判，9日签订一项秘密协定，即所谓“何梅协定”。这项协定的条文，虽然中日双方都未公布，但根据各方面的材料证实其内容是：

> 一、中国取消河北省及北平、天津两市的国民党党部。
>
> 二、中国撤退驻河北省的东北军五十一军、国民党中央军关麟徵、黄杰部及宪兵第三团等部。
>
> 三、河北省政府主席于学忠及北平、天津两市长撤职。
>
> 四、取消北平军分会政训处。
>
> 五、取缔河北省的反日活动。

上述事件还未结束，6月5日，日寇关东军代表土肥原贤二等又借口察哈尔张北地方中国军队拘留日军特务人员一事，向察省主席宋哲元要挟，并派飞机不断飞北平示威，结果国民党反动政府又一次屈服，于6月27日签订了“秦土协定”（秦德纯、土肥原协定），向日本奉送了对察哈尔的控制权。

“何梅协定”和“塘沽协定”一样，是一项屈辱投降的卖国条约。通过这一卖国协定，蒋介石国民党反动政府不仅使河北主权丧失殆尽，更奉送了华北的政治、军事和经济的控制权，大大加强了日寇在华北的侵略势力。但日本侵略者对蒋介石反动政府的这种卖国行为并不感到满足，接着，日寇又策动汉奸们在华北公然发动所谓“五省自治运动”，蒋介石卖国政府为了迎合日寇提出的“华北政权特殊化”（日化）的要求，就设立了一个由包括一些老牌汉奸在内的人所组成的“冀察政务委员会”。这时，华北的局势已更加危急了。

在民族危机更加严重、中日民族矛盾已上升为主要矛盾的情况下，1935年8月1日，中国共产党发表了“为抗日救国告全体同胞书”（即著名的“八一宣言”），号召建立抗日民族统一战线。这个宣言引起了全国各阶层人民的普遍重视，对当时的抗日救亡运动起了极大的宣传和组织作用。接着，全国规模的抗日民主运动便在中国共产党的领导下蓬蓬勃勃地开展起来了。

（原刊《历史教学》1960年第4期。1959年7月，黎虎先生大学毕业，留北京师范大学历史系中国近现代史教研室任教，1960年9月起转至中国古代史教研室。此短文当系黎虎先生任职于中国近现代教研室期间所撰，也是迄今所见黎虎先生1959年7月大学毕业、参加工作以后所公开发表的第一篇科普性史学文章。在此后的漫长治史生涯中，黎虎先生响应国家号召，先后撰写了多篇史学科普文，积极向大众传播和普及史学知识。撰写史学科普文、传播史学知识，可谓黎虎先生在史学领域的特殊贡献。今据《历史教学》1960年第4期原刊文整理。李文才敬识。）

女历史学家班昭

《汉书》是我国有名的史书之一。这部记载了西汉（前汉）230 年历史的巨著，是班氏父子、兄妹和马续四个人花费了几十年的时间才最后完成的。这里面就有女历史学家班昭的一份功劳。班昭又名姬，字惠班，汉光武帝建武年间，诞生在陕西扶风安陵县（现在的陕西咸阳），活了七十多岁。她的一生，主要从事文学、历史方面的工作，尤其对我国的史学，有一定的贡献。

班昭的父亲班彪，是东汉很有名的学者；她的大哥班固，也是著名的历史学家和文学家。二哥就是“投笔从戎”、立功西域的名将班超。班昭生长在这样的家庭环境里，很自然地会受到各方面的影响，加上她从小就聪明，刻苦好学，小小年纪已熟读了儒家经典和各种史籍，在很年轻的时候，就被造就成为一个有才学的人。她不但具有丰富的历史、天文、地理各方面的知识，而且有着很好的文学写作才能。这些都为她后来从事文史工作打下了坚实的基础。

班昭在史学上的主要贡献是什么呢？那就是整理并且最后撰成《汉书》。关于《汉书》的编撰，有一段曲折的过程。大家知道，西汉司马迁写了一部《史记》，但是只写到汉武帝太初年间，以后就没有记载了。如果从这时算起，到班彪的时候，中间已经隔了一百多年，这一百多年的历史是十分丰富的，它经历了西汉皇朝从鼎盛到衰落的全部过程。尽管当时有过一些片段的历史记载，但是一部完整的、系统的历史著作，却一直没有出现。班彪立下宏愿，决心继司马迁的《史记》续写一部西汉的历史。于是，他广泛地蒐集前代的历史资料，参照各种传说异闻以及别的历史记载，写成了《史记后传》六十五篇，这就是《汉书》的前身。他在愿望还没有完全实现时就因病死去了。这时候，班昭的哥哥班固继承了父亲没有完成的事业，根据班彪所积累的材料，再加以广泛的搜罗，在《史记后传》的基础上，进行补充和发展，写成记述西汉一代全部历史的《汉书》，但是书里的八个表和《天文志》还没有完成，班固又死去了。于是，继承父兄遗志、补写《汉书》的担子，就落到了班昭的肩上。

《汉书》经过班固二十多年的苦心创作，虽然已经初具规模，但是还有散乱和芜杂的地方，要把这样卷帙浩繁的著作整理出来，也不是一件容易的事情。当时汉和帝知道班昭很有才干，就召她到“东观藏书阁”去继续完成《汉书》的编撰工作。“东观藏书阁”是当时的皇家图书馆，里边藏书很多。班昭利用这些有利的条件，参阅了许多古代典籍，为续修《汉书》付出了十分巨大的心血。她把一些散乱的篇章加以整理，将全部《汉书》从头到尾进行了一番仔细的校对和审核，并且撰写了八个表和《天文志》。后来马续也参加了这一工作，协助班昭写《天文志》，至此，一部完整的《汉书》才最后得以完成。从这里，我们可以看到，为了写作这一部《汉书》，前前后后一共花费了几十年的功夫，经过了班彪、班固、班昭以及马续四个人的努力。它的创作过程是多么艰难，《汉书》真是一部集体智慧的结晶。

《汉书》虽然是经过了四个人的手写成的，但是读起来并不感到有什么不连贯的地方，而像一个人的作品一样，可见班昭所续写的《汉书》部分，对于全部《汉书》来说，是十分和谐而出色的；同时也可以看出班昭在整理《汉书》中，确实花费了很多心血，进行了串连、修改和润色等创造性劳动，这才把那些散乱的材料编织成为这一部井然有序的史学巨著。所以后来的史论家在评述班昭续写的《汉书》的时候，往往称赞她同班固所写的部分乃是“后先媲美，如出一手”。

《汉书》是我国继《史记》之后的又一部伟大的历史名著，又是我国第一部纪传体的断代史，开创了历代修史的先例。《汉书》记载了上起汉高帝下至王莽的西汉时期的全部历史，是研究西汉历史的主要根据。但是，当《汉书》刚写成的时候，由于内容比较精深，很不容易看懂。当时曾经由朝廷选拔了马融等十个“高才郎”，在“东观藏书阁”中，跟从班昭学习《汉书》。因此，班昭对于《汉书》的传播和普及，也是大有功劳的。

班昭有很渊博的学识和才能，汉和帝的皇后和妃嫔，也都拜班昭为师，向她学习儒家经典、天文算术等。如邓太后（汉和帝的皇后），在白天料理国家政务后，到晚上就跟随班昭一起学习，常常诵读到深夜。后妃们都尊敬地称呼班昭为“曹大家”，“家”念“姑”音。“大家”是当时人对有学识、品行好的妇女的最尊敬的称呼，班昭的丈夫姓曹，所以称她为“曹大家”。

班昭不但是一个有成就的历史学家，也是一个富有才华的文学家。根据《后汉书·曹世叔妻传》的记载，班昭留下的赋颂和其他论文有16篇。班昭死后，她的儿媳妇丁氏，曾经把她的作品编成一部《大家集》，共有3卷。这些著作可惜大都已经失传了，现在还能看见的只有《东征赋》《大雀赋》和《女诫》等8篇，而且有几篇已经残缺不全了。据说，当时全国各地有什么贡物送到京城洛阳，朝廷就把班昭召进宫去，让她作赋歌颂，《大雀赋》就是在他哥哥班超从西域送来了一只非常美丽的大雀后写的。《东征赋》已是班昭晚年的作品。这是她随儿子曹谷去陈留做县长的路上写的。她从洛阳出发一路往东，在路上，游览了许多名胜古迹，也看到了农村的一些实际情况，因而见景生情，挥笔写下了这次东进途中的见闻和感想。除了文学创作，班昭还曾经为班固的《幽通赋》作过注解，有助于后人对这篇赋的理解。

作为一位一千八百多年以前的封建时期的历史学家，班昭也存在着阶级局限性。例如她写的《女诫》就是一本把压迫妇女的封建思想系统地编纂起来的书。但是，班昭毕竟是我国第一个有成就的女历史学家，她勤奋刻苦、孜孜不倦的治学态度是值得我们学习的。

（原刊《历史故事》第3集，北京出版社1963年版，第7—11页。又，此文曾以《我国古代的女历史学家班昭》，刊于《中国妇女》1963年第4期。《历史故事》系列丛书，由中央人民广播电台文教科学编辑部编出版发行，是向大众普及中国史学知识的经典历史丛书。今据《历史故事》刊文整理。李文才敬识。）

大政治家管仲

管仲（？—前645年），名夷吾，春秋时期齐国颍上（现在安徽省颍上县）人，是我国历史上一个著名的大政治家。管仲在少年时候读过诗书，也学过驾车和射箭。他立志要做一个文武全才的人，希望能为国家做一番事业。后来他当了齐国的“相”（相当于后代的“宰相”），辅佐齐桓公创立了春秋时期的第一个霸业。

管仲是怎样当上齐相的呢？

原来，齐国的国君齐僖公有三个儿子，大儿子是公子诸儿，另外还有公子纠和公子小白。早年管仲由于家境贫困，曾和一个叫鲍叔牙的一起做过生意，他们两人因此成了很知心的朋友。后来，管仲做了公子纠的老师，鲍叔牙做了公子小白的老师。齐僖公死后，诸儿做了国君，称为齐襄公。齐襄公是一个荒淫而残暴的昏君，对老百姓压迫剥削特别厉害，连他的两个兄弟——公子纠和公子小白也受到迫害，逃奔国外。

公元前686年，管仲带着公子纠逃到鲁国，鲍叔牙带着公子小白逃到莒国。不久齐国发生内乱，齐襄公被杀死。齐国就派人到鲁国迎接公子纠，请他回去做国君。鲁国的国君鲁庄公还亲自带着兵马护送公子纠和管仲他们回国。在半路上，管仲对鲁庄公说：“莒国离齐国比较近，万一公子小白先回去抢了君位，那就不好办了，还是让我先去挡住那一头吧。”

于是，管仲带着一部分兵车人马，昼夜赶路，总算把公子小白撵上了。管仲远远望见公子小白坐在车上，就跑过去问：“公子往哪儿去呀？”小白说：“回国办丧事去。”管仲说：“公子纠是你哥哥，丧事理应他去办，你不必费心啦。”鲍叔牙在旁边听到这话，知道管仲的来意是阻止公子小白回国抢君位，虽然他是管仲的好朋友，可是为了自己的主人，就瞪着眼睛对管仲说：“夷吾，咱们各为其主，你还是少管闲事吧！”旁边的士兵也气势汹汹地吆喝着，好像就要动手似的。管仲见势不妙，退了下来。突然，他翻转身来，弯弓搭箭，瞄准了公子小白，嗖地一箭射过去。只见公子小白大叫一声，口吐鲜血，倒在车里。鲍叔牙赶紧去救，随从人员也都不禁大叫："不好了！"管仲以为公子小白已经死了，就带着人马跑了回去，跟公子纠不慌不忙地奔向齐国。

谁知道公子小白并没有死。管仲这一箭，碰巧射在他腰带的铜钩上，当时小白吓了一跳，怕管仲再来一箭，急中生智，就故意大叫一声，咬破舌头，口吐鲜血，倒在车里。等管仲走远了，他才睁开眼睛，松了一口气。鲍叔牙看见公子小白没有死，立刻带着他抄小路赶到齐国接了君位，成为齐国的国君。这就是日后赫赫有名的春秋五霸之一的齐桓公。

公子小白做了齐国的国君以后，逼迫鲁庄公杀死了公子纠，要回了他的仇人管仲。

当时，齐桓公要任用鲍叔牙为相。但是，鲍叔牙却深深知道管仲的才能比自己强，于是就向齐桓公推荐管仲。齐桓公记着管仲那一箭之仇，表示不同意。鲍叔牙解释说："那时是各为其主嘛。你如果真要富国强兵，建立霸业，没有管仲的辅佐是不行的。论才能他比我强多啦。"齐桓公听鲍叔牙说得有理，只好答应下来。管仲就这样当上了齐相。

管仲拜相之后，齐桓公问他"富国强兵，建立霸业"的办法。管仲侃侃而谈，陈述了自己的政治主张。他说："富国强兵首先是要发展生产。这就需要兴修水利，引水灌田，开垦荒地，增种五谷；家家畜养牛羊猪狗，户户种植桑麻果木。同时还要注意减轻赋税徭役。生产发展了，人民负担减轻了，人民生活自然得到改善，对国家也就会更加热爱。"齐桓公又问："要做这些事，财用怎么筹措呢？"管仲说："齐国土地广大，有山有海，我们可以用国家的力量开山铸钱；煮海为盐，这是一项取之不尽的财富。"齐桓公听了认为很对，不过他觉得没有强大的军队也是成不了霸业的，他就问："怎样才能组织一支强大无敌的军队呢？"管仲答道："这就需要把人民好好组织起来。全国可以划分为二十一个乡，其中工商六乡，士（农）十五乡。工商业者免服兵役，专心本业。士乡的农民平时耕田，战时当兵；五乡编为一军，全国共有三军。这些人平时一同劳动，彼此熟悉；作起战来可以互相帮助，紧密配合。这样的军队是没有不打胜仗的。"齐桓公听了非常高兴地说："那我们就可以称霸诸侯了!”可是管仲认为还不行。他接着分析了当时的形势，说：“现在中原诸侯各国成天混战，没有一刻安宁，引起许多落后部族侵扰中原。所以我们要提倡‘尊王攘夷’的政策，就是尊奉周天子，用他的名义来号召诸侯停止混战，共同对付入侵中原的外族，并且大力发展中原的经济和文化。同时我们也不要忘记扶助弱小和有困难的国家。这样就可以提高齐国在诸侯中的声望和地位，才能做诸侯的霸主。”齐桓公听了这番话，非常赞许，就命令管仲按照这些内政和外交方针去贯彻执行。

管仲的内政外交方针实行以后，收到了显著的效果，齐国的国势一天天地强盛起来。为了制止诸侯之间的混战，齐国与诸侯举行了多次会盟。公元前681年，与宋、陈、蔡、邾在北杏（今山东东阿）会盟，帮助宋国解决了内乱问题。这年冬天又与鲁国在柯（今山东阳谷）会盟，搞好了齐鲁两国的关系。公元前679年，与宋、陈、卫、郑在鄄（今山东鄄城县北）会盟，齐桓公开始成为中原霸主。公元前667年，再和鲁、宋、陈、郑在幽（今河南兰考县境内）会盟，商讨各国互相合作的问题。通过一系列的会盟活动，齐国在诸侯中的威望更加提高了。这年冬天，周惠王派使者前往齐国，正式任命齐桓公做“侯伯”，从此，齐国的霸主地位就得到了诸侯的公认。

公元前664年，北方的燕国遭受山戎族的侵扰，向齐国求救。齐桓公亲自率领大队人马去支援燕国。山戎族联合了孤竹国同齐国大军作战，结果被齐国军队打败。孤竹国的大将黄花假意投降齐国，并且表示愿意带领齐国军队去打孤竹国。结果把齐、燕大军引诱到一个名叫“迷谷”的大沙漠里，他自己却偷偷溜走了。齐、燕大军在大沙漠里迷失了方向。在这万分焦急的时刻，管仲在容地从马群里挑选了几匹当地产的老马，让它们走在队伍的前面带路。果然这些老马把大队人马领出了“迷谷”。大家所熟悉的成语“老马识途”的典故就出在这里。齐、燕大军出了“迷谷”以后，很快就打败了孤竹国。

过了两年，西北一带的狄族侵扰邢国。当时齐桓公有点不大想管，管仲就对他说：“做霸主的国家，遇到别的国家受到侵略，是不应该袖手旁观的。”齐桓公这才决定出兵帮助邢国。狄族人听说齐国大军出动，就收兵回去了。公元前661年，狄族人又进攻邢国，齐桓公发兵救了邢国。第二年狄族人攻灭卫国，齐国得到这个消息，连忙派出大军，并且联合曹、宋等国，共同把狄族人打退。接着又帮助邢国和卫国建立了新的国都。

为了制止南方的楚国向中原侵略，齐国在公元前656年联合鲁、宋、陈、卫、郑、许、曹等国发动南征。楚成王一看齐国的军队来势很大，便派大夫屈完去同齐国讲和。于是齐楚两国就在召陵（现在的河南郾城县）举行会盟，决定两国“世通盟好”。

管仲做了41年的齐相。在这期间，他进行了一系列政治活动，帮助齐桓公把齐国由弱变强，成为春秋时期的第一个霸主。管仲的政治主张，虽然在主观上是为了齐国的贵族统治者，但在客观上却推动了当时社会历史的发展。他的发展生产、轻徭薄赋的政策，有利于社会经济的发展和人民生活的改善。他的“尊王攘夷”的政策，一定程度上减少了诸侯之间的混战，抵御了北方和南方落后部族的侵扰，这对于促进当时社会经济和文化的发展起了积极的作用。

（原刊《历史故事》第5集，北京出版社1963年版，第1—7页。）

解忧公主的事迹

提到汉代王昭君，自然想起唐代文成公主。她们虽生异代，前后辉映，经过郭老①和曹禺同志的塑造，恰像一对姐妹，活跃在今日话剧舞台之上。

但是，还有一位女杰，也是万里和亲，献身于反对民族压迫和加强民族和好事业，同样做出过伟大贡献，却很少为人所知。她就是西汉中期的解忧公主。

西汉中叶，北方的匈奴贵族不仅时常骚扰汉朝边境，而且残暴地控制着西域。汉武帝时，一面积极准备正面反击匈奴；一面派张骞通使西域，以便联合西域诸邦，一起抗击匈奴，这就是历史上著名的“断匈奴右臂”的战略部署。

西域各邦，乌孙为大。乌孙原居河西走廊西部，后被匈奴逼迫，西迁伊犁河流域，对匈奴贵族久有积忿。张骞通使以后，乌孙与汉朝的关系日见密切。乌孙的王（“昆弥”）猎骄靡主动向汉武帝求娶汉朝公主，愿结通姻之好。汉武帝便以江都王的女儿细君公主嫁到乌孙。猎骄靡死后，军须靡继立为乌孙王。不久，细君公主也去世了。这位公主在乌孙时间并不长，没有留下太大影响，但为后去的解忧公主起了铺路作用。

细君死后，汉武帝应军须靡之请，送解忧公主西出阳关，嫁到乌孙，与军须靡结为伉俪。军须靡死，按照乌孙风俗，解忧公主又成了乌孙新王翁归靡的夫人。翁归靡人才出众，很有眼光，他和解忧公主相敬相爱，感情甚笃。

---

① 按，“郭老”指郭沫若（1892 年 11 月 16 日—1978 年 6 月 12 日），这是中国史学界对郭沫若的通行称呼，以示对其尊敬。

正是这个时期，乌孙与汉朝的关系，大大加深了一步。解忧公主虽然置身远域，关山阻隔，始终不忘自己肩上的责任，几十年如一日，出色地执行着联合乌孙，共抗匈奴的使命。每当匈奴单于易位或有军事行动，乌孙都及时通报汉廷，提供建议，密切配合。汉昭帝年间，匈奴与附庸小邦车师联兵共侵乌孙，解忧公主和翁归靡立即上书，请求汉家天子派兵援救。当时适逢昭帝死，宣帝初即位，此事耽搁了一阵。汉宣帝本始二年（前 72 年），汉朝派出十五万骑兵，分五路出击匈奴。在解忧公主策助之下，翁归靡亲自挂帅，率五万精骑，从西路攻入漠北，直捣匈奴右谷蠡王庭，大获全胜。此后，匈奴日渐衰弱，属国也纷纷瓦解。

不过，解忧公主在乌孙也曾遇到波折。翁归靡死后，军须靡匈奴籍妻子所生的泥靡继承王位，号称“狂王”。这个狂王，暴戾作恶，大失乌孙人心，引起一次政变，狂王被伤逃走。由于解忧公主参预其事，与汉使一起，被狂王的儿子调兵围攻，形势十分危急。后来多亏汉朝派驻的西域都护郑吉派兵解围，才得化险为夷。不就，狂王被部下乌就屠袭杀，乌就屠依恃匈奴威势，自立为王。从乌孙局势的不断动荡中，可以看到匈奴贵族插手的影子。这时的解忧公主，凭靠汉朝的强大后盾，尽心竭力支撑危局，表现了非凡的智慧和勇气。

值得一提的是，解忧公主有一位得力助手，即侍从女伴冯嫽。冯嫽娴读史书，习知政事，是一位很有才能的女中俊杰。她随解忧公主到乌孙后，曾持着汉朝的旌节，代表公主巡视西域南部的各城廓小国。各国君主都很敬佩她，尊她为冯夫人。她在乌孙和西域各国都很有声望。乌就屠夺取王位后，郑吉便派冯嫽出面，去做乌就屠的工作。冯嫽的丈夫是乌孙的右大将，与乌就屠相好。冯嫽利用这个关系，反复陈说，分析利害。乌就屠居然欣然折服，答应让出王位。随后，汉宣帝得知此事，便正式委派冯嫽乘坐锦车，手持汉使旌节，正式册立解忧公主的儿子元贵靡为乌孙王。乌就屠也被立为小昆弥。乌孙的政局就此稳定下来，解忧公主也转危为安，忧解喜生了。冯嫽的出场，为解忧公主和亲乌孙的轶事，平添了不少戏剧性！

解忧公主在乌孙所生儿女很多，其中不少人对增进民族团结起过作用。长子元贵靡，继位为乌孙王，更是影响政局的中心人物。次子万年，后来做了莎车国王。三子叫大乐，是乌孙的左大将。大女儿叫弟史，长成后去长安学习弹琴，路经龟兹，龟兹王绛宾倾心相慕，被留作夫人。于是，夫妻联袂东行，一同到长安留学去了。解忧公主的一家，都为汉与西域的亲密关系，做出过不可低估的贡献。

解忧公主年老思乡，经汉宣帝同意，回到阔别四、五十年的长安。这时她已年近七十，朝廷赠给她丰厚的供养。过了两年，一代女杰解忧公主与世长辞，但她留下的业绩，却在史书上放出耀眼的异彩。

王昭君和文成公主，经过古今文坛的绘写，早已为人熟知。而今，她们又将双双蹁跹剧场，成为引入注目的一对舞台姊妹。此时此刻，不禁想为她们的先行者解忧公主呼吁一声了。如果比较起来，三人和亲功业，实在无分轩轾。论起辈份，解忧公主还是个老大姐呢。再就一生历程而言，其起伏曲折，情节错综，则又远胜王昭君和文成公主。这样的人物，不仅足可入戏，也够写一本小说了吧。这个小小建议，不知文家以为然否？

（原刊《蒲公英》1979 年第 3 期，第 3 版“历史人物”栏目，署名：求是。今据原刊文整理，除订正其中一些文字错讹外，其他一仍不变。李文才敬识。）

解忧公主与冯嫽

——西汉民族友谊史上的双子星

西汉中叶解忧公主出塞，远嫁西域乌孙国王，是我国各族人民友谊史中一曲优美动人的乐章。然而，二千多年来，她却像沉埋瀚海的一颗明珠，不大引起人们的注意。说到西汉一代出塞和亲的“公主”，人们谈论最多的是王昭君，而对于解忧公主却比较生疏。事实上，解忧公主是一位对于我国多民族国家的发展做出了重要贡献的历史人物。

解忧公主是西汉宗室楚元王刘戊的孙女，大约在汉武帝太初四年（前101年）出塞。

为什么汉武帝要把解忧嫁给乌孙国王呢？这还得从汉朝与匈奴的关系谈起。

匈奴族是我国北方一个古老的兄弟民族，公元前2世纪时建立起来了东起辽河，西逾葱岭，北抵贝加尔湖，南接长城的政权，他们“以攻战为事”，经常侵扰汉边，虏掠人畜财物，长期以来成为西汉北部的边患。汉武帝时，为了解除匈奴的威胁，曾派张骞两次出使西域，联络西域诸国，夹击匈奴，以实现“断匈奴右臂”的战略计划。而张骞第二次出使西域的目的则主要是联络乌孙。

乌孙地处巴尔喀什湖以东以南、伊犁河流域的广大地区，这里水草丰美，物产丰富，人民以游牧为业，与匈奴风俗相同。在西域诸国中，乌孙“最为强国”，有户十二万，人口六十三万，胜兵十八万八千人，是西域诸国中唯一能与匈奴抗衡的国家。但是，由于西域诸国各有君长，互不统属，不能团结一致，削弱了自己的力量，因此他们一直受着匈奴的控制。乌孙出于对抗匈奴奴隶主的需要，也强烈希望与汉朝通好。于是他们派了一个几十人的使团，带着几十匹马，跟随张骞来到长安，向汉武帝答谢。从此乌孙与汉建立了联系。时在解忧公主出塞之前十四年。

匈奴统治者对于乌孙与汉的友好往来非常不快，扬言要派兵攻打乌孙。乌孙便再次派人到长安贡献马匹，并主动提出要娶汉家公主，结为和亲关系。元封六年（前105年）汉武帝把江都王刘建的女儿细君作为公主，嫁给乌孙的“昆弥”（国王）猎骄靡为妻。猎骄靡年老，便将细君转嫁给他的孙子军须靡。当时乌孙还残存着原始社会的群婚遗俗。军须靡继位为“昆弥”后不久，细君公主病死，留下了一个女儿少夫。细君死后，汉武帝又把解忧作为公主，嫁给乌孙王军须靡。

军须靡不久死去，其叔父之子翁归靡继位，号肥王。按照乌孙的婚姻习俗，翁归靡又继娶解忧公主为妻。解忧公主与翁归靡结合的时间最长，直到汉宣帝元康二年（公元前64年）翁归靡死，共三十余年。他们生有三男二女。解忧公主在乌孙的几十年中，一直活跃在乌孙乃至西域的政治舞台上，发挥了重大的作用和影响。

解忧公主的一个突出贡献是积极配合西汉皇朝，完成了“断匈奴右臂”的战略计划。

汉昭帝末年，匈奴在不断南袭汉边的同时，大举西伐乌孙，并一再派人威胁乌孙交出解忧公主，企图“隔绝汉”。在这危急时刻，解忧公主先后上书昭帝、宣帝，请求汉朝派兵，她和翁归靡还表示乌孙“愿发国半精兵，自给人马五万骑，尽力击匈奴”。汉朝采纳了他们的建议。

本始二年（公元前72年）汉、乌联军二十余万，东西夹击，密切配合，终于大获全胜。乌孙兵攻至匈奴右谷蠡王庭，俘虏了单于的叔父、嫂嫂、公主及名王以下三万九千人，获马、牛、驴、骆驼五万余匹，羊六十余万头。在这次胜利的鼓舞下，长期受匈奴贵族统治的各民族纷起反抗，“丁令乘弱攻其北，乌桓入其东，乌孙击其西”。

经过这次战争的打击，“匈奴大虚弱”，从此一蹶不振。匈奴的势力被逐出了西域，匈奴统治西域各国的“僮仆都尉”从此罢除，而“汉之号令班西域矣”。从此以后，汉朝北边的威胁基本解除，“匈奴不能为边患”。同时匈奴内部的矛盾和分化也加剧，要求与汉友好联合的势力日益发展。这次战争之后十几年，匈奴分裂为两部分，一部由郅支单于率领西迁，一部由呼韩邪单于率领归汉，实现了汉匈奴民族的大联合。不久昭君出塞和亲，进一步密切了汉匈民族友谊，不过那已是解忧公主去世后十六年的事了。

解忧公主在乌孙生活了整整半个世纪，这个时期是乌孙与汉友好关系的高峰，这与解忧公主的积极活动是分不开的。

解忧公主经常派遣自己的子女到长安来，学习汉族的先进文化。公元前69年，其长女弟史到长安“学鼓琴”。留学三年后，汉宣帝特派侍郎乐奉护送弟史回乌孙。解忧公主的次子万年也曾到过长安，史载五凤年间（前57—前54年）解忧公主的“侍子”从长安回乌孙时，汉朝曾派卫司马魏和意、副使任昌护送。通过这类友好往还，促进了乌孙与内地的经济文化交流。考古学家在伊犁河流域的昭苏、特克斯等地发现了许多汉朝时期的乌孙墓葬及随葬物，其形制与风格跟内地的极其相似。

解忧公主的子女也大多活跃于乌孙政治舞台。她的长男元贵靡，后来是乌孙的大昆弥。三男大乐是乌孙的左大将，小女素光嫁给了乌孙贵族若呼翎侯为妻。解忧公主出塞时，还有一位侍者叫冯嫽，她聪明美丽，“能史书，习事”，学识过人，才能出众，是解忧公主的一个出色的助手。她嫁给了乌孙右大将为妻。

元康二年（公元前64年），乌孙政局发生变化，翁归靡死，乌孙贵族拥立军须靡的匈奴妻所生泥靡为昆弥，号狂王，复娶解忧为妻。但狂王“不与主和”，两人关系不睦。狂王又“暴恶失众”“为乌孙所患苦”，失去乌孙人心。在这种情况下，解忧公主与汉使魏和意、任昌合谋，于酒席中刺杀狂王。因剑刺斜，狂王负伤而逃，狂王的儿子细沈瘦起兵包围解忧及汉使于赤谷城。他们坚守数月，赖西域都护郑吉率西域各国兵前来支援，才打败了细沈瘦。这时，翁归靡的匈奴妻所生子乌就屠依靠其母家的支持，杀了狂王，自立为昆弥。乌孙一时出现倒向匈奴的危局。汉朝一面派破羌将军率兵至敦煌，一面由解忧的侍者冯嫽进行斡旋。

冯嫽的丈夫乌孙右大将与乌就屠关系十分亲密，西域都护郑吉便让冯嫽利用这种关系去说服乌就屠。冯嫽对乌就屠分析形势，晓以利害，乌就屠终于答应让出王位。

为了详细了解乌孙政局，汉宣帝召冯嫽回长安，亲自询问。然后派冯嫽作为汉朝使者，“锦车持节”前往乌孙处理这起事件。冯嫽把乌孙贵族和乌就屠召到赤谷城，立元贵靡为大昆弥，乌就屠为小昆弥，均赐以汉朝的印绶。由于冯嫽出色的斡旋，终于化干戈为玉帛。此后，解忧公主的子孙一直做着乌孙的大昆弥。元贵靡死后，其子星靡代为大昆弥。由于星靡年幼，不能有效地统治乌孙。这时回长安定居、年已古稀的冯嫽，不顾万里关山的跋涉之苦再次上书要求出使乌孙。汉朝便派冯嫽为特使，再度出塞。冯嫽悉心协助星靡镇守乌孙，稳定政局，进一步巩固和发展与汉朝的友好关系。

解忧公主和冯嫽还在西域各国积极进行活动，促进了西域与汉朝的友好关系。

解忧公主曾派冯嫽持汉节巡视天山南部的城廓诸国，所到之处，遍行赏赐。由于她内习汉事，外习西域诸国事，因而深得西域各国的敬信，被他们尊称为“冯夫人”。

龟兹国王绛宾倾心向汉，特意派人前往乌孙，求娶解忧的女儿。其时长女弟史正在长安。地节四年（前 66 年）弟史从长安回乌孙，路经龟兹。绛宾便留下弟史，再次派人向解忧公主禀报。经解忧同意，绛宾与弟史成婚。第二年，解忧上述宣帝，请求让弟史以宗室的身份入朝；绛宾也上书“言得汉外孙昆弟，愿与公主女俱入朝”。宣帝同意他们的要求，于是绛宾与弟史双双入汉朝贺。汉朝赐给他们印绶，赐号弟史为“公主”，并“赐以车旗鼓，歌吹数十人，绮绣杂缯琦珍凡数千万”。夫妻二人在长安将近一年，回龟兹时汉朝还“厚赠送之”。绛宾由于“乐汉衣服制度”，回龟兹后便“治宫室……如汉家仪”，仿照汉朝的政治制度与生活习俗治理国事。绛宾死后，其子丞德自称“汉外孙”，与汉朝保持密切关系，直至“成（帝）哀（帝）时往来尤数，汉遇之亦甚亲密”。

解忧公主的次子万年，深得莎车国王的喜爱。莎车王无子，“欲自托于汉，又欲得乌孙心”，于是上书汉朝，请求以万年为莎车王。这时万年正在长安。汉朝同意莎车的请求，元康元年（前 65 年）派使者护送万年赴莎车，即位为莎车王。西汉末莎车王廷也“长于京师，慕乐中国”，“常勒诸子，当世奉汉家，不可负也”，与汉朝保持着友好关系。

甘露三年（前 51 年），解忧公主上书宣帝，表示“年老思土，愿得归骸骨，葬汉地”。这年，她携带三个孙儿孙女，回到了阔别半个世纪的长安。这时她已年近七十。汉朝给了她丰厚的赏赐和崇高的荣誉，“田宅奴婢，奉养甚厚，朝见仪比公主”。解忧公主回到长安只两年，就于黄龙元年（前 49 年）去世，但她撒下的民族友好的种子已经深深扎根于乌孙的土地上。

据史书记载，东汉明帝永平十七年（74 年）耿恭为西域戊已校尉，"移檄乌孙"，乌孙"大昆弥已下皆欢喜，遣使者献名马，及奉宣帝时所赐公主博具，愿遣子入侍"。可见在解忧公主死后一百二十多年中，乌孙人还一直珍藏着解忧公主的遗物，并以此作为汉、乌友好的见证。

解忧公主和冯嫽把一生全部献给了祖国的民族友好的伟大事业，在中华民族的发展史上写下了光辉的篇章！

（原刊严琬宜主编《古今著名妇女人物》上册，河北人民出版社 1986 年版，第 39—44 页。本文与前面一篇《解忧公主的事迹》均属科普文，内容间有重复，但无论字数还是主题均有较大区别，为保持黎虎先生文集的完整性，故同时具录二文。李文才敬识。）

东汉豪族地主势力的发展

公元 25 年六月，刘秀篡夺了绿林赤眉起义的果实，在镇压农民起义的血泊中，于鄗县（今河北柏乡）登上了皇帝的宝座，重建汉朝政权。不久又攻取洛阳，定为国都。历史上把刘秀重建的汉朝称为东汉（又称后汉）。

刘秀的东汉政权，是靠南阳豪族地主和部分河北豪族地主的支持而建立的，它必然集中代表了豪族地主的利益，可以说是豪族地主的专政。在这个政权统治的将近二百年间，豪族地主势力得到了巨大的发展。到东汉中叶以后，已成为社会上的强固的势力，从而造成了严重的社会危机，加深了农民的痛苦，出现了严重的流民问题，阻碍了社会生产的发展，分割了中央集权的统治，使东汉政权愈加腐朽黑暗。由此可见，豪族地主势力的发展，是东汉社会的一个重要问题，也是了解东汉历史的一个关健问题。

那么，什么是豪族地主呢？它是怎样发展起来的呢？

豪族地主就是在政治上、经济上拥有特权的地主阶级，他们有的身兼官僚贵族，有的身兼富商大贾，有的就是地方上的恶霸。他们往往把持地方政权，武断乡曲，横行乡里。他们占有大片大片的土地，经营一个个大田庄。所以，豪族地主是当时大土地所有制的产物。

东汉豪族地主势力，是从西汉发展而来的。西汉前期，在劳动人民的辛勤劳动下，社会经济有了较大的恢复和发展。但是，这并没有给农民带来多大好处，而是养肥了地主阶级。当时，“豪强富人占田逾侈”的现象已经开始出现。到了汉武帝时，由于封建经济的发展，土地兼并日趋剧烈，大土地私有制迅速膨胀。著名的儒学大师董仲舒就指出了当时的社会情形已经是“富者田连阡陌，贫者无立锥之地”。西汉中后期一百余年间，豪族地主势力便进一步地发展起来了。东汉豪族地主都是由哪些阶层组成的呢?

那些跟随刘秀打天下的功臣和与此紧密联系的外戚集团是豪族地主的上层。

刘秀本人就是河南南阳地区的一个豪族地主，他的亲戚也都是豪族地主。他的岳父阴氏，从西汉宣帝以来便是一家大豪族地主，有田七百多顷。他的舅舅樊宏，是南阳的“乡里著姓”，也是个豪族大地主。樊宏家拥有三百多顷土地，在庄院的附近自己开凿了一个大灌溉池塘，长十里，宽五里，叫做“樊氏陂”。他家除经营农业之外，还养鱼、牧畜、经商、放高利贷，是一个世代聚族而居，具有自给自足经济的典型的豪族地主大庄园。

跟随刘秀篡夺政权的主要是以南阳豪族地主为核心的集团。这些所谓“开国功臣”，大多数本来就是豪族地主出身。东汉建国后，刘秀为了酬劳他们，大封功臣，使他们的地位更加上升，成为上层豪族地主。据说，刘秀曾封功臣 365 人。到他儿子明帝，又将这些功臣中功劳最大的，如邓禹等 28 人，在南宫云台画了象，号称“云台二十八将”。这些人就是东汉的特权阶层。例如，邓禹在东汉一代，累世公卿，富贵无比。据统计，他的家族曾出过 19 个侯，2 个公，13 个大将军，其他大小官僚更是数不胜数。

上层豪族地主的另一部分是外戚。外戚就是皇后的家族。东汉的皇后大多数是从功臣豪族里物色的，主要又是出自马援、窦融、邓禹、梁统四大家族。所以，功臣豪族也往往就是外戚豪族。

这些南阳豪族地主集团就是东汉统治集团的核心，而这个集团的头子就是刘秀。他的儿子刘庄就直言不讳地说：“河南帝城多近臣，南阳帝乡多近亲。”这里是豪族地主最集中也最有势力的地方，他们“田宅逾制，不可为准”，受到东汉政权的格外关顾。

东汉豪族地主的另一个重要组成部分就是世家豪族。这种地主往往依靠腐败的官僚制度，例如“察举”“征辟”制度长期占据一定的政治地位，并扩充自己的经济利益，因而在社会上形成了拥有强大势力的集团。所谓察举制度，就是由地方政府长官定期推荐一批贤良、方正、孝廉、秀才到京师，经考试合格后授予官职。征辟制度就是指皇帝下诏书特征某人为官，或由公卿大臣自行辟用某人为官。总之，都是一种选拔官吏的制度和办法。在这种制度下，实际上只有那些豪族地主子弟才有资格被挑选。这些豪族地主子弟与选拔、推举他们的“举主”之间形成一种封建君臣般的“门生”“故吏”关系，从而加强了豪族地主之间的联系，并扩大他们的势力。因此，一个世家豪族周围，往往有一大批门生故吏，形成以豪族大地主为核心的统治势力。由于他们的政治、经济特权世代相袭，因此叫做世家豪族。世家豪族中最著名的汝南（今河南汝南）袁氏，号称“门生故吏遍天下”。这个家族“四世三公”，就是有四代人做到三公的高官，是个声威显赫的大家族。

东汉豪族地主还有一部分就是商贾豪族。他们虽然在政治上没有什么显赫的地位，但由于掌握了雄厚的经济力量，因此在社会上也有很大势力，特别是在东汉中叶以后，他们的势力就更加强大了。

在东汉政权的卵翼下，豪族地主的大土地私有制迅速发展，土地兼并日趋剧烈。东汉后期有个政论家叫仲长统，他说豪族地主“膏田满野”，跨州连郡。这些豪族地主还兼营商业，船车贩运，周流四方，在通都大邑建有许多馆舍，囤积货物珍宝。他们的马、牛、羊、猪，填满了山谷。他们住着几百栋相连的大宅院，过着穷奢极欲的享乐生活。

东汉的豪族地主大都以田庄的形式剥削农民。东汉末年有个叫崔寔的官僚，写过一本《四民月令》，详细记载了东汉都城洛阳附近豪族地主大田庄里一年四季的生产活动和生活情形。《四民月令》中描绘的大田庄，有下面一些特点。

第一个特点，是这些田庄都是一些自给自足的经济单位。田庄以经营农业为主，种植粟、黍、稻、麦、豆等粮食作物，瓜、菜、葱、姜等蔬菜作物，桑麻、染料等经济作物，以及各种中草药材。田庄里也经营林业。用材林木有松柏树、梓树，经济林木有桐树、漆树，果木有桃树、杏树、枣树等。刘秀的外祖父樊重为了做家俱，预先在自己的田庄里种植梓树和漆树，有人嗤笑他这样做未免远水不解近渴。但是，过了若干年月，这些林木终于长大成材，派上了用场，那些当年嗤笑他的人使用木材时也不得不求助于他。这个故事十分生动地反映了当时田庄经济的自给自足的性质。

田庄还经营各种家庭手工业。主要是养蚕织帛，绩麻织布，染色，缝制衣服鞋帽。此外，还有酿酒、制醋、制酱、制饴糖等农产品加工业以及制药、制蜡、制造农具和武器的手工业。

总之，从吃穿、日用、医药到生产工具和兵器，各种需要都由自己的生产品来满足，自然经济的色彩十分浓厚。

田庄也兼营商业，不过这种商业主要是用田庄的剩余产品通过市场交换去获取厚利。夏秋谷物登场时，贱价收购粮食，到青黄不接时再高价卖出。丝絮、布帛的买卖也依据生产时令和天气寒暖而贱买贵卖。这种商业活动，归根结底还是加重了对农民的剥削。

第二个特点，是田庄的主要剥削对象是依附农民和奴婢。这种依附农民，当时文献一般称为"徒附"或"浮客"。他们是农业生产的主要担当者。田庄里役使着成百上千的奴婢和上万的依附农民。仲长统形容这些庄园里"奴婢千群，徒附万计"，数量十分惊人。徒附们受到庄园主十分残酷的压迫剥削，往往全家老小都为庄园主服务，而且失去人身自由，世世代代被束缚在田庄里，与庄园主有着强烈的人身依附关系。他们除了从事农业生产之外，还要负担沉重的劳役，如挖掘水沟，砌筑墙垣，修葺地主的楼台房舍。他们实际上就是庄园主的农奴。

奴婢则是家庭手工业和家内劳役的主要劳动者。据《四民月令》的记载，从事养蚕的叫"蚕妾"，从事织布的叫"女工"，从事缝制衣裳的叫"缝人"，从事酿酒制酱的叫"典馈"，还有更多的奴婢则为庄园主从事家内服役。庄园主就是依靠剥削依附农民和奴婢而过着骄奢淫逸的生活，豪华的居室内填满了"妖童美妾"，高堂深宅里陈列着歌妓舞女，厨房里吃不完的肉都发臭了，酒窖里喝不完的酒都变味了，而广大依附农民和奴婢则过着饥寒交迫的痛苦生活。

第三个特点，是利用宗族关系掩盖阶级剥削、压迫的实质。

在田庄里，都是聚族而居的。宗族的首脑称为"家长"，利用血缘亲族关系奴役同宗的人。这种"家长"实际就是大地主。刘秀的外祖父樊重的庄园就是三代同堂、聚族而居的，子孙们早晚都要向"家长"行礼问安。宗族内部有严格的尊卑长幼之序，四时八节还要举行各种宗族活动。但是，在这温情脉脉的宗族关系之下却是阶级的对立。在同宗的大家族中，包括许多财产分开的家庭，即所谓"九族""宗人"。这里有许多贫穷家庭，有的是孤寡老弱，不能自存，有的甚至死了人都无力埋葬。

庄园主利用宗族关系，按照亲疏远近，施以小恩小惠，以掩盖剥削压迫的实质，从而把贫苦宗人变为自己更加顺从的依附农民。

第四个特点，是这些庄园都是兵农合一的封建坞堡。

豪族地主在庄园里还组织有镇压人民的武装力量。他们强制依附农民按军事编制组织起来，为庄园主做家兵，这种家兵叫做“部曲”。部曲本来是军队编制的名称，后来演变为私有军队的专有名称。这些部曲平时耕种，每年二、三月青黄不接或八、九月间寒冻将临之时，便在田庄里修治兵器，练习战阵，为地主看家护院，防范与镇压农民的反抗。

这些田庄都筑有高大坚固的坞堡，四周环绕深沟，围以高墙，里面有三、四层高的阁楼。东汉时期的墓葬中，出土了大量陶制的坞堡阁楼的模型。1956 年河南陕县出土了一件阁楼模型，阁楼共有三层，耸立在水塘之中。第二层的中间有四个人对坐下棋，四个角上各有一人拿着弓弩守卫。第三层楼上有两个人在凭栏远眺，也有一个手拿弓弩的部曲守卫。在水塘周围则有骑马的部曲在巡逻警戒。这幅图景生动地表现了当时豪族地主与农民之间紧张的阶级关系。1972 年，甘肃嘉峪关市附近发现的东汉晚期墓葬中出土了二、三百幅画象砖和壁画。画面生动地描绘了当时庄园坞堡的情景。壁画画着七座坞堡，其中一座还用朱红颜色写出“坞”字。坞的四周有高墙厚壁，坞内有高层碉楼，坞外面还画着居住农奴的小帐篷和牲畜、畜栏。画面上可以看到徒附及其妻女们在从事繁重的劳动：种地、拔麦、打场、采桑、养蚕、织帛、做饭、抬水、洗涤。画中的牧羊儿童、骑牛牧童、赶车或射鸟的童奴，则是徒附们的子女。

这种坞堡建筑，显然是为了防范农民反抗斗争的。刘秀的舅舅樊宏的庄园就是一个建有“重堂高阁”的大庄院，赤眉绿林农民起义爆发时，樊宏便率领宗族三千余家修筑营垒，挖掘壕沟，以对抗起义的农民。

这种豪族地主的庄园经济，是政治上分裂割据的经济基础。东汉政权是豪族地主的政权，但是，豪族地主庄园经济和政治势力的发展，又削弱了东汉的中央集权，因为庄园经济是对封建中央政府的土地和人口的分割，从而大大影响了中央政府所控制的田亩和户口。据记载，东汉时期政府掌握的最高垦田数为七百三十多万顷，而西汉的最高垦田数是八百二十多万顷；东汉最高人口数是五千万左右，而西汉则将近六千万。

可见，东汉的田亩和人口都没有达到西汉的水平。因此，东汉时期就不像西汉那样表现为封建国家的强盛和统一，而是表现为国家的贫弱与政局的不稳。

这种庄园实际上是豪族地主的独立王国，他们有自己的军队，逐渐发展为与中央相对抗的独立性割据武装。后来在镇压黄巾农民起义中割据一方的军阀，就是从他们当中产生出来的。

自给自足的田庄，还加重了各地区经济上的独立和分散，因而使豪族地主成为独霸一方的土皇帝。他们交结官府，接纳宾客，横行乡里。地方守令不得不辟召他们的子弟作为僚属，因而他们实际上把持了地方政治，以致人们只奉行地方的政教命令，而对皇帝的诏令置若罔闻。当时民间流传谚语“州县符，如霹雳，得诏书，但挂壁”，形容人们把皇帝的诏书束之高阁，而州县命令的执行却像霹雳那样雷厉风行。

豪族地主势力的发展，不仅造成了豪族地主与农民的尖锐对立，同时也促使统治阶级内部争权夺利的斗争更加剧烈起来。豪族地主疯狂地兼并土地，强占人口，这种经济上的争夺，必然导致政权上的争夺，因而出现了东汉后期外戚、宦官争夺政权的斗争和所谓“党锢”事件。

豪族地主势力的发展和东汉的黑暗政治，造成了极其严重的社会危机，这突出地表现为东汉后期整个社会生产的极度凋敝。由于豪族地主的疯狂兼并和残酷的剥削导致了农民的贫困破产和流离失所，因而造成了严重的流民问题。据史书记载，公元 153 年（东汉桓帝永兴元年）的情形是：三十二个郡国的人民，因饥饿穷困，流离道路，竟达数十万户之多，加上水旱灾荒相继发生，百姓死亡不可胜数。人相食的记载，史不绝书，甚至夫妇相食。“河内人妇食夫，河南人夫食妇”，这是多么悲惨的情景啊！流民问题越来越严重，阶级矛盾也越来越尖锐。从安帝以后的七、八十年间，连绵不断地爆发了大小百余次的农民起义。这些起义虽然被东汉统治者镇压下去了，但是，各地农民的反抗斗争仍然此起彼伏，从未停息。当时民间流传一首歌谣：“发如韭，剪复生，头如鸡，割复鸣，吏不必可畏，小民从来不可轻！”充分表达了农民反抗封建统治者的坚强斗志。到了汉灵帝时，各地农民起义的星星之火，终于燃成燎原之势，公元 184 年（东汉灵帝中平元年），爆发了震撼东汉统治的黄巾大起义。

（原刊北京市上山下乡知识青年函授办公室编《历史知识（中国古代史部分）》，北京出版社1979年版，第59—67页。据该书“说明”，为丰富广大上山下乡知识青年的历史知识，从1979年4月起，北京市上山下乡知识青年函授教育办公室、北京市知识青年上山下乡办公室、北京人民广播电台联合举办“历史知识广播讲座”，由北京市的几所中学和北京师范大学、北京师范学院的教师撰稿。后应广大知识青年的要求，编辑出版《历史知识》。该书最后的文字修订工作，由刘宗华、郭澎、黎虎承担。今据原刊文整理。李文才敬识。）

赤壁之战与三国鼎立

曹操写过一首著名的叫《蒿里行》的诗，其中有这样几句：

铠甲生虮虱，万姓以死亡，
白骨露于野，千里无鸡鸣。
生民百遗一，念之断人肠！

这几句诗给我们描绘了东汉末年，军阀混战给当时社会造成巨大灾难的一幅悲惨图景。你看，连年征战，战士们护身的铁甲里都生满了虱子，原野上布满了死者的白骨，田园荒芜，村落萧条，千里之地连鸡叫声也听不到了。人民承受着深重的苦难，社会经济遭受到巨大的破坏。

为什么东汉末年会出现如此悲惨的景象呢？这是由于东汉末年军阀连年混战而造成的。

早在黄巾起义之前，豪族地主武装割据的坞堡壁垒已在全国各地星罗棋布，在镇压黄巾起义的过程中，他们更是乘机扩大自己的势力，小则盘踞乡里，大则独霸州郡，成为割据一方的军阀。从公元 189 年董卓之乱开始，他们之间互相争权夺利，连年混战。从东汉后期以来，由于豪族地主势力的急剧发展而形成的分裂割据局面，于是便进一步公开化和明朗化了。

经过几年混战，到公元 196 年（汉献帝建安元年），各地区出现的武装割据势力大约有十几个。在北方，主要是袁绍占据冀、青、并三州（今河北中南部、山东东部及山西等地区）；曹操占据豫、兖二州（今河南、山东西南部等地区）。在南方，刘表占据荆州（今湖北、湖南的广大地区）；刘焉、刘璋父子占据益州（今四川）；孙策占据江东地区（今长江下游南岸）。这些割据势力互相混战，一直持续了将近二十年，因此出现了上面曹操《蒿里行》中描绘的那种大破坏的图景。

当时北方最大的两个军事集团是曹操和袁绍。曹操，字孟德，沛国谯县（今安徽亳县）人，出身宦官家庭。公元192年，曹操镇压了青州黄巾军，收编了三十多万人，号为“青州兵”，同时收编了不少豪族地主武装，逐渐壮大了自己的军事力量。公元196年，曹操把汉献帝迎接到他的根据地许昌，取得了“挟天子以令诸侯”的有利的政治地位。他又利用从农民军那里得到的人力和物资，在许昌等地屯田，解决了军粮问题。由于这些原因，曹操的经济、军事力量和政治影响日益增长，成为与兵强地广的袁绍相对抗的唯一力量。

公元200年（建安五年），袁曹两军在官渡（今河南中牟）进行了一次争夺中原的决战。曹操战胜了兵力与粮草供应都比他强得多的袁绍，几乎全部消灭了袁绍的主力。袁绍只带八百轻骑渡河，狼狈逃回河北。这就是历史上有名的以少胜多、以弱胜强的官渡之战。

官渡之战是曹操统一北方的决定性战役。不久，袁绍病死，他的两个儿子袁谭、袁尚互相争夺，曹操乘机攻破了他们，占据了冀、青、幽、并四州，统一了北方。曹操在统一北方以后，便打算进一步统一南方。

当时，南方有两个最大的军事集团，一是地处长江中游的荆州刘表，一是地处长江下游的江东孙权。这时，刘备在北方被曹操打得站不住脚，投奔了刘表。刘备，字玄德，涿郡涿县人，是汉景帝的儿子中山靖王刘胜的后代，但由于是汉宗室的远支，到刘备时家境已经比较贫寒，他也是靠镇压黄巾起义而起家的。关羽、张飞是他手下得力的部将。在荆州，刘备曾经“三顾茅庐”，把诸葛亮请出来作为自己的辅佐。诸葛亮为刘备分析了当时天下的形势：曹操已经占据北方，地广人众，挟天子以令诸侯，不能与他争锋；孙权占据江东，已有三世，内部比较团结，但与曹操有矛盾，因此，只可以作为同盟而不可以吞并它；现在，唯有利用时机，占领荆州、益州，整顿内政，励精图治，东联孙吴，共抗曹操。一旦时机成熟，再北进中原，这样则霸业可成，汉室可兴。诸葛亮对天下形势了如指掌，分析得精辟透彻，并全面地指出了未来的发展趋势。刘备听了十分高兴，对人说，我得到诸葛孔明，好像鱼得到水一样。诸葛亮的这番言论，就是历史上有名的“隆中对策”。

公元208年，曹操率领水陆大军二十万，号称八十万，进攻荆州。这时，刘表已经病死，他的儿子刘琮继位。刘琮不战而降，把荆州拱手让给了曹操。刘备抵挡不住，仓惶南逃，在当阳长坂被曹操打败。刘备率领一万多残兵败将逃到夏口（今湖北武汉）。

为了抵抗曹军，刘备派诸葛亮到江东联络孙权。这时，孙权正屯兵于柴桑（今江西九江），观望曹操的动向。曹操大军压境，对江东造成了严重的威胁，在部将周瑜、鲁肃等人的坚决支持下，孙权决定与刘备联合，共抗曹军。公元 208 年（汉献帝建安十三年）十月，由周瑜统帅的三万孙刘联军和二十余万曹军会战于赤壁。赤壁是今湖北蒲圻县西北长江南岸的一座石山。曹与孙刘两军相比，联军在数量上处于明显的劣势。但是，曹军由于长途跋涉，已经疲惫不堪，士兵又多是北方人，不习惯南方的天气和水上作战，加上疾病流行，军心比较涣散。孙刘联军利用了曹军的这些弱点，采用黄盖的火攻计谋，烧毁了曹操的战船。联军水陆并进，曹军全线溃退，烧死、淹死和战死者不计其数。孙刘联军大获全胜，曹操率领残余部队从华容逃回北方。这就是历史上有名的赤壁之战。

赤壁之战是继官渡之战以后又一次以少胜多的著名战例，是决定三国鼎立局面形成的一次决定性战役。

赤壁之战以后，曹操退守北方，再也无力南下；孙权占稳了江东；刘备则乘机占领了荆州的四个郡，并按照诸葛亮的计划，向四川发展，消灭了刘璋的势力，占领了益州，有了立足之地。

公元 220 年（汉献帝建安二十五年），曹操死，他的儿子曹丕废汉献帝，自立为皇帝，国号魏，建都洛阳，史称曹魏。第二年，刘备在四川称帝，国号汉，定都成都，史称蜀汉。公元 229 年，孙权在建业（今江苏南京）称帝，国号吴，史称东吴。至此，魏、蜀、吴三国鼎立局面正式形成，我国历史又翻开了新的一页。

从公元 220 年曹丕代汉到公元 280 年吴国灭亡，这六十年就是我国历史上的三国时期。三国鼎立局面的出现，对于东汉末年军阀割据混战的分裂局面来说，是历史的一个进步，也是由分裂走向统一的一个必经阶段。在三国时期，各国统治者为了巩固自己的统治，并进而统一全国，都在政治上、经济上采取了一些积极的措施，使东汉末年以来严重破坏了的社会经济又有所恢复和发展。

在魏蜀吴三国中，曹魏统治下的北方地区，虽然受到的破坏比较严重，但社会经济的发展，比起吴、蜀统治下的南方却较快一些。

曹操、曹丕父子在建立曹魏政权过程中，先后采取了一些政治、经济措施。经济上最重要的措施是实行屯田制。

为什么要实行屯田呢？这是因为在当时军阀连年混战中，人民流落四方，土地荒芜，社会经济到了崩溃的边缘。粮食极端缺乏，不仅农民，就是那些军阀队伍也都没有粮食吃，袁绍的军队在河北靠采桑椹充饥，袁术的军队在江淮摸蚌蛤当饭吃，有的军阀因为没有粮食而饿散了伙。因此，粮食问题已经尖锐到了这样的地步：谁掌握了粮食，谁就能在混战中得胜，反之就会失败。面对这种情况，曹操采纳了谋士枣祗、韩浩等人的建议，于公元 196 年（建安元年）宣布实行屯田。所谓屯田，就是政府把劳动力按军事编制组织起来，在政府掌握的土地上进行生产。屯田形式有两种，一种是民屯，一种是军屯。民屯就是把农民按屯为单位编制起来，每屯五十人，设官管理。屯田农民不属地方郡县管辖，而是自成一套管理系统。每县设立典农都尉，其地位与县令相当，专门负责管理本县的屯田。典农都尉之上设立典农中郎将和典农校尉，其地位相当于郡太守和郡尉，他们直属中央的大司农管辖。这种屯田农民被称为“典农部民”或“屯田客”。他们名义上是招募来的，实际上是强迫征发来的，政府利用行政手段强迫他们与土地结合，成为政府的直接的剥削对象。政府对屯田客的剥削，是采取分成租制。即用官牛的，收获物官六民四，用私牛的，官民对分。这个剥削量是很重的，和汉代农民“或耕豪民之田，见税什五”的剥削率差不多。屯田客受到严格的管束，不许离开土地，对国家有极强的人身隶属关系，他们实际是国家的农奴。

所谓军屯，就是用士兵进行生产，由军官进行管理，五里一营，每营六十人，一边守土打仗，一边进行耕种。

屯田制实行的结果，使北方社会经济得到较快的恢复，为曹魏“摧灭群逆，克平天下”提供了雄厚的物质基础。

政治措施方面，主要是实行了“唯才是举”和“九品中正”的选举制度，以打击豪族地主，加强中央集权。为了打破过去豪族地主凭借门第垄断选举的局面，曹操推行了“唯才是举”的方针，把那些有“治国用兵”才能的人选拔出来做官，同时加强对官吏的考核，整顿吏治。曹丕继位后，建立了“九品中正”制，即由中央选派“中正”官，负责到他们所在的州郡选拔人才。按人才优劣分为三等九品，作为选拔官吏的依据。这个制度，从表面上看虽然把选官任人的大权控制在中央手中，但是，后来由于“中正”官一般都是豪族地主担任，他们“官官相护”，把他们的亲戚朋友、门生故吏评为上品，逐渐形成了“上品无寒门，下品无世族”的现象。九品中正制实际上变成了世家豪族地主操纵选举、把持政权的工具了。

对于曹操这个历史人物，我们应给以全面的历史的评价。鲁迅先生指出：“我们讲到曹操，很容易就联想起《三国志演义》，进而想起戏台上那一位花面的奸臣，但这不是观察曹操的真正方法……其实，曹操是一个很有本事的人，至少是一个英雄。”是的，尽管由于地主阶级本质决定了曹操在他一生中干了一些坏事，如他残酷地镇压了黄巾起义，在统一北方和进行统治的过程中给广大人民也带来痛苦和灾难；但是，从他的整个一生来看，他对于历史的发展是有贡献的，是一个有作为的政治家、军事家和文学家。

蜀汉在三国中是幅员小、人口少、力量最弱的一个政权，但是，在诸葛亮的治理下，也有一番新气象，维持了几十年的偏安局面。公元 223 年，刘备在征伐吴国的战争失败以后死去，他的儿子刘禅继位。刘禅庸碌无能，大权掌握在诸葛亮手中。

诸葛亮和曹操同是三国时期比较有才能的政治家。他为了与北方强大的魏国抗争，采取很多措施改革内政，奖励农桑，并对魏国采取了主动进攻、以攻为守的战略方针。他实行“西和诸戎，南抚夷越”的民族政策，收到了良好的效果。公元 223 年，南中地区（今云南、贵州和四川南部）的豪帅雍闿煽动少数民族起兵反蜀。公元 225 年，诸葛亮亲自率领大军，分三路南征。诸葛亮采纳马谡“攻心为上，攻城为下”的建议，在俘获当地少数民族首领孟获以后，并不杀害他，反而把他释放了。据说经过七擒七纵，诸葛亮再要放他回去，他自己便坚决不肯回去了，表示衷心佩服诸葛亮的“天威”，南人再也不会反了。这样，南方少数民族与蜀国的关系日益密切，促进了民族的融合及经济文化的交流，并巩固了蜀国的后方。

在这个基础上，诸葛亮从公元 228 年开始，先后举行了五次北伐，但是，由于蜀国力量薄弱，都不能成功。公元 234 年，诸葛亮在最后一次北伐中，因积劳成疾，病死在五丈原军中。唐朝诗人杜甫在观看了成都附近的诸葛武侯祠以后，写下了“出师未捷身先死，长使英雄泪满襟”的诗句，表达了人们对于诸葛亮伐魏终于不免失败的惋惜心情。诸葛亮死后，蜀国的政治、军事便都走向下坡路了。

这时魏国的政局也发生了重大的变化：曹魏的政权逐渐落入世家豪族的代表人物司马懿的手中。公元249年，司马懿在洛阳发动政变，把曹氏皇室的大臣一网打尽，独掌了曹魏政权。在他儿子司马师、司马昭相继执政时期，又陆续铲除了一些反对势力，司马氏代魏自立的形势已经十分明显，所谓“司马昭之心，路人皆知”，就是指的这种情况。公元263年，司马昭派三路大军打败了蜀军，刘禅被押送到了洛阳，蜀国灭亡了。公元265年，司马昭的儿子司马炎逼迫曹氏最后一个皇帝退位，自称皇帝，国号晋，魏国也灭亡了。司马炎定都洛阳，历史上称为西晋。

西晋建立后，江东的孙吴已处于朝不保夕的境地了。东吴政权是三国中最腐朽的一个政权。在南北豪族地主的联合专政下，江南人民受到十分残酷的压迫剥削。但是，由于当时魏军在西线被蜀军所牵制，东吴得以保持长期的苟安局面，加上北方人口的大量南流，使江南经济也有较大的发展。例如，东吴的造船业和海上交通事业就比较发达，制造的大船可以乘坐三千人，有的船还分为上下五层，十分华丽美观。公元230年（吴孙权黄龙二年），孙权派将军卫温、诸葛直率领甲士万人，乘坐大船到了夷洲，即台湾，使大陆与台湾的联系更加密切。

但是，当曹魏灭蜀后，南北政权的力量对比发生了很大变化。晋军可以把主要力量用以灭吴统一全国了。这时，吴主孙皓在位，他是一个荒淫残暴的昏君，人民纷纷起来反抗，统治阶级内部矛盾重重，吴国的统治行将分崩离析。公元279年，晋武帝司马炎派二十万大军攻吴。第二年，晋国大将王濬的楼船从益州沿江东下，直捣建业，吴主孙皓投降，吴国灭亡。至此，从公元189年董卓之乱开始的分裂局面，延续了九十年，又由西晋实现了短期的统一。

［原刊北京市上山下乡知识青年函授办公室编《历史知识（中国古代史部分）》，北京出版社1979年版，第78—86页。今据原刊文整理。李文才敬识。］

祖逖中流击楫

我欲乘风去，击楫誓中流！

南宋绍兴三十一年（1611）冬，虞允文大败金主完颜亮于采石矶（今安徽当涂），爱国词人张孝祥喜闻捷报，奋笔写下了上面的诗句（见《水调歌头·闻采石战胜》），表示要效法祖逖中流击楫，乘采石之胜的长风，追击南侵敌军，收复失地。祖逖是怎样的一个人呢，击楫中流的故事又是如何的呢，这就是本文所要介绍的。

闻鸡起舞

祖逖，生于西晋泰始元年（265），卒于东晋太兴四年（321），范阳国遒县（今河北涞水县）人。祖氏为北州旧姓，世代为二千石官吏。他的父亲祖武曾官至上谷太守。祖逖少年时即豁达大度，慷慨好义，经常散谷帛以周济贫穷的乡亲。同时，他还时时关心着国家的安危。

晋武帝太康十年（289）的一个冬夜，年仅二十四岁的祖逖，与挚友刘琨共被而寝。他们纵谈世事，预感到“四海鼎沸，豪杰并起”的动乱局面将会出现，因而忧心殷殷，夜不能寐。当朦胧的睡意刚刚袭来之时，只听得午夜荒村鸡鸣，祖逖踹醒刘琨，说：“这不是令人讨厌的声音。”于是步月中庭，拔剑习武。这一对青年人当时同在司州当主管文书的“主簿”。

祖逖的忧虑并非杞人忧天。果然，不久西晋皇朝便爆发了长达十六年的“八王之乱”，国力在这场旷日持久的内战中消耗殆尽，统一的政权趋于土崩瓦解，隐伏的阶级矛盾与民族矛盾一齐暴露出来。与此同时，内迁各族上层分子乘机起事，氐族李雄割据巴蜀，匈奴刘渊起兵于离石，羯人石勒驱驰于河北，偌大的中原地区“胡旌飑月，朔马腾风”（《晋书·刘曜载记·赞》）。

进入中原的少数民族，曾受到西晋统治阶级的酷虐。居住在上党武乡（今山西榆社县）的羯族人石勒即是。他出身于部落小帅，后来被并州刺史司马腾拘执，卖至山东为奴。他们的起兵，原带有反抗阶级压迫与民族压迫的正义性质。但随着斗争的发展，他们纷纷建立割据政权，并反过来“苦役晋人”，对汉族人民进行残酷的民族复仇，以致“中原萧条，白骨涂地”，使民族矛盾上升到突出的地位。

晋怀帝永嘉五年（311），刘聪派遣族弟刘曜与王弥、石勒等攻陷洛阳，俘晋怀帝。建兴四年（316）刘曜攻陷长安，俘晋愍帝，西晋灭亡。

目睹国破家亡、山河破碎的惨状，胸怀爱国壮志的祖逖怎能高枕无忧呢！

中流击楫

当铁骑纵横中原，洛阳倾覆之时，“中州士女避乱江左者十六七”（《晋书·王导传》），北方人民像潮水似地涌向江南。祖逖也率领亲族乡党数百家避难淮泗。一路上，祖逖不仅操持大队人马的行程大计，而且在生活上处处关怀同伴，他用自己的车马驮载老弱病人，自己却徒步而行，又将药物衣粮周济同行者。祖逖的行为受到人们的赞赏，于是被推为“行主”（宗族迁徙中的统率）。他们辗转流徙，来到长江南岸的京口（今江苏镇江）。

祖逖他们何以要往京口迁徙呢？原来这时在离京口不远的建康（今南京市）已经建立起了一个司马氏的新政权。早在永嘉元年（307年），司马懿的曾孙、当时任安东将军、都督扬州江南诸军事的琅邪王司马睿就在琅邪大族王导等人的翼戴下，移镇建康，逐步建立起一个偏安江左的政权。晋愍帝被俘后的第二年（317），司马睿便在建康称帝，是为元帝，建立起东晋皇朝。司马睿的江左政权也就成了全国人民救亡图存的希望所系。

当时许多逃往江南的士族地主官僚，不外是为了在“荆扬晏安，户口殷实”的南方寻找安身立命之地，以继续他们的剥削和享受。例如，元帝时任尚书左仆射的周顗，此时整日醉酒，因一个月中顶多三日不在醉乡中，故“时人号为‘三日仆射’”（《晋书·周顗传》）。南下士族之醉生梦死于此可见一斑。

祖逖来到江南，司马睿即任他为徐州刺史，不久又征为军谘祭酒。他此行并非为谋取一官半职，而是“以社稷倾覆，常怀振复之志”（《晋书·祖逖传》）。不久他亲自去见司马睿，陈述北伐大计，要求统军出击。这时司马睿正汲汲于“拓定江南，未遑北伐”（《晋书·祖逖传》），并不真正打算收复河北，然而北伐是当时人心所向，是一面重要的政治旗帜。在这种情况下，他给祖逖加上了奋威将军、豫州刺史之类的空头衔，但只给了他一千人的廪谷和三千匹布，让他自己去招募士兵。祖逖并不以此为意，他相信北伐的行动是正义的，定能得到北方广大人民的支持。于是他从原来一起南下的亲族乡党中挑选了一百多家，组成部曲，于建兴元年（313）秋八月渡江北上。船行至中流，祖逖面对浩荡东去的江水，想到祖国河山沦丧，不禁悲愤填膺，击楫而誓：“祖逖如不能扫清中原而再次南渡，就如大江东去!”表示了义无反顾的坚决态度，辞色壮烈，部众莫不感慨激奋。

解民倒悬

祖逖渡江以后，驻屯于淮阴，即着手招募、训练士卒，并起炉冶铸兵器。经过三年的准备，于建兴四年（316）率领两千多名士兵，开始北伐。

这时北方的形势相当复杂。一方面是匈奴族的刘聪、刘曜割据于河东、关中，羯族的石勒以襄国（今河北邢台）为中心，据有太行山以东的青、兖、豫、冀、幽等州广大地区。另一方面还有遍布黄河南北两岸的汉人坞、堡、壁、垒。其时留在北方的地主豪强，往往招纳流亡，筑垒自守。广大人民为了免遭战火祸害，也不得不投靠坞堡主以求自存。这些坞堡主，既有反胡奉晋的，也有割境自守或联胡反晋的，他们彼此之间还经常你争我斗。

针对这种局面，祖逖采取正确的方针。对于割据一方、破坏北伐的坞主，他坚决打击之；对于能够争取联合抗敌的坞主，则争取团结之。祖逖进入豫州时，用计杀了张平，进驻太丘（今河南永城），然后联合蓬陂（今河南开封东南）坞主陈川、南中郎将王含等部力量，用一年多时间，攻克谯城，击败樊雅。

祖逖北伐的初步胜利，引起了石赵集团的恐惧。祖逖据谯城后不久，坞主陈川投靠了石勒，并献浚仪县（今河南开封）。太兴二年（319）石勒派其从子石虎率五万大军渡河南侵。祖逖与战失利，退屯寿春。石虎因此得以大掠豫州，并俘劫陈川部众五千余户，退兵襄国。石虎留下部将桃豹据守浚仪。次年，祖逖进兵夺取了浚仪城的东台，迫使桃豹退守西台。两军分据浚仪一城，祖逖兵众从东门出入，桃豹兵众从南门出入，相持四十余天不下。祖逖决定计取。他命将士以粮袋盛满沙土，派一千余人往城上抬运。另派几个人担米在大道上休息。桃豹兵追来，他们弃担而走，桃豹兵夺得粮袋，见里面果然装满粮食，以为祖逖兵众粮食充足，而此时桃豹兵早已粮尽饥乏，于是军心大为动摇。不久，石勒派兵以一千头驴运粮援救桃豹，又被祖逖半路截击，全部缴获。桃豹被迫连夜逃离浚仪，退守东燕（今河南延津）。祖逖又派军进屯封丘（今河南封丘）以逼之，自己则率主力进据雍丘（今河南杞县）。

石勒为了挽回失败，即派精锐骑兵数万人袭击祖逖，又被祖逖打得大败。此后，祖逖以雍丘为中心，频频出兵邀截石勒军。在军事征讨的同时，祖逖又对敌占区的坞壁主做了大量争取工作。石勒为了控制坞壁主，曾强迫他们留子弟为质。祖逖对于凡有质子在石勒营中的坞主，只要不再替石勒效劳，而站在北伐军一面，就允许他们表面上继续从属石勒。祖逖还不时派遣游军假装袭击这些坞壁，以表示他们并未从属于祖逖，使他们免遭毒手。坞主们对此非常感激，利用他们有质子在石勒那里之便，探听军事情报并及时报告祖逖，使祖逖得以不断取胜。祖逖还善于争取敌占区人民的支持。他的侦察骑兵常在边界上俘获到石勒占区的人，祖逖总是在厚待他们之后放归。这些人为祖逖的行动所感动，有一人回去后即率领乡里五百家前来投奔。

经过两年多艰苦的斗争，祖逖扫清了石勒在黄河以南的屯戍，收复了这一广大地区，迫使石勒“不敢窥兵河南”，于是“黄河以南尽为晋土”（《晋书·祖逖传》）。

为了巩固河南的根据地，进一步做好北伐的准备工作，祖逖又在豫州境内大力招抚流民，劝课农桑，强兵足食。他自己生活十分节俭，不蓄家产，子弟亲自耕耘，打樵砍柴。由于长期战乱，北方到处是“白骨蔽野”的凄惨景象，祖逖便派人收葬枯骨，加以祭奠。自从刘渊、石勒起兵以来，北方人民饱受战乱之苦，“奔迸流移，不可胜数”“比屋不见火烟，饥人自相啖食”（《晋书·食货志》）。如今他们得以从异族的铁蹄之下解脱出来，有一个从事生产的喘息时机，因此河南人民对祖逖怀着由衷的感激，百姓们称他为“重生父母”。

祖逖北伐的胜利和北方人民的归心，使石勒统治集团感到震惊，他们不得不稍稍收敛其残杀汉族人民的政策。石勒特命幽州属官修缮祖逖母亲的坟墓，并设置守冢二家。太兴二年（319）还下令减免河北人民田租之半，并招集流人，复其本业，劝督农桑。石勒还要求与河南互市，祖逖也听任石勒进行这种正常的南北贸易，结果“收利十倍，于是公私丰赡，士马日滋”（《晋书·祖逖传》）。

英雄遗恨

司马睿统治集团对于祖逖北伐一贯采取冷漠的态度，没有给予什么真正的支持。公元317年当祖逖攻克谯城，击败石虎之后，司马睿才传檄天下，派琅邪王司马裒率三万军开赴战场，受祖逖指挥。但不过数日，又把司马裒召还建康。当祖逖在北伐战场出生入死、解民于倒悬之时，东晋统治集团内部争权夺利的斗争正愈演愈烈。镇守长江中游的统帅王敦，在觊觎着司马睿的宝座。司马睿也调兵遣将，暗作布置，太兴四年（321）七月派戴渊为征西将军，都督司、兖、豫、并、雍、冀六州诸军事，司州刺史，名义是北讨石勒，实际是对付王敦。

江南笼罩的内战阴云，使祖逖十分不安，他“虑有内难”，担心这种内争会使北伐“大功不遂”。祖逖北伐的胜利和他在百姓中声威的提高，也引起了司马睿集团的猜忌。任命戴渊，也含有控制祖逖的明显意图。祖逖深知戴渊其人既无北伐大志，又无军事才能，只是来坐享其成的。这一切，使祖逖更加“内怀忧愤”，以致“感激发病”。然而祖逖没有停止过北伐的工作，他在黄河南岸继续修缮武牢城，以作为进一步北进的据点。无奈祖逖的病势日见沉重。太兴四年（321）九月的一个秋夜，驻守在雍丘的祖逖仰望北方天际的星空，想到收复中原的壮志未酬，凄然长叹：“眼看平定河北的愿望即将实现，老天爷却要夺去我的生命，真是天不佑国啊！”说罢便溘然长逝。其时祖逖年仅五十六岁。

豫州人民得知祖逖去世的消息，莫不痛哭流涕，他们自动集资出力修建祠堂，以永远纪念这位把自己的一生献给国家和人民的英雄。

[原刊《文史知识》1983 年第 12 期。原刊文题前按语云：“异族滋扰，国势日蹙。大难当前，自有志士仁人挺身而出，救生民于水火之中。真是时势造英雄，英雄造时势，此文讲的就是这个道理。”2022 年 7 月 6 日黎虎先生逝世后，《文史知识》编辑部于 7 月 8 日在其微信公众号上重刊此文，以为纪念，文后“编辑絮语”云：“惊闻著名史学家、北京师范大学历史学院教授、中华书局及《文史知识》的老作者黎虎先生 7 月 6 日不幸逝世，令人叹惋，特刊发黎先生 1983 年发布于《文史知识》的一篇旧文，以为纪念！黎虎先生千古！《文史知识》编辑部。”又，《老年教育（长者家园）》2022 年第 8 期转刊此文，题目改为《闻鸡起舞 击楫誓清——至死未停止北伐的将军祖逖》，正文内容文字亦有少许变动。今据《文史知识》原刊文整理。李文才敬识。]

滑坡漫说

1983年3月7日下午五时十四分，甘肃临夏东乡族自治县的洒勒山发生了一次严重的滑坡灾害，宽1.3千米的巨大山体呼啸而下，摧毁了三个村庄，给人民的生命财产造成了严重的损失。此事已引起科学工作者的关注。

在历史上，滑坡并不是一种罕见的现象，我国古代对于这种自然灾害便有着丰富的记载。并把滑坡以及泥石流、崩坍等现象通称为“山崩”。

传说在夏桀时，泰山曾发生“山走石泣”（《今本竹书记年疏证》引《述异记上》），这大概是我国最早的山崩记载。西周幽王二年（前780）周人的发祥地周原曾发生“岐山崩”（《国语·周语》）。春秋时期两次严重的山崩，即鲁僖公十四年（前646）在晋地的“沙鹿山崩”，和鲁成公五年（前586）的“梁山崩”。梁山在今陕西韩城，这次山崩堵塞了黄河，三日不流。到了秦汉以后，历代正史的《五行志》《灵徵志》《灾异志》均记载山崩等灾异现象。尽管当时人们对于这种自然现象还无法解释，以为那是上天给予人们的谴告，并且予以种种荒诞不经的附会，但这些记载却保存了大量山崩的宝贵资料。

山崩的记载中，有一些便属于滑坡。例如唐代永昌年间华州（今陕西华县）曾发生一次巨大的滑坡。“华州敷水店西南坡，白昼飞四五里，直抵赤水，其坡上树木禾黍，宛然无损”（《旧唐书·五行志》）。

北宋熙宁五年（1072）九月丙寅，华州少华山华县东南，发生巨大的滑坡。史载“少华山前阜头峰，越八盘岭及谷，摧陷于石子坡。东西五里，南北十里，溃散坟裂，涌起堆阜，各高数丈，长若堤岸”（《宋史·五行志》）。滑落的山体竟然越山过谷，至山下的石子坡才“溃散坟裂”，覆盖面积达东西五里、南北十里之广。

此后，如南宋庆元二年（1196）六日辛未，台州黄岩（浙江今县）“有山自徙五十余里，其声如雷，草木、冢墓皆不动，而故址溃为渊潭”

（同上）。明弘治十八年（1505）六月丙子，河州（今甘肃临夏）沙子沟石崖山山崩，“移七八里，崩裂处为沟”（《明史·五行志》）。嘉靖二十六年（1547）七月癸酉，澄城（陕西今县）麻陂山界头岭，“山忽中断，移走，东西三里，南北五里”（同上）。最令人惊异的是元延祐二年（1315）五月乙丑秦州成纪县（今甘肃天水市）所发生的一次滑坡，第一天“北山移至文川河，明日再移，平地突如土阜，高者二三丈”（《元史·五行志》），山体竟然连续滑动二次。

有些记载虽然只记山体“自徙”或“移走”，它们仍属于滑坡现象，如唐大历九年（774）十一月戊戌，同州夏阳（今陕西合阳东）“有山徙于河上，声如雷”（《新唐书·五行志》）。南宋庆元二年浙江临海县“清潭山亦自移”（《宋史·五行志》）。明正统八年（1443）十一月，浙江绍兴“山移于平田”（《明史·五行志》）。清康熙四十二年（1703）四月初六日，“太原奉圣寺山移数步”（《清史稿·灾异志》）；咸丰三年（1853）湖北“保康大山崩，移十里许”（同上）等，均质属此类。

规模巨大的滑坡还可造成两山合并的现象。如明成化十六年（1480）四月壬子在四川发生的一次滑坡，“巨津州金沙江北岸，白石雪山，断裂里许，两岸山合，山上草木如故”。滑坡使金沙江两岸的山合而为一，“下塞江流，禾黍尽没，久之其下渐开，水始泄”（《明史·五行志》）。这是一幅多么惊心动魄的场面！崇祯十七年（1644）甘肃秦州（今天水市）“有二山，相距甚远，民居其间者数百万家，一日地震，两山合，居民并入其中”（同上）。

还有一些较小的滑坡现象，如清同治四年（1865）七月在宁夏固原的汉阳铺，“有平石宽长丈余，高四尺，忽自行里许始止”（《清史稿·灾异志》）。这是一块巨石自动滑行。

滑坡给人民生命财产造成巨大损失。如唐永昌年间在华州滑落的山体“拥赤水，压张村民三十余家”（《新唐书·五行志》）。北宋熙宁年间少华山的滑坡，“至陷居民六社，凡数百户，林木、庐舍亦无存者”（《宋史·五行志》）。

滑坡还摧毁城镇。如同治十三年（1874）八月十一日，甘肃西和县西山崩，滑坡“走入城中，压倒城垣二百四十余丈，民房九十余处，压死四十九人”（《清史稿·灾异志》）。

据史书记载，许多滑坡发生之前都有一些前兆现象。最常见的是山体发出鸣吼的声音。如唐永昌年间的那次滑坡，史称，“华州赤水南岸大山，昼日忽风昏，有声隐隐如雷，顷之渐移东数百步……”（《新唐书·五行志》）北宋熙宁五年少华山滑坡之后，“并山之民言：数年以来，峰上常有云，每遇风雨，即隐隐有声。是夜初昏，略无风雨，山上忽雾起，有声渐大，地遂震动，不及食顷而山摧”（《宋史·五行志》）。明嘉靖二十六年陕西澄城麻陂山界头岭在滑坡之前山体亦曾“昼夜吼数日”。滑坡的前兆为人们预防滑坡提供了有利条件。

我们上面所谈的只是一些可以明确断定其为滑坡的记载，事实上，史书上许多所谓“山崩”，必定还包含许多滑坡在内。仅从上面的简单叙述，我们就已可以看到，滑坡发生的地区也是相当广大的，其中尤以秦、陇、蜀等地为甚。研究滑坡的灾害，不仅是自然科学工作者的职责，也应当是史学工作者的不容推卸的责任。

（原刊《历史知识》1983 年第 5 期。按，此文既是《陇右自古多山崩——从洒勒山滑坡谈起》一文的简化版本，又有较大区别，因为《陇右自古多山崩》一文所论是陇右地区自古以来的“山崩”问题，该文以洒勒山滑坡事件为切入点，通过对陇右地区自古以来“山崩”史料的广泛蒐集，全面分析了陇右地区山崩的分布、性质、前兆、山崩活动的持续性，进而分析陇右地区自古多山崩的原因，因而属于灾害史方面的专题性研究论文。本文篇幅不及前者一半，只是从洒勒山滑坡事件入手，汇集史籍所载有关“滑坡”方面的史料，对于包括“陇右”在内而又不局限于“陇右”地区的“滑坡”问题进行了简要叙述，为人们普及了历史上所发生的“滑坡”事件，属于史学科普性质的小品文。这两篇文章性质虽然不同，但都是从洒勒山滑坡事件的新闻报道中，对此自然灾害及其危害进行“历史反思”，从对现实生活中自然灾害及其给人民群众生命财产所造成的损害入手，搜集、整理、分析历史文献中的相关资料，以供史学工作者和地质科学工作者作为参考和研究，充分体现出黎虎先生以史为鉴、学以致用的自觉性，以及他关注现实、关切民生的人文情怀。今据原刊文整理。鉴于《陇右自古多山崩——从洒勒山滑坡谈起》一文的注释较为详尽，故本文除修订文字错讹外，其他一律不作改动。李文才敬识。）

博闻多识的束皙

详览载藉，多识旧章。

——《晋书·束皙传》

晋武帝太康二年（281）在我国学术史上发生了一起重要事件：有个汲郡（郡治在今河南汲县西）人叫不准的，盗掘了战国时魏襄王的坟墓，从里面发现了几十车竹简，大部分是当时已经失传的古书，例如《竹书纪年》《穆天子传》等。这些书为研究战国以前的古代历史，提供了极其宝贵的资料。在为整理这批竹简作出贡献的学者中，束皙是其中最杰出的一位，而当时他才是一个三十岁左右的年轻人。

束皙，字广微，阳平元城（今河北大名东）人。生于曹魏景元二年（261）。他的祖父和父亲都曾当过太守，很有名望。

束皙从小就非常好学，以博闻多识而被人所知。早年他曾到京城洛阳的国学读书，有人问国学博士曹志："当今最好学的是谁呀？"曹志说："阳平束广微好学不倦，没有人可以和他相比。"可见人们对他的评价是很高的。

这个好学的年轻人还有一个突出的特点：专心研究学问而不追求功名利禄。他从洛阳回到家乡以后，州郡曾察举他为"孝廉""茂才"，他都推辞不就。史书称赞他"性沈退，不慕荣利"。当时的士族地主知识分子，多汲汲于追名逐利，猎取高官厚禄。束皙生在这样一个时代，能够这样淡泊明志，是很难得的。他的这种做法，当时一般人很难理解，为此他特意写了一篇《玄居释》，表明自己不求荣华富贵的志尚。在这篇文章中，他表示自己不愿"托身权威，凭假势力"去获取名利，而甘心以

“儒学自桎”“苦形骸于蓬室”“茹藿餐蔬，终身自匿”。

常言道“苦心人天不负”，长期的苦读终于使束皙成长为一个渊博的学者，而且引起了社会人士的注意，当时著名的书法家和古文字学家卫恒与他结为至交，名相兼学者张华对他也很赏识，把他选拔为自己的掾属。当时在朝廷里，每有古史方面的疑难问题，都要请教于束皙，而他也总是能够给予圆满的解答。有一次晋武帝问“三日曲水”这种礼俗的来历，有个学者挚虞说起自东汉，说得很牵强附会，晋武帝表示不满意。后来问到束皙，他引证《逸传》等记载，说明它起源于西周，经秦汉不断发展变化而来。晋武帝非常满意，赐给他五十斤金。有一次有人在嵩山下得到一枚竹简，上面有两行蝌蚪文，大家都不认识。张华去问束皙，他看了后说：“这是汉明帝显节陵里面的策文。”后来经过多方面的考证，证明他的说法完全正确，人们更加佩服他了。

前面我们提到太康二年在汲郡的古墓中发现了许多战国时期的竹简。这批竹简数量很多，但是盗墓人在盗墓时拿它点火照明去盗取宝物，烧毁了不少，等到官府去接收时，竹简已被搞得凌乱不堪，残缺不全。晋武帝将所得竹简交付秘书监负责整理，并用今文把它们书写出来。最先是由秘书丞卫恒负责这项工作。束皙三十岁那年（元康元年，291），“八王之乱”中，卫恒的父亲卫瓘被楚王司马玮所杀，卫恒也受到株连被害。卫恒死时还没有把整理竹书的工作完成，便由当时身任佐著作郎的束皙继续进行这一工作。束皙在佐著作郎期间，从事史职，参与修撰晋史，他负责写了《晋书》的帝纪和十篇志。对于古史很有研究，又深通古代文字，承担这一工作是非常适宜的。经过他的研究，发现竹书中的许多记载与传统说法不同，便一一加以考证，“随疑分析，皆有义证”。这批珍贵的古籍便因此得以流传，使学者们得以利用它们去研究古代的历史和文化。围绕这些竹书所记载的疑难历史问题，当时曾展开热烈的学术争鸣。东莱太守王庭坚曾对束皙的考证提出一些不同看法，束皙针对他的质疑又作了答辩。当时的许多学者，如王接、挚虞、谢衡等人都参与了这场争鸣。这在我国学术史上是一件盛事。可惜后来不少竹书因战乱而散失，我们现在所见到的《竹书纪年》等书，已不是束皙当时所整理版本的原貌了，而是后人从散见于别的书中所收集拼合起来的残缺本了。

虽然束皙一生以潜心学问为志尚，但他并不是不关心人民疾苦和国家大事。他在青年时代大部分时间住在乡下，因此对于农民生活的困苦是比较了解和同情的。据说有一年大旱，束皙替乡亲们求雨，三天以后果然下了大雨，乡亲们作了一首歌来歌颂他，表示他们的感激之情。求雨当然是一种迷信，但从中我们也可以看出他对人民疾苦的关心。束皙曾写过一首《劝农赋》，揭露那些劝农官吏来到乡下催逼租赋，乘机敲诈勒索、鱼肉乡里的真相，他们强迫人民用好酒好肉招待，否则就随意加租，以一为十，如果有了贿赂，就可减免，以五为二，上下其手，作威作福。这是对当时剥削制度和黑暗政治的有力揭露，也表现了他对受压迫农民的同情。束皙还曾上书建议发展农业生产。他认为当时地利不尽，人多游食，以致国家仓廪不实。当时司州一带地少人多，可是这里却分布了许多牧场，猪羊牛马遍野，占去了很多良田，使很多人无地可耕。因此，他建议把牧场迁到北方空虚之地去，把中原的良田分配给无业之人耕种。他还建议汲干沼泽，改造为农田。束皙作为一个地主阶级的知识分子，是站在维护皇权统治的立场看待当时的社会问题的，他不可能认识到人民无业的根本原因是皇权专制的剥削制度。但是，他的这些建议，对于当时社会生产的发展，多少还是有一些积极意义的。

束皙的成就，大部分是他在三十五岁以前做出的。他三十九岁那年（永康元年，300），赵王司马伦作乱，夺得了相国的职位，请束皙当他的“记室”。但是束皙不愿与他们同流合污，便称病回家，招收门徒讲学。四十二岁那年死于家乡。束皙的一生是短暂的，他的许多著作也在统治阶级的战乱中亡失了，然而他对中国古代学术所做出过的贡献却是永远不可磨灭的。

［原刊何兹全主编《中外年轻有为历史名人200个（中国史部分）》，河南人民出版社1985年版，第129—132页。］

魏武帝曹操

山不厌高，海不厌深。
周公吐哺，天下归心。

——曹操《短歌行》

曹操是三国时期著名的政治家、军事家和诗人，如果从他在建安元年（196）迎汉献帝都许昌（今河南许昌东）算起，到黄初元年（220）死，掌权达二十四年之久。在这期间，他在经济上兴建屯田，恢复和发展了遭到严重破坏的北方社会经济；在政治上实行打击豪强，唯才是举，加强了中央集权；在军事上他削平群雄，统一了北方；在文学上，他以自己隽永的诗文成为建安文学的代表人物。然而他这些伟大成就，都与他青年时代的活动分不开，许多方面在青年时代已奠定了基础。

曹操，字孟德，小字阿瞒，沛国谯县（今安徽亳县）人，生于东汉桓帝永寿元年（155）。曹操的出身并不高贵，他的父祖都是宦官，虽然官居高位，但在当时的世族名门眼中仍然是“低贱”的。

少年时代的曹操，就处处表现了与众不同的叛逆性格，“任侠放荡，不治行业”，喜好飞鹰走狗，游荡无度，并不走一般地主阶级往上爬的道路。对这种不走“正道”的行径，当时的社会舆论当然不会有什么好的评价，因此，“世人未之奇也”，认为他不会有什么出息。但是，少数有眼光的人，却注意到了这个与众不同的年轻人。太尉桥玄以“知人”而著称于世，是名士首领，他与曹操接触后，发现这是个了不起的人才，惊叹道：“我所见过的天下名士多着呢，但没有比得上你的，你要好好努力啊！如今天下将乱，非有命世之才不能拯救这个社会，能够平定天下的，可能就是你这样的人啊！”他甚至把自己的妻子儿女也托付给了曹操。他还把曹操推荐给当时“月旦评”首领许劭。当时选拔官吏主要依据乡里评议，许劭每月初便聚会世族名士评论人物，故称“月旦评”。曹操问许劭：“你看我是怎样的人?”许劭笑而不答，曹操一再追问，许劭说：“你是治世之能臣，乱世之奸雄。”曹操听罢大笑而去。这个评价自然带有世族地主的偏见，但他们也不能不承认曹操杰出的才能。

曹操生活的东汉后期，政治非常黑暗，宦官专权，豪强恣横，人民生活异常痛苦。曹操虽然出身于宦官家庭，但他对宦官专权和豪强恣横的黑暗政治却持反对态度。打击豪强世族，反对宦官专权的黑暗政治，是他从青年时代就表现出来的鲜明的政治态度。有一次，“四世三公”的名门大族袁绍、袁术兄弟，归葬母亲于汝南，大肆铺张，送葬者多达三万人。曹操看见以后非常气愤，对参加葬礼的他的好友王儁说：“天下就要大乱，乱天下的罪魁祸首就是这两个人。要平定天下，解救百姓，必须先杀这两个人!”

曹操二十岁那年，被州郡推举为“孝廉”，到洛阳的宫中为“郎”。不久被授予洛阳北部尉的官职。洛阳设有东西南北四部，每部设都尉一人，掌管治安。这里豪强贵戚很多，他们横行不法，扰乱社会，谁也不敢得罪他们。曹操上任后，修整了都尉衙门和四座大门，并制作了五色棒，在四座大门左右各悬挂十几根，不管谁犯法，都用五色棒打死。有一次，汉灵帝所宠幸的一个宦官蹇硕的叔父夜行犯禁，曹操把他抓住，用五色棒将他打死。这件事震动了京城内外，不法豪强不得不有所收敛。他们对这个官职卑微、年仅二十三岁的青年虽然嫉恨，可是也没有办法。

不久曹操又被征到中央，拜为议郎。在此以前十几年，汉灵帝即位后，大将军窦武、太傅陈蕃等官僚士人密谋铲除宦官势力，消息泄露，窦武、陈蕃等人反被宦官所杀，连累了许多官僚士人，史称“党锢之祸”。从此宦官势力进一步膨胀，垄断朝政，东汉政治愈加黑暗。曹操当议郎后，上书灵帝，指出“党人”正直而被陷害，如今奸邪当道，排挤忠良，应当加以甄别，公开站在反对宦官专权的立场上。但汉灵帝不听他的意见。后来灵帝下诏让大家检举那些治民无方而百姓怨恨的州县长官，但朝廷三公接受了贪官污吏的贿赂，大肆袒护他们，而陷害那些清廉守法的官吏。曹操又上书揭露三公包庇豪强贵戚的事实真相。尽管他的上书言真意切，同样无济于事。从此东汉政治愈加黑暗。通过这些事，曹操认识到仅靠上书是解决不了什么问题的，便立志通过担任郡守等地方官的途径，从基层和实际做起，刷新政治，为民兴利除弊。不久他的愿望果真实现。

曹操三十岁那年，升任济南国相。国是与郡平行的行政单位，国相就相当于郡守。济南国有十几个属县，县官大多依附豪强贵戚，贪赃枉法，为非作歹。曹操到任后，立即上报中央撤换了八个县的长吏，那些有劣迹的官吏和豪强，闻风丧胆，纷纷逃到邻郡去躲藏，于是“政教大行，一郡清平”。与此同时，曹操又大力禁断淫祀。当时迷信盛行，豪强长吏乘机愚弄人民，到处建立祀庙，骗取钱财，闹得民不聊生。这种迷信祀庙被称为“淫祀”。刘邦的孙子刘章因平定吕氏之乱有功，被封为城阳景王（城阳在今山东莒县）。后来在青州一带便到处给他立祠屋，济南国尤其淫滥，竟有六百余所，历代长官无人敢管。曹操到任后，把这些祠屋通通拆毁，下令一律不许再祭祀。于是“奸宄逃窜，郡界肃然。”

曹操厉行打击豪强，反对宦官专权的目的，是维护国家的统一，这是他从政以后一直贯穿的一根鲜明的主线。

中平五年（188）冀州刺史王芬听信术士的煽动，说天文显示将不利于宦官，于是连结豪杰，阴谋废掉汉灵帝，另立天子。他们来约曹操参加，曹操严词拒绝。他们的阴谋很快败露，王芬等人自杀。不久，凉州的边章、韩遂起兵十万叛汉，天下骚动，于是灵帝筹建了西园新军，下设八校尉。曹操被征为典军校尉，成为西园八校尉之一。正好这时汉灵帝死，少帝刘辩继位。外戚何进企图乘机消灭宦官势力，并设计调并州牧董卓进京，借助他的兵力以达到目的。曹操反对何进的做法，说：“宦官古今都有，只要皇帝不给他权力就不至于发展到这步田地。现在要解决宦官专权的问题，只要惩办几个首恶就行了，不能尽数杀掉，更不能调外将入京来干这件事。”但何进不接受曹操的意见。董卓进京后，废少帝而改立献帝，从此天下大乱，统治阶级分崩离析。董卓想拉拢曹操，拜他为骁骑校尉。曹操见董卓处处倒行逆施，知道他必定失败，便拒绝与他合作，偷偷离开京城，改名换姓，逃回故乡去募兵，准备用武力平定叛乱，维护统一。

中平六年（189），曹操回到了陈留。陈留太守张邈是曹操早年的朋友。他支持曹操在这里招兵。陈留郡有个孝廉叫卫兹的，很有见识，曹操跟他一见如故。他对曹操说："现在天下大乱，没有武力是无法平定的。你很有才干，平定天下的大任将落到你的肩上。"卫兹拿出自己的全部家产支持曹操，曹操也把家产全部拿出，一共招收了五千士兵。

第二年曹操率领部队开赴讨伐董卓的前线。当时关东州郡纷纷举兵讨伐董卓，共推袁绍为联军的盟主。关东联军人数众多，声势浩大，形势非常有利。但他们都企图保存自己的实力，不愿与董卓交锋。曹操见此情景，义愤填膺，大声疾呼道："我们举义兵是为了讨伐董卓。如今各路义军已经会合，还有什么可迟疑？董卓烧毁了洛阳，把天子劫持到长安去，天下震动，人心尽失，一战就可以平定，恢复太平，机不可失！"曹操说罢便率领自己的五千兵马，从酸枣（今河南延津）向西进发，要与董卓决战。行至荥阳汴水，与董卓的大将徐荣相遇。由于众寡悬殊，曹操接战不利，苦战了整整一天，伤亡很大，卫兹战死，曹操自己也中了箭，战马也受了伤。幸亏曹洪把自己的战马换给曹操骑，才逃出了战场。徐荣见曹操兵力不多，竟能坚持抵抗一天，感到联军不好对付，便撤了回去。

曹操回到酸枣，见联军十几万人马一个也不动，将领们饮酒作乐，不图进取。他气得大声责备。但为了顾全讨伐董卓的大局，他忍气向他们提出作战计划，建议：袁绍率部进攻孟津；刘岱、张邈等率酸枣之兵守成皋，占据敖仓，塞住轘辕、太谷，控制险要之处；袁术部队进驻丹、析，入武关，以威胁三辅。各路军都要深沟高垒，不与董卓硬拚，布下疑阵，以迷惑敌人。最后他说："现在我们是以顺讨逆，胜利一定在我们这边。如果迟疑不进，坐失良机，辜负了天下人民的期望，我将替你们感到可耻！"曹操早年即喜欢研究兵法，他博览群书，抄集各家兵书，做了一部《接要》，还注解了《孙子兵法》十三篇。所以，他在青年时代就是一个深通韬略的军事家，从上面曹操提出的作战布署，已可以看出他不凡的军事才能。如果当时联军按照曹操的计划作战，局面将会是另一个样子。但是他们没有采纳曹操的建议，仍然按兵不动。曹操看透了他们的本质，便与他们决裂，再度东归募兵，准备走自己的道路。这年曹操三十五岁。后来他在《蒿里行》中回忆了这段历史：

关东有义士，兴兵讨群凶。初期会盟津，乃心在咸阳。

军力合不齐，踌躇而雁行。势利使人争，嗣还自相戕。
淮南弟称号，刻玺于北方。铠甲生虮虱，万姓以死亡。
白骨露于野，千里无鸡鸣。生民百遗一，念之断人肠！

诗人以深沉的笔触，描绘了董卓之乱和军阀混战给人民带来的浩劫，鞭挞了军阀豪强分裂割据的阴谋与罪恶，倾注了自己同情人民、拯救时难的感情。这一史诗，成了建安文学的代表作，被人们千载传颂，历久不衰。

[原刊何兹全主编《中外年轻有为历史名人200个（中国史部分)》，河南人民出版社1985年版，第84—89页。]

汝颍奇士郭嘉

平定天下，谋功为高。

——曹操

在谋臣如雨的曹操营垒中，有一个叫郭嘉的青年，在曹操克服群雄、统一北方的事业中出谋献策、屡建奇功，深得曹操赏识。他认为在谋臣中只有郭嘉最了解他，称赞他“平定天下，谋功为高”。郭嘉死时年仅三十八岁，曹操哀痛之极，对荀攸等人说：“诸君的年龄都属与我同辈，唯有郭嘉年龄最小。原打算天下事定，就把后事托付给他，没想到他中年夭折，老天怎么不长眼睛！”可见曹操对他寄望之深。以知人善任而著称的曹操，是不会轻易赞许人的，他对郭嘉的评价是符合实际的。

郭嘉，字奉孝，颍川阳翟（今河南禹县）人，生于东汉灵帝建宁三年（170）。少年时代的郭嘉就有远大的抱负和眼光。他见汉末天下将乱，便不与世俗同流合污，只结交少数英俊之士，因此不被一般人所知，只有少数有识之士赏识他。27 岁那年，他被辟为司徒府。不久他到了袁绍那里。袁绍对他倒也很尊重，但他住了几十天，经过一段观察，料定袁绍不能成大事，便对袁绍的谋臣辛评、郭图说：“袁公只知效法周公礼贤下士，却不知如何用人；千头万绪而不得要领，好谋而无决断，想与他共同挽救天下大难，定霸王之业，难啊！”他们二人说：“现在就数袁绍力量最强，你脱离他能到那里去呢？”他见二人不醒悟，便不再多说，独自离开了袁绍。

这时，与郭嘉同郡的荀彧在曹操那里当尚书令，总管政务。曹操正在多方招揽人才，他给荀彧写信说：“汝（汝南）、颍（颍川）多奇士，你给我推荐的颍川人戏志才死后，便没有可共事的人了，不知还有谁可以接替他?”荀彧于是把郭嘉推荐给了曹操。曹操召见郭嘉，跟他讨论天下大事，两人一拍即合，谈话十分投机。曹操高兴地对人说：“帮我成大业的，必定是这个人了。”郭嘉从曹操那里出来，也很高兴，对人说：“这才是我真正的主人!”曹操立即任命郭嘉为司空祭酒，参与决策。

建安元年（196），曹操迎汉献帝都许昌以后，曹操与袁绍的矛盾更加尖锐。当时袁绍的势力大大超过曹操，是他统一北方最大的障碍。同时在他的东面还有一个悍敌吕布，对他威胁很大，也是心腹之患。有一次曹操收到袁绍一封信，信中词语傲慢。曹操跟郭嘉商议道：“袁绍拥有冀州之众，青、并等州也在他控制之下，地广兵强，总是以我为敌。我想讨伐他，可是力量不如他，怎么办?”郭嘉说：“刘邦和项羽力量也很悬殊。可是刘邦依靠智慧而战胜项羽，项羽虽然强大，最后还是失败。在我看来，袁绍有‘十败’，而主公有‘十胜’，他虽然兵强，也无能为力。”曹操急切地问：“什么叫‘十败’，什么叫‘十胜’?”郭嘉说：“第一，袁绍礼仪繁多，主公质朴自然，这是‘道胜’；第二，袁绍逆时而动，主公顺时而动，这是‘义胜’；第三，当今政治失于宽，而袁绍以宽济宽，放纵豪强，政治愈加黑暗，主公以猛纠宽，打击豪强，加强法制，这是‘治胜’；第四，袁绍用人而不信任人，任人唯亲，只信任他的亲戚子弟，主公用人而信任人，任人唯才，不问远近，这是‘度胜’；第五，袁绍多谋少断，经常坐失时机，主公多谋善断，随机应变，这是‘谋胜’；第六，袁绍出身高门大族，好高谈阔论以收名誉，投奔他的多是装腔作势，善作表面文章的人，主公以诚心待人，不浮夸，不搞表面文章，投奔您的多是有真才实学的人，这是‘德胜’；第七，袁绍对于眼前的少数穷人施小恩小惠，而不问自己的政策造成百姓贫困这样的大事，主公对于眼前小事有时疏忽，可是对于有益社会、有利百姓的大事，却从不含糊，考虑周密，这是‘仁胜’；第八，袁绍的大臣争权夺利，互相攻击，矛盾重重，主公以大义统率臣下，奸邪不行，上下团结，这是‘明胜’；第九，袁绍不分是非，主公是非分明，有赏有罚，这是‘文胜’；第十，袁绍作战好虚张声势，但不知用兵的关键所在，主公以少克众，用兵如神，部众信赖，敌人害怕，这叫‘武胜’。”

曹操听了以后非常高兴，笑道：“我恐怕当不起这么高的评价啊!”

郭嘉此论虽然不免有些夸张，但总的来看还是基本上符合事实的，当时袁、曹力量悬殊，他能透过表面现象看到事物的实质，预见到双方力量对比的转化，鼓舞斗志，增强曹操必胜的信心，这对于曹操最后终于战胜敌手、统一北方具有重要意义。

但是曹操对于先打吕布还是先攻袁绍，还犹豫未决，举棋不定，郭嘉献计道："现在袁绍正在进攻幽州的公孙瓒，可以乘他远征的时机，东取吕布；不先攻破吕布，如果袁绍来犯，吕布从东面配合，那就不堪设想了。"

曹操接受了郭嘉的意见，决定先打吕布。经过三战而大败吕布，迫使他退守下邳（今江苏邳县南）。曹操掘壕围困下邳，可是久攻不下，士卒疲乏，便打算退兵。郭嘉劝说道："过去项羽七十余战，从不失败，最后一战而亡，究其原因是恃勇而无谋。吕布也是个有勇无谋之辈，如今他屡遭失败，气衰力尽，内外失守。他的威力不如项羽，而所遭到的失败却大大超过项羽，如果乘胜攻打，必可破敌。三军以将为主，主将气馁则兵无斗志。现在吕布惊魂未定，还没有喘息过来，他的同伙陈宫虽有智谋，但谋事迟慢，应当乘他还没有拿定主意，急速进攻，一定可以打败吕布。"曹操接受了郭嘉的意见，继续进攻，果然不过一个月便攻陷下邳，俘斩了吕布。这时郭嘉年仅 28 岁。

曹操在解决了东顾之忧后，便把注意力集中于对付北方的袁绍。建安五年（200）袁曹双方对峙于官渡。这时占有江东的孙策企图乘曹操北伐，后方空虚，渡江北上袭击许都。大家听到这个消息都很恐惧，郭嘉却很从容，他说："孙策新近吞并了江东，诛灭了许多英雄豪杰，但是也树立了许多敌人。他为人轻率而无备，难免被人暗算。江东内部还不稳定，人心没有完全归服，他虽有百万之众，却似一人独行于中原！"果然不久孙策还未来得及渡江，就被他的敌人刺死。

郭嘉跟随曹操参加官渡之战，大败袁绍之后，又跟随曹操进军黎阳，继续讨伐袁绍的儿子袁谭、袁尚，连战皆捷。这时部将纷纷要求乘胜进军，郭嘉不同意，他说："袁绍对这两个儿子都很喜欢，一直不能下决心立哪个为继承人。现在他们有郭图、逢纪这样的人当谋士，必然更加勾心斗角，兄弟离间。如果我们进攻过急，他们可能把内部矛盾放在一边而团结起来，如果暂缓进攻，他们的内部矛盾必然加速爆发。现在不如回军南向，摆出进攻荆州刘表的态势，以等待他们的变化。等到他们内争起来，再回师攻击，必可一战而定。”曹操十分赞同郭嘉的意见，立即命令停止进攻，撤军南下。当他们向南走到西平（今河南舞阳），袁谭、袁尚兄弟就因争夺冀州而发生内争，袁谭被袁尚打败，投降曹操。曹操乘机回攻，很快拿下了邺城，消灭了袁谭，平定了冀州，袁尚率残部北逃乌丸。至此，曹操终于把北方最大的割据势力打败，平定了河北，完成了统一北方大业的重要一步。事态的发展完全按照郭嘉的预见而演进，充分证明了他敏锐的洞察力和过人的谋略。这年郭嘉35岁。

曹操在事业上的成功，当然主要决定于他所确定和执行的战略策略的正确，然而这与他拥有“济济多士”并善于听取他们的正确意见密不可分。郭嘉是曹操所吸收的“汝颍奇士”中的一个佼佼者，他在几个关键时刻的奇谋妙断，对于曹操对敌斗争的胜利无疑起了重大作用。

[原刊何兹全主编《中外年轻有为历史名人200个（中国史部分）》，河南人民出版社1985年版，第95—99页。]

青年谋士荀彧

运筹帷幄之中，
决胜千里之外。

——刘邦

荀彧是曹操的得力助手和谋士。曹操在事业上的成功，是离不开荀彧的帮助的。他为曹操出谋划策、建功立业时，不过是个二三十岁的青年。

荀彧，字文若，颍川颍阴（今河南许昌市）人，生于东汉桓帝延熹六年（163），他出身于一个世代官宦的名门大族。荀彧在少年时，就受到南阳名士何颙的赏识，称赞他有“王佐之才”，二十六岁那年被举为“孝廉”，拜为“守宫令”。不久董卓之乱暴发，他为了离开洛阳，便要求出补县吏，被委派为亢父（今山东济宁市南）令。于是他弃官乘机回到了家乡。他对父老乡亲们说：“颍川是个四战之地，天下有变，就成为兵家必争之地，应当赶快离开，不可久留。”但大家留恋故土，犹豫不决。正好这时冀州牧韩馥派人来迎请他们，但没有人肯去，只有荀彧率领宗族跟随来人移居冀州。果然过了不久，董卓派部将李傕出关东，一路烧杀抢掠，路经颍川，那些留下的乡亲们大多被害。

荀彧迁居冀州之后，袁绍已将韩馥的职位夺走，自己当了冀州收。袁绍以上宾之礼接待荀彧，希望他为自己出力。荀彧观察了袁绍的所作所为，估计他成不了大事，又得知曹操正在东郡，离邺城不远，且思贤如渴，大力招揽人才，便投奔了曹操。两人见面之后，纵谈天下大事，非常投机，曹操高兴地说：“你真是我的张良啊！”便拜他为“奋武司马”（当时曹操任“奋武将军”）。这年荀彧二十九岁。此后荀彧就一直跟随曹操，参与军机大事。

兴平元年（194）曹操东征徐州牧陶谦，留下荀彧在鄄城主持兖州大政。这时兖州发生了叛乱。陈留太守张邈伙同陈宫密谋，企图乘曹操东征，兖州空虚的时机，勾结在河内的吕布，以夺取兖州，并推举吕布当兖州牧。这时曹操的大军都调到东线，留守的兵力很少，不少督将大吏暗中与张邈、陈宫通谋，兖州的大多数郡县也倒向了吕布。在这紧急时刻，荀彧表现了异常的冷静沉着，机智果敢。他一方面布置防守，一方面派人飞赴东郡召回夏侯惇。夏侯惇迅速赶回鄄城，当晚便把几十个通谋叛变者杀掉，稳定了人心。这时豫州刺史郭贡率领数万人马开到鄄城之下，大家认为他与吕布同谋，来者不善，都很害怕。郭贡求见荀彧，荀彧打算前去，夏侯惇等人说道："你是一州之主，不可轻动，去了必然危险。"荀彧说："郭贡与张邈一伙，原来并没有过深的勾结，现在他匆促而来，还没有拿定主意；趁这时机说服他，即使不能完全倒向我们这边，也可争取他中立。如果我们先怀疑他，必然使他恼怒而促使他倒向叛乱一方。"于是他毅然出城去见郭贡。郭贡见荀彧态度坦然，感到鄄城有所准备，不易攻下，于是引兵而去。荀彧又与程昱定计，派人说服范和东阿两县，使他们也坚守不降。经过荀彧的努力，终于保全了这三座城，一直坚持到曹操从徐州回来。这样才没有使兖州全部丢失，得以日后重新收复这个根据地。

当曹操正在同吕布苦战，收复兖州失地时，传来了徐州牧陶谦病死的消息。曹操打算先取徐州，再回来打吕布。荀彧根据当时的形势，认为这样做失策，便对曹操说："过去汉高祖保关中，光武帝据河内，都是依仗可靠的根据地以夺取天下，这样进可以胜敌，退可以坚守，虽有挫折也能成就大业。将军本来是从兖州起兵去平定山东之难的，老百姓都心悦诚服。这里是天下的要地，现在虽然残破，也还便于自保，这是将军的关中、河内，不可以不先巩固它。现在吕布部将李封、薛兰已被打破，如果分兵东击陈宫，陈宫必定不敢向西，乘此间隙收取熟麦，聚足军粮，可一举攻破吕布。如果放弃吕布而去打徐州，多留兵则前线兵力不足，少留兵则抵挡不住吕布，他如乘虚而攻，民心更加动荡，兖州就有丢失的危险。现在陶谦虽然已死，但徐州一时还不易攻下。如果徐州攻不下，兖州又丢失，那时将军往那里去呢？"

曹操听荀彧分析得很有道理，就同意了他的意见，决定不攻徐州，而继续攻打吕布。经过一番努力，终于赶走了吕布，收复了兖州。朝廷正式任命曹操为兖州牧，他这块根据地更加巩固，为日后统一北方奠定了可靠的基础。

促成曹操把汉献帝迁都于许昌是荀彧的又一重大功劳。董卓之乱时，汉献帝被劫持到了长安。董卓被杀以后，汉献帝被军阀们争来夺去，最后在建安元年（196）辗转回到了洛阳。汉献帝虽然已是个傀儡，但在当时仍然是国家政权和统一的象征，谁控制了他谁就在政治上处于主动地位，有了发号施令的凭借，可以“挟天子以令诸侯”。曹操听到汉献帝东移的消息，便打算奉迎他都许。但是许多人认为现在山东还没有平定，韩暹、杨奉费了很大力气才把献帝弄到洛阳，他们跟河内太守张杨串通一气，紧紧控制着献帝，恐怕一时不易弄到手。荀彧见曹操有点犹豫不决，便劝说道：“过去项羽杀了义帝，刘邦东伐项羽时，让士兵为义帝披麻戴孝，于是天下归心。自从天子遭难，将军首倡义兵，只因关东尚未平定，不能远赴关中迎接天子，在这种困难情况下，仍然派人前往天子那里，无时无刻不把王室放在心上，这是将军拯救天下的宿愿。现在天子已东归洛阳，人心更加怀念，如能趁此时机奉迎天子，一可以顺应人民的心愿，二可借此镇服割据一方的雄杰，三可招致天下的英俊。有这么多的大利，即使有少数人作梗，也无关大局，韩暹、杨奉等人怎敢为害！如不当机立断，等到四方生出异心，再动手就来不及了。”曹操听了荀彧这番话，认为很有道理，便亲自到洛阳奉迎汉献帝。经过一番曲折，终于把汉献帝迎到了许昌，并将都城迁到这里。汉献帝任命曹操为大将军，总揽朝政，掌握了统治实权。荀彧被任为侍中，守尚书令，掌管政务，居中持重，参与军国大谋。从此以后，汉献帝就一直控制在曹操手中，使他得以“挟天子以令诸侯”，与其他割据势力相比，在政治上处于极其有利的地位。这件事与兴立屯田是曹操的事业得以成功的两个关键，而前者的实现，与荀彧在关键时刻的促进作用是密不可分的。这年他刚刚三十三岁。

[原刊何兹全主编《中外年轻有为历史名人200个（中国史部分）》，河南人民出版社1985年版，第100—103页。]

智慧的化身诸葛亮

三个臭皮匠，
顶个诸葛亮。

——俗语

诸葛亮是三国时期著名的政治家和军事家。三顾茅庐、隆中对策、赤壁大捷、建立蜀汉……这一幕幕有声有色、威武雄壮的活剧，千载传诵，有口皆碑。然而我们的读者可曾注意到：这一切竟都是诸葛亮在二三十岁的青年时代所演出的呢!

诸葛亮（181—234），字孔明，琅邪阳都（今山东沂南县南）人，出身于一个世代二千石大官的家族。

现在在湖北襄樊市襄阳城西，有个隆中遗址，据说这里就是诸葛亮青年时代躬耕读书的地方。当年这里属荆州南阳郡。

诸葛亮的老家远在徐州的琅邪，何以会来到荆州襄阳的呢？原来诸葛亮早年父母双亡，依靠叔父诸葛玄为生，诸葛玄在豫章当太守时，由于统治阶级的内争而被排挤，便投奔他的旧交荆州牧刘表。诸葛亮就这样随叔父来到荆州。不久叔父病故，诸葛亮17岁那年便居住于隆中，直到26岁被刘备请出山，前后在这里生活了十年之久。

诸葛亮在襄阳的十年，一边种田一边读书，为日后从政打下了坚实的基础。

在东汉末年牧守混战的日子里，荆州相对来说是一个比较安定的地方，各地人士纷纷流落此地。荆州牧刘表还很重视兴办教育，在襄阳开立学官，广招儒士，造成了比较浓厚的文化学术空气。这个环境为诸葛亮专心学习、研究学问提供了良好的条件。

诸葛亮在学习上有着与众不同的特点，他不像有些人那样只是把书读得精熟，而是注意抓住书的整体和其中的大义。他研究了古代的历史，对于辅佐齐桓公建立霸业的管仲、帮助燕昭王打败强齐的战国名将乐毅，非常推崇，表示要做一个像他们那样的人，表现出远大的政治抱负。

诸葛亮在隆中的十年并不是过着“隐士”式的生活，他在“躬耕读书”的同时，还广泛交游，结识各方面人士，这使他大大开扩了自己的眼界和心胸。

诸葛亮在结交从中原避难荆州的人士同时，更注重交游荆州人士。庞德公是襄阳的名士首领，“素有重名”，他家是襄阳名士聚会的一个地方。诸葛亮也是他家的座上客，“每至其家，独拜床下”，受到另眼看待。在这里，诸葛亮结识了荆州名士司马徽和庞统等人，并受到他们的赏识。庞德公把诸葛亮称为“卧龙”，庞统为“凤雏”，司马徽为“水镜”。这种雅号的品定，大大提高了诸葛亮在荆州地主集团中的名望。

建安六年（201），在逐鹿中原中失败的刘备率部投奔刘表，刘表让他屯扎在新野（今河南新野县南）。刘备手下虽有关羽、张飞、赵云等战将，也有孙乾、简雍等谋士，但是孙乾、简雍的才能一般。于是刘备在荆州到处寻访人才。有一次刘备到襄阳向司马徽访问世事，司马徽说：“我不过是一个儒生俗士，哪里晓得多少时务？识时务者是那些俊杰之士，这里的卧龙、凤雏，正是这样的人才。”刘备问谁是卧龙、凤雏？司马徽说：“那就是诸葛亮和庞统。”备受刘备器重的徐庶也向刘备推荐说：“诸葛孔明，是一头真正的‘卧龙’，将军愿意见他吗？”刘备见反复有人推荐这个人，便对徐庶说：“那就请你找他来见我吧。”徐庶说：“此人才智过人，满腹韬略，识见高深，非比等闲，不能召之即来，还是请将军亲自去见他为好。”建安十二年（207），刘备到隆中去寻访年仅26岁的诸葛亮，前后去了三次才见到。这就是有名的“三顾茅庐”传说的来历。

刘备推心置腹地向诸葛亮表白了自己的抱负和打算。诸葛亮见他以诚相待，胸有大志，便也毫无保留地谈了自己看法，他说：“自董卓之乱以后，豪杰并起，州牧混战，跨州连郡者多得不可胜数。早先曹操远远不能和袁绍相比，名声小而部众少。可是后来曹操终于打败了袁绍，以弱为强，这不仅是靠‘天时’，也是靠‘人谋’的结果。如今曹操已经拥有百万之众，又把汉献帝拿在自己手中，挟天子以令诸侯，我们当然还不能跟他抗争。孙权占据江东，已有三世，国势险要而人心归附，贤能之士为其所用。对它也只能联合而不可能吞并。”

诸葛亮在分析了曹、孙两大势力的情况后，接着说：

> 荆州北依汉水、沔水，南尽南海，东连吴郡会稽，西通巴蜀，是一个用武之地。可是它的主人刘表没有能力保守此地，这真是上天送给将军的一块好地方，不知将军是否有意？
>
> 益州地势险要，沃野千里，号称天府之国，当年刘邦就依靠它而建成汉朝的帝业。可是现在它的主人刘璋昏庸懦弱，北面又有张鲁割据于汉中。那里虽然人口众多而物产丰富，可是刘璋不知抚恤百姓，人民都盼望有英明的君主去取代他呢。

诸葛亮分析荆益二州情况后，话锋一转，接着说：

> 将军是汉朝皇室的后裔，信义著称于四海，如今总揽英雄，思贤如渴，如能占据荆州、益州，保守险阻，西和诸戎，南抚夷越，外部与孙权联盟，内部搞好政治，坐观形势发展，如果天下有变，则命一上将率领荆州之兵北向宛城、洛阳，将军自己率领益州军队西出秦川，百姓哪有不箪食壶浆迎接将军的呢？如能做到这些，那么霸业就可以成功，汉朝就可以复兴了！

诸葛亮侃侃而谈，几乎句句说到了刘备的心眼里去，刘备听罢，连连称善。

这就是历史上有名的“隆中对”。在这里，诸葛亮分析了东汉末年以来的天下形势，指出了历史发展的趋势；特别分析了刘备的处境和将来的发展前途，规划了刘备建国的方针和策略。他那精辟的见解，被人们誉为“未出茅庐，已知天下三分”。不过，他在隆中“躬耕读书”的经历已经告诉我们，他所以能有如此卓越的见识，决不是偶然的。

诸葛亮出山后的第二年就发生了赤壁之战，使这位青年政治家得以大展雄才并经受了严峻的考验。曹操在平定北方之后，于建安十三年（208）挥师南下，奔袭刘表。这时刘表病死，传位给他的儿子刘琮。刘琮是个无能之辈，很快就投降了曹操。刘备只得带领人马南逃江陵。曹操知道江陵屯积有许多军用物资，便派轻骑兵追赶刘备，于当阳长坂追上刘备，把他打得大败。刘备率残部逃往夏口（今湖北武汉市）。曹操准备从江陵顺江而下袭击夏口，一举消灭刘备。诸葛亮对刘备说："现在形势异常危急，只有求救于孙权将军才有希望啦！"这时孙权的使者鲁肃已先期到达刘备军中前来联络，于是刘备派诸葛亮随同鲁肃前往柴桑（今江西九江）去见孙权。

这时孙权正屯兵柴桑。曹操给孙权写了一封威胁性的书信，说："我奉天子的命令吊民伐罪，挥军南下，刘琮已经投降。如今我训练了水军八十万，打算与将军在三吴会猎呢！"孙权召集臣下商议对付曹操的策略。臣下看了曹操的战书，无不大惊失色，以张昭为代表的大官僚们纷纷主张投降曹操。只有周瑜、鲁肃主张抵抗。

诸葛亮就是在这种情况下来到柴桑的。他对孙权说，"将军占有江东，刘备收集部众于汉水之南，都想与曹操争天下。如今曹操已经基本上平定了北方，又攻破了荆州，威震四海。刘备只得逃亡夏口，英雄无用武之地。请将军好好权衡一下：如果有力量与曹操抗衡，就不如早点与他绝交，如果敌不过他，何不向他缴械投降呢？可是您现在外有服从之名，心里却另有打算，当断不断，将反受其害！"孙权听了有点不大高兴，反问道："如果照您说的那样，刘玄德何不投降呢？"诸葛亮说道："田横不过是齐国的一个壮士，还知道宁死不屈！何况玄德公乃是汉朝皇室的后裔，英才盖世，众心所归，怎么能屈服于曹操呢！"诸葛亮这一激果然灵验，孙权勃然大怒，说："我岂能以全吴之地、十万之众，而受制于人！我的主意已决，非刘玄德没有可以共同抵挡曹操的。不过，刘玄德新近遭到失败，能抵挡得住吗？"诸葛亮答道："玄德公虽然在长坂遭到挫折，但现在收集的战士加上关羽水军共有一万人，刘琦所领江夏战士也不下万人。而曹操虽然人数多于我方，却有他的短处：第一，曹兵从北方来到南方，已相当疲乏，为了追赶我们，轻骑兵一天一夜急行军三百多里，这就叫'强弩之末，势不能穿鲁缟'（鲁缟，古代鲁国出产的轻薄的白绢），兵法对此非常忌讳，说：'必蹶上将军'（蹶，失败）；第二，北方将士惯于陆战而不习水战；第三，曹操的十万之众，有不少是新归附的荆州人，他们不过迫于兵势，并非心服曹操。所以，将军如能派猛将率领数万精兵，与玄德公联合，必可打败曹兵。曹操兵败，必然北还，这样荆州、东吴的势力就可以强大起来，三足鼎立的局面就可以形成。事情的成败，就决定于今日，请将军当机立断，不可坐失良机!”孙权见诸葛亮分析得头头是道，心中大喜，于是命令周瑜、程普、鲁肃率领水军三万，随同诸葛亮溯江而上，与刘备会师。这年十月，联军大败曹操于赤壁，这就是历史上著名的赤壁大战。曹操失败，果然率残兵败将退回北方，从此，三国鼎立局面，事实上已经形成。

在这场惊心动魄、错综复杂的外交的、军事的斗争中，诸葛亮以初出茅庐的27岁的青年，清醒地估计了敌我友力量对比，果断地执行联吴抗曹的方针，亲赴东吴，说服孙权，成就联盟抗曹的大业，取得赤壁之战的大捷，挽狂澜于既倒，为三国鼎立局面的形成奠定了基础。后世对于这位青年政治家所表现出的过人的胆识和杰出的政治外交才能无限钦仰，由此而敷衍出许多脍炙人口的传奇故事，如传统剧目《群英会》中的《舌战群儒》《借东风》《草船借箭》等，就是以这一历史事件为蓝本而创作出来的。至今湖北蒲圻县赤壁之战遗址附近的南屏山上还有个“拜风台”，据说那就是当年诸葛亮祈得东南风，因而火烧曹操连营的祭坛所在。这虽属传说，不也表明这位青年政治家在后人心目中具有何等巨大的魅力吗?

赤壁之战的胜利，使刘备不仅免遭被曹操消灭的厄运，而且化险为夷，占得了荆州，有了一块立足之地。因此，刘备对诸葛亮更加倚重，拜他为军师中郎将，让他参与决策，并掌握兵权。

刘备在占有荆州之后，便进一步向西图谋益州，以实现诸葛亮在“隆中对”中提出的计划。益州牧刘璋儒弱昏庸，外有张鲁为敌，内受益州地主反对。建安十六年（211）刘备在益州地主的支持下，率数万士卒入蜀，留下诸葛亮与关羽等人留守荆州。第二年刘备就在葭萌举兵，回攻益州北部重镇涪城。建安十八年（213）进围成都北面门户雒城（今四川广汉）。雒城久攻不下，诸葛亮留下关羽镇守荆州，自已率领张飞、赵云等沿江而上，连克巴东（今四川奉节）、江州（今重庆），然后分兵攻占江阳、犍为和巴西、德阳，占领了益州东部广大地区。刘备乘此时机，攻下雒城，与诸葛亮会师成都城下。经过几十天的战斗，刘璋开城投降，刘备占得益州，自称益州牧。诸葛亮被任命为军师将军，辅佐刘备治理益州。这年诸葛亮年仅33岁。

此后不过五年，刘备做了皇帝，建立了蜀汉，诸葛亮当了蜀汉的丞相。他相继辅佐刘备、刘禅父子治理蜀汉，总理万机，鞠躬尽瘁，死而后已，为蜀汉政权和中国历史的发展做出了不可磨灭的贡献。

［原刊何兹全主编《中外年轻有为历史名人200个（中国史部分）》，河南人民出版社1985年版，第104—110页。］

东吴英主孙权

生子当如孙仲谋。

——曹操

孙权是三国时期有作为的君主之一，他继承父兄基业，建立了东吴政权，使东南地区社会经济得到了长足的发展，对历史的进步做出了贡献。如果从建安三年（198）孙策占据江东算起，到太康元年（280）孙皓降晋，孙吴政权一共存在八十二年之久，而孙权主政就占去了五十多年，可以说孙吴政权主要是在孙权主持之下存在和发展的。孙权主政的五十多年，是孙吴政权最辉煌的时期。然而这位君主的许多功业和成就，早在青年时代就已奠立。

孙权，字仲谋，吴郡富春人。东汉光和五年（182）生。他是孙坚的次子。初平三年（192）孙坚在军阀混战中被害，长子孙策十七岁继承父业，削平异己，摆脱袁术的控制，逐步占有了江东六郡，奠定了孙吴政权的基础。建安五年（200）孙策被人刺死，其弟孙权十八岁继承父兄遗业，主持大政。孙策临终前，给他佩戴印绶，并嘱咐说："率领江东部众，决胜于两军之间，与天下争雄，你不如我；举贤任能，各尽其心，以保江东，我不如你。"这实际是告诉孙权，今后的任务不仅是军事上的争夺，更重要的是如何团结内部，以巩固和发展江东基业。孙权果然不负所托，在这些方面都有出色的成就。

孙权继任后，首先面临的一个突出问题就是江东内部并不安定和巩固。一方面统治集团内部"未有君臣之固"，官僚士大夫和大族豪强对孙氏统治者还在观望，"以安危去就为意"。另一方面，孙氏虽然占有会稽、吴郡、丹阳、豫章、庐陵、庐江六郡，但实际只是占据了少数据点，广大“深险之地犹未尽从”，还被强宗豪族和山越所控制。

面对这种形势，孙权采取了一些有力措施。

他举贤任能，团结南北世族地主，形成一个强有力的领导核心。对于曾被孙坚、孙策所重用的旧部，孙权一如既往加以倚重。彭城人张昭，是北方名士，后来避乱南渡，任孙策的长史。孙策临终前托付他辅佐孙权，但又告诉他：“如果仲谋（孙权）不行，你可取而代之。”孙策死后，张昭率领群臣扶立孙权，他见孙权“可与共成大业”，便“委心而服事焉”。孙权也因为张昭是父兄旧臣，对他特别尊重，“待遇尤重”。周瑜是南方大族，是孙策的好友，这时也主动率兵赴丧，辅助孙权。孙权让他以中护军的身份，与张昭共同辅政。他们二人一文一武，同心辅佐，影响很大，使很多孙氏旧臣团结到孙权的周围，表示愿为“爪牙”，那些“诸侯宾旅寄寓之士，得用自安”。很快就稳定了内部，形成了一个团结的领导核心。孙权又进一步“招延俊秀，聘求名士”，南北世族地主纷纷前来投奔，如鲁肃就是经周瑜引荐而受到孙权重用的。一时之间江东出现了“地利人和”的气象。

与此同时，孙权又“分部诸将，镇抚山越，讨不从命”。所谓山越，就是当时散处于南方山区的广大少数民族和僻处山区的汉族人民。孙权执政后大力整顿军队，使军队的战斗力大大加强。孙权派兵进攻鄱阳、会稽、乐安、建安等地山越，同时派出自己的亲信，出任那些动荡不服的郡县长官。这样一方面加强了对于“深险”之地的控制，另一方面又从征服战争中俘获大量人力，以补充兵员。

江夏太守黄祖是孙氏政权的宿敌。江夏地处长江中游，而孙氏江东六郡处在它的下游，对其构成很大威胁。如果击败黄祖，夺得江夏，则可以屏障江东，巩固孙氏割据政权。建安八年（203）孙权亲自率兵西伐黄祖，经过五年反复较量，终于俘斩黄祖，夺得男女数万口之多。

孙权继任统事以后面临的另一严重问题是北方曹操势力的威胁。孙权执政的那年，曹操在官渡之战中打败了袁绍，成了北方最强大的力量。他想乘孙策死去而孙权年轻继位的时机，吞灭孙吴势力，但一直不得下手。建安七年（202）曹操给孙权下了一道命令，要孙权把儿子送到许都去做人质。曹操的用意之一，是要观察一下这位年轻的江东之主如何处置这件事。孙权召集群臣讨论这个问题，张昭等一班大臣都犹豫不决。

孙权便把周瑜叫到自己家里，在母亲吴夫人跟前共商大计。在周瑜的支持下，孙权决定拒绝曹操的要求，不向许都派遣质子。曹操对此果然无可奈何。这个决断的做出，表现了孙权卓越的胆识，对于保持江东政权的独立自主，具有很大意义。

但是，更严峻的考验还在后面。建安十三年（208）曹操在基本统一北方以后，率领大军南攻荆州，企图一举扫平南方的各个割据势力。荆州地处长江中游，物产丰富，人口众多，战略地位很重要，是当时南北各股政治势力争夺的焦点。曹操占据荆州的意图，在于顺流而下席卷江东。孙权也想取得荆州，以便屏障江东，进而向外发展。在曹操大军压境的形势威逼下，荆州牧刘琮不战而降，拱手交出了荆州。这时正寄居在樊城（今湖北襄樊）的刘备也无力与曹操抗衡，只得率众南逃。在这之前，孙权得知荆州牧刘表死，次子刘琮继位的消息，便派鲁肃以吊丧之名前往荆州探听虚实。鲁肃在出使荆州途中得知曹操的军事行动，便主动前往迎候刘备，劝他退守夏口，与孙权联合抗曹。

曹操迅速攻占了战略要地江陵，夺得了许多军用物资，又因收编了刘琮的部队，实力大增，便利用这一有利形势，给孙权下了一封战书，说："我奉天子（指汉献帝）之命吊民伐罪，刘琮已束手就降。现在训练了水军八十万众，准备与将军会猎于东吴！"这位年仅26岁的江东之主的对手曹操当年54岁，已有三十多年从政和治军的丰富经验，在军阀混战中次第击败了一个个对手。如今又打着天子的旗号，在政治上占着优势。在战略上，曹操处于长江上游，可以顺流而下，处于有利地位。在人力物力上，更是远远超过了孙权。

面对这种严峻而又复杂的局面，这位年轻的江东之主表现了冷静沉着与勇敢果断的胆略和气魄。孙权召集群臣会议，大家看到曹操的战书，无不震惊失色。作为元老重臣的张昭，带头散布失败主义论调，主张投降。在这种情况下，孙权在鲁肃的支持下，立即召回驻守鄱阳的周瑜，以便作出决断。周瑜在会上驳斥了投降论调，力主抗曹。孙权由于有了周瑜、鲁肃的支持，便果断地作出抗曹的决定。他在会上说："曹操老贼早就企图废汉自立，只是忌怕袁绍、袁术、吕布、刘表与我。如今他们一个个都已被灭，只有我还在，我与老贼誓不两立。"说着他拔出宝刀猛砍面前的案桌，大声喝道："谁胆敢再谈投降曹操，就跟这个案桌一样！"

这才把投降派的气焰压了下去。

孙权统一了内部意见，作出了抵抗的决定，同时他又接受了诸葛亮的建议，联合刘备共同抗曹。他任命周瑜为左督，统率抗曹大军，以程普为右督，鲁肃为赞军校尉，协助周瑜。不久，孙刘联军就在赤壁大败曹军，这就是历史上著名的赤壁之战。曹操失败后退回了北方，孙权占得了荆州的相当一部分地区，不仅稳住了江东的统治区，并得以荆州为跳板，进一步向外扩展自己的势力和地盘，为日后建立吴国政权奠定了基础。

通过这次较量，曹操对孙权有了进一步的认识，赤壁之战后五年，曹操又率兵进攻濡须口（今安徽无为），当曹操看见这位年仅 31 岁的江东之主，英气勃勃地统帅着庞大的舰队，又见舟船整齐，士气高昂，不禁喟然叹道："生子当如孙仲谋！"于是撤军而还。这可以说是曹操对于这位年轻的江东之主的一个生动的耐人寻味的评语吧！

[原刊何兹全主编《中外年轻有为历史名人 200 个（中国史部分）》，河南人民出版社 1985 年版，第 111—115 页。]

智勇双全的统帅周瑜

雄姿英发，羽扇纶巾。谈笑间，樯橹灰飞烟灭。

——苏轼《念奴娇·赤壁怀古》

赤壁之战是中国古代以少胜多的著名战例，然而指挥这场战争大获全胜的前线统帅周瑜，当年不过是一个33岁的青年。

周瑜，字公瑾，庐江舒县（今安徽舒城）人，生于东汉灵帝熹平四年（175）。周瑜与孙坚的儿子孙策同年，两人从小就是亲密的伙伴。孙坚死后，孙策接替统兵，周瑜曾率兵相助，并给予粮食物资的支持。周瑜24岁那年，孙策拜周瑜为“建威中郎将”。由于周瑜年少英俊，才华横溢，身躯高大，一表人材，所以江东人士都称呼他为“周郎”。

建安五年（200）孙策死，其弟孙权继任统事。当时才25岁的周瑜就以中护军的身份，与长史张昭共同辅佐孙权，成为孙权的左膀右臂。在这个青年的身上，洋溢着过人的胆略和雄烈的气魄，表现了出色的“王佐之才”。例如有一次，曹操下书孙权，让他送质子到许昌。孙权召集群臣，商议对策。张昭等人犹豫不决。孙权心里虽然不想送质子，但由于没有得到强有力的支持，心中也有点犹豫。于是他把周瑜叫到自己家里，在母亲吴夫人面前共同商议。周瑜坚决反对送质子，说：“江南在古代属于楚国，由于后继者贤能，国运绵长达九百多年。如今将军继承父兄基业，兼有六郡民众，兵精粮足，将士用命，所向无敌；境内富饶，有铜盐之利，民心安定；有何急迫为难之事，而要向曹操送质子？”他接着指出：“一旦入质于曹操，就会受制于人，处处被动。如果他能统一天下，再服从于他，为时不晚；如果他企图以武力相加，那么玩兵如玩火，玩火必自焚！”

周瑜的一席话，直说到了孙权的心眼里。吴夫人也频频点头，并对孙权说："公瑾的话很有道理。他与你哥哥伯符（孙策字）同年，从小我把他当亲生儿子一样看待，你也要像对待哥哥那样对待他。"孙权这才决定不向曹操送质子，从而保持了东吴独立自主的地位。

然而，周瑜卓越的才能和胆识表现得更加突出的，还是在赤壁之战的时候。

曹操在基本统一北方以后，便把矛头指向南方，夺取对全国的统治权，而荆州是他第一个主攻目标；在逐鹿中原中失败的刘备，这时寄居在荆州。诸葛亮在《隆中对》中向他提出的战略计划，第一步也是占据荆州；江东的孙权也在觊觎着荆州，以便确保江东，进而西兼益、凉，南图交、广。所以荆州是当时南北各个势力争夺的焦点。

建安十三年（208）孙权开始向荆州采取行动，攻破了盘踞江夏的黄祖。曹操担心孙权捷足先登，便迫不及待地挥师南下。荆州牧刘琮不战而降，刘备无力与曹军抗衡，只得率众南逃。曹操迅速占领了荆州，并收降刘琮八万余人，实力顿时大增，于是扬言要顺流而下，席卷江东。曹操给孙权下了战书，威胁说："我奉天子之命南征，刘琮已束手就降。现在训练了水军八十万，准备与将军会猎于江东。"孙权召集群臣会议，一个个面面相觑，震惊失色。虽然这时诸葛亮从夏口赶到柴桑，面见孙权，力陈联合抗曹的主张，但是，由于东吴内部主战主降意见不一，孙权还不能完全下定抵抗的决心。在这关键时刻，鲁肃向孙权建议，迅速把驻守鄱阳的周瑜召回，以便作出决断。

周瑜回来后，孙权又召集文武大臣商讨大计。会上，张昭等人继续鼓吹投降主张，说："曹操挟天子以征伐四方，如果抵抗，就名不正言不顺。我们可以用来抗拒曹操的，只有长江天险，如今曹操占了荆州，水陆大军沿江东下，这长江天险成了双方所共有。更何况彼众我寡，力量悬殊。只有迎降一条出路。"张昭是文臣之首，他的意见是很有分量的。在这紧急关头，作为武将之首的周瑜，挺身而出，驳斥投降论调，力主抵抗。他说："张长史的话貌似有理，实则大谬不然。曹操名为汉相，实际是汉贼。孙将军仰仗父兄基业，割据江东，地方数千里，兵精足用，英雄效力，正应当为汉家除此奸贼。何况他自来送死，岂有投降之理！"接着他又从军事上对双方进行了分析对比，说："如果北方已完全安定，曹操没有后顾之忧，能旷日持久来跟我们较量，那还另有一说。实际上今天北方并不平定，又有马超、韩遂在关西，成为曹操的后患。何况他还舍弃鞍马，仰仗舟船，以己所短攻我所长。现在正值寒冬，马无草料，驱使中原士众远涉江湖之间，不习水土，必生疾病。这几项都是用兵者所忌，可是曹操都冒犯而行。依我看来，将军擒操，正在今日！”

孙权听罢，大为高兴，说道：“曹操老贼早就企图废汉自立，只是忌怕袁绍、袁术、吕布、刘表与我。现在他们都已被灭，只有我还在，我与老贼，势不两立。公谨主张抵抗，与我完全一致，这是上天把您授给我啊！”周瑜的表态，使投降派的气焰大减，但他们一心只顾自己的身家性命，不顾国家根本利益，所以并不死心，还在嘀嘀咕咕。孙权由于有了周瑜的坚决支持，坚定了抵抗的决心，便拔出宝剑猛砍桌案，大声喝道：“谁胆敢再提迎降曹操，就跟这个案子一样！”主降派这才不敢再啰嗦。

散会后，当晚周瑜又到孙权住处，进一步陈述自己的主张，说：“许多人只见曹操书信中说有水步军八十万，就吓破了胆，不问虚实便鼓吹投降。现在根据实际判断，曹操所率中原士兵不过十五六万人，收降刘表的部众顶多七八万人。北兵远来，已十分疲劳，收降的部众也还在三心二意。可见曹兵数量虽多，实际上并不可怕。如果给我精兵五万，就足以制服敌人，请将军不必过虑。”孙权听罢，不禁拍着周瑜的背说：“公瑾，您的话已说到这一步，咱们二人可说是肝胆相照啊！张昭等人，各顾妻子和私利，大失我所望。只有您和鲁肃与我想到一块儿。您要五万精兵，我一时难以凑齐，现已选好三万人，船粮武器都已齐备，请您立即率兵出发，我当继续调发兵员，准备充足的粮草，作您的后盾。到了前线，能决定的事您就自己决定，如果与曹操交锋不顺利，就回来找我，我将亲自与曹孟德决一雄雌！”于是孙权任命周瑜为左督，统帅出征大军，并派程普为右督，鲁肃为赞军校尉，协助周瑜。

由此可见，在促使孙权决心抗曹中，诸葛亮虽然起了一定作用，但最主要的还在于东吴内部抵抗派的作用，而东吴抵抗派中，周瑜的态度起着举足轻重的作用。

赤壁之战的胜利，与周瑜出色的战争指挥艺术也是分不开的。周瑜率领大军在樊城与刘备会师后，沿江西上，与曹军相遇于赤壁。这时曹军正在闹传染病，士气低落，双方一交战，曹军大败，退守长江北岸的乌林。周瑜驻扎在南岸，两军隔江对峙。

周瑜密切注视曹军动向，捕捉战机。曹操为了解决北方士兵不习水战的问题，用铁锁连接舰船，以减少颠簸。周瑜探知后，召集部下商议对策，接受部将黄盖的建议，决定采用火攻。为此，周瑜设计让黄盖诈降，乘机纵火。曹操果然中计，被烧着了战舰和岸上的营垒，周瑜乘机挥军猛攻，把曹军打得大败。曹操率领残军败将逃回南郡，计点人数，损失过半。

这就是历史上著名的赤壁之战，从此曹操退回北方，无力南下；孙权占稳了江东，并把势力向西扩展到荆州；刘备也占得了荆州八郡中的四郡，有了立足之地。从此三国鼎立局面形成。

这次战争最主要的指挥者正是这位青年统帅周瑜，他不仅是东吴参战部队的总司令，而且在孙刘联军中，起着支配的主导作用。在作战指导上，他采取主动出击、积极迎战、先发制敌的方针，在被动作战中取得了主动权，迫使曹操在长江水面与联军决战，因而能够以己所长，击敌之短，置敌于被动挨打境地。在贯彻主动出击、速战速决的方针时，又能小心谨慎，并不鲁莽蛮干；一旦捕捉到战机，便当机立断，灵活运用，立即采纳部下建议，运用火攻，因而一举成功，打了个千古赞叹的出色胜仗。赤壁之战后，曹操给孙权的信中自我解嘲说："赤壁之战，正值我军遭受疾病，是我自己烧船退兵，徒然使周瑜获得虚名。"北宋大诗人苏轼在《赤壁怀古》中写道：

> 大江东去，浪淘尽千古风流人物。故垒西边，人道是三国周郎赤壁。

这正是对周瑜在赤壁之战中赫赫武功的千古绝唱！

［原刊何兹全主编《中外年轻有为历史名人200个（中国史部分）》，河南人民出版社1985年版，第116—120页。］

发奋读书的青年将军吕蒙

岂止战场猛如虎，且看将军夜读书。

——军中传语

人们都知道，三国时期刘备手下有一员猛将关羽，然而你可曾注意到，这员猛将却是败死在东吴大将吕蒙手下的？建安二十四年（219）他定计智取南郡，擒杀关羽，从刘备手中夺回荆州。在这场战争中，他表现了杰出的智谋和出色的指挥艺术。可是，这位足智多谋、智勇双全的将军，是怎样成长起来的呢？这里还有一段有趣的故事呢。

吕蒙，字子明，汝南富陂（今安徽阜南）人，出生于东汉灵帝光和元年（178）。东汉末年北方战乱，他家渡江南迁，投靠在孙策手下为将的姐夫邓当。吕蒙十五岁那年，有一次邓当率军出击，他偷偷地跟在队伍后面。邓当发现后大惊，让他回去，他哪里肯走，非要跟着去打仗不可。战斗结束后，姐夫把这件事告诉了吕蒙的母亲，母亲大怒，小吕蒙高声申辩说："我去参加战斗，也许能立下战功，得到富贵；况且不入虎穴，安得虎子！"母亲见他那副犟劲儿，又气又怜，只好作罢。从此吕蒙就在邓当手下当了兵。邓当手下有一个军官，见吕蒙小小年纪，就瞧不起他，说："这小子能干什么？让他去打仗等于拿块肉去喂老虎。"三番五次在大庭广众中侮辱吕蒙。有一次把吕蒙惹急了，拔刀把那个军官杀了，逃到一个老乡家里藏了起来。过了几天，吕蒙找到一个军官去自首，那个军官替他说了好话。孙策召见吕蒙，听他一五一十讲了事情的经过，很喜欢他，就把他留在自己的左右。

过了几年，邓当死了，吕蒙被推荐接替姐夫带领部队，拜为别部司马。吕蒙二十三岁那年，孙策被人刺死，他的弟弟孙权继任。孙权整顿军队，检查由小将率领兵员不多而战斗力又不强的队伍，想把它们加以合并。吕蒙知道这个消息，就暗中向别人借了许多钱，给士兵制作了整齐的军装。孙权来检查，吕蒙集合部队，只见整齐划一，军容整肃，士气高昂，动作熟练。孙权大喜，不仅没有合并他的部队，反而给他增加了兵员。打那以后，他就率领这支部队，跟随孙权东征西讨，参加了征伐黄祖、赤壁之战那样著名的战役，以及许多大小战斗，累建功勋，为孙吴政权立下了汗马功劳，三十二岁那年被拜为偏将军，兼寻阳县令。

但是，当时人们总是把他看作一个有勇无谋之夫。原来吕蒙小时候没有上过学，十五岁当兵以后更没有机会读书。当了将军以后，有事向上级报告，自己不能写，只能让别人代写。

有一次孙权对他说："如今你肩负重任，统帅方面，应当读点书，才能增长才干。"吕蒙说："军务如此繁忙，哪里有时间读书呢！"孙权说："你当我是让你研究经书，去当五经博士吗？我是让你涉猎历史文化知识，以增进学问，开扩眼界。你的军务固然繁忙，还能比我更忙吗？我从小就读过《诗经》《尚书》《礼记》《左传》《国语》等书，当政以来又读了'三史'和各家兵书，自觉大有得益。你的天赋不错，如能读点书，必有所得，怎能不一试呢！"孙权还从历史借鉴中开导他说："古来凡是有作为的军事家都是善于学习的。东汉光武帝刘秀在戎马倥偬之际，仍然手不释卷；曹孟德也自称老而好学。他们都能做到，你还有什么理由不自勉呢！"孙权见吕蒙不住点头，便给他提出一个读书计划，说："书籍很多，从何着手呢？我看你现在最急需的是先读孙子、六韬等几部兵书，还有《左传》《国语》和'三史'。先从这几部书入手，钻研下去，必有所得。"

从此吕蒙开始发奋读书，按照孙权的建议，一本一本地仔细阅读，真个是废寝忘食，手不释卷。功夫不负苦心人，几年过去了，果然取得了可喜的成绩，他读的书已不比当时许多儒生少。从下面这个小故事，我们可以看到，读书使吕蒙变得几乎判若两人了。

建安十五年（210）镇守荆州的周瑜病死，孙权改派鲁肃接替周瑜。鲁肃赴任途经吕蒙的驻地寻阳。鲁肃这个人不仅善于谋略，还是一个博古通今，满腹经纶，精于诗文的学者，虽在军中，仍然手不释卷，颇有儒将风度。他对武夫出身的吕蒙，一向有点儿瞧不起。这时他还抱着这个成见，不愿去见吕蒙。部下劝他道："如今吕将军功名日显，不能用老眼光看待他，应当去会见他。"鲁肃不得已下船前往吕蒙营中，吕蒙盛情款待鲁肃。饮宴正酣，吕蒙询问道："您被委以重任，镇守国家西部重镇，与刘备的悍将关羽为邻，不知有何计策以防不测?"鲁肃带着不屑与他商议军国大谋的轻慢口气答道："这得看当时的情况，随机应变。"吕蒙严肃地说："如今吴蜀虽然表面上是联盟，实际上互相随时都想吃掉对方。何况关羽这个人如熊似虎，怎能不事先作好防备呢?"于是吕蒙向鲁肃分析了魏蜀吴三方错综复杂的关系，直到关羽为人的特点："此人不仅善战，而且好学，能背诵全部《左传》；气度轩昂，忠于刘备。不过性格自负，盛气凌人，好高人一等。我们应当根据此人特点，制定几套防备策略。"接着，吕蒙向鲁肃提出了防备关羽的五条计策。鲁肃听着听着，原先那一副轻慢的神情消失了，不知不觉地离开座席，挪到吕蒙跟前，侧耳倾听，频频点头，眼里闪耀着敬佩的光芒。待吕蒙说罢，鲁肃情不自禁地拍着他的肩膀赞叹道："吕子明，我以为老弟只有武略罢了，没想到你的学问和才略已有这么大的长进，再也不是从前的吴下阿蒙了!"吕蒙朗声笑道："古人不是说，士别三日，当刮目相看吗？一个人只要肯学习，就不怕不能增长学识和才干。"从此两人结为好友。

"吴下阿蒙"后来就成了一句成语，用来比喻一个人的学识还浅。

由于吕蒙有着长期的战争经历，积累了丰富的经验，再加上发奋读书，真是如虎添翼，如龙得云，成为一个智勇双全的出色将领。几年后，他设奇计诱降刘备的零陵太守郝普，兵不血刃地夺取了长沙、桂阳、零陵三郡；他定计智取南郡，擒杀关羽，从刘备手中夺回荆州，使东吴控制了长江中游，改变了吴蜀力量对比。吕蒙死后，孙权与陆逊评论说："吕蒙少年时，我以为他只是不辞劳苦，勇敢有胆量而已；没想到长大以后，学问开益，筹略奇至。"史学家陈寿评他"勇而有谋，识断军计"，吕蒙也被一致公认为一个有勇有谋的杰出将领。

[原刊何兹全主编《中外年轻有为历史名人200个（中国史部分)》，河南人民出版社1985年版，第121—124页。]

将军好学，如虎添翼

——吕蒙读书的故事

谁都知道关羽是三国时期刘备手下的一员名将，可是你知道吗，这员名将却是败死在东吴一个叫吕蒙的将军手中的。有一出传统京戏叫《走麦城》的，就是根据这段历史敷衍而成的。吕蒙在这场计擒关羽的战争中，表现了杰出的智谋和胆略，说来话长，这与他在当将军的时候能后认真博览群书还有一定的关系呢。下面我们就来讲一讲吕蒙读书的故事。

吕蒙，字子明，老家在汝南富陂（今安徽阜南），后来渡江到了南方的吴中，投奔姐夫家，在那里长大。他一生东征西讨，参加过像赤壁之战这样著名的战役，其他大小战斗不计其数，战功赫赫，为孙吴政权立下了汗马功劳，是孙权手下一员得力的战将。但是，由于吕蒙从小没有上过学，他的性格也不爱读书，从十五六岁跟随姐夫当兵打仗以后，更没有时间念书了。他当了将军以后，自己不能动笔写文，有事向上级报告时，只得用口授而让手下的秘书替他去写。所以在人们的眼光中，他不过是一个有勇无谋、没有文化的粗鄙武人。

有一次，孙权跟他商议军机以后对他说：“如今你肩负重任，独当一面，应该抽出时间来读点书，求点学问才是。”吕蒙听说让他读书，无可奈何地苦笑道：“我现在军务如此繁忙，哪里抽得出时间来读书啊！”孙权语重心长地说道：“你以为我是让你去精心研究经书，将来去当经学博士吗？我的意思是让你多涉猎一些历史和文化只是，以便打开你的眼界，开拓思路，提高才略。”他接着说：“你强调军务繁忙没有时间读书，难道还能比我更忙吗？我从小就陆续读完了《诗经》《尚书》《左传》《国语》等书，只差《易经》没有读过。日后当政以来，又读了《战国策》

《史记》《汉书》这三部史书，以及各家兵书，自以为大有益处。你的天资并不差，聪敏过人，如能读点书，必有所得，怎能不去试一试呢？我看你现在最急需读的是《孙子兵法》《六韬》等兵书，还有《左传》《国语》和‘三史’等史书。孔子曾经讲过，整天不吃饭，整夜不睡觉去想问题，都没有用，不如读读书更有得益。你再看看过去那些有作为地政治家和军事家，如东汉光武帝在戎马倥偬之际，仍然手不释卷。曹孟德也自称是老而好学。他们都能这么做，你还有什么理由不好生自勉而发愤读点书呢？”

吕蒙连连点头称是。从此他便努力克服军务繁忙的困难，按照孙权开列的书目，一一仔细阅读。功夫不负苦心人，没有几年，吕蒙果然取得了可喜的成绩，他广泛地涉猎了各家兵书和经史，获得了丰富的知识，大大提高了自己的文化水平和修养，与当时有些老儒生相比也不在其下哩！

更为难能可贵的是，吕蒙读书有一个突出的特点，就是他不生吞活剥、死记硬背一些知识，而是把所学知识结合并运用到自己的实际工作中去，大大提高了胆识和军事指挥才能。这对于一个能征惯战的猛将来说，真是如虎添翼啊！

当时，鲁肃奉命前往代替周瑜领兵镇守陆口（今湖北蒲圻），路经吕蒙屯驻的地方——寻阳（今湖北广济）。鲁肃不但善于出谋划策和用兵打仗，而且博古通今、善于诗文。他虽在军中，仍然手不释卷，颇有儒将风度。因此，他对于吕蒙向来有点瞧不起。这时他还抱着老眼光不肯去见吕蒙。在手下人的劝说下，他才前往吕蒙的营帐。

吕蒙热情地接待鲁肃。席间，吕蒙主动向鲁肃问道：“如今您被委以重任，镇守国家地西边重镇，与刘备地虎将关羽为邻，不知您有何计策和打算，以便防备万一？”鲁肃带着不屑与他商议军国大谋的轻慢口气答道：“这个要到时候再说罢。”吕蒙严肃地说：“现在吴、蜀虽然表面上结成联盟，共抗曹操，实际上互相随时都想吃掉对方，尤其是关羽这个人，是刘备得力的爪牙，哪能不预先有所谋划，以便作好准备呢？”接着他侃侃而谈，详细分析了当时的敌我形势和关羽的为人，说道：“关羽这个人不仅善战，而且好学，几乎能把整部《左传》背诵下来；他气度轩昂，忠于刘备，不过这个人很自负，好高人一等，盛气凌人。我们应当根据他的特点来制定对策。”于是吕蒙向鲁肃提出了防备关羽的五条计策。鲁肃听着听着，原来那一副轻蔑的神色消失了，不知不觉地离开坐席而挪到了吕蒙的跟前，侧耳倾听，一边听着一边直点头，眼睛里闪射出敬佩的光芒。等吕蒙说罢，鲁肃情不自禁地拍着吕蒙地肩膀赞叹说："吕子明，我以为老弟只不过有武略罢了，没想到你的学问和见识已非同一般，再也不是从前的吴下吕蒙了！"（后来"吴下阿蒙"就变成了一个成语，用来比喻一个人的学识还浅。）吕蒙朗声笑道："古人不是说'士别三日，当刮目相待'吗？一个人只要肯于学习，就不怕不能增长才智和学识。"鲁肃为了表示对吕蒙的敬重，还特意进堂去拜见吕蒙的老母，两个人结成好友而别。

孙权听说吕蒙读书已经有了很大的进步，也非常高兴，对人称赞说："年龄虽大而好学不止，像吕蒙这样有成绩的，实在是不可多得啊！富贵显赫以后还能屈己好学，专心于经史，实在不愧是一个国士啊！"

孙权和鲁肃地这番评论并非言过其实，事实的确如此，吕蒙的将帅之才，越到后来越显示出来，他成了一位"勇而有谋，识断军计"的杰出将领了。如果说在他认真读书之前虽然参加过不少战斗，但并没有太突出的表现的话，那么从他认真读书之后，他的仗便越打越漂亮了，这里我们只举他智擒关羽的战例，就可见一斑。

公元 217 年（建安二十二年）鲁肃去世，孙权改派吕蒙去接替鲁肃镇守陆口，兼任汉昌太守，并把鲁肃的一万多人马全部交吕蒙指挥。当时刘备派关羽总督荆州，屯驻在南郡（今湖北江陵）。因此，这里是吴、蜀斗争的前线。

原来在鲁肃镇守陆口时，采取了与关羽联合，共同对付曹操的方针。吕蒙到任后改变了这个方针。他对孙权分析当时的形势说："关羽一贯以骁勇著称，一心想吞并整个荆州。他们处于长江上游，我们处于下游，他早晚要利用这一有利条件进攻我们。如今他所以还不敢动手，一是由于主公的圣明，二是由于吕蒙等人尚在。现在不趁我们年富力强之时攻打他们，一旦我们年事已高，再想打他们也不行了。"孙权还有点犹豫，说："我们先北上进攻曹操的徐州，然后再来打关羽，怎么样？"吕蒙说："现在曹操远在河北，忙于收抚幽州、冀州一带，顾不上东南。况且徐州是个四通八达的平原，适于骑兵作战，我们擅长的是水战，而曹操擅长的是陆战，你今天占了徐州，明天他就会来夺。所以应当及时攻打关羽，把荆州夺回来，这样才能控制整个长江，进可以攻，退可以守，国家形势便大为改观了。”孙权听他分析得头头是道，便接受了他的主张。

公元 219 年，关羽北攻曹操的樊城（今湖北襄阳），吕蒙向孙权暗呈密计，说：“关羽攻樊城而在南郡留下许多守兵，这是防备我偷袭他的后路。我过去经常闹病，现在可以对外宣扬说我要回建业（今江苏南京）去治病，让关羽自以为无后顾之忧，必然全力去攻樊，这样我们可以乘虚袭取南郡，打败关羽。”于是吕蒙便称病而东下建业。关羽果然中计，马上将南郡的守兵调去攻樊。孙权得到消息，急派吕蒙西上袭击关羽。吕蒙把所带精兵全部埋伏在船舱里，让摇橹的士兵穿上白衣裳，装扮成商人的模样，昼夜兼行，神不知鬼不觉地奔袭南郡，一举攻下了关羽的据点，把关羽和将士的家属全部俘虏。为了进一步瓦解关羽的军心，吕蒙下令部下不许抢掠民财。有一个下级军官是吕蒙的老乡，他拿了老百姓一顶斗笠遮盖公家的战铠，吕蒙认为是触犯了军令，垂泪把他斩了。于是军中肃然，路不拾遗。吕蒙又亲自慰问俘虏中的老弱病人，周济衣粮和医药。关羽府中的宝藏也全部封存，不许擅动。这样，关羽的有些将士回到南郡一看，家属都平安无事，待遇比平时还好，到处秩序井然，秋毫无犯，都放心了，原来想跟吕蒙决一死战的劲头一下子都消失了。关羽眼见众叛亲离，势穷力孤，只得退守麦城（今湖北当阳境），关羽的士兵不断逃散，最后只剩下十几个骑兵跟着关羽父子逃离麦城，在麦城北面的章公被东吴追兵俘获，不久被斩。

这场战争使刘备丧失了荆州，东吴控制住了长江中游，大大改变了吴、蜀力量对比，原来就很脆弱的吴、蜀联盟宣告破产。在这场战争中，吕蒙过人的胆识、有勇有谋的指挥艺术，表现得淋漓尽致，这可以说是他一生最辉煌的战例之一。而这与吕蒙晚年熟读兵书和经史，并善于总结前人的经验而加以灵活运用，不能说没有密切的关系。

（原刊白寿彝等《历史杂谈》，北京出版社 1986 年版，第 92—97 页。署名：重黎。本文与前面《发奋读书的青年将军吕蒙》一文，内容、题材均相近，但详略有所不同。为保持黎虎先生著述的完整性，兹具录二文。今据原刊文整理。李文才敬识。）

浪子回头，终成学者

——皇甫谧成才的故事

在我国历史上的魏、晋时期，有一个著名的学者、史学家和医学家，他叫皇甫谧。他的一生写了大量的著作，历史著作有《帝王世纪》《年历》《高士传》《逸士传》《列女传》和《玄晏春秋》等，其中《帝王世纪》一书，记载了上起传说中的三皇五帝，下至皇甫谧生活的曹魏时期，上下三千多年的历史，可以说是一部博古通今的史学著作，受到当时和后代的推重。他还写了一部重要的医学著作——《黄帝三部针灸甲乙经》（简称《针灸甲乙经》），这是我国现存最早的一部系统的针灸专书。它记载了人体全身的649个经穴，并详细地叙述了它们的部位、主治疾病和针灸方法、注意事项。这部书不仅在我国成为后世针灸学的经典，而且还被翻译成外文介绍到国外，成为在世界上有影响的针灸学专著。此外，皇甫谧还写了许多诗歌赋颂和各种论文，可以说他是我国古代文化史上有多方面成就的不可多得的人物。

可是，有谁能想到，这个大学者在青少年时期却是一个不学无术、与学问“无缘”的浪荡公子！而且在当时人们的眼中他还是一个天资低下、被人瞧不起的“蠢才”呢。

那么，他的成就是怎么取得的呢？他是怎样成为有用之材的呢？

皇甫谧，字士安，他的老家在西北的雍州安定郡朝那县（今甘肃平凉市），小时候过继给了他的叔父，便跟随叔父母向东迁到中原地区的司州河南郡新安县（今河南渑池县）。皇甫谧在青少年时期很不喜欢读书，成天东游西荡，白白虚掷了大好的光阴。长到二十多岁，益发放荡无羁，冥顽不灵，毫无上进之心。由于他不好学习，没有掌握文化知识，肚子里空空的，说话办事又粗鲁又糊涂，因此乡亲们都怀疑他是一个呆痴人。

他所以这么不求长进，大概与下面这两个原因有关，一方面是他那个皇甫家族，是陇西地区的一个世家大族，他的曾祖父皇甫嵩是东汉灵帝时的大官僚，这样显赫的家世使他觉得有恃无恐；另一方面由于他从小过继给叔父，远离家乡，虽有叔父母的严格管教，但毕竟得不到父母直接的管教，因而就像脱缰的野马更加肆无忌惮了。

不过，皇甫谧对于他的叔父母倒还挺孝顺的。有一次，他不知从那里弄到一些时鲜瓜果，便立即兴冲冲地拿来孝敬叔母任氏。皇甫谧满心以为叔母准会高兴的，谁知叔母没有接他的瓜，脸色阴沉，把他叫到跟前，语重心长地说："你现在已经二十多岁了，还是这样浪荡度日，无心读书，斗大的字识不了几升，这样你就是拿牛羊猪'三牲'来给我吃，也不算是孝敬我，也不能安慰我啊！"说罢连声叹息道："过去孟母三迁，终于使孟子成为一个学者，难道是我没有选择好的邻居而把你带坏了，还是我教育不够和不得法呢？要不然你为什么顽皮愚钝到这个地步呢?！修养品行，勤奋读书，全靠你自己努力，最终也是你自己得到好处，与我有什么关系呢！"说着不禁声泪俱下。叔母这一番苦口婆心的开导，使皇甫谧触动很大，他当即向叔母表示要幡然悔改，弃旧图新，重新做人。第二天他就去拜村里一个叫席坦的老先生为师，认真读书。

从此以后，皇甫谧简直像是变成了另外一个人，他再也不在外面游荡了，而是如饥似渴地沉醉在书本之中，成天手不释卷。那时他叔母的家境并不太宽裕，他还要参加做一些农活，但是，即使下地劳动时他也要带着书籍去。读书读到入迷时，经常忘记了吃饭和睡觉。当时人给他起了个外号叫"书淫"，意思是说他沉溺于书本之中已太过度了。有人劝他不要用功过度，以免损耗精神，伤害身体。他说："古人说'朝闻道，夕死可矣'，只要能得到知识和学问，就是少活几年也甘心啊！"读书打开了皇甫谧心灵的窗户，书本把他带进了知识的宝库，使他对于祖国的优秀历史文化遗产入了迷，如饥似渴地吸吮着，不断地充实着自己。通过这样坚持不懈的努力，皇甫谧把损失的时间夺了回来。他广泛地涉猎并钻研了经史典籍和百家之言，终于成了一个很有学问的人。

在传统社会里，士人读书是为了获得统治者的器重，以谋取高官厚禄。皇甫谧生活的时代，这种社会风气是十分盛行的。当时也有人劝皇甫谧说："你现在已经满腹经纶，颇有名声了，也应该出去广泛交游些权豪势要，也好博个一官半职，何必死守这穷乡僻壤，一辈子过这清贫的读书生活呢?”这时的皇甫谧已经立下了钻研学问、著书立说的志向，他自号“玄晏先生”，意思是要做一个清心寡欲、不慕荣利、专心学问的读书人。因此，对于劝他出外为官的言论，他毫不犹豫地加以拒绝，他说：“一个人只要肯于努力钻研，即使居住在穷乡僻壤之中，也可以得到做学问的无穷乐趣，何必去交游权贵，孜孜追逐名利呢!”于是他作了一篇题为《玄守论》的文章，表白自己安贫乐道、不求荣华富贵而潜心学术的志趣。

随着他的名声越来越大，官府也接二连三地举荐他出去当官。当时曹魏政权的实权逐步掌握在了司马氏父子手中，魏元帝曹奂时，相国司马昭曾召他出来做官，乡亲们也纷纷劝说他听从诏令。他都一概加以拒绝，并作了一篇《释劝论》，再次表明自己不愿意出来当官，而要潜心钻研学问的坚定意志。不久司马炎取代了曹魏政权，建立了西晋，这就是晋武帝。晋武帝又一再下诏敦促他出来当官，他还是婉言谢绝。他给晋武帝的上书中说：“我患偏瘫已经十九年，后来服了寒食散，由于药性不和，疾病加重，胸部烦闷，时常咳嗽，全身浮肿，四肢酸懒，日见沉重。如今父兄不在，妻子长别。如此情景，实在不能奉命前往。”晋武帝见他言词恳切，便不再过于逼迫他。当时民间的书籍不多，宫廷中倒有比较丰富的藏书。皇甫谧在写作中需要一些参考书籍，便上书晋武帝借书，晋武帝送了一车书给他。

皇甫谧的一生，始终坚持从事他的学问和著述，一直到西晋太康三年（282）他68岁那年去世为止。我们前面提到的他的那些丰富的著作，就是他后半生孜孜不倦地写作的产物。皇甫谧从一个浪子转变成长为一个学者的故事，告诉我们一个人在青少年时期没有好好读书，损失了宝贵的时光，固然是很可惜的，但是只要他能幡然觉醒，立定志向，从头做起，并持之以恒，也是可以有所成就的，“亡羊补牢，未为晚也”！这个故事生动地说明了这样一条生活的真理：事在人为！

（原刊白寿彝等《历史杂谈》，北京出版社1986年版，第86—89页。）

杰出的医学大师扁鹊

春秋、战国时期是我国医学的奠基时期，中医学的理论体系在这一时期得以确立，并产生了第一部医学经典——《皇帝内经》。而扁鹊则是这一时期最杰出的医学大师。

扁鹊，齐国勃海鄚①（今河北任丘北）人，本姓秦，名越人。因为他的医术高超，所以当时人们便以传说中的黄帝时的良医——扁鹊来称呼他，以表示对他的崇敬和爱戴之情，他的本名反而流传不广，而以“扁鹊”闻名于世。

扁鹊年轻时当过客舍（官办旅馆）的舍长，他的医学生涯正是从这里开始的。有一位叫长桑君的旅客，曾在扁鹊主管的这个客舍住过。扁鹊觉得这个人与众不同，便非常热情、恭敬地接待他。长桑君也看出这个年轻人很有才能，格外看重他。两个人的友谊关系有十几年之久。有一天，长桑君把扁鹊叫来单独谈话，说：“我有秘方，现在年纪已老，想把它传给您，您不可泄露出去。”扁鹊说：“我一定遵命。”于是他从怀中取出一些药交给扁鹊，说：“用露水喝下这些药，三十天以后就可以洞察一切事物。”同时把自己珍藏的秘方全部拿出给了扁鹊。据说扁鹊按照长桑君的法子喝了药，三十天后居然可以看到隔墙的人，给人看病时，可以看见病人五脏的病症所在。

这个故事带有传奇色彩。不过我们可以从中看到，扁鹊从长桑君那里接受了秘传的医方，这自然是古人长期医疗实践的结晶，扁鹊的医术

---

①（汉）司马迁撰，（南朝·宋）裴骃集解，（唐）司马贞索隐，（唐）张守节正义：《史记》卷一〇五《扁鹊列传》，作“郑”。司马贞“索引”引徐广曰：“‘郑’当为‘鄚’，县名，今属河间。”又“索隐”案：“勃海无郑县，当作鄚县。”（中华书局1959年版，第2785—2786页）

正是在继承前人成果基础上才得以发扬光大的。至于隔墙见人及透视病人内脏云云，这大概与今天所谓“特异功能”类似，而且不少事实已证明，练功到一定阶段之后产生某种透视功能也是可能的。扁鹊与长桑君十几年交往中，是否向他学习了某种功法而达此境界，则有待方家研究了。

扁鹊学成之后，便周游列国，东起齐、鲁，中经东周、赵国，西至秦国，到处为人治病。他那妙手回春的高超医术和动人事迹，在民间广为流传。这些地区至今还有扁鹊庙、鹊王山等遗迹，寄托着后人对他的崇敬之情。

扁鹊在齐国发现桓公午①有病，而桓公午讳疾忌医的故事千百年来已家喻户晓，不仅给医学界也给思想界留下了宝贵的遗产。大约在晋定公十一年（前501），晋国的权臣赵简子得了病，五天不省人事。大夫们都很恐惧，便召来扁鹊。扁鹊进去看了他的病，出来后，赵简子的家臣董安于急忙打听情况，扁鹊说：“血脉治也，有何奇怪！过去秦穆公就得过这种病，不过七天便醒来了。今日主君的病跟他相同，不出三日必然好转。”果然过了两天半，赵简子便苏醒过来了。

有一次他经过赵国②，只见举国为太子祝祷，祈求消灾除病。扁鹊到宫门口去打听太子的病情。他问喜好方术的中庶子：“太子得了什么病？何以如此大肆祝祷？”中庶子说：“太子突然昏倒而死。”扁鹊问：“他死了多长时间了？”中庶子说：“从鸡鸣到现在。”扁鹊问：“收殓了吗？”中庶子说：“还没有，他死了还不到半天呢！”扁鹊说：“请您向赵王报告，我是齐国勃海的秦越人，听说太子不幸而死，我可以救活他。”中庶子说：“先生不是开玩笑吧？怎么说太子死了还能复生呢？我听说上古时有神医叫俞跗的，可以练精换形，起死回生，先生的本领如能像他，太

① 《史记》卷一〇五《扁鹊列传》作“齐桓侯”。裴骃“集解”引傅玄曰：“是时齐无桓侯。”裴骃“谓是齐侯田和之子桓公午也”（第2793页）。

② 《史记》卷一〇五《扁鹊列传》作“其后扁鹊过虢”（第2788页）。按，东虢于公元前767年为郑所灭，西虢于公元前682年为秦所灭，北虢于公元前655年为晋所灭。扁鹊与赵简子同时，据《史记》卷四三《赵世家》：“赵简子疾，五日不知人，大夫皆惧。医扁鹊视之，出，董安于问……”（第1786页），其时虢已早被灭，《说苑·辨物》作“扁鹊过赵王”，今从之。［（汉）刘向撰，向宗鲁校证：《说苑校证》卷一八《辨物》，中华书局1987年版，第470—471页］

子可以有生还的希望，如果不是这样而想使太子生还，简直连刚刚会笑的婴儿也骗不了。”扁鹊仰天长叹道：“先生治病，如同以竹管看天，从缝隙中看花纹。我的医术，不待望闻问切全套完毕，就可知道病症之所在。得知病症之阳，可以推知其阴，得知病症之阴，可以推及其阳。您以为我的话不可靠，请进去诊察一下，可以听到太子耳中鸣响，鼻翅扇动，顺着两腿摸到阴部，还有温热的感觉。”

中庶子听了扁鹊这一番话，惊得目瞪口呆，赶忙去向赵王报告。赵王听说后马上接见了扁鹊。扁鹊说：“太子的病是一种‘尸蹶’[①] 病。”接着扁鹊详尽地分析了这种病发作的机理：“夫以阳入阴中，动胃繵缘，中经维络，别下三焦、膀胱，是以阳脉下遂，阴脉上争，会气闭而不通，阴上而阳内行，下内鼓而不起，上外绝而不为使，上有绝阳之路，下有破阴之纽，破阴绝阳，色废脉乱。”根据这一分析，扁鹊断定太子是“形静如死状，而没有真正死去，只是五脏气逆乱而突然致病。庸医不能判断而误以为死，只有高明的医生才能识别此病”。

说罢，扁鹊便让他的弟子子阳磨制针石，取“三阳五会”穴而扎，一会儿太子便苏醒过来。接着又让弟子子豹用“五分之熨”，与“八减之剂”同煮，交替在太子两肋下熨帖，慢慢地太子便坐起来了。然后扁鹊再给他服用汤药，调和其阴阳，只用了二十天时间，太子便复原了。

从上面几个医案中，我们可以生动地看到扁鹊高超的医术和崇高的医德。

第一，扁鹊的高明之处在于对疾病能作出准确无误的诊断。这是因为他精湛地运用了望闻问切的诊断手段。他的望诊技术高人一筹，能由表及里抓住病症之所在。他对脉理更有深刻的认识，其切脉诊病的功夫也是无与伦比的，他对于赵太子“尸蹶”病理分析，就是建立在他深刻的脉学理论基础上的。无怪司马迁感叹道：“至今天下言脉者，由扁鹊也。”他无愧是中医脉学的重要奠基人。

第二，扁鹊对于疾病的防治，主要防重于治，有了疾病则要及早发现，及早治疗。他说：“使圣人预知微，能使良医得早从事，则疾可已、身可活也。”他自己就做到了“预知微”，如对于桓公午便在其疾病刚露

① 一种假死症状，似今所谓“休克”。

端倪之时提醒他及早治疗。

第三，他主张医生要掌握各种专科和多种治疗手段。疾病是一种非常复杂的现象，往往不是单一的方法所能奏效，而需要多方面多种手段同时进行，如他在给赵太子治病时，除了让其弟子给他针刺、熨帖和服用汤药之外，据《韩诗外传》，同时还有他的弟子“子同捣药、子明灸阳、子游按摩、子仪反神、子越扶形”（卷十），协同治疗才使太子的病得以痊愈。他在论桓公午的疾病时，就提出使用汤剂、药熨、针石、药酒等方法。其中砭石是他运用最广也最擅长的。山东微山县两城曾出土一批东汉浮雕画像石，其中几幅有人认为即“扁鹊针灸行医图”，画中半鸟半人者一手切脉，一手举针作针灸状，为鱼贯而来之病人治病（见《文物》1972 年第 6 期《汉画像石上的针灸图》），这与史籍所载扁鹊治病事迹正可印证。据《素问・异法方宜论》：东方“鱼盐之地，海滨傍水，其民食鱼嗜咸，皆安其处美食。鱼者使人热中，盐者胜血，故其民皆黑色疏理，其病皆为痈疡；其治宜砭石，故砭石亦从东方来”。认为砭石治病起源于东方海滨，而扁鹊正是砭石治病的杰出代表。

扁鹊还是一个多面手的医师。据说，他到邯郸，得知那里重视妇女保健，便作“带下医”，治疗各种妇女病；过洛阳，得知那里敬重老年人，便作“耳目痹医”，专治老年性耳目及麻痹病；来到咸阳，得知秦人爱儿童，便作“小儿医”。总之，他每到一地即“随俗而变”，表明他具有多科的医学专长，这在古代医学尚不发达，缺医少药的社会条件下，是极为难能可贵的。所以扁鹊说：“医生最大的憾事是治病的办法太少。”

第四，扁鹊有着崇高的医德。在他治愈了赵太子的病之后，“天下尽以扁鹊为能生死人”，即能使死人复活。扁鹊听到后，采取实事求是的态度，说：“我不能使死人复生，只是他本来还能活，我不过使他重新站起来罢了。”上面提到他“随俗而变”，就是根据群众的需要而从医，更是他体察民情，急病人所急的高尚精神的反映。

第五，还应该指出扁鹊具有一套系统的朴素唯物主义的进步的医学思想。他提出了对于疾病有“六不治”的原则，骄横放肆，不讲道理，一不治；把钱财看得比性命还重要的，二不治；衣食不适，三不治；阴阳偏胜，脏气不调的，四不治；形体瘦弱以致不能服药的，五不治；信巫不信医的，六不治。

这“六不治”中包含着重要的医学思想。从社会方面讲，对于那些依仗权势、骄横放肆和爱财如命之人来说，药物是没有多大作用的，这是他针对时弊有感而发；从自身的养生保健说，则要讲究平日的养生，衣食适度适时，加强思想修养，保持阴阳平衡；从医学发展上讲，则要与巫觋划清界线。我国的夏商周时期，还是医学发展的萌芽阶段，那时巫觋垄断着医学，还是医巫不分。到了春秋战国，由于社会生产力的发展，科学文化的提高，医学基本理论体系的形成，使医学有可能独立而与巫觋分道扬镳。扁鹊在与巫觋斗争中表现了坚定的精神，把“信巫不信医”作为“六不治”之一。他为赵太子治病成功即是在排除巫觋干扰的情况下所取得的一次胜利。

扁鹊精湛的医术和崇高的医德，使他在广大人民中赢得了很高的声誉，这自然引起一些既缺医德又乏医术的“同行”的嫉恨。据说他到秦国时，曾给秦国君主①看病，扁鹊要给秦君做手术，他的左右却说：“主君的病在耳朵之前眼睛之下，切除后不一定痊愈，反而可能使耳朵、眼睛受损。”于是秦君拒绝扁鹊给他治病。秦国的太医令李醯，自知医术不如扁鹊，便派人刺杀了他。一代名医竟然死在自己“同行”的刀下，实在可悲可愤！然而扁鹊对祖国医学的贡献却是任何人也抹杀不了的，他在中国医学史上将永远闪耀着璀璨的光芒！

（原刊《文史知识》1989 年第 3 期。今据原刊文整理，为便于读者理解，整理者根据实际需要适当添加了一些注释。李文才敬识。）

① 《战国策·秦策》谓秦武王。按秦武王元年在公元前 310 年，去扁鹊生活时代已二百年，故不可能是秦武王。［（西汉）刘向集录，范祥雍笺证，范邦瑾协校：《战国策笺证》卷四《秦策二》“医扁鹊见秦武王”条，上海古籍出版社 2006 年版，第 250 页］

诸葛“草庐”究竟在何处

问：最近与友人提起刘备三顾茅庐的故事，友人认为当年的诸葛“草庐”在今河南南阳，但我记得一本杂志上说在今襄阳附近，到底哪种说法正确呢？请给予解答。

山西读者　辛勇

刘备“三顾草庐”的故事已是妇孺皆知，诸葛亮向刘备分析天下大势、预见鼎足三分发展趋势的“隆中对策”也没有人怀疑，但是，诸葛“草庐”究竟在什么地方？却至今仍然是一桩历史的疑案。

诸葛亮在《出师表》中说过：“臣本布衣，躬耕南阳……先帝不以臣卑鄙，猥自枉屈，三顾臣于草庐之中。”于是有人据此认为诸葛“草庐”应在今河南南阳，亦即当时南阳郡治所在地宛县。但是更多的历史资料却表明它应在南阳郡的邓县，即今湖北襄阳附近的隆中。“南阳说”与“襄阳说”长期以来纷争不已，以至今天“三顾茅庐”的纪念邮票在襄阳还是南阳举行首发式也成了问题。因此，从客观历史事实出发，搞清诸葛“草庐”的真实地点，已是不可回避的问题了。

我以为诸葛“草庐”应在湖北襄阳而不在河南南阳。因为：第一，“襄阳说”的历史根据比较充分，也是可信的；第二，从襄阳与南阳地理形势的差别，以及当时政治、军事形势的情况来看，应在襄阳；第三，从诸葛亮的活动事迹、社会关系看，也应在襄阳而不在南阳。

一　从历史资料根据来看

“南阳说”的主要根据是前引诸葛亮在《出师表》中讲过的那句话，但是，东汉的南阳郡辖 37 县，究竟在哪一县呢？即使就在郡治宛县，又在宛县的何方呢？没有任何资料可以证明它在今天南阳西面的“卧龙岗”。

但是，“襄阳说”的历史资料根据却是比较充分的，而且是具体、明确的。

早在西晋永兴年间（304—306），就有人去隆中凭吊诸葛亮故居并撰文纪念。王隐《蜀记》说：“晋永兴中，镇南将军刘弘至隆中，观亮故宅，立碣表闾，命太傅掾犍为李兴为文”（《三国志·蜀书·诸葛亮传》注引），并录载了祭文的全文。这是史书上最早提到诸葛亮故居的确切地点—隆中。这件事发生在永兴元年（304），这年益州刺史罗尚被李雄打败，派李兴前往荆州向刘弘求援。李兴到了荆州所在地襄阳完成使命后，请求留下而不返，于是，刘弘去“观亮故宅”时便把李兴带上，并命他撰写祭文。《晋书》也记载了这件事：“（李）兴之在（刘）弘府，弘立诸葛孔明、羊叔子碣，使兴俱为之文，甚有词理。”（《晋书·李密传》附子《李兴传》）《蜀记》与《晋书》的记载完全吻合，与刘弘、李兴等历史人物的活动也相一致。

为什么直到西晋才有人去诸葛亮故宅吊祭呢？因为诸葛亮在世及死后相当长时间，南阳郡都归敌方曹魏的荆州管辖，人们当然不可能去吊祭诸葛亮故居，此事只有在西晋统一后才有可能发生，如陈寿就是在西晋泰始年间才奉命整理诸葛亮遗文的。永兴元年距诸葛亮去世七十年，他的故居仍可能有踪迹可寻，加之父老口耳相传的确指，刘弘作为荆州刺史，对这里的地理历史、民情风物是了解的，他去隆中“观亮故宅”不会是没有根据的率尔而为。李兴是蜀人，他的父亲李密也曾在蜀汉做官，因而对诸葛亮是有特殊感情的，所以他到襄阳便参与了这次活动也是很自然的。

在《水经注》这部名著中，也记述了刘弘、李兴吊祭诸葛亮故宅这件事，并说此事之后“六十余年，永平之五年，习凿齿又为其宅铭焉”（《水经注·沔水》）。《水经注》这一年号记载有误，两晋时只有惠帝时有永平（291）的年号，且在永兴之前，永兴之后没有永平这一年号。永兴之后六十余年范围内，只有兴宁、太和、咸安、宁康等年号，在这四个年号中，只有太和超过五年，其余只有二、三年。那么此事似应在太和五年（370），此时上距永兴元年为 66 年，正合“后六十余年”的说法。习凿齿是襄阳人，他的一生大部分时间是在襄阳度过的。他写的《宅铭》，现在还保存在《艺文类聚》《初学记》等类书中。这件事也是确凿无疑的。

隆中究竟在什么地方呢?《水经注》在记述刘弘、李兴和习凿齿之事时，说道："沔水又东迳隆中，历孔明旧宅北。亮语刘禅云；'先帝三顾臣于草庐之中，咨臣以当世之事'，即此宅也。"明确指出襄阳西面的隆中就是诸葛"草庐"所在地。此外，习凿齿的《汉晋春秋》说："诸葛亮家于南阳邓县，在襄阳西二十里，号曰隆中。"盛弘之《荆州记》也说："襄阳西北十许里，名为隆中，有孔明宅。"由此可见，隆中虽在襄阳西二十里左右，但它当时却属南阳郡邓县，诸葛亮"躬耕南阳"是就郡名而言。当时人好以郡望所出自称，诸葛亮对自己的第二故乡隆中以"南阳"郡为称不足为奇。但是持"南阳说"的人却提出：古代南阳在汉水以北，秦时"以楚之汉北立南阳郡"（《晋书·地理志》），隆中在汉水以南已不属南阳郡而属南郡了。

南阳郡和南郡大体是以汉水为界，但这种划分并不是绝对的，两汉时在襄阳西部属南阳郡的山都、筑阳、武当等县已越过汉水之南。邓县在襄阳西北，两地紧密相连，唐人李吉甫《元和郡县图志》襄阳县条说："万山，一名汉皋山，在县西十一里，与南阳郡邓县分界处，古谚云'襄阳无西'，言其界促近。"襄阳县西十一里处的万山是襄阳与邓县的分界处，由此往西便是南阳郡邓县境界，因此有"襄阳无西"的古谚流传下来。该书接着又记述道："诸葛亮宅，在县西北二十里。"它已在万山之西，已属邓县管辖范围了。习凿齿等人说隆中在南阳邓县是正确的。

二　从地理和政治、军事形势来看

诸葛亮是琅邪阳都人，早孤，依叔父诸葛玄为生。东汉末年天下大乱，军阀混战，诸葛玄"与荆州牧刘表有旧，往依之"（《三国志·蜀书·诸葛亮传》）。当时刘表已占据荆州，以襄阳为其根据地。诸葛玄带着诸葛亮姊弟等显然是到襄阳投奔刘表。不久诸葛玄死，诸葛亮就留在襄阳附近"躬耕陇亩"。

襄阳附近的邓县与南阳郡治宛县，虽然同属当时的南阳郡，但两地的地理形势却大不相同。襄阳"北接宛洛，跨对樊沔，为荆、郢之北门"

(《元和郡县图志》)，它与江陵“势同唇齿，无襄阳则江陵受敌”(《南齐书·州郡志》)，它也是“旧楚之北津，从襄阳渡江，经南阳，出方关，是周郑晋卫之道”(《续汉书·郡国志》注引《荆州记》)。可见襄阳是防守荆州的北边门户，南阳已在北门之外。刘表在经略荆州时，谋士们向他建议：“南据江陵，北守襄阳，荆州八郡可传檄而定”(《三国志·魏书·刘表传》注引司马彪《战略》)。因此刘表便以襄阳为根据地，“南接五岭，北据汉川”(《后汉书·刘表传》)，从而有效地控制着荆州地区。

襄阳与南阳的民情风俗也有不同之处，史称“南阳新野风俗出骑射”(《南齐书·张敬儿传》)，而襄阳从刘表开始“起立学术，博求儒术”，初具儒雅之风，其后“益多衣冠之绪，稍尚礼义经籍焉”(《隋书·地理志》)。

东汉末年两地的政治、军事形势也大不相同。诸葛亮到荆州后，刘表已在这里站稳脚跟，他“招诱有方，威怀兼济……万里肃清”，“爱民养士，从容自保”(《后汉书·刘表传》)。史称“中平以来，荆州独全，及刘表为牧，民又丰乐”(《三国志·魏书·刘表传》注引《搜神记》)。在这种比较安定的政治环境中，刘表注意招揽人才，兴办学校，于是“关西、兖、豫学士归者盖有千数，表安慰赈赡，皆得资全”(《后汉书·刘表传》)，“洪生巨儒，朝夕讲论……古典毕集，充于州闾”(《后汉书集解》注引《镇南碑》)。恰巧诸葛亮居住荆州的十余年间，是襄阳一带最为安定、最少战事的黄金时期。诸葛亮等“海内俊杰之士”就是被这种优越的环境所吸引而来的。

南阳的情况却不同。袁术从中平六年(189)出奔南阳，直到初平四年(193)一直盘踞于南阳。“初，术在南阳，户口尚数十百万，而不修法度，以钞掠为资，奢恣无厌，百姓患之”(《后汉书·袁术传》)。建安元年(196)凉州军阀张济“士卒饥饿，南攻穰(今河南邓县)，为流矢所中，(济族子)绣领其众，屯宛(今河南南阳)”(《三国志·魏书·张绣传》)。从此南阳又被张绣所据。曹操与张绣在南阳一带展开连年的拉锯战，曹操“比年攻之，不克”，直至建安四年(199)十一月张绣投降。此后南阳便落入曹操控制之下。建安六年(201)刘备在汝南被曹操击败，投奔刘表，表“益其兵，使屯新野”(《三国志·蜀书·先主传》)，实际是让刘备替其镇守襄阳北门之外，以御曹操。此后在南阳一带，又成了刘表、刘备与曹操争夺的地盘。总之，从初平以来，直到建安十三年，南阳一带战祸连年，了无宁日，与襄阳一带形成鲜明的对比。诸葛亮不可能特意从襄阳迁居这样的四战之地去“躬耕陇亩”，也不可能到这样的地方去求得“苟全性命于乱世”。

三　从诸葛亮的活动事迹和社会关系来看

一个历史人物的活动，多少总会留下一些活动遗迹，并产生一定的社会关系。因此，探究一下诸葛亮“出山”之前十几年留下的活动遗迹和社会关系，将有助于我们进一步确认诸葛亮的“躬耕”地。

诸葛亮在出“茅庐”之前过了十几年“躬耕陇亩”的隐居生活，因而在襄阳一带建立了错综复杂的亲戚关系。刘表原与诸葛玄有旧交，到诸葛亮时，这种关系有了更进一步的发展。蔡氏是襄阳大族，蔡瑁曾协助刘表取得荆州，后来蔡瑁一姊为刘表“后妇”，另一姊嫁“沔南名士”黄承彦。而诸葛亮娶黄承彦女为妻，因此刘表为诸葛亮妻的姨父，蔡瑁为诸葛亮妻的舅父（《襄阳耆旧记》）。诸葛亮因与刘表有亲戚关系，使他有可能深入刘氏家族内部矛盾中。刘表有二子：琦、琮。后妇蔡氏及刘表爱琮，琦不自宁，曾与诸葛亮“谋自安之术”（《后汉书·刘表传》）。此外，诸葛亮的大姊嫁给了蒯祺，小姊嫁给了庞德公之子庞山民（《襄阳耆旧记》）。蒯氏和庞氏也是襄阳大族。

诸葛亮在“躬耕”的同时还外出“游学”，广结师友，切磋学问，讨论时事，品评人物，因而有着许多同学和社交关系。建安初，诸葛亮即与颍川石广元（韬）、徐元直（庶）及汝南孟公威等人一起“游学”（《三国志·蜀书·诸葛亮传》注引《魏略》）。其中最要好的朋友是博陵崔州平和颍川徐元直（《三国志·蜀书·诸葛亮传》），他们和诸葛亮一样都是因北方战乱而投奔荆州来的。有个同学孟公威后来“思乡里，欲北归，亮谓之曰：中国饶士大夫，遨游何必故乡邪?”孟公威是汝南平舆人，其地与南阳（宛）处于同一纬度，在南阳的正东，而在襄阳的东北。如果孟公威是在南阳“游学”，其回乡应是“东归”而不是“北归”。只有从襄阳出发去汝南平舆才是“北归”。这个故事又一次证明诸葛亮是在襄阳而不在南阳。

襄阳逸士庞德公在《后汉书·逸民传》中有传，庞统（士元）是他的侄子。诸葛亮除了与他有亲戚关系以外，也有很深的交情，与司马徽（字德操）、徐庶等人同为他家的座上客。他们经常在一起研讨学问，品评人物，纵论天下大事。“诸葛孔明为卧龙、庞士元为凤雏、司马德操为水镜，皆庞德公语也”（《三国志·蜀书·庞统传》注引《襄阳记》）。这一评语在襄阳人士中广为流传并得到公认，徐庶、司马徽在向刘备推荐诸葛亮时都沿用了这一评语。

诸葛亮的同学和朋友都住在襄阳附近，沔水上下。习凿齿在给桓温之弟桓祕的一封信中说：“每定省家舅，从北门入，西望隆中，想卧龙之吟；东眺白沙，思凤雏之声；纵目檀溪，念崔徐之友，肆睇鱼梁，追二德之远……”（《晋书·习凿齿传》）。习凿齿的两个舅舅罗崇、罗友也是襄阳人，这是他从襄阳北门进城后所指诸葛亮及其友人们故居的方位。据《水经注》我们知道：诸葛亮住在城西的隆中，城东的白沙曲是庞统故居，檀溪之阳有崔州平、徐庶的故居，鱼梁洲一带是庞德公、司马德操的居址所在。他们“望衡对宇，欢情自接，泛舟褰裳，率尔休畅”（《水经注·沔水》），相邻而居，过从甚密，友情淳笃。

诸葛亮这十几年的求学、交友、姻亲关系都发生在襄阳，并留下了生动具体的活动遗踪，如果不是在这里生活了十几年之久是不可能产生的，而在南阳方面却不存在这样的关系和遗迹，这再一次雄辩地证明：诸葛“草庐”不在南阳而是在襄阳。

（原刊《文史知识》1990年第6期。今据原刊文整理。又，原文引《三国志》时，引用格式均书为《蜀志》《魏志》，今按《黎虎文集》编纂标准，一律标注为《三国志·蜀书·诸葛亮传》《三国志·魏书·刘表传》，等等。李文才敬识。）

怎样读《后汉书》

《后汉书》是记载东汉历史的纪传体史书。它与《史记》《汉书》在唐代并称为“三史”，也是二十四史中的“前四史”之一。

《后汉书》的作者是南朝宋人范晔（398—445），字蔚宗，宋顺阳郡顺阳县（今河南淅川）人，出生于一个世代官宦学问之家。家世环境对范晔产生了积极的影响，他“少好学，博涉经史，善为文章，能隶书，晓音律”[①]，堪称多才多艺。

元嘉二十二年（445）范晔图谋推翻宋文帝，拥立彭城王刘义康，事情败露，范晔及其同党均被处死。范晔时年四十八岁。

在学术上，范晔并没有像当时一般学者那样走上儒学的路子，而是走上了治史的道路。元嘉九年（432）他因忤刘义康而被贬宣城，悒悒不得志，于是开始潜心史学，“乃删众家《后汉书》为一家之作”。

在范晔之前记载东汉历史的史书，无虑有数十家之多。其中官修的《东观汉记》，已与《史记》《汉书》并称为“三史”，在社会上有了相当影响。在这种情况下，范晔为什么还要另写一部后汉史呢？他在《狱中与诸甥侄书》中说：“详观古今著述及评论，殆少可意者。”他对于这众多的后汉史书，均不满意，于是，“广集学徒，穷览旧籍，删烦补略，作《后汉书》”[②]。

范晔原定的计划，是要写十纪、十志、八十列传。范晔生前已完成

---

① （梁）沈约撰：《宋书》卷六九《范晔传》，中华书局1974年版，第1819页。以下凡引此传均不另注。

② （唐）刘知幾著，（清）蒲起龙通释，王煦华整理：《史通通释》卷一二《外篇·古今正史第二》，上海古籍出版社2009年版，第318页。

十纪和八十列传，但十志尚未完成。范晔对于修志非常重视，自称“欲遍作诸志，《前汉》所有者悉令备。虽事不必多，且使见文得尽”，可见他对修志自有周密的考虑。“范晔所撰十志，一皆托（谢）俨（搜撰）”[①]，即将完成之时，适值范晔被害，谢俨亦受牵连被杀，所撰志因之散佚。现在附于《后汉书》的八志，是晋人司马彪所撰。司马彪曾作《续汉书》83卷，其中八志共30卷。南朝梁刘昭注《后汉书》，因范晔“及语八志，颇褒其美”（刘昭《后汉书注补志序》），便将司马彪八志以补范晔《后汉书》之阙。这就是我们今天所见到的附于《后汉书》之后的八志。

范晔《后汉书》问世以后，得到了社会的一致好评，产生了巨大的影响。随着时间的推移，范晔之前的数十家后汉史书已逐渐湮没，范晔之后，梁人萧子显所撰《后汉书》100卷，王韶所撰《后汉林》200卷，也都先后被淘汰，唯有范书风行天下。到唐朝时刘知幾已说“世言汉中兴史者，唯范（晔）、袁（宏）二家而已”[②]，首推范晔的《后汉书》和袁宏的《后汉纪》。

为什么范晔的《后汉书》能经受住历史的检验，战胜在他前后的众家后汉史书而独领风骚呢？这是由于范书从编撰体例到史学思想，从史料价值到文学价值，都有它的过人之处和突出之点，范晔自诩“诸细意甚多，自古体大而思精，未有此也”，这话大体还是符合实际的。

《后汉书》在编撰体例上，有着自己的一些特点。在本纪部分，除了记述从光武帝到献帝的历代皇帝以外，又立皇后纪以记历代后妃。在范晔之前，《史记》和《汉书》虽然以吕后为本纪，但对于其余的皇后，《史记》列入《外戚世家》，《汉书》列入《外戚传》而置于全书之末。《后汉书》却将皇后升格为本纪，与皇帝本纪并列于书首。这在二十四史中是空前的。刘知幾对此曾提出诟病，后世如晁公武、陈振孙、洪迈等人，也“援引《史通》所指摘一二事，过相菲薄”[③]。其实，范晔将皇后

---

① （南朝·宋）范晔撰，（唐）李贤等注：《后汉书》卷一〇下《皇后纪下》注引沈约《谢俨传》，中华书局1965年版，第57页。

② 《史通通释》卷一二《外篇·古今正史第二》，第318页。

③ （清）王先谦撰：《后汉书集解·后汉书集解述略》，中华书局1983年版，第2页。

立为本纪，是正确地反映了东汉历史的实际。东汉时期由于统治集团的腐朽，皇帝多短寿而孱弱，皇后和外戚的势力空前膨胀。皇后临朝与外戚专权，正是东汉政治史上一个非常突出的现象，范晔以皇后为本纪，就能较好地反映东汉政治的演进过程，不失为一个合理的安排。这一点何焯已经看到了，他说："东京皇后，窦、邓、阎、梁、窦、何，临朝者六，其间殇帝、北乡侯、冲帝、质帝，皆未尝亲政，邓氏既立安帝，复临朝者十六年，遂终身称制。作《皇后纪》为得其实，虽然人所不必效，然范氏自合史家之变，未可议也。"① 由于皇后本纪并不能包括外戚之事迹，于是范晔将其"亲属别事，各依列传"②，另以列传记载外戚，弥补了皇后纪的不足。

《后汉书》的八十列传是以朝代顺序和以类相从的方法进行编撰的。列传一至三，是两汉之际起义领袖和割据领袖人物；四至十二，是光武时的宗室王侯和二十八将；十三至四十二的传首人物，都是明、章、和帝时人，而分别以行止相近的人物或子孙合传；四十三至五十三的传首人物，是安、顺帝时人，也多分别有合传的人物或子孙；五十四至六十五，都是桓、灵、献帝时人物。六十六至七十四是循吏、酷吏、宦者、儒林、文苑、独行、方术、逸民，列女九个类传；最后六篇是边族的列传，即所谓的"四裔传"。③

《后汉书》一个最突出的特点，是范晔所创立的众多类传。《后汉书》的类传有十个，其中党锢、宦者、文苑、独行、逸民、方术、列女七个类传是范晔的首创。范晔的创新不是为了标新立异，而是为了更好地反映东汉的时代特征和社会面貌。类传的形式司马迁、班固等人已经使用，并非范晔的首创，但是类传之广泛多样却是前所未有的。

宦官势力在东汉发展到登峰造极的地步，他们与外戚交替专权，成为东汉中期以后官僚政治的一大特点。范晔立《宦者列传》以反映宦官势力的发展状况，自然是十分必要的。范晔在这里揭露了宦官"手握王

---

① （清）何焯著，崔高维校点：《义门读书记》，中华书局1987年版，第361—362页。

② 《后汉书》卷一〇上《皇后纪上》，第401页。

③ 白寿彝：《中国史学史教本》，北京师范大学出版社2000年版，第121—122页。

爵，口含天宪”，贪赃枉法，败乱朝政的罪行和“东都缘阉尹倾国”[1] 的历史真相，使后人得以深刻了解东汉腐朽政治及其衰灭的缘由。

《党锢列传》是《后汉书》中最具特色的一个类传。外戚宦官交替专权，尤其是宦官集团的黑暗政治，激起了士大夫们的强烈不满。他们制造舆论，抨击朝政，被宦官集团诬为“党人”。宦官集团先后两次大规模禁锢党人，“海内涂炭，二十余年，诸所蔓衍，皆天下善士”。这是统治阶级内部进步势力同黑暗势力的斗争。范晔对于党人寄予满腔的同情，将“其名迹存者，并载乎篇”[2]，详尽地记录了党人的事迹，有血有肉地反映了这一重大政治事件的全貌，使我们今天得以充分了解东汉这场政治斗争的实况。

《文苑列传》是记文学之士的类传。重德轻文是古代的传统观念，《史记》《汉书》都曾为儒学家立《儒林传》，但没有为文学家立类传。《后汉书》首创此例，专为文学之士立一类传。这首先与东汉文学的发展有关，章学诚说：“东京以还，文胜篇富，史臣不能概见于纪传，则汇次为文苑之篇。”[3] 道出了范晔创立文苑传的客观原因。汉魏以后，文学独立的趋势已日益明显。到南朝时，文集风行，文学兴盛，文苑传正是这一历史现象的反映。

《列女传》是《后汉书》中又一别具特色的类传。过去的史家很少注意记载妇女的事迹，范晔是第一个重视妇女问题的史家。他除了将后妃记于皇后本纪，梁嫕、李姬等人各附家传以外，又将其余“才行尤高秀者”[4] 另归类而立列女传。范晔这一创举对后世影响颇大，以后不少史书也辟专传记述妇女事迹，有的史家把“列女传”改为“烈女传”，专记恪守“三从四德”的贞女节妇，已与范晔立“列女传”的初衷大相径庭了。

《方术列传》记载医巫卜筮、神仙怪异的方术之士。刘知幾对《方术列传》提出批评说：“言唯迂诞，事多诡越，可谓美玉之瑕，白圭之玷。惜哉!”[5] 不过，近人刘咸炘另有所见，他说：“东汉谶纬学盛，经生多精

---

① 《后汉书》卷七八《宦者列传》，第 2509、2537 页。

② 《后汉书》卷六七《党锢列传》，第 2189 页。

③ （清）章学诚撰：《文史通义》卷一《书教中》，华东师范大学出版社 2012 年版，第 46 页。

④ 《后汉书》卷八四《列女传》，第 2781 页。

⑤ 《史通通释》卷八《内篇·书事第二十九》，第 214 页。

术数，而民间禨祥禁忌之俗亦多，巫祝、形法、方士、神仙之说，后世所行者，皆自东汉而盛，故此《传》不得不立。”[①] 从东汉方术之盛的时代特征而言，此传也可以说是当时社会风尚的客观反映。

范晔在《后汉书》中，贯穿着进步的历史观点。他说他写《后汉书》“欲因事就卷内发论，以正一代得失”。“正一代得失”，这是范晔明确提出的写史目的，他要通过写史来总结历史的经验教训，来为现实的政治服务。在他之前还没有一个史家对此有这样明确的认识，司马迁说他写史是要“究天人之际”，班固说要“穷人理，该万方”，提法都是比较模糊的。只有范晔第一次正确地说明了史学与现实的关系，这是史学思想上的一个进步。所谓“就卷内发论”，指的是他在纪传中所作的序、论、赞，而“正一代得失”，就是通过这些序、论、赞体现出来的。范晔在修《后汉书》时，非常着意于序、论、赞的写作，倾注了他大量的心血。对此他颇为自得，说：“吾杂传论，皆有精意深旨，既有裁味，故约其词句。至于循吏以下及六夷诸序论，笔势放纵，实天下之奇作，其中合者，往往不减于《过秦篇》，尝共比方班氏所作，非但不愧之而已。”又说“赞自是吾文之杰思，殆无一字空设。”刘知幾对于范晔的论赞给予高度的评价，他说史家作论“大抵皆华多于实，理少于文，鼓其雄辞，夸其俪事。必择其善者，则干宝、范晔、裴子野是其最也”[②]。

范晔在他的序论中，贯穿着通古今之变的精神。司马迁提出通古今之变的主张，这在《史记》这样一部通史著作中比较容易做到，但是在断代史中就比较困难了，班固的《汉书》在这方面表现了明显的缺陷。范晔则通过序论，打破朝代的断限，探求历史现象发生、发展的原因和规律，从历史形势的发展上论述古今的变异。例如在《宦者列传序》里，论述了宦官政治地位的发展变化，以及他们在不同时期的不同特点，指出“宦人之在王朝者，其来旧矣”[③]，由周秦而两汉，着重论述东汉宦官势力发展的原因，围绕着女主、宦官、外戚、朝臣间的关系和矛盾而展

---

① 刘咸炘撰：《推十书》丙辑一《后汉书知意》，上海科学技术文献出版社 2009 年版，第 304 页。

② 《史通通释》卷四《内篇 · 论赞第九》，第 76 页。

③ 《后汉书》卷七八《宦者列传》，第 2507 页。

开分析。

范晔在《后汉书》中，表现出倾向进步的政治态度和思想。王鸣盛评论道："今读其书，贵德义，抑势利，进处士，黜奸雄，论儒学则深美康成（郑玄），褒党锢则推崇李（膺）杜（密），宰相多无述而特表逸民，公卿不见采而惟尊独行。"[①]

一般来说，过去的史书都是为帝王将相立传的，范晔的《后汉书》也并不例外，但是，在他的纪传中，却贯穿着对公卿宰相和奸雄的贬黜及批判。例如对于"历事五帝"而长期高居于公台的胡广，揭露了他保持高官厚禄的诀窍——"温柔谨素，逊言恭色，达练事体，明解朝章"，引京师民谣"万事不理问伯始（胡广字），天下中庸有胡公"，加以辛辣的嘲讽。在后"赞"中画龙点睛："胡公庸庸，饰情恭貌，朝章虽理，据正或桡。"[②] 一个圆滑老练的官僚政客的嘴脸跃然纸上。

对于以外戚宦官为代表的邪恶黑暗势力，范晔给予了无情的揭露，充溢着愤懑不平之气。例如外戚梁冀，尽情揭露其专权乱国、骄奢淫佚、割剥天下，及其徒党"乘势横暴，妻略妇女，殴击吏卒，所在怨毒"[③] 的凶残面目；对于宦官，无情地揭露了他们"剥割萌黎，竞恣奢欲，构寒明贤，专树党类"[④] 的滔天罪行。

《后汉书》揭露权势的丑恶与对节义的褒扬是相互结合的。他批评班固说："其论议常排死节，否正直，而不叙杀身成仁之为美，则轻仁义，贱守节愈矣。"[⑤] 他以对待节义的态度作为区分史家高下的重要标准，这也是他自己写作《后汉书》的态度。

范晔反对佛教鬼神的思想，是他进步历史观的一个重要构成部分。南朝时，佛教在统治者的推动之下得到广泛的传播。在思想领域围绕因果报应的有无和神灭神不灭的论争形成两军对垒。范晔是站在反佛鬼的阵线上的。他"常谓死者神灭，欲著无鬼论"，在临刑前"又语人寄语何

---

① （清）王鸣盛撰，黄曙辉点校：《十七史商榷》卷六一《南史合宋齐梁陈书九》"范蔚宗谋反诛"条，上海书店出版社 2005 年版，第 487 页。

② 《后汉书》卷四四《胡广传》，第 1513 页。

③ 《后汉书》卷三四《梁冀传》，第 1181 页。

④ 《后汉书》卷七八《宦者列传》，第 2510 页。

⑤ 《后汉书》卷四〇下《班彪附子（班）固传下》，第 1386 页。

仆射（何尚之），天下决无佛鬼”。在《西域传论》里，他在论述佛教东渐的历史时，指出佛教所说的神怪在张骞、班超时代并没有，而是后起之事，他提出疑问：“岂其道闭往运，数开叔叶乎？不然，何诬异之甚也。”这是从佛教发展过程去揭露佛教宣扬的神怪的虚妄，认为“精灵起灭，因报相寻，若晓而昧者，故通人多惑焉”①，公开对神不灭和因果报应论提出怀疑。

《后汉书》有很高的史料价值。虽然范晔距东汉已有二百余年，但他是删众家后汉书而作《后汉书》的，当时他可以参考的资料非常丰富，例如《东观汉记》，这是东汉时学者奉命在“东观”修撰的国史，先后有班固等多人参与修成。此书有丰富的第一手资料，史料价值是非常高的。范晔就是在此书的基础上写成《后汉书》的。此外可供参考的关于后汉史籍，不啻数十家之多。范晔以过人的史才加以去粗取精，删烦补略，才写成这部巨著。刘知幾对此评论道：“范晔博采众书，裁成汉典，观其所取，颇有奇工。”② 又说：“范晔之删后汉也，简而且周，疏而不漏，盖云备矣。”③ 今天，众家后汉书均已失传，唯有范晔《后汉书》与袁宏《后汉纪》仍存。袁宏的《后汉纪》是编年体史书，他所容纳的史料与纪传体是有距离的。而袁书中的精华和重要史料，大都被范书所吸取。所以我们今天研究东汉的历史，主要就是依靠范晔的《后汉书》。

《后汉书》的史料价值还在于它记载史事的详赡和广泛，他不仅记述了统治者的事迹，也记录了社会各阶层人民的事迹，而十个类传反映当时政治大事和社会生活之广，是前所未有的。他对于周边少数民族的记载，比《史记》《汉书》更为丰富，在这些传中保存着一些非常珍贵的史料，例如《西域传》中所记的材料，都是自“建武以后其事异于先者”，取材于经略西域二十年之久的名将“班勇所记”④。

在《后汉书》的人物传记中，录载了许多人物的奏疏和文章，如《崔寔传》载其《政论》一篇，《桓谭传》载其《陈时政》一疏，《王符

---

① 《后汉书》卷八八《西域传》“论曰”，第 2932 页。

② 《史通通释》卷八《内篇·书事第二十九》，第 214 页。

③ 《史通通释》卷五《内篇·补注第十七》，第 123 页。

④ 《后汉书》卷八八《西域传序》，第 2913 页。

传》载其《潜夫论》中五篇，《仲长统传》载其《乐志论》及《昌言》中三篇，《张衡传》载其《客问》一篇、上疏《陈事》一篇、《请禁图谶》一篇，《刘陶传》载其《论民饥疏》，《左雄传》载其《陈政事疏》等，都是有关时政的文章，有着重要的史料价值。

《后汉书》的文学价值也是非常高的。范晔从小便“善为文章”，中年以后“文章转进”，有了更大的提高。他对于写文章有自己独到的见解和追求，在骈偶文章发展到形式主义的南朝时期，范晔大力主张“以意为主，以文传意”的进步的文学主张。范晔在《后汉书》的写作中，贯彻了他的文学主张。《后汉书》以优美的文笔，质直翔实地记载了万千史事，条分缕析，雁行有序，娓娓动人。许多列传就是优美的历史散文。他的序、论虽然也采用了骈偶的形式，但是，其句法之灵活，辞采之精美，音调之谐和，故实的征用，都比《史记》《汉书》的论赞前进了一步，达到了非常完美的水平，标志着骈文形式之进入成熟阶段。①

范晔不仅立《文苑传》以记文学之士，而且在其他许多人物列传中，著录了他们的诗赋和文章，都是文学优赡、辞采壮丽之篇。通过范晔的著录，东汉一代文章诗赋得以保全不少，为后世研究东汉文学提供了宝贵的资料。

不过，由于范晔过于重视史书的文采，在记载史实上不免有所影响。清人顾栋高说，范书“比谢承书，东观记，所载人物削去十之四五……其中遗美实多……是使可传者，不获显于后世矣”②。有些传记，为了文字上的简炼，损害了对史实的记载，产生了概念化的弊病。以《虞诩传》为例，司马彪《续汉书》记“虞诩为武都太守，始到郡，谷石千，盐石八千，见户万三千。视事三载，米石八十，盐石四百，流人归还，户数万，人给家足，一郡无事”。而范书改为“二三年间，遂增至四万余户，盐米丰贱，十倍于前”③。《续汉书》中具体的数字增减，在范书中成了一个泛泛的概念。这对研究当时经济史来说不能不说是一个损失。不过，总的来看这种情况不算太多，美玉之瑕在所难免。

---

① 胡国瑞：《魏晋南北朝文学史》，上海文艺出版社2004年版，第213页。

② （清）惠栋撰：《后汉书补注·序》，中华书局1985年版，第1页。

③ 《后汉书》卷五八《虞诩传》，第1869页。

《后汉书》问世以后，得到了社会的广泛关注，人们从各个方面不断地对它进行了研究。

首先是对范书的注解，最早给范书作注的是南朝梁人刘昭。他“集《后汉》同异以注范书，世称博悉”①，当时各家后汉书仍存，所以他可以对照以注范书，主要从史实方面进行补注，可惜他的注后来散佚，只剩下“八志注”了。到了唐朝，李贤又为《后汉书》作注，协助他作注的有张大安、刘纳言、格希玄等人。李贤注以训诂为主，史实上也作了些补充。今天通行的《后汉书》即采用李贤注。后代比较著名的注，有清人惠栋的《后汉书补注》，“援据博而考核精”（顾栋高序）。王先谦在惠栋补注的基础上，又作了《后汉书集解》，广泛网罗众家的研究成果，注释翔实，很便于参考。

其次，历代学者对《后汉书》作了一些补充和考订。范晔只完成《后汉书》的纪、传，所拟十志未能完成。最早为范书补志的，还是梁朝的刘昭。他在注《后汉书》时，见范晔推崇司马彪的《续汉书志》，便将其八志三十篇补入范书，并为之作了注。八志注现在已不完全，其中《天文志》下卷和《五行志》第四卷的注已佚。到了宋真宗乾兴元年（1022），孙奭奏请朝廷将司马彪八志与范晔《后汉书》合刻，从此两书合而为一，这是我们今天所见通行的《后汉书》本子。由于司马彪八志不够全面，后来有的学者又为它补志，如清人钱大昭的《补续汉书艺文志》、侯康的《补后汉书艺文志》等。此外，也有学者为它补表，最早补表的是宋代的熊方，他作《补后汉书年表》十卷。清代学者所补最多，如褚以敦的《熊氏后汉书年表补》、钱大昭的《后汉书补表》，以及万斯同所补诸表等。

现存《后汉书》的古本，以南宋绍兴本为最完整而错误较少。中华书局标点本即以绍兴本为底本，又与汲古阁本和武英殿本作了反复对校，并广泛吸收了前人的研究成果。因此，中华书局标点本《后汉书》是我们阅读《后汉书》最理想的版本。

（原刊《文史知识》1993 年第 10 期。此文尽管发表于《文史知识》

---

① （唐）姚思廉撰：《梁书》卷四九《文学上·刘昭传》，中华书局 1973 年版，第 692 页。

而具有史学科普文的性质，但实际上却具有较强的学术性，特别是从史学史的角度来看，本文更是有助于史学工作者特别是初涉史学门径的青年学者全面、深入了解《后汉书》的发蒙之作。为方便读者，我们在整理此文时，适当增加了一些注释，这些注释所引用的文献版本尽量使用学术界的最新整理本，因此这些引文注释的版本，多数是在该文发表以后的出版物。还要说明的是，唐代史学家刘知幾的名字，黎虎先生原文写为“刘知几”，但现在学术界的通例是书写为“刘知幾”，因此我们按照这个通例，全部改正过来。李文才敬识。)

狮舞出西域

狮舞是中国人民喜闻乐见的一种民间舞蹈，流行广泛。然而关于它出现于何时、起源于哪里等问题却颇为纷纭混乱。窃以为，狮舞虽然现在已成为在中国广泛流行的民间舞蹈，但是它并非本土所出，而是源于西域，大约是在曹魏时期出现于中国文化舞台上的。

一　狮子产于西域

狮子这种动物产于西域，而不产于中国内地。

关于狮子的产地，《简明大英百科全书》是这样叙述的：“狮：猫科大型动物……从前分布在非洲、欧洲和亚洲，但现在仅仅生存于非洲的撒哈拉以南的地区。由几百头狮子构成的一个亚洲亚种，在严密的保护下栖息在印度古吉拉特邦的吉尔国家森林保护区里。”可知狮子在古代的分布很广，遍及非、亚、欧地区。亚洲虽然也盛产狮子，但是包括中国在内的亚洲东部地区却不产狮子，它主要产于西亚和南亚地区。美国学者谢弗说：“在古代的亚洲，在印度、波斯、巴比伦、亚述以及小亚地区，狮子这种巨大的猫科动物是很常见的动物。在古典时代，甚至在马其顿和色萨利也可以见到狮子的身影。从那以后，狮子在亚洲的分布范围和数量就开始不断地缩小，在十九世纪时，只有在美索不达米亚的部分地区，在伊朗的设拉子以南和古杰拉特还仍然能发现一些狮子，但是现在除了古杰拉特之外，在上述所有这些地区都已经见不到狮子的踪迹了。”[①] 上述出产狮子的地区，都属于中国古代所谓“西域”的范畴之内。

---

① ［美］谢弗：《唐代的外来文明》，吴玉贵译，中国社会科学出版社 1995 年版，第 191 页。

英美学者关于古代狮子分布范围的说法，与中国古代史籍的记载是吻合的。两汉史籍所载狮子产地，在《汉书·西域传》中有乌弋山离国，谓其国“地暑热莽平……而有桃拔、师子、犀牛”①。据考乌弋山离国在今阿富汗之赫拉特。《后汉书·西域传》中有条支国，谓其国“土地暑湿，出师子、犀牛、封牛、孔雀、大雀”②。条支大约为今叙利亚一带。此外，曾向东汉王朝贡献狮子的西域国家有月氏国、安息国、疏勒国等。这里的月氏国，指公元1世纪中叶建立的贵霜王朝，盛时版图跨有今阿富汗、巴基斯坦、印度西北部和中部等地。安息国系伊朗帕提亚的阿尔撒西斯王朝，盛时东至今阿富汗北部、印度河流域、西至美索不达米亚，北濒里海，南抵波斯湾。疏勒国故治在今新疆喀什市。这些向东汉皇朝贡献狮子的西域国家，一般均出产狮子。

中国人虽然早在先秦时期就已经知道狮子这种动物，但它是传自西域。关于狮子的名称在中国主要有二：在汉代以前称为“狻猊”，汉代始称“师子”，而二者均为外来语。

狮子之正式进入中国本土是在西汉。汉武帝开通西域以后，这种猛兽开始传入内地，《汉书·西域传·赞》称：“自是之后……钜象、师子、猛犬、大雀之群食于外囿。殊方异物，四面而至。”③ 此后，狮子作为西域一些国家的“贡品”，通过使臣而源源进入内地。

随着中外交往的进一步发展，魏晋南北朝隋唐时期，中国人关于狮子产地的记载和认识也日渐扩展和丰富。

在亚洲以波斯产狮最多。波斯是取代安息而在伊朗高原所建国家。到了唐代，关于狮子产地的记载更扩展至南亚地区。魏晋南北朝隋唐时期，向中原王朝进贡狮子的记载也日益增加。向南朝的贡狮，《宋书·索虏传》载：“粟特大明中遣使献生师子、火浣布、汗血马，道中遇寇，失之。”④ 粟特即活动于阿姆河、锡尔河之间的昭武九姓胡。《南史·齐高帝

① （汉）班固撰，（唐）颜师古注：《汉书》卷九六上《西域上·乌弋山离国传》，中华书局1962年版，第3889页。

② （南朝·宋）范晔撰，（唐）李贤等注：《后汉书》卷八八《西域传·条支国传》，中华书局1965年版，第2918页。

③ 《汉书》卷九六下《西域传下》“赞曰”，第3928页。

④ （梁）沈约撰：《宋书》卷九五《索虏传》，中华书局1974年版，第2357—2358页。

纪》载，柔然曾向南朝进贡狮子皮制品。[①]

唐代贡狮更是络绎而至。《旧唐书·太宗纪》说，贞观九年（635）“夏四月壬寅，康国献狮子”[②]。康国都于今乌兹别克斯坦共和国之撒马尔罕。武则天在位期间，“时有大石国使请献狮子”[③]。唐玄宗开元七年（719）正月，拂菻国（又名大秦，古代中国对罗马帝国及其近东地区的称呼）“遣吐火罗大首领献狮子、羚羊各二”[④]。开元十年（722）十月，“波斯国遣使献狮子”[⑤]。

综上所述可知，汉唐时期中国古籍所记载之狮子产地及贡狮国家，主要在东起疏勒，西至大食、条枝、拂菻，北自柔然，南及南天竺，大致在今中亚、西亚、南亚及东南欧地区，这一带正是古代狮子比较集中的出产地，而中国内地则并不产狮子，故时人把狮子视为“外国兽”。

二　狮舞源于西域

艺术是客观现实生活的反映，狮舞亦然。既然狮子是西域所特有的动物，那么狮舞这种艺术形式也应是在这个土壤中诞生，源于西域产狮国的客观现实生活，尽管传入内地之后又有不断改造、发展、演变的历程。先看唐人杜佑所记狮子舞之表演情况：“《太平乐》，亦谓之五方师子舞。师子鸷兽，出于西南夷天竺、师子等国。缀毛为衣，象其俛仰驯狎之容。二人持绳拂，为习弄之状。五师子各依其方色，百四十人歌《太平乐》，舞抃以从之，服饰皆作昆仑象。”[⑥]

狮舞所表现的主要内容是人对狮子的调教和驯服、戏弄。在出产狮

---

① （唐）李延寿撰：《南史》卷四《齐本纪·齐高帝纪》：建元三年（482），“九月辛未，蠕蠕王遣使欲俱攻魏，献师子皮裤褶。”（中华书局1975年版，第112页。）其中所说“蠕蠕”，即柔然，音译不同所致，又译作“柔柔”“芮芮”。

② （后晋）刘昫等撰：《旧唐书》卷三《太宗纪下》，中华书局1975年版，第45页。

③ 《旧唐书》卷八九《姚璹传》，第2903页。

④ 《旧唐书》卷一九八《西戎·拂菻国传》，第5315页。

⑤ 《旧唐书》卷八《玄宗纪上》，第184页。按，③④⑤三个引文资料均为整理者所补充，因为原刊文中说：“唐代贡狮更是络绎而至。”但受报刊文章篇幅所限，黎虎先生仅举出唐太宗贞观九年一例，无法对其说法形成支撑，故此处根据文意增补三例以为证明。

⑥ （唐）杜佑撰，王文锦、王永兴、刘俊文、徐庭云、谢方点校：《通典》卷一四六《乐典六·坐立部伎》，中华书局1988年版，第3718页。

子的印度，狮子这种猛兽被视为兽中之王，《大集经》卷10说：“过去世有一狮子王，在深山窟常作是念：我是一切兽中之王。”但是佛却能威服狮子，而凌驾于狮子之上，《佛说太子瑞应本起经》说：“佛初生时，有五百狮子从雪山来，侍列门侧。”从此，佛陀说法坐狮子座，演法作狮子吼，成了“人中狮子”。

佛陀坐狮子座，影响了世俗社会，于是人君也坐狮子座，并随着佛教的由西向东传播而东渐。

此外亦有以狮子为冠者，《魏书·西域传》载：“疏勒国……其王戴金狮子冠。”①

佛陀与世俗君主威服狮子的观念，固然是他们君临世界的一种表征，也是现实生活中人、狮较量结果的一种反映。古代西域人与狮子这种兽中之王进行了长期的较量。由于西域多狮子，故而人、狮关系密切。如，盛产狮子的波斯，人狮搏斗是艺术中常见的题材。

在斗狮、驯狮的现实生活基础上，因而产生了戏狮、舞狮的艺术形式。《新唐书·回鹘传》记载，黠戛斯“戏有弄驼、师子、马伎、绳伎”②。黠戛斯的戏狮子，与传入中土的狮舞当为类似之艺术形式，两者当有密切之关系。白居易《西凉伎》：“西凉伎，假面胡人假狮子。刻木为头丝作尾，金镀眼睛银帖齿。奋迅毛衣摆双耳，如从流沙来万里。紫髯深目两胡儿，鼓舞跳梁前致辞。应似凉州未陷日，安西都护进来时。须臾云得新消息，安西路绝归不得。泣向狮子涕双垂，凉州陷没知不知?狮子回头向西望，哀吼一声观者悲。贞元边将爱此曲，醉坐笑看看不足。享宾犒士宴三军，狮子胡儿长在目。”③ 这里对狮舞来自西域作了更为细腻的描绘。

那么，狮舞在中国是何时才出现的呢?既然狮子是在汉唐时期从西域传入中原地区的，那么狮舞也必须在这个前提下才可能在中国出现。窃谓狮舞至迟在曹魏时期已经在中国出现。孟康注《汉书·礼乐志》“象

---

① （北齐）魏收撰：《魏书》卷一〇二《西域·疏勒国传》，中华书局1974年版，第2268页。

② （宋）欧阳修、宋祁撰：《新唐书》卷二一七下《回鹘传下　附黠戛斯传》，中华书局1975年版，第6148页。

③ （唐）白居易撰，朱金城笺校：《白居易集笺校》卷四《讽谕四·西凉伎》，上海古籍出版社1988年版，第210页。

人”时说：“若今戏虾鱼师子者也。”[1] 孟康为曹魏时人，可见其时已有戏狮子的表演。这是到目前为止见诸文字的中国出现狮舞的最早记载。从此狮舞正式登上中国的文化艺术舞台。

到了唐代，除了西域进贡的狮舞之外，也有自己培训的狮舞，宫廷中还有专职机构和官员负责管理狮舞。

到唐玄宗时，十部伎分为坐部伎与立部伎，狮舞属于立部伎中的龟兹部，《新唐书·礼乐志》云：“龟兹伎……舞者四人。设五方师子，高丈余，饰以方色。每师子有十二人，画衣，执红拂，首加红袜，谓之师子郎。”[2] 据《资治通鉴》卷235唐德宗贞元十年（794），袁滋出使南诏册异牟寻，南诏仍有“皇帝所赐《龟兹乐》”，胡注亦将师子舞引为其中的内容。

上引白居易诗把狮子舞视为西凉伎，而《新唐书·礼乐志》等则又谓其为龟兹伎，这是何故呢？这是因为西凉伎与龟兹伎有密切关系，西凉伎中也包含龟兹伎的因素。史称唐代舞狮所演奏之《太平乐》乃“周、隋遗音也”。所谓周、隋遗音，就是西凉乐、龟兹乐。

狮舞作为龟兹伎的组成部分，的确具有浓郁的龟兹乐舞风格。狮舞表演时亦具有龟兹舞蹈的某些特点。

狮子舞在唐代虽然属于龟兹部，而且其表演也确实具有某些龟兹乐舞的风格，但是它的来源未必仅限于龟兹，而应是源于广义上的西域地区，自其传入内地之后，又与内地文化相融合而逐渐形成、发展、普及开来。

首先，狮子这种动物广泛分布于广义的西域各国，那么狮舞应是西域产狮地区的现实生活在文化艺术上的反映和结晶。从上文所述已知这些产狮地区有着古老的猎狮、驯狮的现实生活，从而产生了悠久的丰富多彩的狮文化，并在这个基础上产生了以调教、驯服、戏弄狮子为主要表演形式的狮舞，从唐代狮舞的演员及其服饰来看，或谓其演员“服饰皆作昆仑象”，或谓其为“紫髯深目两胡儿”。“昆仑”一词在中国古代指皮肤黑色的外国人，其分布、成分复杂，大约指从东南亚至南亚、非

---

① 《汉书》卷二二《礼乐志》注引“孟康曰”，第1075页。

② 《新唐书》卷二一《礼乐志十一》，第470页。

洲的赤道人种，以及包括西亚的部分人。而“紫髯深目”的胡人，则应是欧罗巴人种南支的印度地中海类型或巴尔干高加索类型的人。总之他们是包含南亚、中亚、西亚的“胡人”。因此狮舞应是西域地区多元文化的综合性产物。

其次，龟兹虽然不是狮舞的发源地，但它是西域狮舞引进中原王朝的重要中转地。龟兹与中原王朝虽然曾有过长期的、密切的朝贡关系，但始终未见其贡物有狮子，故狮舞不可能发源于其地。龟兹虽然不是狮舞的发祥地，但是，它地处中西交通和中西文化交流的枢纽，利用这一有利的地理位置，可以广泛吸收西域文化，因而狮舞虽然源于西域，但它也是经过龟兹的吸收之后加以改造，进而向内地传播的。唐代十部乐演出时，“工人之服皆从其国”。狮舞作为十部乐中的龟兹伎，其演员并不穿龟兹服而是穿“昆仑”服，表明它是龟兹从其以西的西域地区引进的。此外，龟兹首府在唐代曾是安西都护府和安西节度使驻节之所，这对于龟兹乐舞之向内地传播也是一个有利的条件。

（原刊《新疆经济报》2003年2月8日，第3626期第2版“社会·科学”专栏。按，原刊文系刊登于报纸的史学普及作品，故文中所引用的文献均未加注释。尽管这是一篇普及性的报刊文章，但同样体现出黎虎先生一贯严谨的治学作风及其史学通识观，堪称学术性、趣味性完美结合的史学小品文。为方便读者准确掌握相关史实出处，此番整理《黎虎文集》时，特别补充了相关文献注释，同时修订和补充了所引文献资料中的阙漏，并修订了原刊文字中的讹误。李文才敬识。）

北宋的一次“帽妖”事件

——关于“飞碟”的古老记载

灯下闲读《宋史》，发现北宋历史中出现了一次关于“帽妖”——疑似“飞碟”的记载，略加叙述这一事件的始末以与广大文史爱好者分享。

北宋真宗天禧二年（1018）五月丙戌，“西京讹言妖如帽，夜蜚，民甚恐”。(《宋史·真宗三》)。北宋定都于汴京（今河南开封)，被称为东京，而将洛阳称为西京。古代把怪异、邪恶的事物称为“妖”。这个记载有两点值得注意，一是这个怪物的形状如同帽子，二是在夜间飞行。这两个特点与现在所报道的发现“飞碟”的情况有诸多相似之处。

最值得注意的特点是“妖如帽”，或将其记载为形似“帽盖”的东西，这样具体形象的描绘有利于我们判断这种物体的性质。现在我们先来看看宋代的帽子是什么形状的呢？宋代的帽子基本上是继承汉唐以来的“幞头”并加以发展变化而来的。“幞头”是什么呢？实际上就是头巾，安上四根带子，两根系在头顶，两根系在后头，沈括《梦溪笔谈·故事》对此有详细的说明：“幞头一谓之四脚，乃四带也。二带系脑后垂之，二带后系头上，令曲折附顶，故亦谓之‘折上巾’。”这是汉唐以来从官僚贵族到老百姓普遍佩戴的帽子。描绘北宋汴京市民生活的《清明上河图》中熙来攘往的人物所戴多数就是“幞头”。不过，到了宋代“幞头”有了不少改进，里面衬以木骨，外面罩以漆纱，故又称为“乌纱”或“纱帽”，当时汴京的街市中已经有了出卖“纱帽头盔”的专营店，售卖各种样式的帽子。宋代的“幞头”已经摆脱了原来“幞头”的老样式，开始向类似后世的帽子样式转变。因此花样就变得比较繁多了，不同的式样是不同身份的重要标志。皇帝和官僚所戴的展脚幞头跷脚，造型十分独特，引人注目，两脚向两侧平直伸展，长如直尺（图 1)。翘脚幞头

(图2) 也是很有代表性的一种造型，这是文人学士喜欢戴的种类。此外，在《清明上河图》中还可以看到不少戴席帽的（图3、图4）。

综合上述宋代帽子的式样，我们可以看到，它们与我们今天所看到的“飞碟”的形象是极其相似的。现代所见“飞碟”，多是圆盘形状(图5、图6)，按照宋代人的说法如果把它们称为“飞帽”也未尝不可。

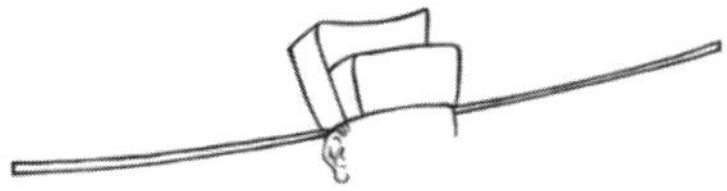

图1

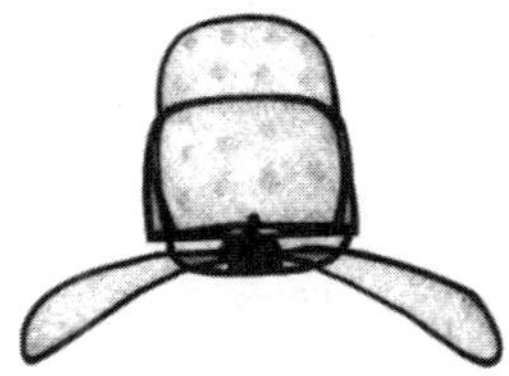

图2

图3

图4

图5

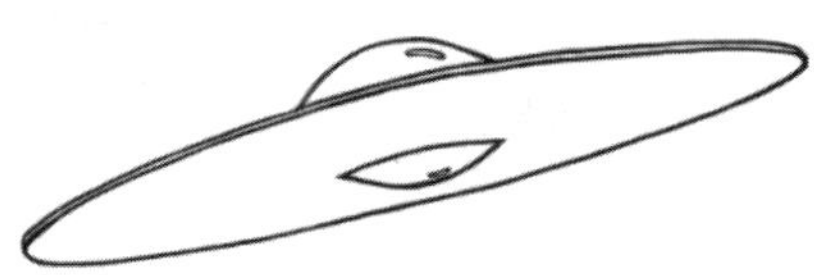

图6

“夜蜚”也是这次所发现的飞行物的重要特征之一。虽然近代以来所见“飞碟”也有在白天出现的，但是比较多的还是在夜间。大概白天因阳光而不易看到，晚间明暗对比强烈，比较容易看到。

“民甚恐”则是关于这次事件的社会反响的重要记载。表明这次事件的目击者不是个别人，而是众多的人。也就是说大家看到的不明飞行物的形状是相同的，是类似帽子一样的东西，而不是众说纷纭。这就更增加了这次事件的真实性。对于古人来说，当夜晚的天空出现这种飞行物时，造成人们的恐慌是十分正常的现象。

这个事件更引起了皇帝的关注，乃至演变为一场政治事件。事件发生之后不久，河阳三城节度使张旻就此事向宋真宗打了报告，说："近闻西京讹言，有物如帽盖，夜飞入人家，又变为大狼状，微能伤人。民颇惊恐，每夕皆重闭深处，以至持兵器捕逐。"（《续资治通鉴》卷九二）

河阳三城在洛阳东北的黄河岸边，节度使一般总领所辖州郡的行政大权，西京在河阳三城节度使管辖范围，故他有权向朝廷报告此事。由于他不是当天的目击者，而是从传闻中得知此事，报告中不免存在某些与事件真相有一定差距的内容，诸如说什么这个不明飞行物"又变为大狼状，微能伤人"之类，可能就包含有民间以讹传讹的成分。但是报告所反映的洛阳城里老百姓后续的惊恐可能是存在的，诸如"每夕皆重闭深处，以至持兵器捕逐"等。当时西京洛阳设有留守，由河南知府兼任。朝廷得报之后，"又命侍御史吕言驰往按本府长吏洎转运、提点刑狱司不即上闻之故"，检察河南府及相关官员为何没有及时上报此事，同时又在西京"设祭醮禳祷"（《续资治通鉴》卷九二），举行祭祀以避灾求福。

西京洛阳市民对于"帽妖"的惊恐逐渐扩散到了首都汴京，六月乙巳，"讹言帽妖至京师，民夜叫噪达曙"（《宋史·真宗三》），"是夕，京师民讹言帽妖至自西京，入民家食人，相传恐骇，聚族环坐，达旦叫噪，军营中尤甚"（《续资治通鉴》卷九二）。汴京城里的市民惊慌失措，通宵达旦大惊小怪，老百姓度过了一个不眠之夜。尤以汴京城里的军营中引起的骚动更为激烈，这样一来自然惊动了最高统治者皇帝，"上虑因缘为奸，诏立赏格，募人告为妖者"（同上）。宋真宗担心这个事件影响他的统治稳定，于是下令捉拿"为妖者"以平息社会上的恐慌情绪。受制于当时科学发展水平的局限，人们把这次事件归咎于妖人作祟所致，于是"诏捕尝为邪法人"（《宋史·真宗三》），宋真宗下令民众检举那些曾经兴妖作怪的人士。经过群众检举揭发，"既而得僧天赏、术士耿概张岗等"，抓捕到了佛教徒天赏和术士耿概、张岗等人，"令起居舍人吕夷简、入内押班周怀政鞫之，坐尝为邪法，并弃市，其连坐配流者数人"。皇帝派身边的寄禄官吕夷简以及宦官周怀政负责审讯。审讯的结果是"坐尝为邪法"，即他们曾经在社会上进行过"邪法"活动而被定罪，处以"弃市"的极刑，成了这次事件的冤魂。"其连坐配流者数人"，还有几个"罪行"比较轻的被处以流放的刑罚。

这次不明飞行物发生地西京的官员也受到连累，当时王嗣宗任河南知府兼西京留守，他没有及时上报“帽妖”的出现，属于失职，于是遭到惩处而被调离此职，改派冯拯接任河南知府兼西京留守，七月“辛未，徙知陈州冯拯知河南府、兼西京留守司事，代王嗣宗。以（王）嗣宗知陕州。时帽妖兴自西京，嗣宗不得察故也”。

“帽妖”事件又从首都扩散到汴京以南的广大地区，“时自京师以南，皆重闭深处”，老百姓均纷纷关门闭户以防备“帽妖”的伤害，于是政府采取严厉的行政措施以制止事态的进一步发展，例如“知应天府王曾令夜开里门，敢倡言者即捕之”，汴京东南的应天府（今河南商丘）的知府王曾下令夜间不许关闭里巷的大门，如果有人继续散播关于“帽妖”的恐怖言论者立即逮捕法办。通过上述严厉的措施之后，“妖亦不兴”，再也没有闹过“帽妖”了，事件终于得到平息。当然，更主要的是“讹言实无其状”，种种关于“帽妖”的传闻其实并无其事，不过是以讹传讹而已，所以老百姓也就不信这一套了。

一千余年前出现“飞碟”而引起老百姓的惊恐，从而演变为一场不大不小的社会骚乱，是完全可以理解的，也是十分正常的现象。北宋出现“飞碟”一事，我们似不能仅仅将其视为一个有趣的历史事件，它对于我们今天认识“飞碟”的产生及其性质乃至如何树立正确的科学思维观似乎也不是没有价值和意义的。

当我们了解了北宋关于“飞碟”的记载之后，就不能不对于今天科学界关于“飞碟”的某些解释产生了疑问，其中一个说法认为“飞碟”并非自然现象而是高智慧的“外星人”的发明，是来探测地球人的某种行动云云，就更加显得不伦不类了。一则可见，一千余年之前和今天所见的“飞碟”几乎一模一样，表明这种飞行物历经一千余年而没有什么变化，表明“发明”这种“飞碟”的外星人是相当“停滞而保守”的；二则表明，“外星人”经过一千余年的反复飞临地球，没有迹象能够证明他们从中得到了什么有价值的结果，地球及其居民的生活也并没有因此而发生什么变化，已知的一切变化均由于地球人自己所创造的，而与驱动“飞碟”的外星人没有什么关系。那么，这些“外星人”一千余年不断重复这样的行动究竟为了什么呢？究竟有什么价值和意义呢？只从这两点出发，我们就可以否定所谓“飞碟”是“外星人”的物体及其行为的说法。某些西方学者惯于将一些目前尚不能解释的怪异现象简单归因于“外星人”所作所为，这成了他们中某些人的惯性思维，而国人也有喜拾他们牙慧者，从而照搬这类说法，实在是一种不可取的人云亦云的思维方式。

（原刊《文史知识》2021 年第 9 期。黎虎先生此文完成于 2000 年 11—12 月，写成后曾第一时间发给整理者，命我提出意见云云，我因此有幸成为此文的第一位读者。阅读一遍之后，我立即回复先生说，“此乃大家小文，充分体现先生思维之活跃及治史功力之深厚，至为敬佩”云。后又就此文与先生通信，先生告知：近来闲暇时，阅读《宋史》，此文即读书过程中一时兴之所致而为。由西人附会传闻之“外星人”“飞碟”之类的科幻猜想之说，虽不能说其尽为荒诞，但传入我国以后确曾造成人云亦云之效应，如此步人后尘、拾人牙慧，何来学术、科学之创新？黎虎先生从解读北宋“帽妖”事件入手，提醒、启发我们在科学研究中一定要“树立正确的科学思维观”，尽力避免“人云亦云的思维方式”，唯其如此才可能做出真正有创新的学术成果。窃意此当为黎虎先生撰文真正旨趣之所在。今据黎虎先生最新刊后修订稿，并参考原刊文整理。李文才敬识。）